普通高校经济管理类应用型本科系列规划教材

税法

主　编／汪颖玲
副主编／李阿姣
　　　　张元珺
　　　　高　莉

中国科学技术大学出版社

内 容 简 介

本书由应用型本科院校一线教师根据我国税收领域的最新变化,结合他们多年教学实践中的思考和探索编写而成。全书对我国税收法律制度的基本概念、构成要素、分类及我国税收制度的演变进行了介绍;对我国增值税、消费税、关税、城市维护建设税及教育费附加、资源税、土地增值税、耕地占用税、契税、城镇土地使用税、房产税、车辆购置税、车船税、印花税、企业所得税、个人所得税等税种的含义、基本税法要素、计算和申报等进行了系统的梳理和阐述;对我国征税管理法规和税务行政复议进行了简单的介绍。

本书可作为应用型本科院校会计学专业、财务管理专业以及其他相关专业本专科学生的教材。

图书在版编目(CIP)数据

税法/汪颖玲主编. ——合肥:中国科学技术大学出版社,2017.1
ISBN 978-7-312-04008-5

Ⅰ.税⋯ Ⅱ.汪⋯ Ⅲ.税法—基本知识—中国 Ⅳ.D922.220.4

中国版本图书馆 CIP 数据核字(2016)第 291154 号

出版	中国科学技术大学出版社 安徽省合肥市金寨路 96 号,230026 http://press.ustc.edu.cn
印刷	安徽联众印刷有限公司
发行	中国科学技术大学出版社
经销	全国新华书店
开本	787 mm×1092 mm 1/16
印张	19
字数	483 千
版次	2017 年 1 月第 1 版
印次	2017 年 1 月第 1 次印刷
定价	38.00 元

前　言

税法是当代中国经济管理类(尤其是财会类)人员知识结构的重要内容之一。会计从业资格考试中的财经法规就要求财务人员掌握依法纳税的基本程序和内容,职称类的会计师考试和执业类的注册会计师等则对财务人员正确计算现实经济中各税种的应纳税额、填写相关申报表、合理进行税务筹划等提出了更高的要求。因此"税法"成为高校财会类专业的一门重要的专业基础课程,是一门研究税收政策变化规律和具体税收法规的科学,是培养财会类学生专业基本能力的基础课程之一。

改革开放后,一方面中国税法一直处于调整和完善中,其变化是频繁的,具有更新领域大、更新内容多的特点;另一方面中国高等教育改革中应用型人才培养的提出也使教材的适用对象出现差异化、个性化的特点。为适应这种变化,市场上的税法教材编写者在前沿内容等方面做了大量更新工作,教材在适用对象上呈现差异性。已经出版的税法教材从适用对象上看大致有两类:一类是适用于综合性大学的,教材编写中理论与政策并重,内容全面,视野更偏向于国际化和企业重组,其案例主要来自于注册会计师、税务师等考试内容,从使用过程看,这类教材对应用型本科院校的学生来说内容偏多偏难,在初学时易使学生产生畏难情绪,继而丧失对该课程的兴趣;另一类是近年来出现的特地为应用型本科院校编写的税法教材,这类教材多是长期从事本科教学的一线教师编写的,减少了教材的内容,减轻了教材的难度,比较适合应用型院校经济管理类本科学生使用,但由于应用型本科建设尚处于探索之中,对学生培养目标和方法的理解不同,教材作为实现院校培养目标的载体亦在探索之中并不断完善。因此,为了更好地实现应用型建设的目标,提高应用型本科学生的能力,我们结合多年的教学实践进行了本书的编写,力求做到以下几点:

(1) 本书内容选择和设计适应应用型本科教学内容的变化。应用型本科建设中在教学内容上尝试改变传统大学课堂"重知识,轻能力;重记忆,轻创新;重理论,轻实践"的现象。与此相适应,我们在本书的编写中选择的内容比较全面,但难度基本为经济法中税收法规的层次,体现该课程引导学生入门的作用。本书在内容设计上对某些适用于特定纳税人、解决特定问题的税收法规用＊注明,在保持法规完整的基础上降低初学同学的学习难度。降低难度并不降低对学生分析、解决问题能力的培养要求,在本书第一章中对税法课程的基本概念和分类进行了详细的讲解,为学生后续的学习夯实基础。在本书第一章和后面的具体内容中对税种的设置意义、现状和演变趋势进行了介绍,使学生了解税制的演变,对中国未来税制的演变趋势有所把握。

(2) 本书内容选择和设计适应应用型本科教学方式的变化。应用型本科建设中在教学方式上尝试改变传统的"填鸭式""满堂灌"的教学模式,加大对学生自主学习以及动手能力的培养。因此我们在本书内容上注重"授人以渔",在第一章中与学生探讨课程的学习方法,培养学生利用网络进行自我学习的能力。在内容讲解中穿插大量的课堂思考、应用训练和案例分析,这些小栏目成为学生在课堂中主动参与学习的媒介和载体。本书知识的介绍和技能的培养并重。对于一些重要的申报表,本书都予以列出并配以相应的案例,可以让学生在课后进行练习,使学生熟悉各类报税表格,理解表格各项目的含义并能正确填写。

(3) 本书内容与最新法规一致。2016年是我国税收领域变化大、变化多的一年,营改增的全面实施和资源税领域矿产品计税的全面改革导致税法教材这些章节与以前相比呈现"面目全非"的景象,因此在本书中,我们根据税法的最新变化予以编写。在增值税和资源税之外,对我国土地增值税的计算和申报表,税务登记管理,个人所得税租赁、出售房屋的计税依据,房产税的计算,契税的计算等进行了部分更新,我们在本书的编写中也查阅了最新的政策。

参加本书编写工作的人员及其分工如下:

汪颖玲(黄山学院):担任主编,承担前言、第一章和第二章;

李阿姣(淮北师范大学):担任副主编,承担第五章和第八章;

张元珺(合肥师范学院):担任副主编,承担第四章和第九章;

高莉(合肥师范学院):担任副主编,承担第七章;

刘谆谆(黄山学院;浙江大学在读博士):承担第三章;

王凤阁(淮北师范大学):承担第六章;

杨书宏(中国人民银行黄山市中心支行;黄山学院外聘教师):承担第十章。

在本书的编写过程中,尽管我们做了很大努力,也参考了兄弟院校和同行专家撰写的相关著述,但囿于我们知识视野和学术水平,书中仍难免存有不足和谬误之处,敬请广大读者和同行专家指正!

本书为安徽省省级特色专业"财务管理专业"(项目号:2013tszy032)、安徽省教育厅高校省级教研项目"应用型本科院校'大学生学习能力'提升的探索——以黄山学院财务管理专业为例"(项目号:2014jyxm349)和安徽省高校人文社会科学研究重点项目"财税改革背景下促进旅游业发展的税收政策研究——以安徽省黄山市为例"(项目号:SK2015A531)的阶段性成果。

最后感谢中国科学技术大学出版社对本书的出版给予的关心和支持,感谢税友集团·浙江衡信教育科技有限公司对本书的案例支持。

编者

2016 年 11 月 14 日

目 录

前言 ………………………………………………………………………………（ⅰ）

第一章 税法概述 …………………………………………………………………（1）
  第一节 税收法律制度的相关概念 ……………………………………………（2）
  第二节 税收法律制度的构成要素 ……………………………………………（5）
  第三节 税收法律制度的分类及我国税收制度的演变 ………………………（9）
  第四节 本课程的研究内容、本书的章节安排、本课程的学习方法和参考资料 ……（13）

第二章 增值税税法 ………………………………………………………………（17）
  第一节 增值税概述 ……………………………………………………………（18）
  第二节 增值税的征税范围 ……………………………………………………（20）
  第三节 增值税的纳税义务人及扣缴人 ………………………………………（31）
  第四节 增值税的税率及征收率 ………………………………………………（33）
  第五节 增值税专用发票的使用及管理 ………………………………………（35）
  第六节 增值税的税收优惠 ……………………………………………………（39）
  第七节 增值税应纳税额的计算 ………………………………………………（42）
  第八节 增值税出口货物劳务退（免）税和跨境应税行为零税率或退（免）税 ……（49）
  第九节 增值税的征收管理 ……………………………………………………（55）

第三章 消费税税法 ………………………………………………………………（80）
  第一节 消费税概述 ……………………………………………………………（81）
  第二节 消费税的计税依据 ……………………………………………………（87）
  第三节 消费税应纳税额的计算 ………………………………………………（89）
  第四节 消费税的纳税申报 ……………………………………………………（93）

第四章 关税税法 …………………………………………………………………（104）
  第一节 关税概述 ………………………………………………………………（105）
  第二节 关税的征税范围及纳税义务人 ………………………………………（106）
  第三节 关税的税率及税收优惠 ………………………………………………（107）
  第四节 关税税额的计算 ………………………………………………………（109）
  第五节 关税的征收管理 ………………………………………………………（111）
  第六节 船舶吨税 ………………………………………………………………（114）

第五章　城市维护建设税及教育费附加税法 (118)
第一节　城市维护建设税税法 (119)
第二节　教育费附加和地方教育附加 (122)

第六章　资源税和土地增值税税法 (126)
第一节　资源税税法 (127)
第二节　土地增值税税法 (138)

第七章　资本化和费用化税税法 (154)
第一节　房产税税法 (155)
第二节　城镇土地使用税税法 (160)
第三节　契税税法 (167)
第四节　耕地占用税税法 (171)
第五节　车辆购置税税法 (174)
第六节　车船税税法 (181)
第七节　印花税税法 (185)

第八章　企业所得税税法 (200)
第一节　纳税义务人、征税对象与税率 (201)
第二节　应纳税所得额的计算 (203)
第三节　资产的税务处理 (214)
第四节　企业所得税应纳税额的计算 (217)
第五节　税收优惠 (222)
第六节　征收管理 (232)

第九章　个人所得税税法 (244)
第一节　个人所得税概述 (245)
第二节　个人所得税的纳税义务人及征税范围 (246)
第三节　个人所得税的税率及税收优惠 (249)
第四节　个人所得税应纳税额的计算 (252)
第五节　个人所得税的征收管理 (261)

第十章　税收征收管理法律制度 (276)
第一节　税收征收管理法律制度概述 (277)
第二节　税收征收管理法及其实施细则 (278)
第三节　税务行政复议 (288)

参考资料 (293)

第一章 税法概述

◆ 本章结构图

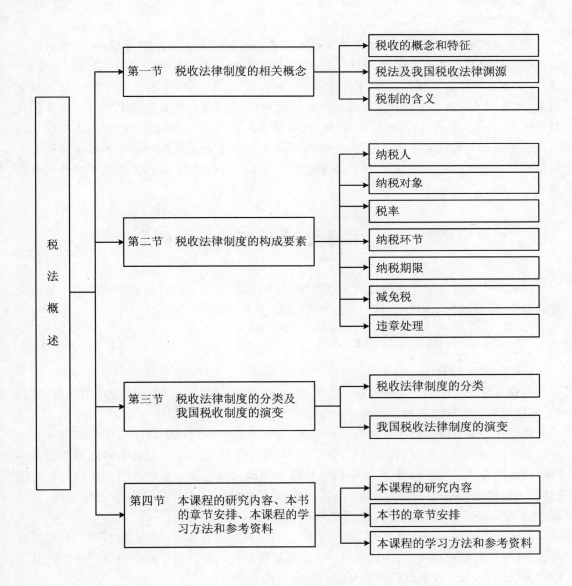

通过本章的学习,了解税法的概念,掌握税收的形式特征,理解税收的作用;了解我国税收法律关系的基本内容;了解税制要素的含义和组成,掌握各税制要素的含义;理解不同税收分类的意义。

现代国家普遍在其宪法中明文规定税收法定。从近代意义上理解的税法,出现的时间远远迟于伴随国家产生的税收,于17世纪在英国逐渐形成。1215年签署的《自由大宪章》规定,英国国王除了自己被俘赎身、长子册封、长女出嫁(仅限一次)三种情况下可以适当征收税金,其他情况下没有全国许可不能征收免奴税和贡金,这是人类历史上第一次对国王征税权的限制。1689年通过的《权利法案》规定,未经国会准许,借口国王特权、为国王征收或供国王使用而征收金钱皆为非法行为,从此人类历史开始了由立法机构通过制定法律的形式获得税收的时代,古老的税收和现代法律之间产生了确定的联系,进入了近现代社会的税收法定时代。

第一节 税收法律制度的相关概念

税收产生的时间早于近现代税法,要理解当今税法,首先必须对税收有基本的了解。近现代社会,随着税收法规的不断扩充和完善,形成了不同的税收制度。

一、税收的概念和特征

(一) 税收的概念

税收是国家为了满足一般的社会公共需要,凭借政治权力,按照法律规定的标准,强制地、无偿地取得财政收入的一种特定的分配形式。

税收作为国家取得财政收入的一种形式,在社会再生产过程中属于分配范畴。社会再生产是生产、分配、交换和消费的统一体。其中,分配是把社会在一定时期内新创造出来的产品或价值分为不同的份额,并决定各个份额中归谁占有的一个重要环节。从国家征税的过程来看,税收就是把一部分社会产品强制地、无偿地转为国家所有,归国家支配使用;从征税的结果看,既没有增加,也没有减少当年的社会总产品或总价值。

税收分配的依据是政治权力。社会总产品的分配权力有两种:一种是财产权力,即所有者权力;另一种是政治权力,即国家权力。国家征税是使一部分属于社会成员所有的产品无偿归国家所有,其分配实现的依据只能是国家的政治权力。

国家利用税收这一分配形式取得财政收入,其目的是满足其履行公共职能的需要。社会再生产的正常运行必须具备一定的外部条件,如和平安定的环境、良好的社会秩序以及各种便利的公共设施等,公共产品不是某个经济组织或个人能够提供的,它必须依赖社会的公共权力机构来提供。

税收分配的对象是社会总产品,其最终来源是剩余产品价值 M 部分,因为社会总产品价值中 C 部分用于补偿生产过程中生产资料的消耗,V 部分用于补偿活劳动的消耗,两者构成生产费用,只能在生产单位内部分配,是保证社会简单再生产顺利进行的条件,不能构成税收分配的最终来源,只有 M 部分才可以由社会统一分配用于社会公共需要。

(二) 税收的形式特征

税收是一个历史范畴。历史上,税收有许多不同名称。我国有贡、助、彻、赋、税、捐、租、课、役等。不同时期、不同国家税收有不同的称呼,但不同社会形态下税收具有一定的共性,这种共性就是税收的形式特征。这种形式特征是税与非税的重要区别。

1. 强制性

税收的强制性,是指国家以社会管理者的身份,凭借政治权力以法律形式确定征纳双方的权利义务关系并保证税收分配的实现。古诗云:纵使深山更深处,亦然无计避征徭。税收的强制性包含两层含义:一是税收法律主体之间权利与义务的不对等性。征税是国家的权利,纳税则是每一个社会成员应尽的义务。二是税款的征收具有强制性,即国家是借助税法形式来保证税收分配实现的。

2. 无偿性

税收的无偿性是指国家征税以后,税款即归国家所有,既不需要再直接归还给纳税人,也不需要向纳税人支付任何报酬或代价。税收无偿性的特征是针对具体纳税人而言的。但从全体纳税人来看,国家在履行其职能过程中为全体纳税人提供了和平安定的环境、良好的社会秩序和便利的公共设施等各种服务,由社会全体成员共同享有,从这个意义上讲,税收具有整体利益返还的特点,不是对某个纳税人直接、个别的利益返还。

3. 固定性

税收的固定性是指国家通过法律形式,预先规定了征税对象、纳税人和税率等征纳行为规则,征纳双方都必须遵守,不能随意改变。

税收的三个特征是密切相连、不可分割的统一体。税收的无偿性决定了税收的强制性,同时税收的无偿性必须以税收的强制性作保障。税收的无偿性和强制性又决定了税收的固定性,而固定性又反过来保证税收的无偿性和强制性的实施。可见,税收的三个特征是统一的、缺一不可的。一种财政收入形式是否为税收,取决于它是否同时具备上述三个特征,而不取决于其具体名称。

【课堂思考】1-1 为什么政府收费、国债不是税收形式?

(三) 税收的作用

1. 筹集财政资金

我国自改革开放以来,税收筹集资金的功能得到了加强,目前在各种财政收入形式中,税收占的比例最高。税收能够稳定地保证及时可靠地取得财政收入。

2. 调节国民经济

运用税收收入总量或税制结构的变化,可以消除或减轻国民经济运行的波动,保持经济稳定和协调增长,实现资源的合理配置。

3. 缓解社会不公

税收作为一种再分配手段,具有改变社会财富分配不公、缩小贫富差距的作用。税收可通过税种的设置、税率的调整、税收加成或税收优惠措施的运用,来调节由于各种原因造成的地区之间、行业之间、个人之间分配的不均衡,从而缓解由于分配不公引起的社会矛盾。

二、税法及我国税收法律渊源

(一) 税法的概念

税法是指税收法律制度,是国家权力机关和行政机关制定的用以调整国家与纳税人之间在税收征纳方面权利与义务关系的法律规范的总称。因此,税法是税收的法律表现形式,税收必须依靠税法确定自己的具体内容。根据税收法规制定机构的不同,具体的税收法规级次不同,法律效力不同,呈现不同的形式,使税法有了广义和狭义之分。广义概念上的税法指法的整体,包括所有调整税收关系的法律、法规、规章和规范性文件。而狭义税法仅指一国拥有立法权的国家机关依照立法程序制定的调整税收关系的法律。

【课堂思考】1-2　指出狭义税法的含义。

(二) 我国税收法律的渊源

税收法律的渊源,是指税收法律规范的外在表现形式和来源。根据我国国家立法体制,不同级次的立法机关行使了不同级次的税收立法权力,从而制定并形成了一系列税收法律、法规、规章和规范性文件,我国税收法律规范的渊源主要有税收法律、税收行政法规、税收行政规章和税收规范性文件。

1. 全国人民代表大会及其常务委员会制定的税收法律

在国家税收中,凡是基本的、全局性的问题,如税收法律关系中征纳双方权利与义务的确定,税种的设置,税目、税率的确定等,都需要全国人大及其常委会以税收法律的形式制定实施,并在全国范围内普遍使用。我国宪法第五十八条规定:"全国人民代表大会和全国人民代表大会常务委员会行使国家立法权。"在我国现行税收法律体系中,《中华人民共和国企业所得税法》《中华人民共和国个人所得税法》《中华人民共和国车船税法》《中华人民共和国税收征收管理法》和《关于外商投资企业和外国企业适用增值税、消费税、营业税等税收暂行条例的决定》(1993年12月全国人大常委会通过)都是税收法律。在税收法律体系中,税收法律具有最高的法律效力,是其他机关制定税收法规、规章的法律依据,其他各级机关制定的税收法规、规章,都不得与宪法和税收法律相抵触。

2. 全国人民代表大会或人民代表大会常务委员会授权税收立法

授权立法是指全国人大及其常委会根据需要授权国务院制定的某些具有法律效力的暂行规定或条例。国务院经授权立法所制定的规定或条例等,具有国家法律的性质或地位,其法律效力高于行政法规,在立法程序上还需报全国人大常委会备案。1984年9月1日,全国人大常委会授权国务院改革工商税制和发布有关税收条例。1985年,全国人大授权国务院在经济体制改革和对外改革开放方面可以制定暂行的规定或条例。我国现行税收体系中的增值税、消费税、资源税和土地增值税这几个条例就是根据全国人民代表大会或人民代表大会常务委员会授权立法由国务院制定的。

3. 国务院制定的税收行政法规

我国宪法规定,国务院可根据"宪法和法律,规定行政措施,制定行政法规,发布决定和命令"。行政法规作为一种法律形式,在中国法律形式中处于低于宪法、法律和高于地方法规、部门规章、地方规章的地位,也是在全国范围内普遍适用的。行政法规的立法目的是保证宪法和法律的实施。行政法规不得与宪法、法律相抵触,否则无效。国务院发布的《税收征收管理法实施细则》《企业所得税法实施条例》等,都是行政法规。

4. 地方人民代表大会及其常务委员会制定的税收地方性法规

根据《地方各级人民代表大会和地方各级人民政府组织法》的规定,省、自治区、直辖市的人民代表大会以及省、自治区的人民政府所在地的市和经国务院批准的较大的市的人民代表大会,有制定地方性法规的权力。由于我国在税收立法上坚持的是"统一税法"的原则,因而地方权力机关制定税收地方法规要严格按照税收的法律授权行事。目前,在我国除海南省、民族自治地区按全国人大的授权立法规定,在遵循宪法、法律和行政法规的原则基础上,可制定有关税收的地方性法规外,其他省市一般都无权制定税收的地方性法规。

5. 国务院税务主管部门制定的税收部门规章

《宪法》第九十条规定:"国务院各部、委员会根据法律和国务院的行政法规、决定、命令,在本部门的权限内,发布命令、指示和规章。"有权制定税收部门规章的税务主管机关是财政部和国家税务总局。税收部门规章在全国范围内具有普遍适用效力,但不得与税收法律、行政法规相抵触。如《中华人民共和国增值税暂行条例实施细则》和《税务代理试行办法》都属于税收部门规章。

6. 地方政府制定的税收地方规章

《地方各级人民代表大会和地方各级人民政府组织法》中规定:"省、自治区、直辖市以及省、自治区的人民政府所在地的市和国务院批准的较大的市的人民政府,可以依据法律和国务院的行政法规,制定规章。"在国务院颁布的城市维护建设税、车船税等地方性税收暂行条例中,都规定省、自治区、直辖市人民政府可根据条件制定实施细则。

三、税制的含义

税制,全称为税收法律制度或税收法律、法规制度,是国家以法律形式规定的各种税收法令和征收管理办法的总称,包括税收法律、法规、条例、实施细则和征收管理办法等。税制的内容也有广义和狭义之分,广义的税制包括税收法规、税收条例、税收征管制度和税收管理体制。狭义的税制主要指税收法规和税收条例。从定义上看,广义的税收制度在属性、表现形式等方面与税法不同,但狭义的税制与税法极其相似,难以区分,以至于学术探讨中有一种观点"我们在谈税收制度时通常又直接把它称为税收法律制度",2015 年的财经法规与会计职业道德书中税法与税制的全称相同。在税法的入门学习和现实运用中可以说:"税收制度的定义和税法概念没有什么区别,是一个东西。"不同教材中"税制要素"和"税法要素"内容是相同的。

现代税法和税收制度是税收在法治社会发展中的两个孪生兄弟,税收、税法和税制三者密切相关又侧重不同,分别在经济、法律、管理等领域从不同角度得到了充足的发展。

【应用训练】1-1　要求学生谈谈教师所指定税种的广义税法和狭义税法。

第二节　税收法律制度的构成要素

税收法律制度的构成要素,即税收制度(税法)的组成要素,简称为税制(税法)要素,指的是各种单行税法具有的共同的基本要素的总称。从各税种角度看,税制要素主要包括纳税人、征税对象、税目、税率、计税依据、纳税环节、纳税期限、纳税地点、减免税和法律责任等方面的内容。

一、纳税人

纳税人,即纳税权利义务人或课税主体,是指依法直接负有纳税义务的自然人、法人和其他组织。既可以是自然人,也可以是法人。

纳税人不一定就是负税人。负税人是指最终承担税收负担的单位和个人。税负转嫁的存在会产生纳税人和负税人不一致的现象。与纳税人相关的概念还有扣缴义务人和税务代理人等。扣缴义务人包括代扣代缴义务人和代收代缴义务人。代扣代缴义务人,是根据税法规定,有义务从其持有的纳税人收入或从纳税人收款中按其应纳税额代为缴纳税款的单位或个人。代收代缴义务人,是根据税法规定,有义务借助与纳税人的经济交往而向纳税人收取应纳税款并代为缴纳的单位。税务代理人是指经有关部门批准,依照税法规定,在一定的代理权限内,以纳税人、扣缴人自己的名义,代为办理各项税务事宜的单位或个人。

二、纳税对象

纳税对象,即征税对象,是征税的目的物。它表明了征税的广度,是一种税区别于另一种税的最主要的标志。

纳税对象有商品或劳务,也可以为收益额,还可以是财产或资源等,国家可根据客观的经济需要选择多种多样的纳税对象,但在选择时需考虑税源。税源是指每一种税的具体经济来源,是各种税收收入的最终出处。有的税种纳税对象与税源是一致的,有的则不同。如所得税,其纳税对象和税源都是纳税人的所得。在财产税中,纳税对象是财产,而税源则是财产的收益或财产所有人的收入。

纳税对象只说明了征税的目的物,它往往是概括的,需要作出具体的说明,税目对纳税对象进行了补充。税目是纳税对象的具体项目,具体地规定了一个税种的征税范围。对于纳税对象复杂,需要规定税目的税种,可采用列举法和概括法来设计税目。

【应用训练】1-2 了解现行税制下某一个税种的税目。

与纳税对象密切联系的另一个概念是计税依据。计税依据是指纳税对象的计量单位和征收标准。计税依据按其性质可以分为两大类:一类以纳税对象的实物形态为计税依据,即按纳税对象的数量、质量、容积、体积等为计税依据。另一类是以价值形态为计税依据,即按纳税对象的价格或价值为计税依据。

三、税率

税率为应纳税额与计税金额之间的比例或征收额度。在征税范围确定的情况下,税率直接关系到纳税人税负的高低,体现了征税的深度,是税制的核心要素。

【课堂思考】1-3 写出应纳税额的公式。

税率有以下三种形式

1. 比例税率

比例税率是指对同一课税对象,不论其数额大小,均按同一个比例征税的税率。比例税率在具体运用时可以分为以下几种:

(1)单一比例税率,即一个税种只采用一种税率,如企业所得税采用税率为25%。

(2)差别比例税率,即一个税种规定不同比率的比例税率。按使用范围可分为:① 产品差别比例税率,即对不同产品规定不同税率,如消费税;② 行业差别比例税率,即按行业的区别规定不同的税率,如营业税;③ 地区差别比例税率,即按不同地区实行不同税率,如城市维护建设税。

(3) 幅度比例税率。一国税法中只规定最低税率和最高税率,各地方相应机构可在此幅度内自行确定一个比例税率。

从征收看,比例税率计算简便,且在形式上表现为同一纳税对象不同纳税人税收负担相同,税负比较均衡合理,但从纳税人负担能力角度来看,比例税率不能体现能力大者多负税、能力小者少负税的原则,调节收入的能力有限。

2. 累进税率

累进税率是按同一纳税对象的数额或相对量的大小,将其划分为若干等级,并规定不同等级的税率。纳税对象数额越大,税率越高;数额越小,税率越低。累进税率能够贯彻量能负担的原则,可以灵活地调节收入,使社会财富分配的差距缩小。

按累进依据和累进方式的不同,累进税率有以下四种:

(1) 全额累进税率。全额累进税率是指对纳税对象的全部数额都按照与之相应等级的税率计税,一定纳税对象的数额只适用一个等级的税率。

(2) 超额累进税率。在超额累进税率中,把纳税对象按数额大小划分为若干等级,每个等级由低到高规定相应的税率,在纳税对象提高一个等级时,只有超过部分按照提高一级的税率征税,每个等级的纳税对象数额分别按该等级的税率计税。

(3) 全率累进税率。全率累进税率与全额累进税率的原理相同,区别在于全额累进税率的累进依据是纳税对象的数额,而全率累进税率的累进依据是纳税对象的某种比率。

(4) 超率累进税率。超率累进税率与超额累进税率的原理相同,区别在于超额累进税率的累进依据是纳税对象的数额,而超率累进税率的累进依据是纳税对象的某种比率。

全额累进税率和全率累进税率的优点是计算简便,但在两个级距的临界点处会出现税负增加超过应税所得额的不合理现象;超额累进税率和超率累进税率计算较为复杂,但累进幅度缓和,税收负担较为合理。

【应用训练】1-3 在表 1.1 税率下,设甲、乙两纳税人应税所得额分别为 10 000 元和 10 001 元,用全额累进税率与超额累进税率两种方法分别计算甲、乙的应纳税额并指出其名义税率与实际税率。

表 1.1 累进税率表

级次	全年应税所得额	税率	速算扣除数
1	0~5 000	5%	
2	5 000.01~10 000	10%	
3	10 000.01~30 000	20%	
4	30 000.01~50 000	35%	

3. 定额税率

定额税率亦称税额,是按纳税对象的一定计量单位规定固定税额,而不是规定征收比例。定额税率有以下几种形式:

(1) 地区差别定额税率,即对不同地区规定不同的税额。

(2) 幅度定额税率,即税法只规定一个税额幅度,由各地相关机构根据该地区的实际情况在税法规定的幅度内,确定一个执行税额。

（3）分类分级定额税率,即把纳税对象划分为若干个类别和等级,对各类、各级分别规定不同的税额。

四、纳税环节

纳税环节是指对处于运动中的课税对象,选择应当缴纳税款的环节。

一个税种按其在商品流转的众多环节中选择纳税环节的多少,可以分为两种类型:单环节课征制和多环节课征制。单环节课征制,即同一种税在商品流转的许多环节中只确定一个环节征税,这种类型称为"一次课征制"。多环节课征,即同一种税在商品流转的两个或两个以上环节征税,甚至全部环节都征税。其中若选定两个环节课征,称为"二次课征制";若各个环节都课征,称为"多次课征制"。

五、纳税期限

纳税期限是指税法规定的纳税人应当缴纳税款的期限。它是税收的强制性和固定性在时间上的表现。

纳税期限的确定主要考虑以下几个方面的因素。首先,要根据国民经济不同部门生产经营的不同特点和不同的纳税对象来确定。其次,要根据纳税人缴纳税款数额的多少确定纳税期限。在具体执行中,可分为按期纳税和按次纳税两种。按期纳税,即以纳税人发生纳税义务的一定时间如1天、3天、5天、10天、1个月或1年等作为纳税期限;按次纳税,即以纳税人发生纳税义务的次数作为纳税期限。

六、减免税

减免税是税收制度中对某些纳税人和课税对象给予鼓励和照顾的一种规定。减税是对应纳税额少征收一部分;免税是对应纳税额全额予以免征。主要包括以下内容。

1. 起征点

起征点是课税达到征税数额开始征税的界限。课税对象的数额未达到起征点的不征税,达到或超过起征点的,就课税对象的全部数额征税。

2. 免征额

免征额是税法规定的在课税对象总额中免于征税的数额,它是按照一定标准从全部课税对象总额中预先减除的部分。免征额部分不征税,只就超过免征额的部分征税。

【应用训练】1-4　有甲、乙、丙三个纳税人,收入额甲为6 000元,乙为5 000元,丙为4 000元,设税率为10%,分别计算起征点和免征额为5 000元下各纳税人的应纳税额。如表1.2所示。

表1.2　起征点和免征额计算比较表

纳税人	收入	5 000元起征点		5 000元免征额	
		计税依据	应纳税额	计税依据	应纳税额
甲	4 000				
乙	5 000				
丙	6 000				

3. 减税免税规定

减税免税规定是对特定的纳税人和特定的课税对象所作的某种程度的减征税款或全部免征税款的规定。

七、违章处理

违章处理是对纳税人违反税法行为所采取的教育处罚措施。它体现了税法的强制性，是维护国家税法严肃性的重要手段。

第三节 税收法律制度的分类及我国税收制度的演变

一、税收法律制度的分类

税收法律制度的分类是按一定的标准把性质相同或相近的税收法规划归为一类。科学合理的税收分类，既有助于分析各种税制的结构，又有助于分析税源的分布和税收负担的状况以及税收对经济的影响。

不同标准下可以对一国税收进行不同的分类，主要有以下几种分类方式。

（一）按税法的功能作用不同，分为税收实体法和税收程序法

税收实体法是规定税收法律关系主体的实体权利、义务的法律规范总称。税收实体法具体规定了各种税种的征税对象、征收范围、税目、税率、纳税地点等。增值税、企业所得税等税种的法规就属于实体法。

税收程序法是税务管理方面的法律规范总称。我国的税收征管、发票管理等方面的法规都属于程序法。

（二）按计税标准不同，分为从价税和从量税

按计税标准的不同，可将税种分为从价税和从量税。从价税是以征税对象的价值形式为计税依据的税种，这类税一般实行比例税率或累进税率，因此又被称为从价定率计征的税收。从量税是以征税对象的质量、容积、面积和数量等为计税依据的税种，一般实行定额税率，因此又被称为从量定额计征的税收。

（三）按税收收入的管理和受益权限不同，分为中央税、地方税和共享税

按税收收入的管理和受益权限的不同，可将税种划分为中央税、地方税和共享税。中央税是指财政收入属于中央政府的，由国家税务局负责征收管理的税种。我国目前税制中的消费税、关税、进口增值税和车辆购置税为中央税。地方税是指财政收入属于地方各级政府的，由地方税务局负责征收管理的税种。我国目前税制中的城镇土地使用税、耕地占用税、土地增值税、房产税和契税为地方税。中央和地方共享税，是指属于中央政府和地方政府财政的共同收入的税种。我国目前税制中的增值税、企业所得税、营业税、资源税和印花税都属于共享税。

（四）按税负转嫁不同，分为直接税和间接税

按税负能否转嫁，可将税收分为直接税和间接税两类。直接税是由纳税人直接负担税款的税种，如所得税。间接税是纳税人将税负转嫁给他人负担的税种，如增值税。

（五）按税收与价格的不同，分为价内税和价外税

按税收与价格的关系，可将税收分为价内税和价外税。若税金构成商品或劳务价格组成部分，以含税价格作为计税依据的税种为价内税。价外税是指税金为价格之外的一个附加额，必须以不含税价格作为计税依据的税种。

（六）按征税对象不同，分为流转税、所得税、财产税、行为税和资源税

税收按征税对象的性质不同，可分为流转税、所得税、财产税、行为税和资源税。

流转税是以商品流转额（商品销售额）和非商品流转额（劳务收入额）为征税对象的税种，如增值税、消费税和关税等税种。

所得税是以所得额为征税对象的税种，如个人所得税与企业所得税。

财产税是以财产为征税对象的税种，如房产税、车船税和契税。

行为税是以某些特定的行为为征税对象的税种，如印花税、城建税等。

资源税是以资源的绝对收益和级差收益为征税对象的税种，如资源税、耕地占用税等。

二、我国税收法律制度的演变

1949~1957年中央人民政府政务院在总结老解放区税制建设经验和清理旧中国税收制度的基础上建立了中华人民共和国新税制，初步建立了新中国税制的框架。1958~1978年受经济体制的影响，中国的工商税制处于简化过程中。随着中国经济的发展，为充分发挥税收的经济杠杆作用，中国的税制必须适应经济发展不断进行配套改革调整。改革开放后，到1993年的税制改革主要表现为伴随中国市场经济体制建立需要进行的补丁式改革，先后进行了中外合资经营企业所得税法等涉外税制的建立、流转税的改革和企业所得税的完善等，根据经济形势的发展不断推出新法规，并在20世纪90年代初进行梳理，于1994年1月1日颁布了增值税、消费税、资源税等一系列法规，初步形成了适应市场经济体制的税收框架，一直沿用到今天。

（一）1994年建立的税制框架

1994年开始的中国税制体系在建立初期共有25种税，以课税对象为标准具体分为以下几类。

1. 流转税类

流转税类包括增值税、消费税、营业税和关税4种税。这些税种通常是在生产、流通或者服务领域中，按照纳税人取得的销售收入、营业收入或者进出口货物的价格（数量）征收的。

2. 所得税类

所得税类包括企业所得税（适用于国有企业、集体企业、私营企业、联营企业、股份制企业等各类内资企业）、外商投资企业和外国企业所得税、个人所得税3种税。这些税种是按照生产、经营者取得的利润或者个人取得的收入征收的。

3. 资源税类

资源税类包括资源税和城镇土地使用税2种税。这些税种是对从事资源开发或者使用城镇土地者征收的，可以体现国有资源的有偿使用，并对纳税人取得的资源级差收入进行调节。其中城镇土地使用税在1994年改革中仅对内资企业和个人适用。

4. 特定目的税类

特定目的税类包括城市维护建设税、耕地占用税、固定资产投资方向调节税（2000年后

暂停征收)和土地增值税4种税。这些税种是为了达到特定的目的,对特定对象进行调节而设置的。其中城镇土地使用税和城市维护建设税在1994年改革中仅对内资企业和个人适用。

5. 财产税类

财产税类包括房产税、城市房地产税和遗产税(尚未立法开征)3种税。顾名思义,这些税种是以财产为课税对象设置的。其中房产税在1994年改革中仅对内资企业和个人适用,对涉外企业和个人适用20世纪50年代制定的城市房地产税。

6. 行为税类

行为税类包括车船使用税、车船使用牌照税、印花税、契税、证券交易税(尚未立法开征)、屠宰税和筵席税7种税。这些税种是对特定的行为征收的。其中车船使用税在1994年改革中仅对内资企业和个人适用,对涉外企业和个人适用车船使用牌照税。

7. 农牧业税类

农牧业税类包括农业税(含农业特产税)和牧业税两种税。这些税种是对取得农业收入或者牧业收入的企业、单位和个人征收的。

税种所属税类在前两种税类中是没有争议的,而后面几类税类的分类中,各税种的归属并不唯一,不同角度有不同的理解,如车船使用税既可能归属于行为税类,又可能归属于财产税类。后面几类税在我国税收体系中所占比重不大。

(二) 1994年税制框架的改革

1994年施行的税制在较长时间内对于保证财政收入、加强宏观调控、扩大开放和促进经济与社会的发展起到了重要的作用。但随着我国经济改革的深化,税种的具体内容与经济发展之间的不吻合日益凸显,在21世纪初陆续进行了以下优化改革。

1. 统一中外纳税人的税收法律制度

自2007年1月1日起,废止了车船使用税和车船使用牌照税法规,对内外纳税人统一适用《中华人民共和国车船税暂行条例》,实现了内外车船税的统一。

2007年3月6日第十届全国人民代表大会第五次会议通过的,于2008年1月1日起施行的《中华人民共和国企业所得税法》既适用于在中国境内成立的企业、事业单位和社会团体以及其他取得收入的组织,也适用于依照外国(地区)法律成立的企业和其他取得收入的组织,实现了内外企业适用企业所得税法规的统一。

2008年12月31日国务院发布的第546号令规定,自2009年1月1日起,废止《城市房地产税暂行条例》,外商投资企业、外国企业和组织以及外籍个人依照《中华人民共和国房产税暂行条例》(国发〔1986〕90号)缴纳房产税。

2010年11月29日,国税函〔2010〕587号《关于做好统一内外资企业和个人城市维护建设税和教育费附加制度有关工作的通知》中规定,自2010年12月1日起,将外商投资企业、外国企业及外籍个人纳入城市维护建设税和教育费附加的征收范围,实现了城市维护建设税和附加税中外纳税人的统一。

2. 完善更适合市场经济运行的税收法律制度

与交通和车辆税费改革配合,国务院于2001年1月1日开征了车辆购置税。在中国与此相配套的燃油税并未开征,对燃油征税体现在消费税中汽油和不同排量汽车消费税税率的差异上。

为减轻农民的负担,2006年,我国废除了农业税和农业特产税。考虑到部分县市财政对农产品的依赖性,于 2006 年开征了烟叶税,属于农业特产税的一种。

2008 年施行《中华人民共和国企业所得税法》,税收优惠由原来的按地区设置偏好改为按行业和地区同时进行税收优惠的设置。

2009 年 1 月 1 日起,中国增值税由生产型转为消费型,准予纳税人对购进固定资产抵扣进项税额。

2011 年 9 月 30 日,修订的《资源税条例》开始对资源税仅实行定额税率改为引进比例税率。

2012 年 1 月 1 日,中国开启了营业税改增值税的试点。

2006 年、2014 年年底和 2015 年年初,中国消费税的税目进行了一定的调整。

3. 完整税款抵扣链的营改增试点法规

1994 年税制改革中在货物和劳务领域分别征收增值税和营业税导致了中国流转税制的复杂化,也使税款抵扣链条断裂,因此与国际惯例接轨进行增值税扩围是税务部门征管水平上升后必然的改革。

改革前,货物(有形动产)和加工、修理修配劳务为增值税的征税范围。营业税的征税范围则包括交通运输业、建筑业、金融保险业、邮电通信业、文化体育业、娱乐业和服务业 7 个行业,以及转让无形资产和销售不动产 2 个行为。

2011 年 11 月 16 日颁布的财税〔2011〕110 号《营业税改征增值税试点方案》中对我国营业税改征增值税提出了总体的规划,将分地区、分行业试点,然后推广到全国。

2012 年 1 月 1 日,首先以交通运输业(不包括铁路运输)和部分现代服务业在上海进行营改增的试点,接着在北京、安徽等省市继续试点,最后于 2013 年 8 月 1 日开始在全国范围内推行交通运输业和部分现代服务业营改增试点。

有了交通运输业和部分现代服务业成功试点的经验,后期推出的行业营改增试点就直接在全国展开。自 2014 年 1 月 1 日起,在全国范围内开展铁路运输和邮政业营改增试点。自 2014 年 6 月 1 日起,在全国范围内开展电信业营改增试点。

2016 年 5 月 1 日起,我国将建筑业、金融保险业、娱乐业、生活服务业和房地产行业纳入营改增试点,试点领域覆盖所有行业,营改增在全国范围内全面推开,营业税退出历史舞台。

营改增是目前中国税制领域改革的重要内容,但对货物劳务销售行为征收流转税的合并并未使 1994 年中国税制框架发生质的变化,这种改革只是按照国际惯例对原先税制进行优化。

1994 年后,中国税收领域虽然改革不断,但都未改变流转税比重较大,财权集中中央的基本格局,因此上述改革都是 1994 年税制的进一步优化的过程。

财税体制对一国经济的发展将产生深刻的影响,2013 年 11 月 12 日中国共产党第十八届中央委员会第三次全体会议通过《中共中央关于全面深化改革若干重大问题的决定》提出财政是国家治理的基础和重要支柱,科学的财税体制是优化资源配置、维护市场统一、促进社会公平、实现国家长治久安的制度保障。因此未来中国税制将继续改革,且可能会产生类似于 1994 年税制改革那样对整个国家经济产生深刻影响的改革。改革趋势有:重新划分中央税和地方税,构建良性循环的地方税体系;对某些课税对象重复征税和某些领域税种缺失进行调整;降低征税成本等。

第四节　本课程的研究内容、本书的章节安排及本课程的学习方法和参考资料

"税法"是研究中国税收征纳方面权利与义务关系的法律规范、揭示中国税收法律的特点和规律的学科。对于经济管理类的学生来说，"税法"既包括实体税法，又包括程序税法；既需要了解税法的基本要素、各单行税法的基本内容，又需要了解税款的缴纳申报、管理等基本运用。20世纪80年代后中国税制一直处于改革调整中，因此税法的学习是一种长期的学习，通过本课程的学习，建立我国税制的基本框架，了解我国税制的改革趋势，会进行税收征管的运用，在此基础上，对于税法未来可能的改革，要学会借助一定的手段进行知识的自我更新和调整。

一、本课程的研究内容

（一）税收法律制度的概念、组成要素和分类等

在现代社会中，有税必有法，无法不成税，市场经济国家形成了系统的完整的税收法律体系，改革开放后中国也逐渐形成了与经济发展相配套的税收法律制度。在经济发展的不同时期税收法律制度的具体内容有所不同，但以法律形式出现的税收制度一定会有一些共性的内容，如现代意义上的税收法律定义的范围和形式，具体的实体税法和程序税法共同的组成要素，不同国家不同税收法规的分类等，这些是学习具体税收法律之前必须要了解和掌握的。掌握了通用的税收法律制度的概念、组成要素和分类，我们在不同国家的不同税收法律制度或一个国家不同时期法律制度前才不至于茫然无措；能够用基本的概念和方法对变化的法规进行分析和梳理。

（二）中国现行实体税法律制度的具体内容

2016年年初，中国的实体税法有增值税、消费税、营业税、关税、船舶吨税、城市维护建设税及教育附加费、资源税、土地增值税、企业所得税、个人所得税、耕地占用税、契税、城镇土地使用税、房产税、车辆购置税、车船税、印花税、烟叶税等18个税种及附加。在18个税种中，随着中国营改增的最终完成，营业税税种将退出历史舞台，对于货物和劳务的流转都统一采用增值税进行调节。烟叶税的征税范围和纳税人适用面较小，对于刚刚接触税法的经济管理类学生来说，去掉这个税种在减少学生负担的同时并不会对中国实体税法完整性的认识造成较大的缺失，因此本课程中将不涉及烟叶税的具体内容。

在所有的实体税法规中，纳税人、征税范围、税率、纳税地点等税制要素是必须介绍的内容，除此以外，各税种应纳税款数额的确定和常见业务中申报表的填列也是要求各位同学掌握的。

（三）我国现行程序税法律制度的具体内容

截至2016年年初，中国的程序税法有税收征管法、税收行政复议法等。税收征管法对由税务机关征收的各种税收的税务管理、税款征收和税务检查的程序、征税过程中征纳主体的法律责任等进行了具体的规定。对于征税双方发生的争议采用税收行政复议方式解决的情形、程序和期限等内容在税收行政复议法规中进行了详细的规定。

二、本书的章节安排

本书分 3 个部分,共 10 章,如表 1.3 所示。

表 1.3 本书的章节安排

组成部分	章 数	内 容
税法概述	第一章	税收法律制度的基本概念、构成要素、分类及我国税收制度的演变
我国实体税法律制度	第二章至第九章	增值税、消费税、关税、城市维护建设税及教育附加费、资源税、土地增值税、耕地占用税、契税、城镇土地使用税、房产税、车辆购置税、车船税、印花税、企业所得税、个人所得税
我国程序税法律制度	第十章	征税管理法规和税务行政复议

三、本课程的学习方法和参考资料

改革开放后,中国税法一直处于不断调整完善中,进入 21 世纪后,税法的一些细节内容更新更是频繁,因此在税法的学习中,在了解税制的基本框架、基本概念和改革趋势的基础上,对于税款申报本课程将在政策讲解的基础上配套具体案例,注重培养学生分析、理解各种表格的能力,而对于税法的细节改革则强调培养学生自我更新的能力。

对于刚入门学习税法的经济管理类学生来说,吃透教材是基本要求。建议有余力的同学在学习期间或后期自我学习过程中需要阅读如下相关纸质资料:

(1) 税法类教材(新版本);
(2) 会计从业中的财经法规与职业道德;
(3) 会计初级职称中的经济法基础;
(4) 注册会计师税法;
(5) 税务师税法(Ⅰ)、税法(Ⅱ)。

由于我国税法的细节部分更新较快,有时候纸质材料也难免有所滞后,那么对于最新法规的了解就需要借助各种网络平台,养成平时浏览积累的好习惯,了解我国税收领域的法规更新。在网络上有很多系统、更新较快的网络平台,同学们可以自己去摸索熟悉,可进相关网页寻找需要的法规政策,如:

(1) 国家税务总局 http://www.chinatax.gov.cn;
(2) 安徽省国家税务局 http://www.ah-n-tax.gov.cn/antax/index.html;
(3) 财刀网 http://www.caidao8.com。

【应用训练】1-5 要求学生在网络上找出教师指定的我国一个或几个税种的法规。

◆ 内容提要

税法是指税收法律制度,是国家权力机关和行政机关制定的用以调整国家与纳税人之间在税收征纳方面权利与义务关系的法律规范的总称。

我国税收法律渊源主要包括全国人民代表大会和全国人大常委会制定的税收法律,全国人大或人大常委会授权立法、国务院制定的税收行政法规,地方人大及其常委会制定的税收地方性法规,国务院主管部门制定的税收部门规章和地方政府制定的税收地方规章。

税法要素包括纳税人、课税对象、税率、纳税环节、纳税期限、纳税地点、减免税和违章处理等。

税法可按计税标准、税负转嫁、征税对象等进行分类。

◆ **关键词**

税收　税收法律制度　税法要素　税法分类　税法演变

◆ **练习题**

一、简答题

1. 税法的含义是什么？税法、税收与税制有什么关系？
2. 税收法律渊源包括哪些内容？
3. 税法要素的主要内容及其含义是什么？
4. 写出不同标准下的税法分类并解释各类税法的含义。
5. 我国1994年税制框架建立后有哪些优化改革？
6. 我国目前的实体税税种有哪些？

二、单项选择

1. 下列各项中,属于税收法律的是(　　)。
   A.《中华人民共和国企业所得税法实施条例》
   B.《中华人民共和国税收征收管理法》
   C.《中华人民共和国增值税暂行条例》
   D.《税务部门规章制定实施办法》

2. 税法规定的直接负有纳税义务并享有纳税人权利的单位和个人为(　　)。
   A. 扣缴人　　　　B. 纳税人　　　　C. 负税人　　　　D. 纳税单位

3. 有义务借助与纳税人的经济交往而向纳税人收取应纳税款并代为缴纳的单位指的是(　　)。
   A. 负税人　　　　B. 代扣代缴义务人　　C. 纳税人　　　　D. 代征代缴义务人

4. 以价值形态为计税依据的税种称为(　　)。
   A. 复合税　　　　B. 选择税　　　　C. 从量税　　　　D. 从价税

5. 只选择在纳税对象的某一个环节征税的税种为(　　)。
   A. 一次课征制税种　　　　　　　　B. 两次课征制税种
   C. 三次课征制税种　　　　　　　　D. 多次课征制税种

6. 税法规定对征税对象开始征税的起点数额称为(　　)。
   A. 免征额　　　　B. 减税额　　　　C. 起征点　　　　D. 免税额

7. 按课税对象分,关税属于(　　)。
   A. 所得税类　　　B. 流转税类　　　C. 财产税类　　　D. 行为税类

8. 根据不同的标准可以对税法进行不同的分类。对税法所作的下列分类中,以税法功能作用的不同作为分类标准的是(　　)。
   A. 税收法律、税收行政法规、税收规章　　B. 税收实体法和税收程序法
   C. 税收根本法和税收普通法　　　　　　D. 税收一般法和税收特别法

9. 下列各项中,不属于减免税基本形式中的税基式减免的是(　　)。
   A. 起征点　　　　B. 零税率　　　　C. 项目扣除　　　D. 跨期结转

10. 我国营改增试点开始于( )。
A. 2008年12月31日 B. 2009年1月1日
C. 2011年12月31日 D. 2012年1月1日

三、多项选择

1. 累进税率可以分为以下几种形式( )。
A. 全额累进税率　　B. 比例税率　　C. 超额累进税率　　D. 定额税率
2. 比例税率包括以下形式( )。
A. 单一比例税率　　B. 幅度比例税率　　C. 地区差别比例税率　D. 定额税率
3. 按税收和价格的关系分,税收可分为( )。
A. 从价税　　B. 价内税　　C. 从量税　　D. 价外税
4. 税收具有( )。
A. 强制性　　B. 无偿性　　C. 规范性　　D. 固定性
5. 流转税类包括( )。
A. 增值税　　B. 营业税　　C. 消费税　　D. 城市维护建设税

第二章 增值税税法

◆ 本章结构图

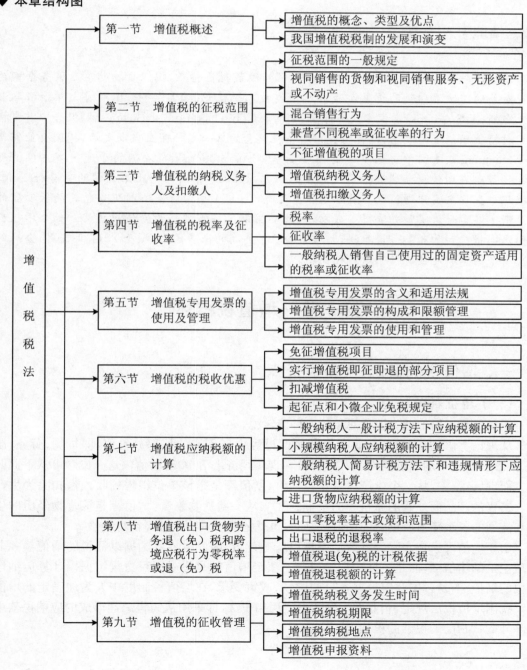

学习目标

通过本章的学习,了解什么是增值税以及增值税有哪些类型;了解增值税的优点和增值税税制在我国的发展和演变;掌握我国现行增值税的征税范围、纳税人、税率和减免税等税制要素;了解我国增值税纳税人的分类;掌握增值税应纳税额的计算;理解我国增值税出口退税政策;掌握我国增值税的纳税申报。

虽然流转税具有"既拔鹅毛又不让鹅叫"的隐蔽税负特点,但以货物销售或服务全额为课税对象的传统累积税的重复征税弊端逐渐被人们认识。1917年美国耶鲁大学经济学教授亚当斯(T S Adams)在国家税务学会《销售税(The Taxation of Business)》报告中首先提出了对增值额征税的概念,被称为提出增值税概念的第一人。在亚当斯之后,德国企业家西门子(Siemens)、美国学者保罗·史图登斯基(Paul Studenski)、法国的于连·罗杰(Julien Roger)等都在增值税领域进行了进一步的研究,1950年美国哥伦比亚大学的肖普(Shoup)教授几乎在日本实施增值税。最终增值税思想于1954年由时任法国税务总局局长助理的莫里斯·洛雷付诸实践并取得了成功,因此莫里斯·洛雷被誉为增值税之父。如今增值税已由法国推广到欧洲、亚洲、非洲、大洋洲和拉丁美洲的很多国家,截至2011年3月,全球约有171个国家和地区实行了增值税税制。

第一节　增值税概述

一、增值税的概念、类型及优点

(一)增值税的概念

增值税是以增值额为课税对象的一种流转税。

从理论上讲,增值额是企业在生产经营过程中新创造的那部分价值,即货物、劳务、服务、无形资产或不动产价值中 $V+M$ 部分。现实经济生活中,对增值额这一概念可从下面两个方面理解:第一,从一个生产经营单位来看,增值额是指该单位销售的收入额扣除为生产经营销售的产品而外购的原料等的余额;第二,从一项货物来看,增值额是该货物经历的生产和流通的各个环节所创造的增值额之和,也就是该项货物的最终销售价值。

由于增值因素在实际经济活动中难以精确计量,因此世界各国据以征税的增值额并非是理论上的增值额,而是一种法定增值额。法定增值额是指一国税法规定据以计算应纳增值税的增值额,是各国政府根据各自的国情、政策要求,在增值税制度中人为地确定的增值额。我国增值税法规定,企业增值额的确定用扣税法,即采用从销售总额形成的应纳税款中扣除外购货物已纳税款的税款抵扣法。

（二）增值税的类型

一般各国对外购流动资产所承担的增值税税金都允许税前抵扣，而对于外购固定资产所承担的增值税税金的扣除有不同处理方式，因此形成了不同的增值税类型。

1. 生产型增值税

即购买固定资产所支付的增值税税金不允许抵扣当期的销项税额，而是作为固定资产入账价值的一个组成部分。就全社会而言，增值额相当于国民生产总值，因此被称为生产型增值税。我国改革开放后长时间内实行的都是生产型增值税，21世纪后开始向消费型增值税转型，2009年1月1日起开始实行消费型增值税。

2. 消费型增值税

即购买固定资产所支付的增值税税金不计入固定资产入账价值，允许一次性抵扣当期的销项税额。就全社会而言，增值对象仅限于新创造的消费资料价值部分，因此被称为消费型增值税。消费型增值税被全世界大多数征收增值税的国家所采用。

3. 收入型增值税

即购买固定资产所支付的增值税税金按固定资产折旧的方式逐渐从销项税额中抵扣。就全社会而言，增值额相当于国民收入，因此被称为收入型增值税。

【课堂思考】2-1　外购固定资产的增值税税金允许抵扣当期销项税额在会计中体现在什么账户中？

【应用训练】2-1　说说财务会计中生产型增值税和消费型增值税下购入固定资产的会计分录。

（三）增值税的优点

1. 实行普遍征收，体现中性税的原则

增值税的征税范围涉及商品生产、进口和流通等各个环节，涉及工业、农业、商业等诸多行业，是一个普遍征税的税种。

2. 仅对增值额征税，避免重复征税

传统的产品税以销售额全额为计税依据，不允许扣除外购货物所承担的税款，货物流通等环节重复征税现象严重，而增值税仅对货物销售中增值额的部分征税，有效地避免了重复征税。

3. 逐环节征税，逐环节扣税

一种商品或劳务从生产到最终消费环节，每一个环节都要按其全部销售额计算销项税额，同时抵扣进项税额。通过逐环节征税和扣税，不同规模的企业都仅就增值额部分向政府缴纳增值税，经营者实际税负基本相同，有利于市场经济下各种类型企业的发展。

二、我国增值税税制的发展和演变

增值税自1954年在法国问世后，由于其自身的优点纷纷被各国采用，取代了传统的产品税。20世纪80年代我国改革开放后也引入了增值税税制。

1979年我国引进增值税并在部分地区和行业进行试点。经过十多年的探索，1993年12月13日国务院发布了《中华人民共和国增值税暂行条例》（下文简称条例），同年12月25日，财政部发布了《中华人民共和国增值税暂行条例实施细则》（下文简称《细则》），规定于1994年1月1日开始在我国货物和加工修理修配领域实施增值税。增值税、消费税、营业税和关税是我国1994年税制流转税体系的骨干税种。

在1993年增值税税制的基础上，2008年国务院和财政部对条例和实施细则分别进行了修订，修订后的法规均自2009年1月1日起施行。上述条例和细则以及国务院、财政部和国家税务总局等陆续发布的其他有关增值税的规定和办法构成了我国增值税的法律制度。

财税〔2011〕110号《营业税改征增值税试点方案》中规定中国营业税改征增值税试点分地区、分行业逐步开展，因此其试点法规也因改革的推进不断替换，2016年3月23日财政部国家税务总局颁布的财税〔2016〕36号《关于全面推开营业税改征增值税试点的通知》（下文简称通知）为本书出版时营改增领域最新的总体性法规，在该法规中规定自2016年5月1日起在全国范围内全面推开营改增试点，对试点实施办法、事项、跨境应税行为适用增值税零税率和免税政策以及过渡政策在4个附件中进行了详细规定。在通知法规出台后，国家还颁布了配合全面营改增的一系列细节性的规章法规。

由于本书出版时我国尚处于营改增试点阶段，因此营改增前的法规基本来源为2008年修订的条例和细则，营改增试点法规基本来源为2016年颁布的通知，本章后面内容的阐述基本以这两类法规为依据。营改增试点结束后必将对上述两类法规进行整合，形成全面调控我国货物劳务领域的新的增值税税制。

第二节　增值税的征税范围

根据增值税暂行条例和通知等法规的规定，在我国境内销售货物，提供加工、修理修配劳务，销售服务、无形资产或者不动产以及进口货物的单位和个人，为增值税的纳税人。因此目前我国增值税的征税范围为销售货物或提供加工、修理修配劳务，销售服务、无形资产或者不动产以及进口货物。

一、征税范围的一般规定

对于增值税的征税范围的理解，从总体上看可以分为三个部分，即分为销售货物或进口货物；提供加工、修理修配劳务（增值税条例中简称应税劳务）；销售服务、无形资产或者不动产（营改增通知中简称应税行为）。具体来说以下需要大家进一步理解。

（一）销售货物

所谓销售货物，是指在中华人民共和国境内有偿转让货物的所有权。按增值税细则的解释，境内是指销售货物的起运地或者所在地在境内；提供的应税劳务发生地在境内。货物，是指有形动产，包括电力、热力、气体在内。有偿，是指从购买方取得货币、货物或者其他经济利益。因此，凡是在我国境内销售货物，无论是取得货币，还是获得货物或其他经济利益，都属于增值税的征税范围。

无形资产的销售和不动产的销售不属于增值税的销售货物，属于营改增中的销售无形资产和不动产。

进口货物，是指进入中国关境的货物，包括贸易性进口的商品和个人携带、邮寄进口的物品等。

（二）提供加工、修理修配劳务

所谓提供加工、修理修配劳务，是指在中国境内有偿提供加工、修理修配劳务。单位或者个体工商户聘用的员工为本单位或者雇主提供加工、修理修配劳务，不包括在内。加工，是指受托加工货物,即委托方提供原料及主要材料,受托方按照委托方的要求,制造货物并收取加工费的业务。修理修配,是指受托对损伤和丧失功能的货物进行修复,使其恢复原状和功能的业务。

(三)销售服务、无形资产或者不动产的总体规定

销售服务、无形资产或者不动产,是指有偿提供服务、有偿转让无形资产或者不动产,但属于下列非经营活动的情形除外:

(1)行政单位收取的同时满足以下条件的政府性基金或者行政事业性收费。

① 由国务院或者财政部批准设立的政府性基金,由国务院或者省级人民政府及其财政、价格主管部门批准设立的行政事业性收费;

② 收取时开具省级以上(含省级)财政部门监(印)制的财政票据;

③ 所收款项全额上缴财政。

(2)单位或者个体工商户聘用的员工为本单位或者雇主提供取得工资的服务。

(3)单位或者个体工商户为聘用的员工提供服务。

(4)财政部和国家税务总局规定的其他情形。

有偿,是指取得货币、货物或者其他经济利益。

在境内销售服务、无形资产或者不动产,是指:

(1)服务(租赁不动产除外)或者无形资产(自然资源使用权除外)的销售方或者购买方在境内。

(2)所销售或者租赁的不动产在境内。

(3)所销售自然资源使用权的自然资源在境内。

(4)财政部和国家税务总局规定的其他情形。

下列情形不属于在境内销售服务或者无形资产:

(1)境外单位或者个人向境内单位或者个人销售完全在境外发生的服务。

(2)境外单位或者个人向境内单位或者个人销售完全在境外使用的无形资产。

(3)境外单位或者个人向境内单位或者个人出租完全在境外使用的有形动产。

(4)财政部和国家税务总局规定的其他情形。

(四)应税行为中销售服务的理解

销售服务,是指提供交通运输服务、邮政服务、电信服务、建筑服务、金融服务、现代服务、生活服务。

1. 交通运输服务

交通运输服务,是指利用运输工具将货物或者旅客送达目的地,使其空间位置得到转移的业务活动。包括陆路运输服务、水路运输服务、航空运输服务和管道运输服务。

(1)陆路运输服务

陆路运输服务,是指通过陆路(地上或者地下)运送货物或者旅客的运输业务活动,包括铁路运输服务和其他陆路运输服务。

① 铁路运输服务,是指通过铁路运送货物或者旅客的运输业务活动。

② 其他陆路运输服务,是指铁路运输以外的陆路运输业务活动,包括公路运输、缆车运输、索道运输、地铁运输、城市轻轨运输等。

出租车公司向使用本公司自有出租车的出租车司机收取的管理费用,按照陆路运输服务缴纳增值税。

(2) 水路运输服务

水路运输服务,是指通过江、河、湖、川等天然、人工水道或者海洋航道运送货物或者旅客的运输业务活动。

水路运输的程租、期租业务,属于水路运输服务。

程租业务,是指运输企业为租船人完成某一特定航次的运输任务并收取租赁费的业务。

期租业务,是指运输企业将配备有操作人员的船舶承租给他人使用一定期限,承租期内听候承租方调遣,不论是否经营,均按天向承租方收取租赁费,发生的固定费用均由船东负担的业务。

(3) 航空运输服务

航空运输服务,是指通过空中航线运送货物或者旅客的运输业务活动。

航空运输的湿租业务,属于航空运输服务。

湿租业务,是指航空运输企业将配备有机组人员的飞机承租给他人使用一定期限,承租期内听候承租方调遣,不论是否经营,均按一定标准向承租方收取租赁费,发生的固定费用均由承租方承担的业务。

航天运输服务,按照航空运输服务缴纳增值税。

航天运输服务,是指利用火箭等载体将卫星、空间探测器等空间飞行器发射到空间轨道的业务活动。

(4) 管道运输服务

管道运输服务,是指通过管道设施输送气体、液体、固体物质的运输业务活动。

无运输工具承运业务,按照交通运输服务缴纳增值税。

无运输工具承运业务,是指经营者以承运人身份与托运人签订运输服务合同,收取运费并承担承运人责任,然后委托实际承运人完成运输服务的经营活动。

2. 邮政服务

邮政服务,是指中国邮政集团公司及其所属邮政企业提供邮件寄递、邮政汇兑和机要通信等邮政基本服务的业务活动。包括邮政普遍服务、邮政特殊服务和其他邮政服务。

(1) 邮政普遍服务

邮政普遍服务,是指函件、包裹等邮件寄递,以及邮票发行、报刊发行和邮政汇兑等业务活动。

函件,是指信函、印刷品、邮资封片卡、无名址函件和邮政小包等。

包裹,是指按照封装上的名址递送给特定个人或者单位的独立封装的物品,其质量不超过 50 kg,任何一边的尺寸不超过 150 cm,长、宽、高合计不超过 300 cm。

(2) 邮政特殊服务

邮政特殊服务,是指义务兵平常信函、机要通信、盲人读物和革命烈士遗物的寄递等业务活动。

(3) 其他邮政服务

其他邮政服务,是指邮册等邮品销售、邮政代理等业务活动。

3. 电信服务

电信服务,是指利用有线、无线的电磁系统或者光电系统等各种通信网络资源,提供语音通话服务,传送、发射、接收或者应用图像、短信等电子数据和信息的业务活动。包括基础电信服务和增值电信服务。

（1）基础电信服务

基础电信服务，是指利用固网、移动网、卫星、互联网，提供语音通话服务的业务活动，以及出租或者出售带宽、波长等网络元素的业务活动。

（2）增值电信服务

增值电信服务，是指利用固网、移动网、卫星、互联网、有线电视网络，提供短信和彩信服务、电子数据和信息的传输及应用服务、互联网接入服务等业务活动。

卫星电视信号落地转接服务，按照增值电信服务缴纳增值税。

4. 建筑服务

建筑服务，是指各类建筑物、构筑物及其附属设施的建造、修缮、装饰，线路、管道、设备、设施等的安装以及其他工程作业的业务活动。包括工程服务、安装服务、修缮服务、装饰服务和其他建筑服务。

（1）工程服务

工程服务，是指新建、改建各种建筑物、构筑物的工程作业，包括与建筑物相连的各种设备或者支柱、操作平台的安装或者装设工程作业，以及各种窑炉和金属结构工程作业。

（2）安装服务

安装服务，是指生产设备、动力设备、起重设备、运输设备、传动设备、医疗实验设备以及其他各种设备、设施的装配、安置工程作业，包括与被安装设备相连的工作台、梯子、栏杆的装设工程作业，以及被安装设备的绝缘、防腐、保温、油漆等工程作业。

固定电话、有线电视、宽带、水、电、燃气、暖气等经营者向用户收取的安装费、初装费、开户费、扩容费以及类似收费，按照安装服务缴纳增值税。

（3）修缮服务

修缮服务，是指对建筑物、构筑物进行修补、加固、养护、改善，使之恢复原来的使用价值或者延长其使用期限的工程作业。

（4）装饰服务

装饰服务，是指对建筑物、构筑物进行修饰装修，使之美观或者具有特定用途的工程作业。

（5）其他建筑服务

其他建筑服务，是指上列工程作业之外的各种工程作业服务，如钻井（打井）、拆除建筑物或者构筑物、平整土地、园林绿化、疏浚（不包括航道疏浚）、建筑物平移、搭脚手架、爆破、矿山穿孔、表面附着物（包括岩层、土层、沙层等）剥离和清理等工程作业。

5. 金融服务

金融服务，是指经营金融保险的业务活动。包括贷款服务、直接收费金融服务、保险服务和金融商品转让。

（1）贷款服务

贷款，是指将资金贷与他人使用而取得利息收入的业务活动。

各种占用、拆借资金取得的收入，包括金融商品持有期间（含到期）利息（保本收益、报酬、资金占用费、补偿金等）收入、信用卡透支利息收入、买入返售金融商品利息收入、融资融券收取的利息收入，以及融资性售后回租、押汇、罚息、票据贴现、转贷等业务取得的利息及利息性质的收入，按照贷款服务缴纳增值税。

融资性售后回租，是指承租方以融资为目的，将资产出售给从事融资性售后回租业务的企业后,从事融资性售后回租业务的企业将该资产出租给承租方的业务活动。

以货币资金投资收取的固定利润或者保底利润,按照贷款服务缴纳增值税。

(2) 直接收费金融服务

直接收费金融服务,是指为货币资金融通及其他金融业务提供相关服务并且收取费用的业务活动。包括提供货币兑换、账户管理、电子银行、信用卡、信用证、财务担保、资产管理、信托管理、基金管理、金融交易场所(平台)管理、资金结算、资金清算、金融支付等服务。

(3) 保险服务

保险服务,是指投保人根据合同约定,向保险人支付保险费,保险人对于合同约定的可能发生的事故因其发生所造成的财产损失承担赔偿保险金责任,或者当被保险人死亡、伤残、疾病或者达到合同约定的年龄、期限等条件时承担给付保险金责任的商业保险行为。包括人身保险服务和财产保险服务。

人身保险服务,是指以人的寿命和身体为保险标的的保险业务活动。

财产保险服务,是指以财产及其有关利益为保险标的的保险业务活动。

(4) 金融商品转让

金融商品转让,是指转让外汇、有价证券、非货物期货和其他金融商品所有权的业务活动。

其他金融商品转让包括基金、信托、理财产品等各类资产管理产品和各种金融衍生品的转让。

6. 现代服务

现代服务,是指围绕制造业、文化产业、现代物流产业等提供技术性、知识性服务的业务活动。包括研发和技术服务、信息技术服务、文化创意服务、物流辅助服务、租赁服务、鉴证咨询服务、广播影视服务、商务辅助服务和其他现代服务。

(1) 研发和技术服务

研发和技术服务,包括研发服务、合同能源管理服务、工程勘察勘探服务、专业技术服务。

① 研发服务,也称技术开发服务,是指就新技术、新产品、新工艺或者新材料及其系统进行研究与试验开发的业务活动。

② 合同能源管理服务,是指节能服务公司与用能单位以契约形式约定节能目标,节能服务公司提供必要的服务,用能单位以节能效果支付节能服务公司投入及其合理报酬的业务活动。

③ 工程勘察勘探服务,是指在采矿、工程施工前后,对地形、地质构造、地下资源蕴藏情况进行实地调查的业务活动。

④ 专业技术服务,是指气象服务、地震服务、海洋服务、测绘服务、城市规划、环境与生态监测服务等专项技术服务。

(2) 信息技术服务

信息技术服务,是指利用计算机、通信网络等技术对信息进行生产、收集、处理、加工、存储、运输、检索和利用,并提供信息服务的业务活动。包括软件服务、电路设计及测试服务、信息系统服务、业务流程管理服务和信息系统增值服务。

① 软件服务,是指提供软件开发服务、软件维护服务、软件测试服务的业务活动。

② 电路设计及测试服务,是指提供集成电路和电子电路产品设计、测试及相关技术支

持服务的业务活动。

③ 信息系统服务,是指提供信息系统集成、网络管理、网站内容维护、桌面管理与维护、信息系统应用、基础信息技术管理平台整合、信息技术基础设施管理、数据中心、托管中心、信息安全服务、在线杀毒、虚拟主机等业务活动。包括网站对非自有的网络游戏提供的网络运营服务。

④ 业务流程管理服务,是指依托信息技术提供的人力资源管理、财务经济管理、审计管理、税务管理、物流信息管理、经营信息管理和呼叫中心等服务的活动。

⑤ 信息系统增值服务,是指利用信息系统资源为用户附加提供的信息技术服务。包括数据处理、分析和整合、数据库管理、数据备份、数据存储、容灾服务、电子商务平台等。

(3) 文化创意服务

文化创意服务,包括设计服务、知识产权服务、广告服务和会议展览服务。

① 设计服务,是指把计划、规划、设想通过文字、语言、图画、声音、视觉等形式传递出来的业务活动。包括工业设计、内部管理设计、业务运作设计、供应链设计、造型设计、服装设计、环境设计、平面设计、包装设计、动漫设计、网游设计、展示设计、网站设计、机械设计、工程设计、广告设计、创意策划、文印晒图等。

② 知识产权服务,是指处理知识产权事务的业务活动。包括对专利、商标、著作权、软件、集成电路布图设计的登记、鉴定、评估、认证、检索服务。

③ 广告服务,是指利用图书、报纸、杂志、广播、电视、电影、幻灯、路牌、招贴、橱窗、霓虹灯、灯箱、互联网等各种形式为客户的商品、经营服务项目、文体节目或者通告、声明等委托事项进行宣传和提供相关服务的业务活动。包括广告代理和广告的发布、播映、宣传、展示等。

④ 会议展览服务,是指为商品流通、促销、展示、经贸洽谈、民间交流、企业沟通、国际往来等举办或者组织安排的各类展览和会议的业务活动。

(4) 物流辅助服务

物流辅助服务,包括航空服务、港口码头服务、货运客运场站服务、打捞救助服务、装卸搬运服务、仓储服务和收派服务。

① 航空服务,包括航空地面服务和通用航空服务。

航空地面服务,是指航空公司、飞机场、民航管理局、航站等向在境内航行或者在境内机场停留的境内外飞机或者其他飞行器提供的导航等劳务性地面服务的业务活动。包括旅客安全检查服务、停机坪管理服务、机场候机厅管理服务、飞机清洗消毒服务、空中飞行管理服务、飞机起降服务、飞行通讯服务、地面信号服务、飞机安全服务、飞机跑道管理服务、空中交通管理服务等。

通用航空服务,是指为专业工作提供飞行服务的业务活动,包括航空摄影、航空培训、航空测量、航空勘探、航空护林、航空吊挂播撒、航空降雨、航空气象探测、航空海洋监测、航空科学实验等。

② 港口码头服务,是指港务船舶调度服务、船舶通讯服务、航道管理服务、航道疏浚服务、灯塔管理服务、航标管理服务、船舶引航服务、理货服务、系解缆服务、停泊和移泊服务、海上船舶溢油清除服务、水上交通管理服务、船只专业清洗消毒检测服务和防止船只漏油服务等为船只提供服务的业务活动。

港口设施经营人收取的港口设施保安费按照港口码头服务缴纳增值税。

③ 货运客运场站服务，是指货运客运场站提供货物配载服务、运输组织服务、中转换乘服务、车辆调度服务、票务服务、货物打包整理、铁路线路使用服务、加挂铁路客车服务、铁路行包专列发送服务、铁路到达和中转服务、铁路车辆编解服务、车辆挂运服务、铁路接触网服务、铁路机车牵引服务等业务活动。

④ 打捞救助服务，是指提供船舶人员救助、船舶财产救助、水上救助和沉船沉物打捞服务的业务活动。

⑤ 装卸搬运服务，是指使用装卸搬运工具或者人力、畜力将货物在运输工具之间、装卸现场之间或者运输工具与装卸现场之间进行装卸和搬运的业务活动。

⑥ 仓储服务，是指利用仓库、货场或者其他场所代客贮放、保管货物的业务活动。

⑦ 收派服务，是指接受寄件人委托，在承诺的时限内完成函件和包裹的收件、分拣、派送服务的业务活动。

收件服务，是指从寄件人收取函件和包裹，并运送到服务提供方同城的集散中心的业务活动。

分拣服务，是指服务提供方在其集散中心对函件和包裹进行归类、分发的业务活动。

派送服务，是指服务提供方从其集散中心将函件和包裹送达同城的收件人的业务活动。

(5) 租赁服务

租赁服务，包括融资租赁服务和经营租赁服务。

① 融资租赁服务，是指具有融资性质和所有权转移特点的租赁活动。即出租人根据承租人所要求的规格、型号、性能等条件购入有形动产或者不动产租赁给承租人，合同期内租赁物所有权属于出租人，承租人只拥有使用权，合同期满付清租金后，承租人有权按照残值购入租赁物，以拥有其所有权。不论出租人是否将租赁物销售给承租人，均属于融资租赁。

按照标的物的不同，融资租赁服务可分为有形动产融资租赁服务和不动产融资租赁服务。

融资性售后回租不按照本税目缴纳增值税。

② 经营租赁服务，是指在约定时间内将有形动产或者不动产转让他人使用且租赁物所有权不变更的业务活动。

按照标的物的不同，经营租赁服务可分为有形动产经营租赁服务和不动产经营租赁服务。

将建筑物、构筑物等不动产或者飞机、车辆等有形动产的广告位出租给其他单位或者个人用于发布广告，按照经营租赁服务缴纳增值税。

车辆停放服务、道路通行服务（包括过路费、过桥费、过闸费等）等按照不动产经营租赁服务缴纳增值税。

水路运输的光租业务、航空运输的干租业务，属于经营租赁。

光租业务，是指运输企业将船舶在约定的时间内出租给他人使用，不配备操作人员，不承担运输过程中发生的各项费用，只收取固定租赁费的业务活动。

干租业务，是指航空运输企业将飞机在约定的时间内出租给他人使用，不配备机组人员，不承担运输过程中发生的各项费用，只收取固定租赁费的业务活动。

(6) 鉴证咨询服务

鉴证咨询服务，包括认证服务、鉴证服务和咨询服务。

① 认证服务，是指具有专业资质的单位利用检测、检验、计量等技术，证明产品、服务、

管理体系符合相关技术规范、相关技术规范的强制性要求或者标准的业务活动。

② 鉴证服务,是指具有专业资质的单位受托对相关事项进行鉴证,发表具有证明力的意见的业务活动。包括会计鉴证、税务鉴证、法律鉴证、职业技能鉴定、工程造价鉴证、工程监理、资产评估、环境评估、房地产土地评估、建筑图纸审核、医疗事故鉴定等。

③ 咨询服务,是指提供信息、建议、策划、顾问等服务的活动。包括金融、软件、技术、财务、税收、法律、内部管理、业务运作、流程管理、健康等方面的咨询。

翻译服务和市场调查服务按照咨询服务缴纳增值税。

(7) 广播影视服务

广播影视服务,包括广播影视节目(作品)的制作服务、发行服务和播映(含放映,下同)服务。

① 广播影视节目(作品)制作服务,是指进行专题(特别节目)、专栏、综艺、体育、动画片、广播剧、电视剧、电影等广播影视节目和作品制作的服务。具体包括与广播影视节目和作品相关的策划、采编、拍摄、录音、音视频文字图片素材制作、场景布置、后期的剪辑、翻译(编译)、字幕制作、片头、片尾、片花制作、特效制作、影片修复、编目和确权等业务活动。

② 广播影视节目(作品)发行服务,是指以分账、买断、委托等方式,向影院、电台、电视台、网站等单位和个人发行广播影视节目(作品)以及转让体育赛事等活动的报道及播映权的业务活动。

③ 广播影视节目(作品)播映服务,是指在影院、剧院、录像厅及其他场所播映广播影视节目(作品),以及通过电台、电视台、卫星通信、互联网、有线电视等无线或者有线装置播映广播影视节目(作品)的业务活动。

(8) 商务辅助服务

商务辅助服务,包括企业管理服务、经纪代理服务、人力资源服务、安全保护服务。

① 企业管理服务,是指提供总部管理、投资与资产管理、市场管理、物业管理、日常综合管理等服务的业务活动。

② 经纪代理服务,是指各类经纪、中介、代理服务。包括金融代理、知识产权代理、货物运输代理、代理报关、法律代理、房地产中介、职业中介、婚姻中介、代理记账、拍卖等。

货物运输代理服务,是指接受货物收货人、发货人、船舶所有人、船舶承租人或者船舶经营人的委托,以委托人的名义,为委托人办理货物运输、装卸、仓储和船舶进出港口、引航、靠泊等相关手续的业务活动。

代理报关服务,是指接受进出口货物的收、发货人委托,代为办理报关手续的业务活动。

③ 人力资源服务,是指提供公共就业、劳务派遣、人才委托招聘、劳动力外包等服务的业务活动。

④ 安全保护服务,是指提供保护人身安全和财产安全,维护社会治安等的业务活动。包括场所住宅保安、特种保安、安全系统监控以及其他安保服务。

(9) 其他现代服务

其他现代服务,是指除研发和技术服务、信息技术服务、文化创意服务、物流辅助服务、租赁服务、鉴证咨询服务、广播影视服务和商务辅助服务以外的现代服务。

7. 生活服务

生活服务,是指为满足城乡居民日常生活需求提供的各类服务活动。包括文化体育服务、教育医疗服务、旅游娱乐服务、餐饮住宿服务、居民日常服务和其他生活服务。

(1) 文化体育服务

文化体育服务,包括文化服务和体育服务。

① 文化服务,是指为满足社会公众文化生活需求提供的各种服务。包括:文艺创作、文艺表演、文化比赛,图书馆的图书和资料借阅,档案馆的档案管理,文物及非物质遗产保护,组织举办宗教活动、科技活动、文化活动,提供游览场所。

② 体育服务,是指组织举办体育比赛、体育表演、体育活动,以及提供体育训练、体育指导、体育管理的业务活动。

(2) 教育医疗服务

教育医疗服务,包括教育服务和医疗服务。

① 教育服务,是指提供学历教育服务、非学历教育服务、教育辅助服务的业务活动。

学历教育服务,是指根据教育行政管理部门确定或者认可的招生和教学计划组织教学,并颁发相应学历证书的业务活动。包括初等教育、初级中等教育、高级中等教育、高等教育等。

非学历教育服务,包括学前教育、各类培训、演讲、讲座、报告会等。

教育辅助服务,包括教育测评、考试、招生等服务。

② 医疗服务,是指提供医学检查、诊断、治疗、康复、预防、保健、接生、计划生育、防疫服务等方面的服务,以及与这些服务有关的提供药品、医用材料器具、救护车、病房住宿和伙食的业务。

(3) 旅游娱乐服务

旅游娱乐服务,包括旅游服务和娱乐服务。

① 旅游服务,是指根据旅游者的要求,组织安排交通、游览、住宿、餐饮、购物、文娱、商务等服务的业务活动。

② 娱乐服务,是指为娱乐活动同时提供场所和服务的业务。

具体包括:歌厅、舞厅、夜总会、酒吧、台球、高尔夫球、保龄球、游艺(包括射击、狩猎、跑马、游戏机、蹦极、卡丁车、热气球、动力伞、射箭、飞镖)。

(4) 餐饮住宿服务

餐饮住宿服务,包括餐饮服务和住宿服务。

① 餐饮服务,是指通过同时提供饮食和饮食场所的方式为消费者提供饮食消费服务的业务活动。

② 住宿服务,是指提供住宿场所及配套服务等的活动。包括宾馆、旅馆、旅社、度假村和其他经营性住宿场所提供的住宿服务。

(5) 居民日常服务

居民日常服务,是指主要为满足居民个人及其家庭日常生活需求提供的服务,包括市容市政管理、家政、婚庆、养老、殡葬、照料和护理、救助救济、美容美发、按摩、桑拿、氧吧、足疗、沐浴、洗染、摄影扩印等服务。

(6) 其他生活服务

其他生活服务,是指除文化体育服务、教育医疗服务、旅游娱乐服务、餐饮住宿服务和居民日常服务之外的生活服务。

【应用训练】2-2 研发和技术服务、商务辅助服务、运输服务和生活服务哪些属于目前增值税中的现代服务?

（五）应税行为中销售无形资产的理解

销售无形资产，是指转让无形资产所有权或者使用权的业务活动。无形资产，是指不具实物形态，但能带来经济利益的资产，包括技术、商标、著作权、商誉、自然资源使用权和其他权益性无形资产。

技术，包括专利技术和非专利技术。

自然资源使用权，包括土地使用权、海域使用权、探矿权、采矿权、取水权和其他自然资源使用权。

其他权益性无形资产，包括基础设施资产经营权、公共事业特许权、配额、经营权（包括特许经营权、连锁经营权、其他经营权）、经销权、分销权、代理权、会员权、席位权、网络游戏虚拟道具、域名、名称权、肖像权、冠名权、转会费等。

【课堂思考】2-2　会计准则中无形资产包括商誉吗？

（六）应税行为中销售不动产的理解

销售不动产，是指转让不动产所有权的业务活动。不动产，是指不能移动或者移动后会引起性质、形状改变的财产，包括建筑物、构筑物等。

建筑物，包括住宅、商业营业用房、办公楼等可供居住、工作或者进行其他活动的建造物。

构筑物，包括道路、桥梁、隧道、水坝等建造物。

转让建筑物有限产权或者永久使用权的，转让在建的建筑物或者构筑物所有权的，以及在转让建筑物或者构筑物时一并转让其所占土地的使用权的，按照销售不动产缴纳增值税。

【应用训练】2-3　房地产公司销售房屋、汽修公司修理汽车、建筑公司修缮房屋、物业公司提供物业管理服务分别属于上述增值税征税范围中的哪个项目？

【案例分析】2-1　（改编自2016经济法基础不定项选择题，题目来源：中华会计网校）甲为增值税一般纳税人，主要从事汽车销售和维修业务，2016年1月部分经济业务如下：销售进口小汽车取得含税销售额488.775万元，销售小汽车内部装饰用品取得含税销售额187.5万元，销售小汽车零配件取得含税销售额80.27万元，对外提供汽车维修服务取得含税销售额210.6万元。试分析该公司当月上述业务中，应按"销售货物"计算缴纳增值税的是（　　）。

A．销售小汽车内部装饰品　　　　　　B．销售汽车零配件
C．销售进口小汽车　　　　　　　　　D．提供汽车维修服务

二、视同销售的货物和视同销售服务、无形资产或不动产

增值税细则第四条规定：单位或个体工商户的下列行为，视同销售货物，征收增值税。

（1）将货物交付他人代销；
（2）销售代销货物；
（3）设有两个以上机构并实行统一核算的纳税人，将货物从一个机构移送其他机构用于销售，但相关机构设在同一县（市）的除外；
（4）将自产或者委托加工的货物用于非增值税应税项目；①
（5）将自产、委托加工的货物用于集体福利或者个人消费；
（6）将自产、委托加工或者购进的货物作为投资，提供给其他单位或者个体工商户；

---

①　全面营改增后此项规定失效。

(7) 将自产、委托加工或者购进的货物分配给股东或者投资者；

(8) 将自产、委托加工或者购进的货物无偿赠送其他单位或者个人。

【课堂思考】2-3　为什么营改增后将自产或者委托加工的货物用于非增值税应税项目不再是视同销售货物？

增值税通知附件1十四条规定,下列情形视同销售服务、无形资产或者不动产：

(1) 单位或者个体工商户向其他单位或者个人无偿提供服务,但用于公益事业或者以社会公众为对象的除外。

(2) 单位或者个人向其他单位或者个人无偿转让无形资产或者不动产,但用于公益事业或者以社会公众为对象的除外。

(3) 财政部和国家税务总局规定的其他情形。

【应用训练】2-4　某车间生产的半成品分别用于下列用途,哪些应视同销售缴纳增值税？

A. 公司在建工程领用

B. 二车间领用继续加工为成品

C. 作为职工福利发放

D. 捐赠给老年福利院

三、混合销售行为

一项销售行为如果既涉及服务又涉及货物,为混合销售行为。从事货物的生产、批发或者零售的单位和个体工商户的混合销售行为,按照销售货物缴纳增值税；其他单位和个体工商户的混合销售行为,按照销售服务缴纳增值税。

上述法规中所称从事货物的生产、批发或者零售的单位和个体工商户,包括以从事货物的生产、批发或者零售为主,并兼营销售服务的单位和个体工商户在内。

【课堂思考】2-4　在现实经济生活中哪些行为属于混合销售行为？

【应用训练】2-5　根据税收法律制度的规定,贸易公司销售货物同时负责安装,百货商店销售商品同时负责运输,建筑公司提供建筑业劳务的同时销售自产货物并实行分别核算以及餐饮公司提供餐饮服务的同时销售酒水等混合销售行为中,应当一并按照销售货物征收增值税的是哪项？

四、兼营不同税率或征收率的行为

纳税人兼营销售货物、劳务、服务、无形资产或者不动产,适用不同税率或者征收率的,应当分别核算适用不同税率或者征收率的销售额；未分别核算的,从高适用税率。

纳税人兼营免税、减税项目的,应当分别核算免税、减税项目的销售额；未分别核算的,不得免税、减税。

五、不征增值税的项目

增值税通知附件2规定,下列项目不征增值税：

(1) 根据国家指令无偿提供的铁路运输服务、航空运输服务,属于《试点实施办法》第十四条规定的用于公益事业的服务。

(2) 存款利息。

(3) 被保险人获得的保险赔付。

(4) 房地产主管部门或者其指定机构、公积金管理中心、开发企业以及物业管理单位代收的住宅专项维修资金。

(5) 在资产重组过程中,通过合并、分立、出售、置换等方式,将全部或者部分实物资产以及与其相关联的债权、负债和劳动力一并转让给其他单位和个人,其中涉及的不动产、土地使用权转让行为。

【应用训练】2-6 贷款利息、存款利息、公交公司为福利院提供的运输服务和公交公司为员工提供的上下班接送服务四个项目中不征增值税的有哪些?

第三节 增值税的纳税义务人及扣缴人

一、增值税纳税义务人

(一) 增值税纳税人的基本规定

在中华人民共和国境内(以下称境内)销售货物或者提供加工、修理修配劳务以及进口货物的单位和个人;在境内销售服务、无形资产或者不动产的单位和个人,为我国增值税的纳税人。

在境内销售货物或者提供加工、修理修配劳务,是指:
(1) 销售货物的起运地或所在地在境内;
(2) 提供的应税劳务发生地在境内。

在境内销售服务、无形资产或者不动产,是指:
(1) 服务(租赁不动产除外)或者无形资产(自然资源使用权除外)的销售方或者购买方在境内;
(2) 所销售或者租赁的不动产在境内;
(3) 所销售自然资源使用权的自然资源在境内;
(4) 财政部和国家税务总局规定的其他情形。

下列情形不属于在境内销售服务或者无形资产:
(1) 境外单位或者个人向境内单位或者个人销售完全在境外发生的服务。
(2) 境外单位或者个人向境内单位或者个人销售完全在境外使用的无形资产。
(3) 境外单位或者个人向境内单位或者个人出租完全在境外使用的有形动产。
(4) 财政部和国家税务总局规定的其他情形。

【课堂思考】2-5 举例说说境外单位或者个人向境内单位或者个人销售完全在境外发生的服务。

单位,是指企业、行政单位、事业单位、军事单位、社会团体及其他单位。个人,是指个体工商户和其他个人。

单位以承包、承租、挂靠方式经营的,承包人、承租人、挂靠人(以下统称承包人)以发包人、出租人、被挂靠人(以下统称发包人)名义对外经营并由发包人承担相关法律责任的,以该发包人为纳税人。否则,以承包人为纳税人。

（二）增值税纳税人的分类

为便于增值税的征收管理并简化计税，根据纳税人的经营规模以及会计核算健全程度的不同，我国将增值税纳税人划分为小规模纳税人与一般纳税人。

纳税人的经营规模的衡量指标主要是销售货物的年应税销售额（含免税销售额、稽查查补销售额、纳税评估调整销售额和税务机关代开发票销售额），在标准以下为小规模纳税人，超过标准为一般纳税人。营改增前后不同经济领域其标准有不同规定。

1. 销售货物和提供应税劳务两类纳税人划分标准

（1）小规模纳税人的标准

① 增值税细则规定：从事货物生产或者提供应税劳务的纳税人，以及以从事货物生产或者提供应税劳务为主，并兼营货物批发或者零售的纳税人，年应征增值税销售额（以下简称应税销售额）在 50 万元以下（含本数，下同）的。从事货物生产或者提供应税劳务为主，是指纳税人的年货物生产或者提供应税劳务的销售额占年应税销售额的比重在 50% 以上。

② 在对上述规定以外的纳税人，年应税销售额在 80 万元以下的。

（2）一般纳税人的标准

一般纳税人是指年应税销售额超过增值税细则规定的小规模纳税人标准的企业和企业性单位。

（3）年应税销售额超过小规模纳税人标准的其他个人按小规模纳税人纳税；非企业性单位、不经常发生应税行为的企业可选择按小规模纳税人纳税。

2. 销售服务、无形资产或者不动产两类纳税人划分标准

应税行为的年应税销售额未超过 500 万元（含本数）的纳税人为小规模纳税人，超过规定标准的纳税人为一般纳税人。本书出版时应税行为两类纳税人的分界标准为 500 万元，财政部和国家税务总局可以对年应税销售额标准进行调整。

除了年应税销售额标准，划分两类纳税人还要考虑其会计核算是否健全，经营性质和经营身份等。

对于销售货物、提供应税劳务和提供应税行为的增值税纳税人，年应税销售额未超过规定标准，但会计核算健全，能够提供准确税务资料的，可以向主管税务机关办理一般纳税人资格登记，成为一般纳税人。

会计核算健全，是指能够按照国家统一的会计制度规定设置账簿，根据合法、有效凭证核算。

年应税销售额超过小规模纳税人标准的其他个人不属于一般纳税人，按小规模纳税人纳税。年应税销售额超过规定标准但不经常发生应税行为的单位和个体工商户可选择按照小规模纳税人纳税。

符合一般纳税人条件的纳税人应当向主管税务机关办理一般纳税人资格登记。具体登记办法由国家税务总局制定。

纳税人年销售额超过财政部、国家税务总局规定标准，且符合有关政策规定，选择按小规模纳税人纳税的，应当向主管税务机关提交书面说明。个体工商户以外的其他个人年应税销售额超过规定标准的，不需要向主管税务机关提交书面说明。

除国家税务总局另有规定外，纳税人一经认定为一般纳税人后，不得转为小规模纳税人。

二、增值税扣缴义务人

中华人民共和国境外单位或者个人在境内提供应税劳务或发生应税行为,在境内未设有经营机构的,以其境内代理人为扣缴义务人;在境内没有代理人的,以购买方为扣缴义务人。财政部和国家税务总局另有规定的除外。

【应用训练】2-7 整理增值税纳税人身份认定中的情形。

第四节 增值税的税率及征收率

对于增值税应纳税额与税基的比值,当纳税人类型或计税方式等不同时有两种称呼:税率和征收率。我国增值税采用比例税率,分为基本税率、低税率和零税率三档,税率通常适用于一般纳税人一般计税方式下的销售业务;进口货物和出口货物。其中纳税人进口货物,适用的税率为17%(基本税率货物)或13%(低税率货物)。纳税人出口货物,税率为零;但是,国务院另有规定的除外。境内单位和个人发生的跨境应税行为,税率为零。具体范围由财政部和国家税务总局规定。小规模纳税人和一般纳税人简易计税方式下在境内销售货物、提供应税劳务和应税行为则采用征收率。因此下文中将对境内销售的税率和征收率具体情形展开阐述。

一、税率

(一)基本税率

一般纳税人销售货物(低税率货物除外),提供应税劳务,提供有形动产租赁服务,税率为17%。

(二)低税率

(1)一般纳税人销售下列货物,税率为13%:
① 粮食、食用植物油;
② 自来水、暖气、冷气、热水、煤气、石油液化气、天然气、沼气、居民用煤炭制品;
③ 图书、报纸、杂志;
④ 饲料、化肥、农药、农机、农膜;
⑤ 国务院规定的其他货物。

【课堂思考】2-6 为什么国家会对某些货物采用增值税低税率?增值税低税率的适用货物的范围在不同时期会不会发生变化?

(2)一般纳税人提供交通运输、邮政、基础电信、建筑、不动产租赁服务,销售不动产,转让土地使用权,税率为11%。

(3)一般纳税人提供增值电信服务,金融服务,研发和技术服务,信息技术服务,文化创意服务,物流辅助服务,鉴证咨询服务,广播影视服务,商务辅助服务,其他现代服务,生活服务,销售无形资产(不含土地使用权转让),税率为6%。

【课堂思考】2-7 低税率数值较多会破坏增值税中性的特征吗?阅读增值税营改增中各项目税率确定的资料。

二、征收率

(1) 基本类型。

① 小规模纳税人销售货物,提供劳务和应税行为(销售不动产、出租不动产除外);一般纳税人选择简易计税方式销售货物,提供应税行为(销售不动产、出租不动产除外);征收率为3%。

② 简易计税方式下销售不动产;出租不动产,征收率为5%。

(2) 一般纳税人销售自产的下列货物,可选择按照简易办法依照3%征收率计算缴纳增值税。

① 县级及县级以下小型水力发电单位生产的电力。

② 建筑用和生产建筑材料所用的砂、土、石料。

③ 以自己采掘的砂、土、石料或其他矿物连续生产的砖、瓦、石灰(不含黏土实心砖、瓦)。

④ 用微生物、微生物代谢产物、动物毒素、人或动物的血液或组织制成的生物制品。

⑤ 自来水。

⑥ 商品混凝土(仅限于以水泥为原料生产的水泥混凝土)。

一般纳税人选择简易办法计算缴纳增值税后,36个月内不得变更。

(3) 一般纳税人销售货物属于下列情形之一的,暂按简易办法依照3%征收率计算缴纳增值税。

① 寄售商店代销寄售物品(包括居民个人寄售的物品在内);

② 典当业销售死当物品。

(4) 纳税人销售旧货,按照简易办法依照3%征收率减按2%征收增值税。

(5) 小规模纳税人(除其他个人外)销售自己使用过的固定资产,依3%征收率减按2%征收率征收增值税。

(6) 增值税通知附件2规定,一般纳税人发生下列应税行为可以选择适用简易计税方法计税。

① 公共交通运输服务。包括轮客渡、公交客运、地铁、城市轻轨、出租车、长途客运、班车。

② 经认定的动漫企业为开发动漫产品提供的动漫脚本编撰、形象设计、背景设计、动画设计、分镜、动画制作、摄制、描线、上色、画面合成、配音、配乐、音效合成、剪辑、字幕制作、压缩转码(面向网络动漫、手机动漫格式适配)服务,以及在境内转让动漫版权(包括动漫品牌、形象或者内容的授权及再授权)。

③ 电影放映服务、仓储服务、装卸搬运服务、收派服务和文化体育服务。

④ 以纳入营改增试点之日前取得的有形动产为标的物提供的经营租赁服务。

⑤ 在纳入营改增试点之日前签订的尚未执行完毕的有形动产租赁合同。

⑥ 一般纳税人以清包工方式提供的建筑服务,可以选择适用简易计税方法计税。以清包工方式提供建筑服务,是指施工方不采购建筑工程所需的材料或只采购辅助材料,并收取人工费、管理费或者其他费用的建筑服务。

⑦ 一般纳税人为甲供工程提供的建筑服务,可以选择适用简易计税方法计税。甲供工程,是指全部或部分设备、材料、动力由工程发包方自行采购的建筑工程。

⑧ 一般纳税人销售其2016年4月30日前取得的不动产。

⑨ 一般纳税人出租其2016年4月30日前取得的不动产。

⑩ 公路经营企业中的一般纳税人收取试点前开工的高速公路的车辆通行费。

一般纳税人发生财政部和国家税务总局规定的特定应税行为,可以选择适用简易计税方法计税,但一经选择,36个月内不得变更。

三、一般纳税人销售自己使用过的固定资产适用的税率或征收率

一般纳税人销售自己使用过的固定资产,区分不同情形分别按一般方式和简易办法计算缴纳增值税。如表2.1所示。

表2.1 一般纳税人销售自己使用过的固定资产的税务处理

情形	原因		售出处理
该固定资产购进时已抵扣进项税额的			按适用税率征收增值税
该固定资产购进时未抵扣进项税额的	具体列明的法定原因	2008年12月31日以前或消费型增值税试点地区试点以前购进或者自制的固定资产	按简易办法依3%征收率减按2%征收增值税
		属于增值税条例第十条规定不得抵扣且未抵扣进项税额的固定资产	
		纳税人购进或者自制固定资产时为小规模纳税人,认定为一般纳税人后销售该固定资产	
		增值税一般纳税人发生按简易办法征收增值税应税行为,销售其按照规定不得抵扣且未抵扣进项税额的固定资产	
	其他原因		按适用税率征收增值税

【案例分析】2-2 (改编自2016经济法基础不定项选择题,题目来源:中华会计网校)甲公司为增值税一般纳税人,主要从事建筑、装修材料的生产和销售业务,2015年10月销售一台自己使用过的机器设备,取得含税销售额20.6万元,该设备于2008年2月购入,甲不属于2008年12月31日前纳入扩大增值税抵扣范围试点的纳税人,计算甲销售该设备应缴纳的增值税税额。

【应用训练】2-8 一般纳税人销售自己使用过的固定资产适用的税率或征收率中体现了什么思想,根据这种思想分析一般纳税人销售自己使用过的除固定资产以外的物品以及小规模纳税人销售自己使用过的除固定资产以外的物品其增值税计算方式和征收比例是怎样的。

第五节 增值税专用发票的使用及管理

一、增值税专用发票的含义和适用法规

增值税专用发票是增值税一般纳税人(以下简称一般纳税人)销售货物、提供应税劳务

和应税服务开具的发票,是购买方支付增值税额并可按照增值税有关规定据以抵扣增值税进项税额的凭证。①

增值税专用发票,不仅具有商事凭证的作用,还具有完税凭证的作用,是兼具销货方纳税义务和购货方进项税额的合法证明。

《中华人民共和国增值税暂行条例》对增值税专用发票的使用进行了规定。2006年10月17日国家税务总局印发的《关于修订〈增值税专用发票使用规定〉的通知》(国税发〔2006〕156号)也是我国增值税专用发票的重要法规。

我国法律规定,一般纳税人应通过增值税防伪税控系统使用专用发票。使用,包括领购、开具、缴销、认证纸质专用发票及其相应的数据电文。防伪税控系统,是指经国务院同意推行的,使用专用设备(金税卡、IC卡、读卡器和其他专用设备)和通用设备(计算机、打印机、扫描器具和其他通用设备)、运用数字密码和电子存储技术管理专用发票的计算机管理系统。

二、增值税专用发票的构成和限额管理

增值税专用发票由基本联次或者基本联次附加其他联次构成,基本联次为三联:发票联、抵扣联和记账联。发票联作为购买方核算采购成本和增值税进项税额的记账凭证;抵扣联作为购买方报送主管税务机关认证和留存备查的凭证;记账联作为销售方核算销售收入和增值税销项税额的记账凭证。其他联次用途,由一般纳税人自行确定。

2014年8月1日起启用的新版增值税专用发票票样如图2.1所示。

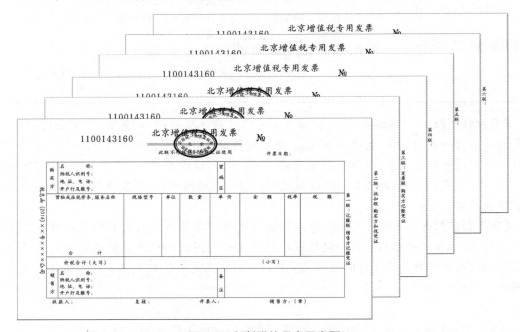

图2.1 新版增值税专用发票

---

① 定义来自于国税发〔2006〕156号,定义中标明增值税专用发票仅限于一般纳税人自行开具,但营改增实践中增加了小规模纳税人自行开具专用发票的试点管理。2016年8月1日起,营改增试点中全国列明的91个城市月销售额超过3万元的(或季销售额超过9万元的)住宿业增值税小规模纳税人在提供住宿服务、销售货物或者发生其他应税行为,需要开具专用发票的,可以通过增值税发票管理新系统自行开具,主管税务机关不再为其代开。

增值税专用发票(增值税税控系统)实行最高开票限额管理。最高开票限额是指单份专用发票开具的销售额合计数不得达到的上限额度。最高开票限额由一般纳税人申请,税务机关依法审批。

三、增值税专用发票的使用和管理

(一)领购发票

一般纳税人领购专用设备后,凭《最高开票限额申请表》、《发票领购簿》到主管税务机关办理初始发行。

初始发行,是指主管税务机关将一般纳税人的下列信息载入空白金税卡和IC卡的行为。

(1)企业名称;
(2)税务登记代码;
(3)开票限额;
(4)购票限量;
(5)购票人员姓名、密码;
(6)开票机数量;
(7)国家税务总局规定的其他信息。

一般纳税人发生税务登记代码以外的六项信息变化,应向主管税务机关申请变更发行;发生税务登记代码信息变化,应向主管税务机关申请注销发行。

初始发行后,一般纳税人凭《发票领购簿》、IC卡和经办人身份证明领购专用发票。

(二)增值税专用发票的开具

(1)一般纳税人销售货物、提供应税劳务或发生应税行为,应向购买方开具增值税专用发票,并在增值税专用发票上分别注明销售额和销项税额。

属于下列情形之一的,不得开具增值税专用发票:
① 向消费者个人销售服务、无形资产或者不动产。
② 适用免征增值税规定的应税行为。
③ 商业企业一般纳税人零售的烟、酒、食品、服装、鞋帽(不包括劳保专用部分)、化妆品等消费品。

小规模纳税人销售货物、提供劳务或发生应税行为,购买方索取增值税专用发票的,可以向主管税务机关申请代开。

(2)一般纳税人有下列情形之一的,不得领购开具专用发票:
① 会计核算不健全,不能向税务机关准确提供增值税销项税额、进项税额、应纳税额数据及其他有关增值税税务资料的。
② 有《税收征管法》规定的税收违法行为,拒不接受税务机关处理的。
③ 有下列行为之一,经税务机关责令限期改正而仍未改正的:
(a)虚开增值税专用发票;
(b)私自印制专用发票;
(c)向税务机关以外的单位和个人买取专用发票;
(d)借用他人专用发票;
(e)未按规定开具专用发票的;

(f) 未按规定保管专用发票和专用设备(未设专人保管专用发票和专用设备,未按(d)借用他人专用发票;税务机关要求存放专用发票和专用设备,未将认证相符的专用发票抵扣联、《认证结果通知书》和《认证结果清单》装订成册,未经税务机关查验,擅自销毁专用发票基本联次);

(g) 未按规定申请办理防伪税控系统变更发行;

(h) 未按规定接受税务机关检查。

对于有上述情形之一的一般纳税人,如已领购专用发票,税务机关应暂扣其结存的专用发票和IC卡。

(3) 增值税专用发票的开具要求。

① 项目齐全,与实际交易相符;

② 字迹清楚,不得压线、错格;

③ 发票联和抵扣联加盖财务专用章或者发票专用章;

④ 按照增值税纳税义务的发生时间开具。

对不符合上列要求的专用发票,购买方有权拒收。

一般纳税人销售货物或者提供应税劳务可汇总开具专用发票。汇总开具专用发票的,同时使用防伪税控系统开具《销售货物或者提供应税劳务清单》,并加盖财务专用章或者发票专用章。

(4) 销货退回、开票有误或销售折让开具增值税专用发票的规定。

纳税人销售货物并向购买方开具专用发票后,如发生退货、开票有误或销售折让,应按不同情形进行处理:

① 一般纳税人在开具专用发票当月发生销货退回、开票有误等情形,收到退回的发票联、抵扣联符合作废条件的,按作废处理;开具时发现有误的,可即时作废。作废专用发票须在防伪税控系统中将相应的数据电文按"作废"处理,在纸质专用发票(含未打印的专用发票)各联次上注明"作废"字样,全联次留存。

上述"作废"条件,是指同时具有下列情形的:

(a) 收到退回的发票联、抵扣联时间未超过销售方开票当月。

(b) 销售方未抄税并且未记账。抄税是指报税前用IC卡或IC卡和软盘抄取开票数据电文。

(c) 购买方未认证或认证结果为"纳税人识别认证不符""专用发票代码、号码认证不符"。认证,是税务机关通过防伪税控系统对专用发票所列数据的识别、确认。

② 一般纳税人取得专用发票后,发生销货退回、开票有误等情形但不符合作废条件的,或者因销货部分退回及发生销售折让的,购买方在增值税发票管理新系统中填开并上传《开具红字增值税专用发票信息表》。主管税务机关通过网络接收信息表,系统自动校验通过后,生成带有"红字发票信息表编号"的信息表,并将信息同步至纳税人端系统中。销售方凭系统校验通过的信息表开具红字专用发票,在防伪税控系统中以销项负数开具。

(5) 一般纳税人开具专用发票应在增值税纳税申报期内向主管税务机关报税,在申报所属月份内可分次向主管税务机关报税。报税,是纳税人持IC卡或者IC卡和软盘向税务机关报送开票数据电文。

第六节 增值税的税收优惠

在增值税条例及实施细则以及营改增通知中,增值税的税收优惠有免征增值税,即征即退,扣减增值税和起征点等优惠措施。

一、免征增值税项目

(一)增值税条例及细则中规定下列项目免征增值税

(1) 农业生产者销售的自产农产品。农业,是指种植业、养殖业、林业、牧业、水产业。农业生产者,包括从事农业生产的单位和个人。农产品,是指初级农产品,具体范围由财政部、国家税务总局确定。

(2) 避孕药品和用具。

(3) 古旧图书,是指向社会收购的古书和旧书。

(4) 直接用于科学研究、科学试验和教学的进口仪器、设备。

(5) 外国政府、国际组织无偿援助的进口物资和设备。

(6) 由残疾人的组织直接进口供残疾人专用的物品。

(7) 销售的自己使用过的物品,指其他个人自己使用过的物品。

(二)营改增试点法规中免征增值税的项目

(1) 托儿所、幼儿园提供的保育和教育服务。

(2) 养老机构提供的养老服务。

(3) 残疾人福利机构提供的育养服务。

(4) 婚姻介绍服务。

(5) 殡葬服务。

(6) 残疾人员本人为社会提供的服务。

(7) 医疗机构提供的医疗服务。

(8) 从事学历教育的学校提供的教育服务。

(9) 学生勤工俭学提供的服务。

(10) 农业机耕、排灌、病虫害防治、植物保护、农牧保险以及相关技术培训业务,家禽、牲畜、水生动物的配种和疾病防治。

(11) 纪念馆、博物馆、文化馆、文物保护单位管理机构、美术馆、展览馆、书画院、图书馆在自己的场所提供文化体育服务取得的第一道门票收入。

(12) 寺院、宫观、清真寺和教堂举办文化、宗教活动的门票收入。

(13) 行政单位之外的其他单位收取的符合《试点实施办法》第十条规定条件的政府性基金和行政事业性收费。

(14) 个人转让著作权。

(15) 个人销售自建自用住房。

(16) 2018年12月31日前,公共租赁住房经营管理单位出租公共租赁住房。

(17) 中国台湾航运公司、航空公司从事海峡两岸海上直航、空中直航业务在大陆取得的运输收入。

(18) 纳税人提供的直接或者间接国际货物运输代理服务。

(19) 2016年12月31日前,金融机构农户小额贷款;国家助学贷款;国债、地方政府债;人民银行对金融机构的贷款等利息收入。

(20) 被撤销金融机构以货物、不动产、无形资产、有价证券、票据等财产清偿债务。

(21) 保险公司开办的一年期以上人身保险产品取得的保费收入。

(22) 合格境外投资者(QFII)委托境内公司在我国从事证券买卖业务等金融商品转让收入。

(23) 金融同业往来利息收入。

(24) 符合条件的担保机构从事中小企业信用担保或者再担保业务取得的收入(不含信用评级、咨询、培训等收入)3年内免征增值税。

(25) 国家商品储备管理单位及其直属企业承担商品储备任务,从中央或者地方财政取得的利息补贴收入和价差补贴收入。

(26) 纳税人提供技术转让、技术开发和与之相关的技术咨询、技术服务。

(27) 符合条件的合同能源管理服务。

(28) 2017年12月31日前,科普单位的门票收入,以及县级及以上党政部门和科协开展科普活动的门票收入。

(29) 政府举办的从事学历教育的高等、中等和初等学校(不含下属单位),举办进修班、培训班取得的全部归该学校所有的收入。

(30) 政府举办的职业学校设立的主要为在校学生提供实习场所、并由学校出资自办、由学校负责经营管理、经营收入归学校所有的企业,从事"现代服务"(不含融资租赁服务、广告服务和其他现代服务)、"生活服务"(不含文化体育服务、其他生活服务和桑拿、氧吧)业务活动取得的收入。

(31) 家政服务企业由员工制家政服务员提供家政服务取得的收入。

(32) 福利彩票、体育彩票的发行收入。

(33) 军队空余房产租赁收入。

(34) 为了配合国家住房制度改革,企业、行政事业单位按房改成本价、标准价出售住房取得的收入。

(35) 将土地使用权转让给农业生产者用于农业生产。

(36) 涉及家庭财产分割的个人无偿转让不动产、土地使用权。

(37) 土地所有者出让土地使用权和土地使用者将土地使用权归还给土地所有者。

(38) 县级以上地方人民政府或自然资源行政主管部门出让、转让或收回自然资源使用权(不含土地使用权)。

(39) 为安置随军家属就业而新开办的企业,凡随军家属占企业总人数的60%(含)以上的,自领取税务登记证之日起,其提供的应税服务3年内免征增值税;从事个体经营的随军家属,自办理税务登记事项之日起,其提供的应税服务3年内免征增值税。

(40) 从事个体经营的军队转业干部,自领取税务登记证之日起,其提供的应税服务3年内免征增值税;为安置自主择业的军队转业干部就业而新开办的企业,凡安置自主择业的军队转业干部占企业总人数60%(含)以上的,自领取税务登记证之日起,其提供的应税服务3年内免征增值税。

(41) 个人将购买2年以上(含2年)的住房对外销售的,免征增值税。

【课堂思考】2-8 哪些免税项目是你所关心的项目?

纳税人销售货物、提供应税劳务或者应税行为适用免税规定的,可以放弃免税,依照法律的规定缴纳增值税。放弃免税后,36个月内不得再申请免税。

【课堂思考】2-9 为什么会有纳税人放弃免税?

二、实行增值税即征即退的部分项目

(1) 增值税一般纳税人销售其自行生产的软件产品,按17%税率征收增值税后,对其增值税实际税负超过3%的部分实行即征即退政策。

(2) 一般纳税人提供管道运输服务,对其增值税实际税负超过3%的部分实行增值税即征即退政策。

(3) 经人民银行、银监会或者商务部批准从事融资租赁业务的试点纳税人中的一般纳税人,提供有形动产融资租赁服务和有形动产融资性售后回租服务,对其增值税实际税负超过3%的部分实行增值税即征即退政策。

三、扣减增值税

(1) 对自主就业退役士兵从事个体经营的;对持《就业创业证》(注明"自主创业税收政策"或"毕业年度内自主创业税收政策")或2015年1月27日前取得的《就业失业登记证》(注明"自主创业税收政策"或附着《高校毕业生自主创业证》)的人员从事个体经营的;在3年内按每户每年8 000元为限额依次扣减其当年实际应缴纳的增值税、城市维护建设税、教育费附加、地方教育附加和个人所得税。

(2) 对商贸企业、服务型企业、劳动就业服务企业中的加工型企业和街道社区具有加工性质的小型企业实体,在新增加的岗位中,当年新招用自主就业退役士兵或当年新招用在人力资源社会保障部门公共就业服务机构登记失业半年以上且持《就业创业证》或2015年1月27日前取得的《就业失业登记证》(注明"企业吸纳税收政策")人员,与其签订1年以上期限劳动合同并依法缴纳社会保险费的,在3年内按实际招用人数予以定额(4 000元)依次扣减增值税、城市维护建设税、教育费附加、地方教育附加和企业所得税优惠。

四、起征点和小微企业免税规定

(一) 增值税条例、细则以及营改增法规中起征点的规定

个人销售货物、提供应税劳务或发生应税行为的销售额未达到增值税起征点的,免征增值税;达到起征点的,全额计算缴纳增值税。

增值税起征点不适用于登记为一般纳税人的个体工商户。

增值税起征点幅度如下:

(1) 按期纳税的,为月销售额5 000~20 000元(含本数)。

(2) 按次纳税的,为每次(日)销售额300~500元(含本数)。

销售额为不含税销售额。

起征点的调整由财政部和国家税务总局规定。省、自治区、直辖市财政厅(局)和国家税务局应当在规定的幅度内,根据实际情况确定本地区适用的起征点,并报财政部和国家税务总局备案。

(二) 小微企业免税规定

(1) 对增值税小规模纳税人中月销售额未达到2万元的企业或非企业性单位,免征增值税。2017年12月31日前,对月销售额2万元(含本数)至3万元的增值税小规模纳税人,免征增值税。其中,以1个季度为纳税期限的增值税小规模纳税人,季度销售额不超过9万元的,免征增值税。

(2) 增值税小规模纳税人月销售额不超过3万元(按季纳税9万元)的,当期因代开增值税专用发票(含货物运输业增值税专用发票)已经缴纳的税款,在专用发票全部联次追回或者按规定开具红字专用发票后,可以向主管税务机关申请退还。

第七节 增值税应纳税额的计算

一、一般纳税人一般计税方法下应纳税额的计算

一般纳税人销售货物、提供应税劳务和发生应税行为,应纳税额为当期销项税额抵扣当期进项税额后的余额。应纳税额计算公式为:

$$应纳税额 = 当期销项税额 - 当期进项税额$$

当期销项税额小于当期进项税额不足抵扣时,其不足部分可以结转下期继续抵扣。

纳税人销售货物、提供应税劳务和发生应税行为,按照销售额和规定税率计算并向购买方收取的增值税税额,称为销项税额。

$$销项税额 = 销售额 \times 税率$$

进项税额,是指纳税人购进货物、加工修理修配劳务、服务、无形资产或者不动产,支付或者负担的增值税额。进项税额实际上是购货方支付给销货方的税额,对购货方来说是进项税额,而对销货方来说,则是在税基外收取的销项税额。因此正确计算增值税的首要问题是正确理解增值税的销售额。

(一) 销售额的规定

1. 销售额的概念和内容

销售额为纳税人销售货物、提供应税劳务和发生应税行为取得的全部价款和价外费用(其中应税行为财政部和国家税务总局另有规定的除外),但是不包括收取的销项税额。

价外费用,包括价外向购买方收取的手续费、补贴、基金、集资费、返还利润、奖励费、违约金、滞纳金、延期付款利息、赔偿金、代收款项、代垫款项、包装费、包装物租金、储备费、优质费、运输装卸费以及其他各种性质的价外收费。但下列项目不包括在内:

(1) 受托加工应征消费税的消费品所代收代缴的消费税;

(2) 代为收取并符合以下规定的政府性基金或者行政事业性收费:由国务院或者财政部批准设立的政府性基金,由国务院或者省级人民政府及其财政、价格主管部门批准设立的行政事业性收费;收取时开具省级以上财政部门印制的财政票据;所收款项全额上缴财政。

(3) 以委托方名义开具发票代委托方收取的款项。如销售货物的同时代办保险等而向购买方收取的保险费,以及向购买方收取的代购买方缴纳的车辆购置税、车辆牌照费,承运部门的运输费用发票开具给购买方的转交给购买方的代垫运输费用等。

增值税通知中对下列应税行为规定以余额为销售额。

(1) 金融商品转让,按照卖出价扣除买入价后的余额为销售额。

(2) 经纪代理服务,以取得的全部价款和价外费用,扣除向委托方收取并代为支付的政府性基金或者行政事业性收费后的余额为销售额。

(3) 经人民银行、银监会或者商务部批准从事融资租赁业务的试点纳税人,提供融资租赁服务,以取得的全部价款和价外费用,扣除支付的借款利息(包括外汇借款和人民币借款利息)、发行债券利息和车辆购置税后的余额为销售额。

(4) 经人民银行、银监会或者商务部批准从事融资租赁业务的试点纳税人,提供融资性售后回租服务,以取得的全部价款和价外费用(不含本金),扣除对外支付的借款利息(包括外汇借款和人民币借款利息)、发行债券利息后的余额作为销售额。

(5) 试点纳税人中的一般纳税人提供客运场站服务,以其取得的全部价款和价外费用,扣除支付给承运方运费后的余额为销售额。

(6) 试点纳税人提供旅游服务,可以选择以取得的全部价款和价外费用,扣除向旅游服务购买方收取并支付给其他单位或者个人的住宿费、餐饮费、交通费、签证费、门票费和支付给其他接团旅游企业的旅游费用后的余额为销售额。

房地产开发企业中的一般纳税人销售其开发的房地产项目(选择简易计税方法的《建筑工程施工许可证》注明的合同开工日期在2016年4月30日前的房地产项目除外),以取得的全部价款和价外费用,扣除受让土地时向政府部门支付的土地价款后的余额为销售额。

2. 销售额的确定

(1) 含税销售额的换算

我国现行增值税实行价外计税,即以不含增值税税款的销售额作为计税销售额。但在实际工作中常常会出现一般纳税人在销售时采用销售额和销项税额合并定价的方法。此时,应该将含税销售额换算为不含税销售额后,再计算增值税税额。

一般纳税人销售额换算公式如下:

$$销售额 = \frac{含税销售额}{1+增值税税率}$$

【课堂思考】2-10 经济生活中增值税价税合计的情形有哪些?

随同销售货物或提供应税劳务向购买方收取的价外费用,无论其在会计上如何核算,均应并入销售额计算增值税应纳税额。对增值税一般纳税人收取的价外费用和逾期包装物押金(销售啤酒、黄酒以外的其他酒类产品所收的包装物押金除外),应视为含税收入,在征税时换算成不含税收入再并入销售额。

【案例分析】2-3 某金银首饰零售商店为一般纳税人,2015年10月份取得含税销售收入117 000元,确定该商店10月份增值税计税依据。

(2) 纳税人按人民币以外的货币结算销售额的,其销售额的人民币折合率可以选择销售额发生的当天或者当月1日的人民币汇率中间价。纳税人应在事先确定采用何种折合率,确定后1年内不得变更。

(3) 纳税人为销售货物而出租、出借包装物所收取的押金,如果单独计价核算的,不并入销售额计税,税法另有规定的除外。但对因逾期未收回包装物而不再退还的押金,应按所包装货物的适用税率计算销项税额。"逾期"是按合同约定实际逾期或1年为期限,对收取1年以上的押金,满1年时,无论是否退还,均并入销售额计税。

对销售除啤酒、黄酒以外的其他酒类产品而收取的包装物押金,无论是否返还以及会计上如何核算,均应并入当期销售额计税。

(4) 视同销售行为等销售额的确定

如果纳税人销售货物或应税劳务的价格明显偏低,又无正当理由;纳税人发生应税行为价格明显偏低或者偏高且不具有合理商业目的的;或者发生视同销售行为,而无销售额的,主管税务机关有权按照下列顺序确定销售额:

① 按纳税人最近时期销售同类货物,同类服务、无形资产或者不动产的平均价格确定。

② 按照其他纳税人最近时期销售同类货物,同类服务、无形资产或者不动产的平均价格确定。

③ 按组成计税价格确定。组成计税价格的公式为:

$$组成计税价格 = 成本 \times (1 + 成本利润率)$$

公式中非应税消费品货物的成本利润率由国家税务总局确定,成本利润率统一为10%;服务、无形资产或者不动产的成本利润率由国家税务总局确定。

若视同销售中的货物属于应税消费品,其组成计税价格中应加计消费税额,其成本利润率为消费税中规定的成本利润率。

$$组成计税价格 = 成本 + 利润 + 消费税 = 成本 \times (1 + 成本利润率) + 消费税$$

其中从价定率征收消费税的应税消费品其组成计税价格又可表示为

$$组成计税价格 = \frac{成本 \times (1 + 成本利润率)}{1 - 消费税税率}$$

(5) 特殊销售方式下销售额的确定

① 折扣方式销售。折扣销售是指销货方在销售货物或应税劳务或应税行为时,因购买数量较大等原因而给予购货方的价格优惠。纳税人采取折扣方式销售时,如果销售额和折扣额在同一张发票上分别注明,以折扣后的价款为销售额;未在同一张发票上分别注明的,以价款为销售额,不得扣减折扣额。

② 以旧换新方式销售。以旧换新是指纳税人在销售货物时,折价收回同类旧货物,并以折价款部分冲减新货物价款的一种销售方式。纳税人采取以旧换新方式销售货物的,应按新货物的同期销售价格确定销售额,不得扣减旧货物的收购价格。但是对金银首饰以旧换新业务,可以按实际收取的不含增值税的全部价款征收增值税。

【案例分析】2-4 (改编自2016经济法基础不定项选择题,题目来源:中华会计网校)以旧换新手机100部,含税销售单价为3 276元,旧手机含税销售单价为234元,增值税税率17%,应纳增值税为多少?

【应用训练】2-9 某企业开展促销活动,采取以旧换新方式销售50台冰箱,每台冰箱正常零售价2 800元,收回的旧冰箱每台折价400元,共计收回冰箱销货款120 000元,该批冰箱购进时取得的增值税专用发票上注明的进货成本每台2 300元。计算该次活动中应纳增值税的销售额,该企业适用的税率为17%。

【应用训练】2-10 某金银首饰商场为增值税一般纳税人,2015年10月份取得含税销售收入60 000元;以旧换新业务收入销售金项链2 000条,新项链每条零售价为2 500元,收回旧项链折价2 200元,实收现金600 000元。确定该商店10月份增值税销项税额。

③ 还本销售方式销售。还本销售是纳税人在销售货物后,到一定期限将货款一次或分次退还给购货方全部或部分价款的一种销售方式。纳税人采用还本销售方式销售货物,其

销售额就是货物的销售价格,不得从销售额中减除还本支出。

④ 以物易物方式销售。以物易物是指购销双方不是以货币结算,而是以同等价款的货物相互结算,实现货物购销的一种方式。采取以物易物方式销售货物,以物易物双方都应作购销处理,以各自发出的货物核算销售额并计算销项税额,以各自收到的货物按规定核算购货额并计算进项税额。在以物易物活动中,应分别开具合法的票据,如收到的货物不能取得相应的增值税专用发票或其他合法票据的,不能抵扣进项税额。

(6)兼营行为销售额的确定。纳税人兼营销售货物、劳务、服务、无形资产或者不动产,适用不同税率或者征收率的,应当分别核算适用不同税率或者征收率的销售额;未分别核算的,从高适用税率。

(二)当期销项税额的确定

企业应在税法规定的纳税义务发生时间确认销售额,并按规定的税率计算销项税额。

纳税人适用一般计税方法计税的,因销售折让、中止或者退回而退还给购买方的增值税额,应当从当期的销项税额中扣减。

(三)进项税额的内容

(1)准予从销项税额中抵扣的进项税额

根据增值税条例和营改增试点法规的规定,准予从销项税额中抵扣的进项税额,分为按增值税扣税凭证上注明的增值税税额和按规定计算的进项税额。

① 从销售方或者提供方取得的增值税专用发票(含税控机动车销售统一发票)上注明的增值税额。[1]

② 从海关取得的海关进口增值税专用缴款书上注明的增值税额。

③ 从境外单位或者个人购进服务、无形资产或者不动产,自税务机关或者扣缴义务人取得的解缴税款的完税凭证上注明的增值税额。

④ 购进农产品,除取得增值税专用发票或者海关进口增值税专用缴款书外,按照农产品收购发票或者销售发票上注明的农产品买价和13%的扣除率计算的进项税额。进项税额计算公式为

$$进项税额=买价×扣除率$$

买价,是指纳税人购进农产品在农产品收购发票或者销售发票上注明的价款和按照规定缴纳的烟叶税。

购进农产品进项税额按13%抵扣率计算中,不包括按照《农产品增值税进项税额核定扣除试点实施办法》中试点的农产品。

⑤ 不动产进项税额的计算抵扣。适用一般计税方法的试点纳税人,2016年5月1日后取得并在会计制度上按固定资产核算的不动产或者2016年5月1日后取得的不动产在建工程,其进项税额应自取得之日起分2年从销项税额中抵扣,第一年抵扣比例为60%,第二年抵扣比例为40%。

⑥ 按照增值税法规规定不得抵扣且未抵扣进项税额的固定资产、无形资产、不动产,发生用途改变,用于允许抵扣进项税额的应税项目,可在用途改变的次月按照下列公式计算可以抵扣的进项税额:

---

[1] 在营改增试点中我国增值税专用发票曾包括货物运输业增值税专用发票,自2016年7月1日,停止使用货物运输业增值税专用发票。

可以抵扣的进项税额

= 固定资产、无形资产、不动产净值÷(1＋适用税率)×适用税率

⑦ 增值税一般纳税人支付道路、桥、闸通行费,按照政策规定,以取得的通行费发票(不含财政票据)上注明的收费金额计算可抵扣的进项税额。

2016年5月1日至7月31日,一般纳税人支付的道路、桥、闸通行费,暂凭取得的通行费发票(不含财政票据,下同)上注明的收费金额按照下列公式计算可抵扣的进项税额:

高速公路通行费可抵扣进项税额

= 高速公路通行费发票上注明的金额÷(1＋3%)×3%

一级公路、二级公路、桥、闸通行费可抵扣进项税额

= 一级公路、二级公路、桥、闸通行费发票上注明的金额÷(1＋5%)×5%

通行费,是指有关单位依法或者依规设立并收取的过路、过桥和过闸费用。

(2) 不得从销项税额中抵扣的进项税额

① 用于简易计税方法计税项目、免征增值税项目、集体福利或者个人消费的购进货物、加工修理修配劳务、服务、无形资产和不动产。其中涉及的固定资产、无形资产、不动产,仅指专用于上述项目的固定资产、无形资产(不包括其他权益性无形资产)、不动产。

纳税人的交际应酬消费属于个人消费。

② 非正常损失的购进货物,以及相关的加工修理修配劳务和交通运输服务。

③ 非正常损失的在产品、产成品所耗用的购进货物(不包括固定资产)、加工修理修配劳务和交通运输服务。

④ 非正常损失的不动产,以及该不动产所耗用的购进货物、设计服务和建筑服务。

⑤ 非正常损失的不动产在建工程所耗用的购进货物、设计服务和建筑服务。

非正常损失,是指因管理不善造成货物被盗、丢失、霉烂变质,以及因违反法律法规造成货物或者不动产被依法没收、销毁、拆除的情形。

【应用训练】2-11 情形一:2016年4月某一般纳税人仓库材料被盗,该材料不含税买价1 000元,不含税运费100元,均从一般纳税人处购买并取得发票。

情形二:2016年4月某一般纳税人仓库发生地震一批材料完全被毁损,该材料不含税买价1 000元,不含税运费100元,均从一般纳税人处购买并取得发票。

讨论两种情形下的账务处理。

⑥ 购进的旅客运输服务、贷款服务、餐饮服务、居民日常服务和娱乐服务。

⑦ 财政部和国家税务总局规定的其他情形。

(3) 不得从销项税额中抵扣的进项税额金额的确定

① 已抵扣进项税额的购进货物(不含固定资产)、劳务、服务,发生法规规定不得抵扣进项税额情形的(简易计税方法计税项目、免征增值税项目除外),应当将该进项税额从当期进项税额中扣减;无法确定该进项税额的,按照当期实际成本计算应扣减的进项税额。

【案例分析】2-5 (改编自2016经济法基础不定项选择题,题目来源:中华会计网校)甲公司为增值税一般纳税人,主要从事建筑、装修材料的生产和销售业务,2016年10月仓库应保管不善,丢失一批9月购入的零配件,该批零配件账面成本10.53万元,其中含运输费成本0.23万元,购进零配件和支付运输费的进项税额均已9月抵扣。计算甲当月丢失零配件进项税额转出的数额。

【应用训练】2-12 分析应用训练2-11情形一中不得抵扣金额的确定。

② 适用一般计税方法的纳税人,兼营简易计税方法计税项目、免征增值税项目而无法划分不得抵扣的进项税额,按照下列公式计算不得抵扣的进项税额:

不得抵扣的进项税额＝当期无法划分的全部进项税额
×(当期简易计税方法计税项目销售额＋免征增值税项目销售额)
÷当期全部销售额

【案例分析】2-6 某塑料制品厂生产农用薄膜和塑料餐具产品,农用薄膜为免税产品。2010年2月,该厂购入聚氯乙烯原料一批用于两类产品,专用发票列明价款265 000元,增值税45 050元,已付款并验收入库;购进用于餐具的包装物,专用发票列明价款24 000元,增值税额4 080元,已付款并验收入库;当月支付电费5 820元,进项税额989.40元。2月全部产品销售额806 000元,其中农用薄膜销售额526 000元。要求计算当月不得抵扣的进项税额。

③ 已抵扣进项税额的固定资产、无形资产或者不动产,发生法规规定不得抵扣进项税额情形的,按照下列公式计算不得抵扣的进项税额:

不得抵扣的进项税额＝固定资产、无形资产或者不动产净值×适用税率

(4) 因销售折让、中止或者退回而收回的增值税额,应当从当期的进项税额中扣减。

(四) 进项税额抵扣时限(即对进项当期的认定)

(1) 增值税一般纳税人取得2010年1月1日以后开具的增值税专用发票,应在开具之日起180日内到税务机关办理认证,并在认证通过的次月申报期内,向主管税务机关申报抵扣进项税额。为减轻纳税人和基层税务机关负担,自2016年3月1日起,税务总局决定对纳税信用A级增值税一般纳税人取消增值税发票认证,其取得的销售方使用增值税发票系统升级版开具的增值税发票,可以不再进行扫描认证,通过增值税发票税控开票软件登录本省增值税发票查询平台,查询、选择用于申报抵扣或者出口退税的增值税发票信息。2016年5月1日起,纳税信用B级增值税一般纳税人也取消增值税发票认证,可以通过增值税发票税控开票软件登录查询、选择用于申报抵扣或者出口退税的增值税发票信息。

(2) 实行海关进口增值税专用缴款书"先比对后抵扣"管理办法的增值税一般纳税人取得2010年1月1日以后开具的海关缴款书,应在开具之日起180日内向主管税务机关报送《海关完税凭证抵扣清单》(包括纸质资料和电子数据)申请稽核比对。

未实行海关缴款书"先比对后抵扣"管理办法的增值税一般纳税人取得2010年1月1日以后开具的海关缴款书,应在开具之日起180日后的第一个纳税申报期结束以前,向主管税务机关申报抵扣进项税额。

增值税一般纳税人取得2010年1月1日以后开具的增值税专用发票、海关缴款书,未在规定期限内到税务机关办理认证、查询、申报抵扣或者申请稽核比对的,不得作为合法的增值税扣税凭证,不得计算进项税额抵扣。

【案例分析】2-7 某企业为增值税一般纳税人。2015年9月该企业外购货物支付增值税进项税额8万元,并收到对方开具的增值税专用发票;销售货物取得不含税销售额100万元。已知销售的货物适用17%的增值税税率。计算该企业9月份增值税应纳税额。

【案例分析】2-8 某企业为增值税一般纳税人。2015年5月销售产品,开出增值税专用发票,销售额为120 000元,销项税额20 400元;销售给小规模纳税人产品,开出普通发票,价税合计40 000元;将一批成本为100 000元的产品对外投资。当月购料,取得专用发票,价款为60 000元,税额102 000元;购进免税农产品25 000元;当月用水27 600元,专用

发票注明税额 3 588 元;购进设备一台,价款 55 000 元,专用发票注明税额 9 350 元。当月增值税专用发票均已通过税务机关认证,农产品进项税额非核定扣除试点。计算该企业当月应交增值税。

【案例分析】2-9 某运输企业为一般纳税人,2015 年 10 月取得含税交通运输收入 111 万元;当月外购汽油,取得增值税专用发票,注明不含税金额 10 万元,增值税 1.7 万元,已用支票支付;当月外购运输车辆 1 辆,取得增值税专用发票,注明不含税金额 20 万元,增值税 3.4 万元;当月发生联运取得增值税专用发票,注明不含税金额 50 万元,增值税 5.5 万元。计算该运输企业 2015 年 10 月增值税应纳税额。

【案例分析】2-10 (改编自 2015 年注册会计师税法,题目来源:中华会计网校)某市有国际运输资质的运输公司,为增值税一般纳税人,2015 年 6 月经营情况如下:

(1) 从事运输服务,开具增值税专用发票,注明运输费 320 万元、装卸费 36 万元。
(2) 从事仓储服务,开具增值税专用发票,注明仓储收入 110 万元、装卸费 18 万元。
(3) 从事境内运输服务,价税合计 277.5 万元;运输至中国香港、澳门,价税合计 51.06 万元。
(4) 出租客货两用车,取得含税收入 60.84 万元。
(5) 销售使用过的未抵扣进项税额的固定资产,普通发票 3.09 万元。
(6) 进口货车,成交价 160 万元,境外运费 12 万元,保险费 8 万元。在海关缴纳关税 36 万元。
(7) 国内购进小汽车,取得增值税专用发票,价款 80 万元,增值税 13.6 万元;接受运输服务,取得增值税专用发票,价款 6 万元,增值税 0.66 万元。
(8) 购买矿泉水,取得增值税专用发票,价款 8 万元,增值税 1.36 万元,其中 60% 赠送给客户,40% 用于职工福利。

要求:根据上述资料,计算:
(1) 业务(1) 的销项税额。
(2) 业务(2) 的销项税额。
(3) 业务(3) 的销项税额。
(4) 业务(4) 的销项税额。
(5) 业务(5) 的增值税税额。
(6) 计算进口业务应缴纳的增值税。
(7) 计算 6 月的进项税额。
(8) 计算 6 月的增值税。

二、小规模纳税人应纳税额的计算

小规模纳税人销售货物或提供应税劳务或发生应税行为,实行简易办法计算应纳税额,按销售额和征收率计算应纳税额,不得抵扣进项税额。

$$应纳税额 = 销售额 \times 征收率$$

公式中的销售额的构成基本同一般纳税人中的销售额,包含销售时取得的全部价款和价外费用(其中应税行为为财政部和国家税务总局另有规定的除外),但是不包括收取的增值税额。如营改增法规中规定试点纳税人提供建筑服务适用简易计税方法的,以取得的全部价款和价外费用扣除支付的分包款后的余额为销售额。

纳税人采用销售额和应纳税额合并定价方法的,按照下列公式计算销售额:

$$\text{不含税销售额} = \frac{\text{含税销售额}}{1+\text{征收率}}$$

【案例分析】2-11 某机械加工企业为小规模纳税人,2015年8月发生如下业务:购进原料一批,支付货款5万元,增值税税款0.85万元;销售产品一批,取得含税收入9万元,计算该企业8月份增值税应纳税额。

三、一般纳税人简易计税方法下和违规情形下应纳税额的计算

(一)一般纳税人简易计税方法下应纳税额的计算

简易计税方法下的应纳税额,是指按照销售额和增值税征收率计算的增值税额,不得抵扣进项税额,因此一般纳税人简易计税方法下应纳税额的计算公式同小规模纳税人的,只是一般纳税人必须在法律允许的范围内选择简易计税。

$$\text{应纳税额} = \text{销售额} \times \text{征收率}$$

(二)纳税人违规情形下应纳税额的计算

有下列情形之一者,应当按照销售额和增值税税率计算应纳税额,不得抵扣进项税额,也不得使用增值税专用发票:

(1)一般纳税人会计核算不健全,或者不能够提供准确税务资料的。
(2)应当办理一般纳税人资格登记而未办理的。

四、进口货物应纳税额的计算

纳税人进口货物,无论是一般纳税人还是小规模纳税人,均应按照组成计税价格和规定的税率计算应纳税额,不允许抵扣发生在境外的任何税金。其组成计税价格和应纳税额的计算公式如下:

$$\text{应纳税额} = \text{组成计税价格} \times \text{增值税税率}$$
$$\text{组成计税价格} = \text{关税完税价格} + \text{关税} + \text{消费税}$$

【案例分析】2-12 某公司为增值税一般纳税人。2014年8月,该公司进口生产家具用的木材一批,关税完税价格为8万元,已纳关税1万元。计算该公司进口木材应缴纳的增值税。

第八节 增值税出口货物劳务退(免)税和跨境应税行为零税率或退(免)税

出口货物劳务退(免)税及跨境应税行为零税率或退(免)税(下文简称出口零税率)是指在国际贸易中,货物(劳务、服务、无形资产)输出国境内对输出境外的货物等退还其按本国税法规定已缴纳的增值税和消费税或免征其在本国境内消费时应缴纳的增值税和消费税。出口零税率是国际上通行的税收规则,目的在于鼓励本国产品出口,使本国产品以不含税价格进入国际市场,增强本国产品的竞争能力。在增值税中,我国实行出口零税率(不包括少数特殊货物)的优惠政策。所谓零税率指的是货物、劳务、服务或无形资产在出口时整体税负为零,不但出口环节不必纳税,而且还可以退还以前环节已纳税款。

增值税条例和消费税条例对出口零税率提出了框架规定,具体政策可见2012年5月25日颁布的《财政部 国家税务总局关于出口货物增值税和消费税政策的通知》(财税〔2012〕39号)和2012年6月14日颁布的《出口货物劳务增值税和消费税管理办法》(国家税务总局公告〔2012〕24号),这两个法规对前期出口货物劳务增值税和消费税的政策和管理文件法规进行了清理和完善。财税〔2016〕36号文件附件4对跨境应税行为适用增值税零税率和免税政策进行了规定。

一、出口零税率基本政策和范围

(一)对下列出口货物劳务或跨境行为,除法律明确规定的外,实行免征和退还增值税政策(即出口免税并退税)

(1)出口企业出口货物。出口企业,是指依法办理工商登记、税务登记、对外贸易经营者备案登记,自营或委托出口货物的单位或个体工商户,以及依法办理工商登记、税务登记但未办理对外贸易经营者备案登记,委托出口货物的生产企业。所称出口货物,是指向海关报关后实际离境并销售给境外单位或个人的货物,分为自营出口货物和委托出口货物两类。

(2)出口企业或其他单位视同出口货物*,具体是指:

① 出口企业对外援助、对外承包、境外投资的出口货物。

② 出口企业经海关报关进入国家批准的出口加工区、保税物流园区、保税港区、综合保税区、珠澳跨境工业区(珠海园区)、中哈霍尔果斯国际边境合作中心(中方配套区域)、保税物流中心(B型)(以下统称特殊区域)并销售给特殊区域内单位或境外单位、个人的货物。

③ 免税品经营企业销售的货物(国家规定不允许经营和限制出口的货物、卷烟和超出免税品经营企业《企业法人营业执照》规定经营范围的货物除外)。

④ 出口企业或其他单位销售给用于国际金融组织或外国政府贷款国际招标建设项目的中标机电产品。

⑤ 生产企业向海上石油天然气开采企业销售的自产的海洋工程结构物。

⑥ 出口企业或其他单位销售给国际运输企业用于国际运输工具上的货物。

⑦ 出口企业或其他单位销售给特殊区域内生产企业生产耗用且不向海关报关而输入特殊区域的水(包括蒸汽)、电力、燃气(以下称输入特殊区域的水电气)。

除本通知及财政部和国家税务总局另有规定外,视同出口货物适用出口货物的各项规定。

(3)出口企业对外提供加工修理修配劳务。

(4)境内的单位和个人提供下列适用增值税零税率的服务或者无形资产,如果属于适用增值税一般计税方法的,实行免征和退还增值税政策。

中华人民共和国境内的单位和个人销售的国际运输服务,航天运输服务,向境外单位提供的完全在境外消费的研发服务、合同能源管理服务、设计服务、广播影视节目(作品)的制作和发行服务、软件服务、电路设计及测试服务、信息系统服务、业务流程管理服务、离岸服务外包业务和转让技术,财政部和国家税务总局规定的其他服务。

(二)对下列出口货物劳务或跨境行为,除法律明确规定不予退免税外,实行免征增值税政策(即出口免税不退税)*

(1)出口企业或其他单位出口规定的货物,具体是指:

① 增值税小规模纳税人出口的货物。

② 避孕药品和用具,古旧图书。
③ 软件产品。
④ 含黄金、铂金成分的货物,钻石及其饰品。
⑤ 国家计划内出口的卷烟。
⑥ 已使用过的设备。
⑦ 非出口企业委托出口的货物。
⑧ 非列名生产企业出口的非视同自产货物。
⑨ 农业生产者自产农产品。
⑩ 油画、花生果仁、黑大豆等财政部和国家税务总局规定的出口免税的货物。
⑪ 外贸企业取得普通发票、废旧物资收购凭证、农产品收购发票、政府非税收入票据的货物。
⑫ 来料加工复出口的货物。
⑬ 特殊区域内的企业出口的特殊区域内的货物。
⑭ 以人民币现金作为结算方式的边境地区出口企业从所在省(自治区)的边境口岸出口到接壤国家的一般贸易和边境小额贸易出口货物。
⑮ 以旅游购物贸易方式报关出口的货物。

(2) 出口企业或其他单位视同出口的下列货物劳务:
① 国家批准设立的免税店销售的免税货物[包括进口免税货物和已实现退(免)税的货物]。
② 特殊区域内的企业为境外的单位或个人提供加工修理修配劳务。
③ 同一特殊区域、不同特殊区域内的企业之间销售特殊区域内的货物。

(3) 出口企业或其他单位未按规定申报或未补齐增值税退(免)税凭证的出口货物劳务。具体是指:
① 未在国家税务总局规定的期限内申报增值税退(免)税的出口货物劳务。
② 未在规定期限内申报开具《代理出口货物证明》的出口货物劳务。
③ 已申报增值税退(免)税,却未在国家税务总局规定的期限内向税务机关补齐增值税退(免)税凭证的出口货物劳务。

对于适用增值税免税政策的出口货物劳务,出口企业或其他单位可以依照现行增值税有关规定放弃免税,并按法律规定缴纳增值税。

(4) 境内的单位和个人提供下列适用增值税零税率的服务或者无形资产,如果属于适用简易计税方法的,免征增值税。

中华人民共和国境内的单位和个人销售的国际运输服务,航天运输服务,向境外单位提供的完全在境外消费的研发服务、合同能源管理服务、设计服务、广播影视节目(作品)的制作和发行服务、软件服务、电路设计及测试服务、信息系统服务、业务流程管理服务、离岸服务外包业务和转让技术,财政部和国家税务总局规定的其他服务。

(5) 境内的单位和个人提供工程项目在境外的建筑服务、工程项目在境外的工程监理服务、工程、矿产资源在境外的工程勘察勘探服务、会议展览地点在境外的会议展览服务、存储地点在境外的仓储服务、标的物在境外使用的有形动产租赁服务、在境外提供的广播影视节目(作品)的播映服务、在境外提供的文化体育服务、教育医疗服务、旅游服务;为出口货物提供的邮政服务、收派服务、保险服务;向境外单位提供的完全在境外消费的电信服务、知识产权服务、物流辅助服务(仓储服务、收派服务除外)、鉴证咨询服务、专业技术服务、商务辅助服务、广告投放地在境外的广告服务和无形资产;以无运输工具承运方式提供的国际运输服务;为境外单位之间的货币资金融通及其他金融业务提供的直接收费金融服务,且该服务与境内的货物、无形资产和不动产无关;财政部和国家税务总局规定的其他服务;对于上述服务和无形资产免征增值税,但财政部和国家税务总局规定适用增值税零税率的除外。

按照国家有关规定应取得相关资质的国际运输服务项目,纳税人取得相关资质的,适用增值税零税率政策,未取得的,适用增值税免税政策。

(三)下列出口货物劳务,不适用增值税退(免)税和免税政策,按下列规定及视同内销货物征税的其他规定征收增值税(即出口不免税也不退税) *

(1)出口企业出口或视同出口财政部和国家税务总局根据国务院决定明确的取消出口退(免)税的货物(不包括来料加工复出口货物、中标机电产品、列名原材料、输入特殊区域的水电气、海洋工程结构物)。

(2)出口企业或其他单位销售给特殊区域内的生活消费用品和交通运输工具。

(3)出口企业或其他单位因骗取出口退税被税务机关停止办理增值税退(免)税期间出口的货物。

(4)出口企业或其他单位提供虚假备案单证的货物。

(5)出口企业或其他单位增值税退(免)税凭证有伪造或内容不实的货物。

(6)出口企业或其他单位未在国家税务总局规定期限内申报免税核销以及经主管税务机关审核不予免税核销的出口卷烟。

(7)出口企业或其他单位具有以下情形之一的出口货物劳务:

① 将空白的出口货物报关单、出口收汇核销单等退(免)税凭证交由除签有委托合同的货代公司、报关行,或由境外进口方指定的货代公司(提供合同约定或者其他相关证明)以外的其他单位或个人使用的。

② 以自营名义出口,其出口业务实质上是由本企业及其投资的企业以外的单位或个人借该出口企业名义操作完成的。

③ 以自营名义出口,其出口的同一批货物既签订购货合同,又签订代理出口合同(或协议)的。

④ 出口货物在海关验放后,自己或委托货代承运人对该笔货物的海运提单或其他运输单据等上的品名、规格等进行修改,造成出口货物报关单与海运提单或其他运输单据有关内容不符的。

⑤ 以自营名义出口,但不承担出口货物的质量、收款或退税风险之一的,即出口货物发生质量问题不承担购买方的索赔责任(合同中有约定质量责任承担者除外);不承担未按期收款导致不能核销的责任(合同中有约定收款责任承担者除外);不承担因申报出口退(免)税的资料、单证等出现问题造成不退税责任的。

⑥ 未实质参与出口经营活动、接受并从事由中间人介绍的其他出口业务,但仍以自营名义出口的。

二、出口退税的退税率

(一)退税率的一般规定

除财政部和国家税务总局根据国务院决定而明确的增值税出口退税率(以下称退税率)外,出口货物、服务和无形资产的退税率为其适用税率。国家税务总局根据上述规定将退税率通过出口退税率文库予以发布,供征纳双方执行。退税率有调整的,除另有规定外,其执行时间以货物(包括被加工修理修配的货物)出口货物报关单(出口退税专用)上注明的出口日期为准。

(二) 退税率的特殊规定*

(1) 外贸企业购进按简易办法征税的出口货物、从小规模纳税人购进的出口货物,其退税率分别为简易办法实际执行的征收率、小规模纳税人征收率。上述出口货物取得增值税专用发票的,退税率按照增值税专用发票上的税率和出口货物退税率孰低的原则确定。

(2) 出口企业委托加工修理修配货物,其加工修理修配费用的退税率,为出口货物的退税率。

(3) 中标机电产品、出口企业向海关报关进入特殊区域销售给特殊区域内生产企业生产耗用的列名原材料(具体范围见财税〔2012〕39号文附件6)、输入特殊区域的水电气,其退税率为适用税率。如果国家调整列名原材料的退税率,列名原材料应当自调整之日起按调整后的退税率执行。

(4) 海洋工程结构物退税率的适用,具体范围见财税〔2012〕39号文附件3。

(三) 适用不同退税率的货物劳务

应分开报关、核算并申报退(免)税,未分开报关、核算或划分不清的,从低适用退税率。

三、增值税退(免)税的计税依据

境内的单位和个人提供适用增值税零税率的服务或者无形资产,如果属于适用增值税一般计税方法的,生产企业实行免抵退税办法,外贸企业外购服务或者无形资产出口实行免退税办法,外贸企业直接将服务或自行研发的无形资产出口,视同生产企业连同其出口货物统一实行免抵退税办法。其退税额的确定原理同出口货物的退(免)税,因此下文将以货物为例讲解增值税退(免)税的计税依据和退税额的确定。若应税行为中主管税务机关认定出口价格偏高的,有权按照核定的出口价格计算退(免)税,核定的出口价格低于外贸企业购进价格的,低于部分对应的进项税额不予退税,转入成本。

出口货物劳务的增值税退(免)税的计税依据,按出口货物劳务的出口发票(外销发票)、其他普通发票或购进出口货物劳务的增值税专用发票、海关进口增值税专用缴款书确定。

(1) 生产企业出口货物劳务(进料加工复出口货物除外)增值税退(免)税的计税依据,为出口货物劳务的实际离岸价(FOB)。实际离岸价应以出口发票上的离岸价为准,但如果出口发票不能反映实际离岸价,主管税务机关有权予以核定。

(2) 生产企业进料加工复出口货物增值税退(免)税的计税依据,按出口货物的离岸价(FOB)扣除出口货物所含的海关保税进口料件的金额后确定。

所称海关保税进口料件,是指海关以进料加工贸易方式监管的出口企业从境外和特殊区域等进口的料件。包括出口企业从境外单位或个人购买并从海关保税仓库提取且办理海关进料加工手续的料件,以及保税区外的出口企业从保税区内的企业购进并办理海关进料加工手续的进口料件。

(3) 生产企业国内购进无进项税额且不计提进项税额的免税原材料加工后出口的货物的计税依据,按出口货物的离岸价(FOB)扣除出口货物所含的国内购进免税原材料的金额后确定。

(4) 外贸企业出口货物(委托加工修理修配货物除外)增值税退(免)税的计税依据,为购进出口货物的增值税专用发票注明的金额或海关进口增值税专用缴款书注明的完税价格。

(5) 外贸企业出口委托加工修理修配货物增值税退(免)税的计税依据,为加工修理修配费用增值税专用发票注明的金额。外贸企业应将加工修理修配使用的原材料(进料加工海关保税进口料件除外)作价销售给受托加工修理修配的生产企业,受托加工修理修配的生产企业应将原材料成本并入加工修理修配费用开具发票。

(6) 出口进项税额未计算抵扣的已使用过的设备增值税退(免)税的计税依据,按下列公式确定:

退(免)税计税依据=增值税专用发票上的金额或海关进口增值税专用缴款书注明的完税价格×已使用过的设备固定资产净值÷已使用过的设备原值。

已使用过的设备固定资产净值=已使用过的设备原值－已使用过的设备已提累计折旧。

已使用过的设备,是指出口企业根据财务会计制度已经计提折旧的固定资产。

(7) 免税品经营企业销售的货物增值税退(免)税的计税依据,为购进货物的增值税专用发票注明的金额或海关进口增值税专用缴款书注明的完税价格。

(8) 中标机电产品增值税退(免)税的计税依据,生产企业为销售机电产品的普通发票注明的金额,外贸企业为购进货物的增值税专用发票注明的金额或海关进口增值税专用缴款书注明的完税价格。

(9) 生产企业向海上石油天然气开采企业销售的自产的海洋工程结构物增值税退(免)税的计税依据,为销售海洋工程结构物的普通发票注明的金额。

(10) 输入特殊区域的水电气增值税退(免)税的计税依据,为作为购买方的特殊区域内生产企业购进水(包括蒸汽)、电力、燃气的增值税专用发票注明的金额。

四、增值税退税额的计算

出口纳税人经营特点、性质不同,出口退税额的计算方法也有差异。目前我国规定了两种退税计算办法:

第一种是"免抵退税"办法,主要适用于自营和委托出口的生产企业。"免",是对生产企业出口的自产货物,免征出口销售环节增值税;"抵",是指生产企业出口自产货物所消耗的原材料、零部件、燃料、动力等所含应予退还的增值税,先抵顶内销货物的应纳税额;"退",是指生产企业出口的自产货物,在当月内应抵顶的进项税额大于内销货物的应纳税额时,对未抵顶完的进项税额部分按规定予以退税。

第二种是免退税办法,也称为"先征后退"办法,主要适用于外贸出口企业。"先征后退"是指出口货物在生产(购货)环节按规定缴纳增值税(即外贸企业的进项税),货物出口环节免征增值税(即外贸企业的销项税),货物出口后由外贸企业向主管出口退税的税务机关申请办理出口货物的退税。

(一) 若出口退税的生产企业当期不存在免税购进原材料的情形

其出口货物劳务增值税免抵退税,依下列公式计算:

1. 当期应纳税额的计算

当期应纳税额=当期销项税额－(当期进项税额－当期不得免征和抵扣税额)－上期留抵税额,即当期期末留抵税额。

当期不得免征和抵扣税额=当期出口货物离岸价×外汇人民币折合率×(出口货物适用税率－出口货物退税率)。

2. 当期免抵退税额的计算

当期免抵退税额=当期出口货物离岸价×外汇人民币折合率×出口货物退税率。

3. 当期应退税额和免抵税额的计算

(1) 当期期末留抵税额≤当期免抵退税额,则

　　　　当期应退税额 = 当期期末留抵税额

　　　　当期免抵税额 = 当期免抵退税额 - 当期应退税额

(2) 当期期末留抵税额>当期免抵退税额,则

　　　　当期应退税额 = 当期免抵退税额

　　　　当期免抵税额 = 0

当期期末留抵税额为当期增值税纳税申报表中"期末留抵税额"。

【案例分析】2-13 某生产企业为增值税一般纳税人,兼营出口与内销。2012年2月发生以下业务:购进原材料增值税专用发票上注明价款100万元,内销收入50万元,出口货物离岸价格180万元,支付销货运费2万元,取得运输企业开具的普通发票,以上购销业务款项均已收付,购进材料均于当月验收入库(出口货物税率为17%,退税率为13%)。要求计算当期退税额。

(二)外贸企业出口货物劳务增值税免退税

依下列公式计算:

1. 外贸企业出口委托加工修理修配货物以外的货物

增值税应退税额=增值税退(免)税计税依据×出口货物退税率。

2. 外贸企业出口委托加工修理修配货物

出口委托加工修理修配货物的增值税应退税额=委托加工修理修配的增值税退(免)税计税依据×出口货物退税率。

【案例分析】2-14 2015年2月,乙外贸公司(具有进出口经营权)从某日用化妆品公司购进出口用护发用品1 000箱,取得增值税专用发票注明的价款为100万元,进项税额为17万元,货款已用银行存款支付,当月该批产品已全部出口,售价为每箱180美元(当日汇率为1美元=6.8元人民币),申请退税的单证齐全。该护发品增值税退税率为9%。要求:(1)计算乙公司增值税进项税额转出额。(2)计算乙公司应退的增值税税额。

第九节　增值税的征收管理

一、增值税纳税义务发生时间

增值税纳税义务发生时间是指增值税纳税人、扣缴义务人发生应税、扣缴税款行为应承担纳税义务、扣缴义务的起始时间。分为三种情形:

(1) 销售货物、提供应税劳务或发生应税行为,为收讫销售款项或者取得索取销售款项凭据的当天;先开具发票的,为开具发票的当天。收讫销售款项,是指纳税人销售服务、无形资产、不动产过程中或者完成后收到款项。

取得索取销售款项凭据的当天,是指书面合同确定的付款日期;未签订书面合同或者书面合同未确定付款日期的,为服务、无形资产转让完成的当天或者不动产权属变更的当天。

按结算方式的不同,增值税纳税义务发生时间具体为:

① 采取直接收款方式销售,不论货物是否发出,均为收到销售款或者取得索取销售款

凭据的当天。

纳税人生产经营活动中采取直接收款方式销售货物,已将货物移送对方并暂估销售收入入账,但既未取得销售款或取得索取销售款凭据也未开具销售发票的,其增值税纳税义务发生时间为取得销售款或取得索取销售款凭据的当天。

② 采取托收承付和委托银行收款方式销售货物,为发出货物并办妥托收手续的当天。

③ 采取赊销和分期收款方式销售货物,为书面合同约定的收款日期的当天,无书面合同的或者书面合同没有约定收款日期的,为货物发出的当天。

④ 采取预收货款方式销售货物,为货物发出的当天,但生产销售生产工期超过12个月的大型机械设备、船舶、飞机等货物,为收到预收款或者书面合同约定的收款日期的当天。纳税人提供建筑服务、租赁服务采取预收款方式的,其纳税义务发生时间为收到预收款的当天。

⑤ 委托其他纳税人代销货物,为收到代销单位的代销清单或者收到全部或者部分货款的当天。未收到代销清单及货款的,为发出代销货物满180天的当天。

⑥ 销售应税劳务,为提供劳务同时收讫销售款或者取得索取销售款的凭据的当天;

⑦ 纳税人发生视同销售货物行为,为货物移送的当天。

⑧ 纳税人发生视同销售应税行为的,其纳税义务发生时间为服务、无形资产转让完成的当天或者不动产权属变更的当天。

(2) 纳税人进口货物,其纳税义务发生时间为报关进口的当天。

(3) 增值税扣缴义务发生时间为纳税人增值税纳税义务发生的当天。

二、增值税纳税期限

(1) 增值税境内销售的纳税期限分别为1日、3日、5日、10日、15日、1个月或者1个季度。纳税人的具体纳税期限,由主管税务机关根据纳税人应纳税额的大小分别核定。以1个季度为纳税期限的规定适用于小规模纳税人、银行、财务公司、信托投资公司、信用社,以及财政部和国家税务总局规定的其他纳税人。不能按照固定期限纳税的,可以按次纳税。

纳税人以1个月或者1个季度为1个纳税期的,自期满之日起15日内申报纳税;以1日、3日、5日、10日或者15日为1个纳税期的,自期满之日起5日内预缴税款,于次月1日起15日内申报纳税并结清上月应纳税款。

(2) 扣缴义务人解缴税款的期限,依照上述规定执行。

(3) 纳税人进口货物,应当自海关填发海关进口增值税专用缴款书之日起15日内缴纳税款。

三、增值税纳税地点

(1) 固定业户应当向其机构所在地的主管税务机关申报纳税。总机构和分支机构不在同一县(市)的,应当分别向各自所在地的主管税务机关申报纳税;经国务院财政、税务主管部门或者其授权的财政、税务机关批准,可以由总机构汇总向总机构所在地的主管税务机关申报纳税。

固定业户到外县(市)销售货物或者应税劳务,应当向其机构所在地的主管税务机关申请开具外出经营活动税收管理证明,并向其机构所在地的主管税务机关申报纳税;未开具证明的,应当向销售地或者劳务发生地的主管税务机关申报纳税;未向销售地或者劳务发生地的主管税务机关申报纳税的,由其机构所在地的主管税务机关补征税款。

(2) 非固定业户销售货物、提供应税劳务、应税服务或者应税行为,应当向销售地或者行为发生地的主管税务机关申报纳税;未申报纳税的,由其机构所在地或者居住地的主管税务机关补征税款。

(3) 其他个人提供建筑服务,销售或者租赁不动产,转让自然资源使用权,应向建筑服务发生地、不动产所在地、自然资源所在地主管税务机关申报纳税。

(4) 进口货物,应当向报关地海关申报纳税。

(5) 扣缴义务人应当向其机构所在地或者居住地的主管税务机关申报缴纳其扣缴的税款。

*四、增值税申报资料

增值税纳税申报资料包括纳税申报表及其附列资料和纳税申报其他资料,纳税申报表及其附列资料分为增值税一般纳税人纳税申报表及其附列资料和小规模纳税人纳税申报表及其附列资料。下面将以案例的形式了解和练习一般纳税人和小规模纳税人纳税申报表主表的填写。

(一) 一般纳税人增值税申报表主表及案例

一般纳税人增值税纳税申报表如表 2.2 所示。

表 2.2 增值税纳税申报表[①]

(一般纳税人适用)

根据国家税收法律法规及增值税相关规定制定本表。纳税人不论有无销售额,均应按税务机关核定的纳税期限填写本表,并向当地税务机关申报。

税款所属时间:自 年 月 日至 年 月 日   填表日期: 年 月 日   金额单位:元(列至角分)

纳税人识别号				所属行业			
纳税人名称		法定代表人姓名		注册地址		生产经营地址	
开户银行及账号			企业登记注册类型			电话号码	

	项目	栏次	一般货物、劳务和应税服务		即征即退货物、劳务和应税服务	
			本月数	本年累计	本月数	本年累计
销售额	(一) 按适用税率计税销售额	1				
	其中:应税货物销售额	2				
	应税劳务销售额	3				
	纳税检查调整的销售额	4				
	(二) 按简易办法计税销售额	5				
	其中:纳税检查调整的销售额	6				
	(三) 免、抵、退办法出口销售额	7				
	(四) 免税销售额	8				
	其中:免税货物销售额	9				
	免税劳务销售额	10				

---

① 2013 年 9 月 1 日起施行。

续表

项目		栏次	一般货物、劳务和应税服务		即征即退货物、劳务和应税服务	
			本月数	本年累计	本月数	本年累计
税款计算	销项税额	11				
	进项税额	12				
	上期留抵税额	13				
	进项税额转出	14				
	免、抵、退应退税额	15				
	按适用税率计算的纳税检查应补缴税额	16				
	应抵扣税额合计	17＝12＋13－14－15＋16				
	实际抵扣税额	18(如 17＜11,则为17,否则为11)				
	应纳税额	19＝11－18				
	期末留抵税额	20＝17－18				
	简易计税办法计算的应纳税额	21				
	按简易计税办法计算的纳税检查应补缴税额	22				
	应纳税额减征额	23				
	应纳税额合计	24＝19＋21－23				
税款缴纳	期初未缴税额(多缴为负数)	25				
	实收出口开具专用缴款书退税额	26				
	本期已缴税额	27＝28＋29＋30＋31				
	① 分次预缴税额	28				
	② 出口开具专用缴款书预缴税额	29				
	③ 本期缴纳上期应纳税额	30				
	④ 本期缴纳欠缴税额	31				
	期末未缴税额(多缴为负数)	32＝24＋25＋26－27				
	其中:欠缴税额(≥0)	33＝25＋26－27				
	本期应补(退)税额	34＝24－28－29				
	即征即退实际退税额	35				
	期初未缴查补税额	36				
	本期入库查补税额	37				
	期末未缴查补税额	38＝16＋22＋36－37				

授权申明	如果你已委托代理人申报,请填写下列资料： 为代理一切税务事宜,现授权　　　　(地址)　　　　为本纳税人的代理申报人,任何与本申报表有关的往来文件,都可寄予此人。 授权人签字：	申报人申明	本纳税申报表是根据国家税收法律法规及相关规定填报的,我确定它是真实的、可靠的、完整的。 声明人签字：

主管税务机关：　　　　接收人：　　　　接收日期：

增值税一般纳税人实训案例：已知贝茜设计印务有限公司为增值税一般纳税人，2013年留抵税额为 109 267.06 元，2014 年 1 月购销过程与增值税有关的凭证如下：

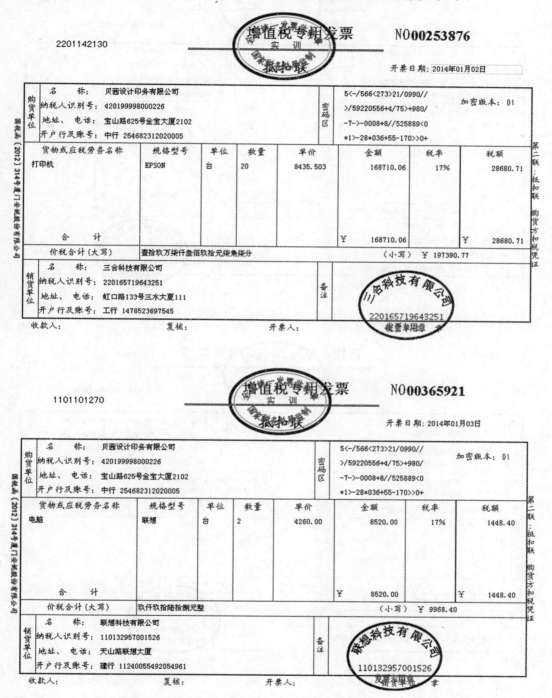

增值税专用发票

No 00362939

开票日期：2014年01月03日

| 购货单位 | 名称：贝茜设计印务有限公司
纳税人识别号：420199998000226
地址、电话：宝山路625号金宝大厦2102
开户行及账号：中行 254682312020005 | 密码区 | 5<-/566<273>21/0990//
>/59220556+4/75>+980/
-7->-0008+8//525889<0
*1)-28*036+55-170>>0+ | 加密版本：01 |

货物或应税劳务名称	规格型号	单位	数量	单价	金额	税率	税额
高纯度二氧化碳		吨	2	3500.00	7000.00	17%	1190.00
合 计					¥7000.00		¥1190.00
价税合计（大写）	捌仟壹佰玖拾元整				（小写）¥8190.00		

| 销货单位 | 名称：联众科技有限公司
纳税人识别号：330011045325444
地址、电话：天水路天水大厦88
开户行及账号：建行 11240055492054961 | 备注 | |

收款人：　　　复核：　　　开票人：

运输发票抵扣联数据如下。

货物运输业增值税专用发票

No 00843754

开票日期：2014年01月04日

承运人及纳税人识别号	上海快捷快运有限公司 210121472500069	密码区	>/59220556+4/75]+980/>/59220556+4/75 >/59220556+4/75]+980/>/59220556+4/75
实际受票方及纳税人识别号	贝茜设计印务有限公司 420199998000226		>/59220556+4/75]+980/>/59220556+4/75 >/59220556+4/75]+980/>/59220556+4/75
收货人及纳税人识别号	贝茜设计印务有限公司 420199998000226	发货人及纳税人识别号	三花科技有限公司 210274568741312

起运地、经由、到达地	上海到广州					
费用项目及金额	费用项目	金额	是否含税	运输货物信息		
	运费	10000.00	含税	打印机		
合计金额	¥9009.01	税率	11%	税额	¥990.99	机器编号 49910071186
价税合计（大写）	壹万元整			（小写）10000.00		
车种车号	货车		车船吨位	3		
主管税务机关及代码	上海宝山区国家税务局					

收款人：　　　复核人：　　　开票人：　　　承运人：（章）

货物运输业增值税专用发票 No 00843852

开票日期：2014年01月24日

承运人及纳税人识别号	上海快捷快运有限公司 210121472500069	密码区	>/59220556+4/75/+980/>/59220556+4/75 >/59220556+4/75/+980/>/59220556+4/75 >/59220556+4/75/+980/>/59220556+4/75 >/59220556+4/75/+980/>/59220556+4/75
实际受票方及纳税人识别号	贝茜设计印务有限公司 420199998000226		
收货人及纳税人识别号	贝茜设计印务有限公司 420199998000226	发货人及纳税人识别号	三花科技有限公司 210274568741312
起运地、经由、到达地	上海到广州		

费用项目及金额	费用项目	金额	是否含税	运输货物信息
	运费	6894.82	含税	打印机
	合计金额	￥6211.55	税率 11% 税额 ￥683.27	机器编号 49910071186
价税合计（大写）	陆仟捌佰玖拾肆元捌角贰分		(小写) ￥6894.82	
车种车号	货车	车船吨位	3	
主管税务机关及代码	上海宝山区国家税务局		10121472500069 发票专用章	

收款人：　　复核人：　　开票人：　　承运人：（章）

海关完税凭证数据如下。

深圳海关　海关进口增值税专用缴款书

收入系统海关系统　　填发日期 2014年01月07日　　号码 NO530120131012152190-L01

收款单位	收入机关	中央金库	缴款单位或人	名称	贝茜设计印务有限公司
	科目	进口增值税 预算级次 中央		账号	789789789789789
	收款国库	深圳农行金库		开户银行	农行

税号	货物名称	数量	单位	完税价格(¥)	税率(%)	税款金额(¥)
3917220000	电脑	1	台	6425.00	17%	1092.25

金额人民币（大写）	柒仟伍佰壹拾柒元贰角伍分		合计（¥）	7517.25
申请单位编号	3206987002	报关单编号	230220121020021103	
合同（批文）号		运输工具（号）		
缴款期限	2014年1月22日	提/装货单号	YMLID59500911	
备注				

从填发缴款书之日起限15日内缴纳（期末遇法定节假日顺延），逾期按日征收税款总额万分之五的滞纳金

2014年01月实现销售数据如下。

增值税专用发票 NO00348624

4201112142

开票日期：2014年01月07日

购货单位	名称：	立天实业有限公司					密码区	5<-/566<273>21/0990// >/59220556+4/75>+980/ -7-0008+8//525889<0 *1>-28*036+55-170>>0+	加密版本：01
	纳税人识别号	330124719535921							
	地址、电话	天山路60号							
	开户行及账号	工行 15852000562005							

货物或应税劳务名称	规格型号	单位	数量	单价	金额	税率	税额
打印机	EPSON	台	50	3986.50	199325.00	17%	33885.25
合　　计					¥ 199325.00		¥ 33885.25
价税合计（大写）	贰拾叁万叁仟贰佰壹拾元贰角伍分					（小写）¥ 233210.25	

销货单位	名称：	贝茜设计印务有限公司	备注	
	纳税人识别号	420199998000226		
	地址、电话	宝山路625号		
	开户行及账号	农行 242050564555002		

收款人：　　　复核：　　　开票人：　　　销货单位：章

增值税专用发票 NO00348625

4201112142

开票日期：2014年01月16日

购货单位	名称：	新大印务有限公司					密码区	5<-/566<273>21/0990// >/59220556+4/75>+980/ -7-0008+8//525889<0 *1>-28*036+55-170>>0+	加密版本：01
	纳税人识别号	110165712526527							
	地址、电话	天山路60号							
	开户行及账号	工行 1547862500051							

货物或应税劳务名称	规格型号	单位	数量	单价	金额	税率	税额
打印机	EPSON	台	30	8471.50	254145.00	17%	43204.65
合　　计					¥ 254145.00		¥ 43204.65
价税合计（大写）	贰拾玖万柒仟叁佰肆拾玖元陆角伍分					（小写）¥ 297349.65	

销货单位	名称：	贝茜设计印务有限公司	备注	
	纳税人识别号	420199998000226		
	地址、电话	宝山路625号		
	开户行及账号	农行 242050564555002		

收款人：　　　复核：　　　开票人：　　　销货单位：章

增值税专用发票 NO00348626

开票日期：2014年01月20日

购货单位
- 名称：金网印刷材料厂
- 纳税人识别号：330110335001240
- 地址、电话：天山路60号
- 开户行及账号：工行 1547862500051

密码区：
5<-/566<273>21/0990//
>/59220556+4/75>+980/
-7->-0008+8//525889<0
*1>-28*036+55-170>>0+

加密版本：01

货物或应税劳务名称	规格型号	单位	数量	单价	金额	税率	税额
高纯度二氧化碳	EPSON	台	3	2000.00	6000.00	17%	1020.00
合计					¥ 6000.00		¥ 1020.00

价税合计（大写）：柒仟零贰拾元整　　（小写）¥ 7020.00

销货单位
- 名称：贝茜设计印务有限公司
- 纳税人识别号：420199998000226
- 地址、电话：宝山路625号
- 开户行及账号：农行 242050564555002

增值税专用发票 NO00645771

开票日期：2014年01月08日

购货单位
- 名称：伯耐机电设备有限公司
- 纳税人识别号：330244357418550
- 地址、电话：天山路60号
- 开户行及账号：工行 1547862500051

密码区：
5<-/566<273>21/0990//
>/59220556+4/75>+980/
-7->-0008+8//525889<0
*1>-28*036+55-170>>0+

加密版本：01

货物或应税劳务名称	规格型号	单位	数量	单价	金额	税率	税额
传真机	EPSON	台	6	8794.00	52764.00	17%	8969.88
合计					¥ 52764.00		¥ 8969.88

价税合计（大写）：陆万贰仟柒佰叁拾叁元捌角捌分　　（小写）¥ 61733.88

销货单位
- 名称：贝茜设计印务有限公司
- 纳税人识别号：420199998000226
- 地址、电话：宝山路625号
- 开户行及账号：农行 242050564555002

增值税专用发票 NO 00645772

4201112142
开票日期：2014年01月08日

购货单位	名　称：	施京德电器设备有限公司			密码区	5<-/566<273>21/0990//		加密版本：01	
	纳税人识别号：	330177544251222				>/59220556+4/75)+980/			
	地址、电话：	天山路60号				-7->-0008+8//525889<0			
	开户行及账号：	工行 1547862500051				*1>-28*036+55-170)>0+			

货物或应税劳务名称	规格型号	单位	数量	单价	金额	税率	税额
打印机	EPSON	台	10	9794.00	97940.00	17%	16649.80
合　计					¥ 97940.00		¥ 16649.80
价税合计（大写）	壹拾壹万肆仟伍佰捌拾玖元捌角整				（小写） ¥ 114589.80		

销货单位	名　称：	贝茜设计印务有限公司	备注	
	纳税人识别号：	420199998000226		
	地址、电话：	宝山路625号		
	开户行及账号：	农行 242050564555002		

收款人：　　　复核：　　　开票人：　　　销货单位：章

增值税专用发票 NO 00645773

4201112142
开票日期：2014年01月15日

购货单位	名　称：	科盛技术有限公司			密码区	5<-/566<273>21/0990//		加密版本：01	
	纳税人识别号：	430177544257714				>/59220556+4/75)+980/			
	地址、电话：	天山路60号				-7->-0008+8//525889<0			
	开户行及账号：	工行 1547862500051				*1>-28*036+55-170)>0+			

货物或应税劳务名称	规格型号	单位	数量	单价	金额	税率	税额
电脑	DELL	台	11	5700.00	62700.00	17%	10659.00
合　计					¥ 62700.00		¥ 10659.00
价税合计（大写）	柒万叁仟叁佰伍拾玖元整				（小写） ¥ 73359.00		

销货单位	名　称：	贝茜设计印务有限公司	备注
	纳税人识别号：	420199998000226	
	地址、电话：	宝山路625号	
	开户行及账号：	农行 242050564555002	

收款人：　　　复核：　　　开票人：　　　销货单位：章

增值税专用发票 NO00645774

4201112142

开票日期：2014年01月17日

购货单位	名　称：	科盛技术有限公司				密码区	5<-/566<273>21/0990// >/59220556+4/75)+980 -7->-0008+8//525889<0 *1>-28*036+55-170>>0+		加密版本：01	
	纳税人识别号	430177544257714								
	地址、电话	天山路60号								
	开户行及账号	工行 1547862500051								
货物或应税劳务名称		规格型号	单位	数量	单价		金额	税率		税额
复印机		EPSON	台	20	2014.30		40286.00	17%		6848.62
合　计							￥ 40286.00			￥ 6848.62
价税合计（大写）		肆万柒仟壹佰叁拾肆元陆角贰分					（小写） ￥ 47134.62			
销货单位	名　称：	贝茜设计印务有限公司				备注				
	纳税人识别号	420199998000226								
	地址、电话	宝山路625号								
	开户行及账号	农行 242050564555002								

收款人：　　　　　复核：　　　　　开票人：　　　　　销货单位：章

收据 No

2014 年 1 月 19 日

今收到　税友软件集团有限公司支付的打印机货款35000元整。

金额（大写）　佰零 拾叁 万伍 仟零 佰零 拾零 元零 角零 分整

￥：35000.00　（单位盖章　财务专用章）

核准　　会计　　记账　　出纳　　经手人

收据 No

2014 年 1 月 22 日

今收到　衡信教育科技有限公司支付的打印机货款48500元整。

金额（大写）　佰零 拾肆 万捌 仟伍 佰零 拾零 元零 角零 分整

￥：48500.00　（单位盖章　财务专用章）

核准　　会计　　记账　　出纳　　经手人

收据

No

2014 年 1 月 25 日

今收到 恒鑫印刷有限公司支付的打印机货款47800元整。

金额(大写)　佰零　拾肆　万柒　仟捌　佰零　拾零　元零　角零　分整

¥: 47800.00

(单位盖章 财务专用章)

核准　　会计　　记账　　出纳　　经手人

收据

No

2014 年 1 月 27 日

今收到 大民印刷有限公司支付的打印机货款22390元整。

金额(大写)　佰零　拾贰　万贰　仟叁　佰玖　拾零　元零　角零　分整

¥: 22390.00

(单位盖章 财务专用章)

核准　　会计　　记账　　出纳　　经手人

收据

No

2014 年 1 月 28 日

今收到 科鑫电子信息有限公司支付的打印机货款26127.3元整。

金额(大写)　佰零　拾贰　万陆　仟壹　佰贰　拾柒　元叁　角零　分整

¥: 26127.30

(单位盖章 财务专用章)

核准　　会计　　记账　　出纳　　经手人

要求：根据上述资料填写增值税一般纳税人增值税纳税申报表主表。

(二) 小规模纳税人申报表主表及案例

小规模纳税人申报表主表如表2.3所示。

表 2.3 增值税纳税申报表
（小规模纳税人适用）①

纳税人识别号：□□□□□□□□□□□□□□□□□□□□

纳税人名称（公章）：　　　　　　　　　　　　　　　　　　　　　　　金额单位：元至角分

税款所属期：　　年　月　日至　　年　月　日　　　　　　　　填表日期：　年　月　日

项目		栏次	本期数		本年累计	
			货物及劳务	服务、不动产和无形资产	货物及劳务	服务、不动产和无形资产
一、计税依据	（一）应征增值税不含税销售额（3％征收率）	1				
	税务机关代开的增值税专用发票不含税销售额	2				
	税控器具开具的普通发票不含税销售额	3				
	（二）应征增值税不含税销售额（5％征收率）	4				
	税务机关代开的增值税专用发票不含税销售额	5				
	税控器具开具的普通发票不含税销售额	6				
	（三）销售使用过的应税固定资产不含税销售额	7(7≥8)				
	其中：税控器具开具的普通发票不含税销售额	8				
	（四）免税销售额	9＝10＋11＋12				
	其中：小微企业免税销售额	10				
	未达起征点销售额	11				
	其他免税销售额	12				
	（五）出口免税销售额	13(13≥14)				
	其中：税控器具开具的普通发票销售额	14				
二、税款计算	本期应纳税额	15				
	本期应纳税额减征额	16				
	本期免税额	17				
	其中：小微企业免税额	18				
	未达起征点免税额	19				
	应纳税额合计	20＝15－16				
	本期预缴税额	21				
	本期应补（退）税额	22＝20－21				

	如纳税人填报，由纳税人填写以下各栏：
	办税人员：　　　　　　财务负责人：
纳税人或代理人声明： 本纳税申报表是根据国家税收法律法规及相关规定填报的，我确定它是真实的、可靠的、完整的。	法定代表人：　　　　　联系电话：
	如委托代理人填报，由代理人填写以下各栏：
	代理人名称（公章）：　　　经办人：
	联系电话：

主管税务机关：　　　　　接收人：　　　　　　接收日期：

---

① 2016年6月1日起执行。

深圳市菱电制冷设备销售有限公司为增值税小规模纳税人,2016年3月主要业务如下:

(1) 企业向安民农副产品贸易有限公司销售了3套空调专用铜管及过滤网设备,共计960元。款项未收回。

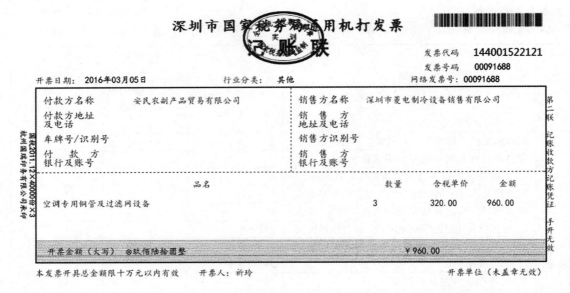

(2) 企业向深圳市兴隆建筑安装有限责任公司销售了1套空调不锈钢加厚版支架设备800元,并同时进行空调移机、安装626元,以上款项已经通过银行转账收讫。

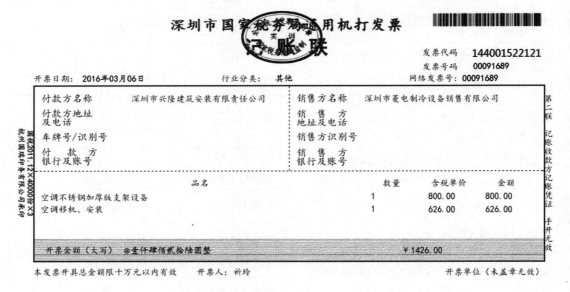

(3) 企业向深圳大润发有限公司销售冷库设备并安装取得收入26 400元,款项未收回。

深圳市国家税务局通用机打发票		
	发票代码	144001522121
	发票号码	00091690
开票日期：2016年03月15日　行业分类：其他	网络发票号：	00091690

付款方名称	深圳大润发有限公司	销售方名称	深圳市菱电制冷设备销售有限公司
付款方地址及电话		销售方地址及电话	
车牌号/识别号		销售方识别号	
付款方银行及账号		销售方银行及账号	

品名	数量	含税单价	金额
冷库设备	1	8800.00	8800.00

开票金额（大写）　⊗捌仟捌佰圆整	¥8800.00

本发票开具总金额限十万元以内有效　开票人：祈玲　　　开票单位（未盖章无效）

深圳市国家税务局通用机打发票		
	发票代码	144001522121
	发票号码	00091691
开票日期：2016年03月15日　行业分类：其他	网络发票号：	00091691

付款方名称	深圳大润发有限公司	销售方名称	深圳市菱电制冷设备销售有限公司
付款方地址及电话		销售方地址及电话	
车牌号/识别号		销售方识别号	
付款方银行及账号		销售方银行及账号	

品名	数量	含税单价	金额
冷库设备	1	8800.00	8800.00

开票金额（大写）　⊗捌仟捌佰圆整	¥8800.00

本发票开具总金额限十万元以内有效　开票人：祈玲　　　开票单位（未盖章无效）

深圳市国家税务局通用机打发票		
	发票代码	144001522121
	发票号码	00091692
开票日期：2016年03月15日　行业分类：其他	网络发票号：	00091692

付款方名称	深圳大润发有限公司	销售方名称	深圳市菱电制冷设备销售有限公司
付款方地址及电话		销售方地址及电话	
车牌号/识别号		销售方识别号	
付款方银行及账号		销售方银行及账号	

品名	数量	含税单价	金额
冷库设备	1	8800.00	8800.00

开票金额（大写）　⊗捌仟捌佰圆整	¥8800.00

本发票开具总金额限十万元以内有效　开票人：祈玲　　　开票单位（未盖章无效）

(4) 3月20日，销售自己使用过的固定资产，收到含税收入3 500.00元。

(5) 3月21日，购置税控收款机（公司初次购买增值税税控系统专用设备），取得增值税专用发票，不含税金额为3 000元，税额为510元。

(6) 2016 年 02 月份纳税申报资料如表 2.4 所示。

表 2.4 增值税纳税申报表(适用小规模纳税人)

纳税人识别号: 4 4 0 4 0 6 7 8 9 0 1 2 3 4 5

纳税人名称(公章):深圳市菱电制冷设备销售有限公司　　金额单位:元(列至角分)

税款所属期:2016 年 02 月 01 日至 2016 年 02 月 28 日　　填表日期:2016 年 03 月 03 日

	项　目	栏次	本期数		本年累计	
			应税货物及劳务	应税服务	应税货物及劳务	应税服务
一、计税依据	(一)应征增值税不含税销售额	1	52 126.00		203 126.00	
	税务机关代开的增值税专用发票不含税销售额	2				
	税控器具开具的普通发票不含税销售额	3				
	(二)销售使用过的应税固定资产不含税销售额	4(4≥5)	—	—	—	—
	其中:税控器具开具的普通发票不含税销售额	5				
	(三)免税销售额	6(6≥7)				
	其中:税控器具开具的普通发票销售额	7				
	(四)出口免税销售额	8(8≥9)				
	其中:税控器具开具的普通发票销售额	9				
二、税款计算	本期应纳税额	10	1 563.78		6 093.78	
	本期应纳税额减征额	11				
	应纳税额合计	12=10-11	1 563.78		6 093.78	
	本期预缴税额	13			—	—
	本期应补(退)税额	14=12-13	1 563.78		—	—

纳税人或代理人声明: 本纳税申报表是根据国家税收法律法规及相关规定填报的,我确定它是真实的、可靠的、完整的。	如纳税人填报,由纳税人填写以下各栏:		
	办税人员:		财务负责人:
	法定代表人:		联系电话:
	如委托代理人填报,由代理人填写以下各栏:		
	代理人名称(公章):	经办人:	联系电话:

受理人:　　　　　受理日期:　年　月　日　　受理税务机关(签章):
本表为 A4 竖式一式二份,纳税人、税务机关各留存一份。

◆ **内容提要**

增值税是以增值额为课税对象的一种流转税。增值税可分为生产型增值税、消费型增值税和收入型增值税。

在中华人民共和国境内销售货物、提供加工、修理修配劳务或者发生应税行为以及进口货物的单位和个人,为我国增值税的纳税人。

增值税纳税人分为一般纳税人和小规模纳税人纳税人。增值税一般纳税人一般计税方法下增值税应纳税额的计算:应纳税额＝当期销项税额－当期进项税额。

增值税小规模纳税人增值税应纳税额的计算:应纳税额＝销售额×征收率。

增值税中,我国实行出口货物零税率的优惠政策,对于符合条件的生产性企业和外贸企业实行出口退税。

增值税纳税申报资料包括纳税申报表及其附列资料和纳税申报其他资料,分为增值税一般纳税人纳税申报表及其附列资料和小规模纳税人纳税申报表及其附列资料。

◆ **关键词**

消费型增值税　一般纳税人　小规模纳税人　视同销售　销售额　销项税额　进项税额　兼营行为　出口退税　增值税申报表

◆ **练习题**

一、简答题

1. 什么叫增值税?按各国对固定资产处理办法的不同,增值税的类型有哪些?
2. 增值税的特点是什么?
3. 购进扣税法的含义是什么?
4. 我国目前增值税的征税范围是什么?
5. 如何理解增值税征税范围中的有偿含义?
6. 增值税视同销售包括哪些行为?
7. 小规模纳税人和一般纳税人是按什么标准划分的?具体内容是什么?
8. 目前我国增值税的税率有哪些?分别适用哪些情形?
9. 一般纳税人一般计税方式下应纳税额的公式是怎样的?

二、单项选择

1. 我国目前增值税属于(　　)。

    A. 生产型增值税　　B. 消费型增值税　　C. 收入型增值税　　D. 复合型增值税

2. 甲市 A、B 两店为实行统一核算的连锁店,A 店的下列经营活动中,不视同销售货物计算增值税销项税额的是(　　)。

    A. 将货物交付给位于乙市的某商场代销　　B. 销售乙市某商场的代销货物

    C. 将货物移送 B 店销售　　D. 为促销将本店货物无偿赠送消费者

3. 根据增值税法律制度规定,下列各项中,不属于视同销售的是(　　)。

    A. 将外购的货物分配给股东　　B. 将外购的货物用于投资

    C. 将外购的货物用于集体福利　　D. 将外购的货物无偿赠送他人

4. 根据税收法律制度的规定,下列混合销售行为中,应当一并按照销售服务征收增值税的是(　　)。

    A. 贸易公司销售货物同时负责安装

    B. 百货商店销售商品同时负责运输

C. 建筑公司提供建筑业劳务的同时销售自产货物并实行分别核算
D. 餐饮公司提供餐饮服务的同时销售酒水

5. 增值税纳税人分为( )。
   A. 纳税义务人和小规模纳税人　　　B. 一般纳税人和小规模纳税人
   C. 普通纳税人和小规模纳税人　　　D. 普通纳税人和特殊纳税人

6. 下列纳税人中,不属于增值税一般纳税人的是( )。
   A. 年销售额为60万元的从事货物生产的个体经营者
   B. 年销售额为100万元的从事货物批发的个人
   C. 年销售额为60万元的从事货物生产的企业
   D. 年销售额为100万元的从事货物批发零售的企业

7. 目前我国增值税的基本税率为( )。
   A. 17%　　　　B. 3%　　　　C. 11%　　　　D. 6%

8. 增值税一般纳税人兼营不同税率的货物,未分别核算的,确定其适用增值税税率的方法是( )。
   A. 从高适用税率　　　　B. 从低适用税率
   C. 适用平均税率　　　　D. 适用6%的征收率

9. 下列各项中,应当计算缴纳增值税的是( )。
   A. 进口教学设备　　　　B. 农业生产者销售自产农产品
   C. 银行销售金银　　　　D. 残疾人组织直接进口供残疾人专用的物品

10. 根据增值税法律制度的规定,纳税人采取托收承付和委托银行收款方式销售货物的,其纳税义务的发生时间为( )。
    A. 货物发出的当天　　　　B. 合同约定的收款日期的当天
    C. 收到销货款的当天　　　　D. 发出货物并办妥托收手续的当天

11. 甲公司为增值税一般纳税人,2013年5月从国外进口一批音响,海关核定的关税完税价格为117万元,缴纳关税11.7万元。已知增值税税率为17%,甲公司该笔业务应缴纳增值税税额的下列计算中,正确的是( )。
    A. 117×17%=19.89(万元)
    B. (117+11.7)×17%=21.879(万元)
    C. 117/(1+17%)×17%=17(万元)
    D. (117+11.7)/(1+17%)×17%=18.7(万元)

12. 根据增值税法规规定,下列增值税各项服务中,增值税税率是17%的是( )。
    A. 邮政业服务　　　　B. 交通运输业服务
    C. 有形动产租赁服务　　　　D. 增值电信服务

13. 一般纳税人销售自产的特殊货物,可选择简易办法计税,选择简易办法计算缴纳增值税后一定期限内不得变更,该期限是( )。
    A. 24个月　　　B. 12个月　　　C. 36个月　　　D. 18个月

14. 某服装厂为增值税一般纳税人。2015年2月销售服装开具增值税发票,取得含税销售额200万元;开具增值税普通发票,取得含税销售额120万元。将外购的布料用于集体福利,该布料购进价20万元,同类布料不含税销售价为30万元。该服装厂当月增值税销项税额为( )万元。

A. 46.5　　　　B. 49.9　　　　C. 51.6　　　　D. 54.4

15. 某家电销售企业为增值税一般纳税人,2015年6月销售H型空调80台,每台含税价款2 925元;采取以旧换新方式销售同型号空调20台,每台旧空调作价585元,实际每台收取价款2 340元。该企业上述业务销项税额为(　　)元。

A. 40 800　　　B. 42 500　　　C. 47 736　　　D. 49 725

16. 某广告公司为增值税一般纳税人。2015年4月取得广告设计不含税价款530万元,奖励费收入5.3万元;支付设备租赁费,取得增值税专用发票上注明税额17万元。该广告公司当月应纳增值税(　　)万元。

A. 14.8　　　　B. 15.12　　　C. 15.1　　　　D. 13.3

17. 某一般纳税人2016年1月1日购进货物取得当日开具的增值税专用发票一张,其最后认证的日期为(　　)。

A. 2016年1月31日　　　　　　B. 2016年6月28日
C. 2016年6月29日　　　　　　D. 2016年6月30日

18. 混合销售行为的基本特征不包括(　　)。

A. 既涉及货物销售又涉及应税服务　　B. 发生在同一项销售行为中
C. 从一个购买方取得货款　　　　　　D. 从不同购买方收取货款

19. 某车间生产的半成品用于下列用途应视同销售缴纳增值税的有(　　)。

A. 公司在建工程领用　　　　　　B. 二车间领用继续加工成品
C. 作为职工福利发放　　　　　　D. 捐赠给老年福利院

20. 下列业务中,一般纳税人允许开具增值税专用发票的是(　　)。

A. 向个人提供修理修配劳务　　　B. 向个体经营者零售烟酒、食品
C. 向一般纳税人销售货物　　　　D. 商业企业一般纳税人零售食品

三、多项选择

1. 纳税人提供下列业务应缴纳增值税的有(　　)。

A. 装潢房屋　　B. 受托加工白酒　　C. 修理汽车　　D. 租赁汽车

2. 按现行增值税法规,下列项目中哪些属于增值税中的现代服务(　　)。

A. 研发和技术服务　B. 商务辅助服务　C. 运输服务　　D. 生活服务

3. 按现行增值税法规,以下项目不征增值税的有(　　)。

A. 贷款利息　　　　　　　　　　B. 存款利息
C. 公交公司为福利院提供的运输服务　D. 公交公司为员工提供的上下班接送服务

4. 根据增值税法律制度的规定,下列行为中,应视同销售货物,征收增值税的有(　　)。

A. 将自产货物用于集体福利　　　B. 将外购货物用于个人消费
C. 将自产货物无偿赠送他人　　　D. 将外购货物分配给股东

5. 对增值税小规模纳税人,下列表述正确的有(　　)。

A. 实行简易征收办法
B. 不得抵扣进项税额
C. 一经认定为小规模纳税人,不得再转为一般纳税人
D. 对于从事货物生产的纳税人,年应税销售额在80万元(含)以下

6. 一般纳税人销售的下列货物中,适用13%增值税税率的有(　　)。

A. 淀粉　　　　　B. 杂粮　　　　　C. 农机　　　　　D. 食用盐

7. 下列各项中,属于增值税价外费用的有(　　)。

A. 销项税额

B. 违约金

C. 包装物租金

D. 受托加工应征消费税的消费品所代收代缴的消费税

8. 根据增值税法律制度的规定,一般纳税人购进货物发生的下列情形中,不得从销项税额中抵扣进项税额的有(　　)。

A. 将购进的货物分配给股东　　　　B. 将购进的货物用于修缮厂房

C. 将购进的货物用于免税项目　　　D. 将购进的货物用于集体福利

9. 增值税的纳税期限可以是(　　)。

A. 15日　　　　B. 半年　　　　C. 1个季度　　　　D. 5日

10. 根据增值税法律制度的规定,纳税人提供哪些业务采取预收款方式的,其纳税义务发生时间为收到预收款的当天(　　)。

A. 建筑服务　　　　　　　　　　B. 有形动产租赁服务

C. 不动产租赁服务　　　　　　　D. 加工修理修配劳务

11. 根据增值税法规的规定,一般纳税人提供下列应税服务,可以选择按照简易计税法计税的有。(　　)

A. 仓储服务　　　　　　　　　　B. 港口码头服务

C. 融资租赁服务　　　　　　　　D. 公共交通运输服务

12. 根据增值税法规规定,一般纳税人购进货物的下列进项税额中,不得从销项税额中抵扣的有(　　)。

A. 因管理不善造成被盗的购进货物的进项税额

B. 被执法部门依法没收的购进货物的进项税额

C. 被执法部门强令自行销毁的购进货物的进项税额

D. 因地震造成毁损的购进货物的进项税额

四、不定项选择题

1. 甲制药厂为增值税一般纳税人,主要生产和销售降压药,降糖药及免税药。2015年3月有关经济业务如下:

(1) 购进降压药原料,取得的增值税专用发票上注明的税额为85万元,支付其运输费取得增值税专用发票上注明的税额为1.32万元。

(2) 购进免税药原料,取得的增值税专用发票上注明的税额为51万元,支付其运输费取得增值税专用发票上注明的税额为0.88万元。

(3) 销售降压药600箱,取得含增值税销售额702万元,没收逾期未退还包装物押金23.4万元。

(4) 将10箱自产的新型降压药赠送给某医院临床使用,成本4.68万元/箱,无同类药品销售价格。

(5) 销售降糖药500箱,其中450箱不含税单价为1.5万元/箱,50箱不含税单价为1.6万元/箱。

已知降压药降糖药增值税税率为17%,成本利率为10%,取得的增值税专用发票已通过税务机关认证。要求:根据上述资料,分析回答下列小题。

(1) 甲制药厂下列增值税进项税额中,准予抵扣的是(　　)。
A. 购进免税药原料运输费的进项税额 0.88 万元
B. 购进降压药原料运输费的进项税额 1.32 万元
C. 购进降压药原料进项税额 85 万元
D. 购进免税药原料进项税额 51 万元

(2) 甲制药厂当月销售降压药增值税销项的下列计算中,正确的是(　　)。
A. $(702+23.4)×17\%=123.318$(万元)
B. $(702+23.4)÷(1+17\%)×17\%=105.4$(万元)
C. $702×17\%=119.34$(万元)
D. $[702+23.4÷(1+17\%)]×17\%=122.74$(万元)

(3) 甲制药厂当月赠送新型降压药增值税销项的下列计算中,正确的是(　　)。
A. $10×4.68÷(1+17\%)×17\%=6.8$(万元)
B. $10×4.68×(1+10\%)÷(1+17\%)×17\%=7.48$(万元)
C. $10×4.68×(1+10\%)×17\%=8.7516$(万元)
D. $10×4.68×17\%=7.956$(万元)

2. 甲企业为一般纳税人,主要从事副食品批发、零售业务;2016 年 8 月发生如下业务:
(1) 从枣农收购红枣,收购凭证上注明价款 30 000 元,购进后一部分用于销售,一部分赠送关联企业、一部分职工个人消费;
(2) 销售烟酒商品,取得含增值税收入 409 500 元,另外销售食品袋收入 2 340 元;
(3) 将一批自制糕点用于职工福利,成本是 7 020 元;
(4) 出租商铺取得租金 50 000 元,支付招租费 5 000 元,支付工资 3 000 元。
试回答下列问题。

(1) 下列关于农产品的进项税的税法中,正确的是(　　)。
A. 全部农产品的进项税额都可抵扣
B. 用于销售部分的农产品的进项税额可抵扣
C. 用于赠送部分的农产品的进项税额可抵扣
D. 用于个人消费部分的农产品的进项税额可抵扣

(2) 销售烟酒商品应缴纳的增值税为(　　)。
A. $409\ 500÷(1+17\%)×17\%$　　　　B. $(409\ 500+2\ 340)×17\%$
C. $(409\ 500+2\ 340)÷(1+17\%)×17\%$　　D. $[409\ 500+2\ 340÷(1+17\%)]×17\%$

(3) 业务 3,该企业应缴纳的增值税为(　　)。
A. $7\ 020×17\%$　　　　　　　　　　B. $7\ 020×(1+10\%)×17\%$
C. $7\ 020÷(1-10\%)×17\%$　　　　　D. $7\ 020×(1+10\%)÷(1-10\%)×17\%$

(4) 出租商铺取得的收入,应缴纳的增值税销项税额是(　　)。
A. $(50\ 000-5\ 000)×5\%$　　　　　B. $(50\ 000-3\ 000)×5\%$
C. $(50\ 000-5\ 000-3\ 000)×5\%$　　D. $50\ 000×5\%$

五、判断题

1. 除个体经营外,其他个人不属于增值税一般纳税人。　　　　　　　　　　(　　)
2. 单位或个体工商户聘用的员工为本单位或者雇主提供加工、修理修配劳务,不征增

值税。（　）

3. 纳税人外购货物因管理不善丢失的，该外购货物的增值税进项税额不得从销项税额中抵扣。（　）

4. 纳税人采取以旧换新方式销售金银首饰，应按照实际收取的不含增值税的全部价款征收增值税。（　）

5. 非正常损失的在产品的购进货物（含固定资产）进项税额不得从销项税额中抵扣。（　）

6. 增值税专用发票由国家税务总局确定的企业印制。（　）

7. 残疾人提供修理自行车劳务，应当缴纳增值税。（　）

8. 个人转让著作权免征增值税。（　）

9. 增值税纳税人销售额未达到起征点的，免征增值税。（　）

10. 外购进口的原属于中国境内的货物，不征收进口环节增值税。（　）

六、计算题（需要列出计算过程，计算结果有小数点的，精确到小数点后两位）

1. 某商场是增值税一般纳税人，2015年6月初应交税费——应交增值税进项税额余额为0，2015年6月发生下列购销业务：

（1）6月8日，零售A型热水器300台，每台3 000元，商场派人负责安装，每台收取安装费200元；

（2）6月10日，采取有奖销售方式销售电视机100台，每台2 800元，共送出石英表50只，每只200元；

（3）6月15日，收取客户购买20台A型热水器的预付款40 000元，均已开具普通发票，每台3 000元，因供货商的原因当期未能向客户交货；

（4）6月1日，购进B型热水器100台，取得增值税专用发票注明价款200 000元，双方正在协商以商业汇票方式进行结算；

（5）6月3日，购进电视机150台，取得增值税专用发票注明价款300 000元，但商场因资金周转困难只支付了70%的货款，余款在下月初支付；因质量原因，退回某电视机厂上期购进电视机20台，每台不含税单价2 000元，并取得厂家开具的红字发票；

（6）6月5日，购进A型热水器20台，取得增值税专用发票注明价款420 000元，货款已付；

（7）6月28日，为某服装厂代销服装一批，双方约定的结算价格为：每件服装含税价117元；共计1 000件，每月结算一次；该商场每件服装实际零售价150元，本月实际销售800件并将代销清单返给光明服装厂，6月30日取得服装厂开具的增值税专用发票并于当天通过认证。

要求：计算该商场当月应纳增值税税额。

2. 味佳食品公司是食品加工生产企业，为增值税一般纳税人，兼营食品生产设备的销售和运输劳务，2014年2月发生的相关经营业务如下：

（1）从境内甲企业（增值税一般纳税人）购进一台设备用于生产，共支付含税金额101 800元，取得甲企业开具的增值税专用发票。

（2）从农民手中收购一批粮食，开具的农产品收购发票上注明价款450 000元。

（3）从小规模纳税人手中购入一批包装物，取得税务机关代开的增值税专用发票，注明不含税价款60 000元。

(4) 该食品生产加工企业拥有自己的车队,用于对外提供运输劳务,当月承包乙企业的运输劳务取得价税合计金额 220 000 元。当月该车队到加油站加油取得增值税专用发票上注明不含税价款 20 000 元。

(5) 采用以旧换新方式销售食品生产设备 2 000 台,每台新设备含税售价 3 500 元,每台旧设备作价 1 000 元,每台设备实际收取价款 2 500 元。

(6) 月末进行盘点时发现,因管理不善导致上个月购入的一批免税农产品丢失,该批农产品账面成本为 110 000 元。因暴雨导致上月购入的免税农产品霉烂变质,该批农产品账面成本为 60 000 元。

已知,企业取得的上述相关发票均已通过认证并在当月抵扣;味佳食品公司购进免税农产品抵扣率为 13%;增值税一般纳税人货物基本税率为 17%,低税率为 13%。

要求:根据上述资料,计算回答下列问题。
(1) 计算该企业 2014 年 2 月进项税额转出数额。
(2) 计算该企业 2014 年 2 月准予抵扣的进项税额。
(3) 计算该企业 2014 年 2 月的增值税销项税额。
(4) 计算该企业 2014 年 2 月应缴纳的增值税。

3. 顺达远洋运输公司(增值税一般纳税人)2015 年 12 月发生如下业务:

(1) 提供远洋运输的程租服务,取得含税收入 3 000 000 元;提供远洋运输的期租服务,取得含税收入 2 000 000 元。

(2) 与乙运输企业(增值税一般纳税人)共同承接一项联运业务,收取全程含税货运收入 800 000 元,并全额开具了增值税专用发票;支付给乙运输企业含税运费 200 000 元,取得乙运输企业开具的增值税专用发票。

(3) 提供装卸搬运服务取得含税收入 500 000 元。

(4) 将部分自有车辆对外出租,租赁期为 1 个月,取得含税租金收入 150 000 元;提供轮船出租服务,取得含税收入 2 000 000 元。

(5) 从一般纳税人处购入汽油用于运输业务,取得销售方开具的增值税专用发票上注明价款 300 000 元。

(6) 从一般纳税人处购入一辆船舶用于运输业务,取得销售方开具的增值税专用发票上注明价款 1 800 000 元。

假定相关票据在当月均通过认证并允许抵扣。

要求:根据上述资料,计算:
(1) 顺达运输公司当月可抵扣的进项税额。
(2) 顺达运输公司提供的装卸搬运服务应确认的销项税额。

4. 甲电子设备生产企业(简称甲企业)与乙商贸公司(简称乙公司)均为增值税一般纳税人,2015 年 3 月份有关经营业务如下:

(1) 甲企业年初委托技术公司研发一个项目,支付含税研发费 53 万元,本月取得增值税专用发票。

(2) 乙公司从甲企业购进电脑 600 台,每台不含税单价 0.45 万元,取得甲企业开具的增值税专用发票,注明货款 270 万元、增值税 45.9 万元。

(3) 乙公司从农民手中购进免税农产品,收购发票上注明支付收购货款 30 万元,支付给丁运输公司的不含税运输费 3 万元,取得丁公司开具的增值税专用发票。入库后,将收购的农产品40%作为职工福利消费,60%零售给消费者并取得含税收入35.03万元。

(4) 乙公司销售电脑和其他物品取得含税销售额298.35万元,均开具普通发票。

(5) 甲企业从乙公司购进生产用原材料和零部件,取得乙公司开具的增值税专用发票,注明货款180万元、增值税30.6万元,货物已验收入库,货款和税款未付。

(6) 甲企业为乙公司制作大型电子显示屏,开具了普通发票,取得含税销售额9.36万元、调试费收入2.34万元。制作过程中委托丙公司进行专业加工,支付加工费2万元、增值税0.34万元,取得丙公司增值税专用发票。

要求:根据上述资料,按下列序号计算回答问题,每问需计算出合计数:

(1) 计算甲企业2015年3月份应缴纳的增值税。
(2) 计算乙公司2015年3月份应缴纳的增值税。

第三章 消费税税法

◆ **本章结构图**

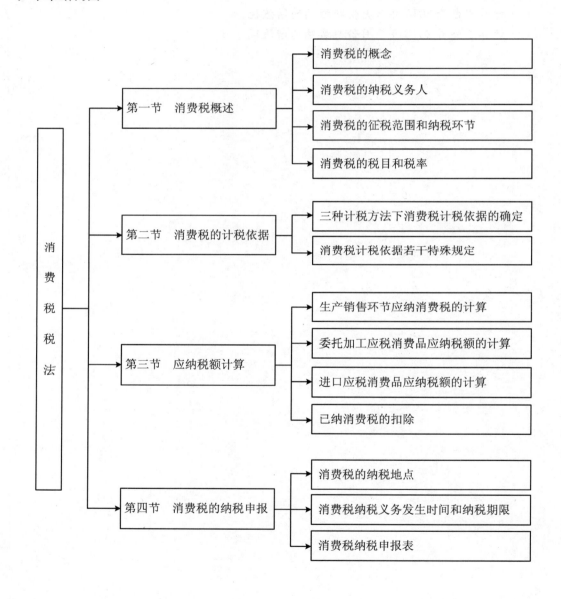

通过本章的学习,了解消费税的含义;理解消费税的征税范围;熟知消费税的纳税人、税目、税率等税制要素;掌握消费税的计算及消费税的纳税申报。

吴女士从财经大学毕业之后进入银行工作,经过几年的打拼,已从职场新人转化为职业能手,年初刚刚升职加薪,正考虑买一辆代步车作为自己的新年礼物。来到汽车4S店,在导购的指引下看了很多福特汽车,由于排气量的不同,售价也千差万别。导购说形成价差的原因之一是汽车消费税政策,排气量越大的汽车消费税税率越高。最后吴女士看中一款排气量为2.0的汽车,总价为23.4万元,吴女士想知道23.4万元的价格中包含了多少消费税。

第一节　消费税概述

一、消费税的概念

消费税是对特定的消费品和消费行为在特定的环节征收的一种流转税。

在我国现行消费税暂行条例中:消费税指对在我国境内从事生产销售、委托加工和进口应税消费品的单位和个人征收的一种税。

消费税具有独特的调节作用,其征收源远流长,古罗马时代曾开征的盐税;我国西周时期开征的"关市之赋"以及西汉时期对酒的课税以及后来的盐税、茶税等都具有消费税的特征。目前,世界上有120多个国家和地区征收消费税。新中国建立后,1950年曾对电影、饮食、旅馆等消费行为征收过特种行为消费税;1989年对彩电、小轿车等开征过特别消费税;在1994年以前的增值税中,对烟酒、化妆品等消费品都设计了较高的税率,体现了对消费品课税的性质;1994年开始实施的消费税暂行条例和实施细则建立了现行消费税的基本框架,使消费税作为一个独立的税种开始在全国征收;2008年11月5日,国务院颁布了修订后的《中华人民共和国消费税暂行条例》及《中华人民共和国消费税暂行条例实施细则》,自2009年1月1日起施行。

二、消费税的纳税义务人

在中华人民共和国境内生产、委托加工和进口应税消费品的单位和个人,以及国务院确定的销售应税消费品的其他单位和个人,为消费税的纳税人。

单位,是指企业、行政单位、事业单位、军事单位、社会团体及其他单位。

个人,是指个体工商户及其他个人。

【课堂思考】3-1　思考消费税与增值税的区别联系。

三、消费税的征税范围和纳税环节

(一) 征税范围

消费税的课税货物是有所选择的,基于寓禁于征的理念、向富人征税的理念、促进节约的理念和增加财政收入的理念。我国现行消费税的征税范围主要包括:

1. 生产应税消费品

纳税人生产的应税消费品,于纳税人销售时纳税。

纳税人自产自用的应税消费品,用于连续生产应税消费品的,不纳税;用于其他方面的,于移送使用时纳税。

用于连续生产应税消费品,是指纳税人将自产自用应税消费品直接材料生产最终应税消费品,自产自用应税消费品构成最终应税消费品的实体。

【课堂思考】3-2 想想生活中存在哪些连续生产应税消费品的例子。

用于其他方面,是指纳税人将自产自用的应税消费品用于生产非应税消费品、在建工程、管理部门、非生产机构、提供劳务、馈赠、赞助、集资、广告、样品、职工福利、奖励等方面。

【课堂思考】3-3 想想生活中存在哪些应税消费品用于其他方面的例子。

2013年1月1日起,工业企业以外的单位和个人的下列行为视同应税消费品的生产行为,按规定征收消费税:

(1) 将外购的消费税非应税产品以消费税应税产品对外销售的;

(2) 将外购的消费税低税率应税产品以高税率应税产品对外销售的。

2. 委托加工应税消费品

委托加工应税消费品是指委托方提供原料和主要材料,受托方只收取加工费和代垫部分辅助材料加工的应税消费品。

以下情况不属于委托加工应税消费品:

(1) 由受托方提供原材料生产的应税消费品;

(2) 受托方先将原材料卖给委托方,再接受加工的应税消费品;

(3) 由受托方以委托方名义购进原材料生产的应税消费品。

上述三种情形,不管受托方在财务上是否作销售处理,都不得作为委托加工应税消费品,而应当按照销售自制应税消费品缴纳消费税。

委托加工的应税消费品,除受托方为个人外,由受托方在向委托方交货时代收代缴消费税。委托个人加工的应税消费品,由委托方收回后缴纳消费税。

2012年9月1日起,委托方将收回的应税消费品,以不高于受托方的计税价格出售的,为直接出售,不再缴纳消费税;委托方以高于受托方的计税价格出售的,不属于直接出售,须按规定申报缴纳消费税。

3. 进口应税消费品

单位和个人进口应税消费品,于报关进口时在海关缴纳消费税。

4. 商业零售金银首饰

1995年1月1日起,金银首饰消费税由生产销售环节征收改为零售环节征收。金银首饰的零售环节是指将金银首饰销售给中国人民银行批准的金银首饰生产、加工、批发、零售单位(简称经营单位)以外的单位和个人的业务中的销售环节,改为零售环节征收仅限于金基、银基合金首饰以及金、银和金基、银基合金的镶嵌首饰;不符合前述条件的,仍在生产环节交纳消费税。2002年1月1日起,对钻石及钻石饰品征税环节定为零售环节。2003年5月1日起,铂金首饰消费税改为零售环节征税。

下列业务视同零售业务,在零售环节缴纳消费税:

(1) 为经营单位以外的单位和个人加工金银首饰。加工包括带料加工、翻新改制、以旧换新等业务,不包括修理和清洗。

(2) 经营单位将金银首饰用于馈赠、赞助、集资、广告、样品、职工福利、奖励等方面。

5. 批发销售卷烟

自2009年5月1日起,卷烟在批发环节加征一道从价税。纳税人为在中华人民共和国境内从事卷烟批发业务的单位和个人,具体来说就是纳税人销售给纳税人以外的单位和个人的卷烟于销售时纳税,从事批发业务的纳税人之间销售的卷烟不缴纳消费税。

(二) 纳税环节

消费税的纳税环节与征税范围密切相关,相应的存在五个环节:生产、委托加工、进口、零售和批发环节,各消费品(不含卷烟)在指定环节一次性缴纳,其他环节不再缴纳。卷烟在批发环节加征一道消费税。纳税人兼营卷烟批发和零售业务的,应当分别核算批发和零售环节的销售额、销售数量;未分别核算批发和零售环节销售额、销售数量的,按照全部销售额、销售数量计征批发环节消费税。

【应用训练】3-1 消费税是一次课征制税种吗?

【应用训练】3-2 委托方将收回的应税消费品以高于受托方的计税价格出售,该应税消费品有哪些纳税环节?

四、消费税的税目和税率

(一) 税目

消费税税目几经调整后,现行消费税共设置15个税目、若干个子目。具体适用范围如下:

1. 烟

凡是以烟叶为原料加工生产的产品,不论使用何种辅料,均属于本税目,具体包括卷烟、雪茄烟和烟丝三个子目。

2. 酒

酒包括白酒(包括粮食白酒和薯类白酒)、黄酒、啤酒和其他酒。

对饮食业、商业、娱乐业举办的啤酒屋(啤酒坊)利用啤酒生产设备生产的啤酒,应当征收消费税。

其他酒,是指除粮食白酒、薯类白酒、黄酒、啤酒以外的各种酒,包括糠麸白酒、其他原料白酒、土甜酒、复制酒、果木酒、汽酒、药酒、葡萄酒等。

对以黄酒为酒基生产的配制或炮制酒,按其他酒征收消费税。调味料酒不征消费税。

3. 化妆品

本科目征收范围包括各类美容、修饰类化妆品、高档护肤类化妆品和成套化妆品。

美容、修饰类化妆品是指香水、香水精、香粉、口红、指甲油、胭脂、眉笔、唇笔、蓝眼油、眼睫毛以及成套化妆品。

舞台、戏剧、影视演员化妆用的上妆油、卸装油、油彩,不属于本税目的征收范围。

4. 贵重首饰及珠宝玉石

本科目征收范围包括各种金银珠宝首饰和经采掘、打磨、加工的各种珠宝首饰。

金银首饰、铂金首饰和钻石及钻石饰品，包括凡以金、银、白金、宝石、珍珠、钻石、翡翠、珊瑚、玛瑙等高贵稀有物质以及其他金属、人造宝石等制作的各种纯金银及镶嵌饰物（含人造金银、合成金银首饰）等。

其他贵重首饰及珠宝玉石，包括钻石、珍珠、松石、青金石、欧泊石、橄榄石、长石、玉、石英、玉髓、石榴石、锆石、尖晶石、黄玉、碧玺、金禄玉、绿柱石、刚玉、琥珀、珊瑚、煤玉、龟甲、合成刚玉、合成玉石、双合石以及玻璃仿制品等。

宝石坯是经采掘、打磨、初级加工的珠宝玉石半成品，对宝石坯应按规定征收消费税。

5. 鞭炮、焰火

不包括：体育上用的发令纸、鞭炮药引线。

6. 成品油

成品油包括汽油、柴油、石脑油、溶剂油、航空煤油、润滑油、燃料油7个子目。

以汽油、汽油组分调和生产的甲醇汽油、乙醇汽油；以柴油、柴油组分调和生产的生物柴油；催化料、焦化料（2012年11月1日起属于燃料油的征收范围）属于成品油的征收范围，应当征收消费税。

消费税成品油中的润滑油为矿物性润滑油，不包括植物性润滑油、动物性润滑油和化工原料合成润滑油。

7. 摩托车

包括2轮和3轮。对最大设计车速不超过50 km/h，发动机气缸总工作容量不超过50 mL的三轮摩托车不征收消费税。

8. 小汽车

包括含驾驶员座位在内最多不超过9个座位（含）的用于载运乘客和货物的各类乘用车和含驾驶员座位在内的座位数在10～23座（含23座）的用于载运乘客和货物的各类中轻型商用客车。

不包括：① 电动汽车；② 车身长度大于7米（含）、并且座位在10～23座（含）以下的商用客车；③ 沙滩车、雪地车、卡丁车、高尔夫车；④ 对于企业购进货车或厢式货车改装生产的商务车、卫星通信车等专用汽车。

9. 高尔夫球及球具

本税目征收范围包括高尔夫球、高尔夫球杆、高尔夫球包（袋）。高尔夫球杆的杆头、杆身和握把属于本税目的征收范围。

10. 高档手表

高档手表是指销售价格（不含增值税）每只在10 000元（含）以上的各类手表。

11. 游艇

长度大于8 m小于90 m。

12. 木制一次性筷子

本税目征收范围包括各种规格的木制一次性筷子和未经打磨、倒角的木制一次性筷子。

13. 实木地板

以木材为原料加工而成的块状或条状的地面装饰材料。本税目征收范围包括各类规格的实木地板、实木指接地板、实木复合地板及用于装饰墙壁、天棚的侧端面为榫、槽的实木装饰板。未经涂饰的素板属于本税目征税范围。

【资料链接】3-1 为促进节能环保，经国务院批准，自2015年2月1日起对电池、涂料征收消费税。

14. 电池

包括原电池、蓄电池、燃料电池、太阳能电池和其他电池。

对无汞原电池、金属氢化物镍蓄电池（又称"氢镍蓄电池"或"镍氢蓄电池"）、锂原电池、锂离子蓄电池、太阳能电池、燃料电池和全钒液流电池免征消费税。2015年12月31日前对铅蓄电池缓征消费税；自2016年1月1日起，对铅蓄电池按4%税率征收消费税。

15. 涂料

涂料是指涂于物体表面能形成具有保护、装饰或特殊性能的固态涂膜的一类液体或固体材料之总称。

涂料由主要成膜物质、次要成膜物质等构成。按主要成膜物质涂料可分为油脂类、天然树脂类、酚醛树脂类、沥青类、醇酸树脂类、氨基树脂类、硝基类、过滤乙烯树脂类、烯类树脂类、丙烯酸酯类树脂类、聚酯树脂类、环氧树脂类、聚氨酯树脂类、元素有机类、橡胶类、纤维素类、其他成膜物类等。

对施工状态下挥发性有机物（VOC）含量低于420克/升（含）的涂料免征消费税。

（二）税率

消费税税目税率表如表3.1所示。

表3.1 消费税税目税率表

税　目	税　率
一、烟	
1.卷烟	
（1）甲类卷烟	56%加0.003元/支（不含批发环节）
（2）乙类卷烟	36%加0.003元/支（不含批发环节）
（3）批发环节	11%加0.005元/支
2.雪茄烟	36%
3.烟丝	30%
二、酒	
1.白酒	20%加0.5元/500克（或者500毫升）
2.黄酒	240元/吨
3.啤酒	
（1）甲类啤酒	250元/吨
（2）乙类啤酒	220元/吨
4.其他酒	10%
三、化妆品	30%
四、贵重首饰及珠宝玉石	
1.金银首饰、铂金首饰和钻石及钻石饰品	5%
2.其他贵重首饰和珠宝玉石	10%
五、鞭炮、焰火	15%

续表

税　　目	税　　率
六、成品油	
1. 汽油	1.52元/升
2. 柴油	1.20元/升
3. 航空煤油	1.20元/升
4. 石脑油	1.52元/升
5. 溶剂油	1.52元/升
6. 润滑油	1.52元/升
7. 燃料油	1.20元/升
七、摩托车	
1. 气缸容量(排气量,下同)250毫升的	3%
2. 气缸容量在250毫升(不含)以上的	10%
八、小汽车	
1. 乘用车	
(1) 气缸容量(排气量,下同)在1.0升(含1.0升)以下的	1%
(2) 气缸容量在1.0升以上至1.5升(含1.5升)的	3%
(3) 气缸容量在1.5升以上至2.0升(含2.0升)的	5%
(4) 气缸容量在2.0升以上至2.5升(含2.5升)的	9%
(5) 气缸容量在2.5升以上至3.0升(含3.0升)的	12%
(6) 气缸容量在3.0升以上至4.0升(含4.0升)的	25%
(7) 气缸容量在4.0升以上的	40%
2. 中轻型商用客车	5%
九、高尔夫球及球具	10%
十、高档手表	20%
十一、游艇	10%
十二、木制一次性筷子	5%
十三、实木地板	5%
十四、电池	4%
十五、涂料	4%

注：1. 甲类卷烟是指每标准条(200支)调拨价格在70元(含70元,不含增值税)以上的卷烟；乙类卷烟是指每标准条(200支)调拨价格在70元(不含增值税)以下的卷烟。自2015年5月10日起,将卷烟批发环节从价税税率由5%提高至11%,并按0.005元/支加征从量税。

2. 每吨出厂价(含包装物及包装物押金)在3 000元(含3 000元,不含增值税)以上的是甲类啤酒；每吨出厂价(含包装物及包装物押金)在3 000元(不含增值税)以下的是乙类啤酒。

消费税采用列举法按具体应税消费品设置税目税率,界限清晰,一般不会发生错用税率的情况,存在下列情况时,从高适用税率征收消费税：

(1) 纳税人兼营不同税率应税消费品,未分别核算各自销售额、销售数量的；

(2) 将不同税率应税消费品组成成套消费品销售的(即使分别核算也从高税率)。

【应用训练】3-3　某酒厂2015年12月本月销售礼品盒6 000套,售价为300元/套,每套包括粮食白酒2斤、单价80元,干红酒2斤、单价70元。说说该礼盒适用的消费税税率。

第二节 消费税的计税依据

一、三种计税方法下消费税计税依据的确定

按消费税暂行条例和实施细则的规定,消费税的计算分别采用从价定率、从量定额和复合征税三种计税办法。

(一)从价定率计征

1. 计税依据

采用从价定率的办法征税的应税消费品,其计税依据是纳税人销售应税消费品的销售额。其应纳税额的公式为

$$应纳税额 = 销售额 \times 比例税率$$

2. 确定销售额的一般规定

销售额为纳税人销售应税消费品向购买方收取的全部价款和价外费用。

上述销售额,不包括应向购货方收取的增值税税款。如果纳税人应税消费品的销售额中未扣除增值税税款或者因不得开具增值税专用发票而发生价款和增值税税款合并收取的,在计算消费税时,应当换算为不含增值税税款的销售额。其换算公式为

$$应税消费品的销售额 = \frac{含增值税的销售额}{1+增值税税率或者征收率}$$

上述价外费用,是指价外向购买方收取的手续费、补贴、基金、集资费、返还利润、奖励费、违约金、滞纳金、延期付款利息、赔偿金、代收款项、代垫款项、包装费、包装物租金、储备费、优质费、运输装卸费以及其他各种性质的价外收费。但下列项目不包括在内:

(1)同时符合以下条件的代垫运输费用:

① 承运部门的运输费用发票开具给购买方的;

② 纳税人将该项发票转交给购买方的。

(2)同时符合以下条件代为收取的政府性基金或者行政事业性收费:

① 由国务院或者财政部批准设立的政府性基金,由国务院或者省级人民政府及其财政、价格主管部门批准设立的行政事业性收费;

② 收取时开具省级以上财政部门印制的财政票据;

③ 所收款项全额上缴财政。

在从价定率征收中应税消费品的包装物有具体的法律规定:

实行从价计征办法征收消费税的应税消费品连同包装物销售的,无论包装物是否单独计价,也不论在会计上如何核算,均应并入应税消费品的销售额中征收消费税。

包装物不作价随同产品销售,而是收取押金(不含酒类产品的包装物押金),且单独核算又未过期的,此项押金不应并入应税消费品的销售额中征税。但对因逾期未收回的包装物不再退还的和已收取1年以上的押金,应并入应税消费品的销售额,按照应税消费品的适用税率征收消费税。

包装物既作价随同应税消费品销售,又另外收取押金的包装物的押金,凡纳税人在规定的期限内没有退还的,均应并入应税消费品的销售额,按照应税消费品的适用税率缴纳消

费税。

对酒类产品生产企业销售酒类产品而收取的包装物押金,无论押金是否返还与会计上如何核算,均需并入酒类产品销售额中,依酒类产品的适用税率征收消费税。

(二) 从量定额计征

1. 计税依据

我国消费税对黄酒、啤酒、成品油等实行定额税率,采用从量定额的办法征税,计税依据是纳税人销售应税消费品的数量。其应纳税额的公式为

$$应纳税额 = 销售数量 \times 定额税率$$

2. 销售数量的确定

(1) 纳税人销售的应税消费品,其计税依据为应税消费品的销售数量。

纳税人通过自设非独立核算门市部销售自产应税消费品的,应当按照门市部对外销售数量为计税依据计算征收消费税。

(2) 纳税人自产自用的应税消费品,其计税依据为应税消费品的移送使用数量。

(3) 委托加工的应税消费品,其计税依据为纳税人收回的应税消费品数量。

(4) 进口的应税消费品,其计税依据为海关核定的应税消费品数量进口数量。

(三) 实行复合计税

只有卷烟、粮食白酒和薯类白酒采用复合计税的方法。应纳税额等于应税销售数量乘以定额税率再加上销售额乘以比例税率。

复合计税的应纳税额的计算是从价定率和从量定额计征的应纳税额的结合。其应纳税额的公式为

$$应纳税额 = 销售额 \times 比例税率 + 销售数量 \times 定额税率$$

在纳税人生产销售卷烟、白酒时,销售额为纳税人向购买方收取的全部价款和价外费用,销售数量为纳税人销售卷烟、白酒的数量。

二、消费税计税依据若干特殊规定

(1) 纳税人通过自设非独立核算门市部销售的自产应税消费品,应按门市部对外销售额或者销售数量征收消费税。

【案例分析】3-1 某高尔夫球具厂为增值税一般纳税人,下设一非独立核算的门市部,2011年8月该厂将生产的一批成本价70万元的高尔夫球具移送门市部,门市部将其中80%零售,取得含税销售额77.22万元。该项业务应纳消费税额中的税基为( )。

A. 70万元   B. 56万元   C. 66万元   D. 52.8万元

(2) 纳税人用于换取生产资料和消费资料、投资入股、抵偿债务的应税消费品,应当以纳税人同类应税消费品的最高销售价格作为计税依据计算消费税。

【应用训练】3-4 按照《消费税暂行条例》的规定,下列情形之一的应税消费品,以纳税人同类应税消费品的最高销售价格作为计税依据计算消费税的有( )。

A. 用于抵债的应税消费品

B. 用于馈赠的应税消费品

C. 用于换取生产资料的应税消费品

D. 对外投资入股的应税消费品

(3) 纳税人应税消费品的计税价格明显偏低且无正当理由的,并无正当理由的,由主管

税务机关核定其计税价格：
① 卷烟、白酒和小汽车的计税价格由国家税务总局核定，送财政部备案；
② 其他应税消费品的计税价格由省、自治区和直辖市国家税务局核定；
③ 进口的应税消费品的计税价格由海关核定。

（4）白酒生产企业向商业销售单位收取的"品牌使用费"应属于白酒销售价款的组成部分。

白酒生产企业向商业销售单位收取的"品牌使用费"是随着应税白酒的销售而向购货方收取的，属于应税白酒销售价款的组成部分，因此，不论企业采取何种方式或以何种名义收取价款，均应并入白酒的销售额中缴纳消费税。

（5）纳税人采用以旧换新（含翻新改制）方式销售的金银首饰，应按实际收取的不含增值税的全部价款确定计税依据征收消费税。

第三节　消费税应纳税额的计算

与消费税的征税范围和征税环节联系，消费税应纳税额计算也分为应税消费品生产销售环节应纳消费税计算、委托加工环节应纳消费税计算、进口环节应纳消费税计算、批发环节和零售环节应纳消费税的计算，由于批发和零售环节消费税是针对特定的消费品的征收的，其计算原理与前三个环节相同，因此本节将讲述前三个环节消费税应纳税额的计算。在应税消费品中也存在视同销售行为，因此生产销售环节应纳消费税计算中将补充自产自用应纳消费税的计算。为避免重复征税，将外购应税消费品和委托加工收回应税消费品继续生产应随消费品销售的，可以对外购应税消费品和委托加工收回应税消费品已缴纳的消费税给予扣除。

一、生产销售环节应纳消费税的计算

（一）直接对外销售应纳消费税的计算

直接对外销售应税消费品应纳消费税的计算公式：

实行从价定率办法计算的应纳税额 = 销售额 × 比例税率
实行从量定额办法计算的应纳税额 = 销售数量 × 定额额税
实行复合计税办法计算的应纳税额 = 销售额 × 比例税率 + 销售数量 × 定额税率

【案例分析】3-2　某木地板厂为增值税一般纳税人，2015年3月15日向某建材商店销售实木地板一批，取得含增值税销售额105.3万元。已知实木地板适用的增值税税率为17%，消费税税率为5%。计算该厂该业务应纳消费税税额。

A. 15.3万元　　　　B. 4.5万元　　　　C. 17.9万元　　　　D. 5.27万元

【案例分析】3-3　某酒厂为增值税一般纳税人，2015年12月销售粮食白酒12 000斤，售价为5元/斤，随同销售的包装物价格7 254元；本月销售礼品盒6 000套，售价为300元/套，每套包括粮食白酒2斤，单价80元；干红酒2斤，单价70元。该企业12月应纳消费税（　　）元。（题中的单价均为不含税价格。）

A. 199 240　　　　B. 379 240　　　　C. 391 240　　　　D. 484 550

(二)自产自用应纳消费税的计算

纳税人自产自用的应税消费品,用于连续生产应税消费品的,不纳税;用于其他方面的,于移送使用时纳税,纳税人有同类消费品的销售价格的,按照纳税人生产的同类消费品的销售价格计算纳税;没有同类消费品销售价格的,按照组成计税价格计算纳税。

组成计税价格的公式具体如下:

(1) 实行从价定率办法计算纳税的组成计税价格:

$$组成计税价格 = \frac{成本+利润}{1-比例税率} = \frac{成本 \times (1+成本利润率)}{1-比例税率}$$

$$应纳税额 = 组成计税价格 \times 比例税率$$

公式中的"成本",是指应税消费品的产品生产成本。

公式的"利润",是指根据应税消费品的全国平均成本利润率计算的利润。应税消费品的全国平均成本利润率由国家税务总局确定。

【案例分析】3-4 某摩托车厂(增值税一般纳税人)将1辆自产摩托车奖励性发给优秀职工,其成本5 000元/辆,成本利润率6%,适用消费税税率10%,计算该业务应缴纳的消费税和增值税。

(2) 实行复合计税办法计算纳税的组成计税价格计算公式:

$$组成计税价格 = \frac{成本+利润+自产自用数量 \times 定额税率}{1-比例税率}$$

$$= \frac{成本 \times (1+成本利润率)+自产自用数量 \times 定额税率}{1-比例税率}$$

$$应纳税额 = 组成计税价格 \times 比例税率 + 自产自用数量 \times 定额税率$$

成本和利润率的相关规定同从价定率征收中的规定。

【案例分析】3-5 某酒厂(增值税一般纳税人)将自产薯类白酒1吨(2 000斤)发放给职工作福利,其成本4 000元/吨,成本利润率5%,则此笔业务当月应纳的消费税和增值税销项税为多少元?

【课堂思考】3-4 啤酒生产商将啤酒无偿赠送给他人,需要交纳消费税吗?写出其消费税应纳税额的公式。

【应用训练】3-5 某啤酒厂自产啤酒10吨,无偿提供给某啤酒节,已知每吨成本1 000元,无同类产品售价。计算该厂该业务应纳消费税和增值税销项税额。(税务机关核定的该啤酒的消费税税额为220元/吨。)

二、委托加工应税消费品应纳税额的计算

委托加工应税消费品是指委托方提供原料和主要材料,受托方只收取加工费和代垫部分辅助材料加工的应税消费品。

委托加工应税消费品中,消费税的纳税人为委托方,由受托方在向委托方交货时代收代缴消费税(受托方为个人除外)。

委托加工的应税消费品,按照受托方的同类消费品的销售价格计算纳税;没有同类消费品销售价格的,按照组成计税价格计算纳税。

(1) 实行从价定率办法计算纳税的组成计税价格计算公式:

$$\text{组成计税价格} = \frac{\text{材料成本} + \text{加工费}}{1 - \text{比例税率}}$$

(2) 实行复合计税办法计算纳税的组成计税价格计算公式：

$$\text{组成计税价格} = \frac{\text{材料成本} + \text{加工费} + \text{委托加工数量} \times \text{定额税率}}{1 - \text{比例税率}}$$

其中"材料成本"是指委托方所提供加工材料的实际成本。如果加工合同上未如实注明材料成本的，受托方所在地主管税务机关有权核定其材料成本。"加工费"是指受托方加工应税消费品向委托方所收取的全部费用（包括代垫辅助材料的实际成本），但不包括随加工费收取的销项税额，这样组成的价格才是不含增值税但含消费税的价格。

【案例分析】3-6 某鞭炮企业（增值税一般纳税人）2014年4月受托为某单位加工一批鞭炮，委托单位提供的原材料金额为30万元，收取委托单位不含增值税的加工费4万元，鞭炮企业无加工鞭炮的同类产品市场价格。计算鞭炮企业应代收代缴的消费税。鞭炮的适用消费税税率15%。

【应用训练】3-6 某高尔夫球具厂（增值税一般纳税人）接受某俱乐部委托加工一批高尔夫球具，俱乐部提供主要材料不含税成本8 000元，球具厂收取含税加工费和代垫辅料费2 808元，球具厂没有同类球具的销售价格，消费税税率10%，请问高尔夫球具消费税的纳税人是谁？计算该业务中高尔夫球具厂应纳税额和俱乐部应纳税额。

如果委托加工的应税消费品提货时受托方没有代收代缴消费税时，委托方要补交税款。委托方补交税款的税基是：已经直接销售的，按销售额（或销售量）计税；收回的应税消费品尚未销售或用于连续生产的，按下列组成计税价格计税补交：

$$\text{组成计税价格} = \frac{\text{材料成本} + \text{加工费}}{1 - \text{消费税税率}}$$

$$\text{组成计税价格} = \frac{\text{材料成本} + \text{加工费} + \text{委托加工数量} \times \text{定额税率}}{1 - \text{比例税率}}$$

委托加工的应税消费品在提取货物时已由受托方代收代缴了消费税，委托方收回后直接销售时不再缴纳消费税；但如果连续加工成另一种应税消费品的，销售时还应按新的消费品纳税。为了避免重复征税，税法规定，按当期生产领用量，委托加工收回的应税消费品的已纳税款准予扣除。

三、进口应税消费品应纳税额计算

进口的应税消费品，于报关进口时由海关代征进口环节的消费税。由进口人或其代理人向报关地海关申报纳税，自海关填发海关进口消费税专用缴款书之日起15日内缴纳税款。

（一）适用比例税率的进口应税消费品实行从价定率办法按组成计税价格计算应纳税额

$$\text{应纳税额组成计税价格} = \frac{\text{关税完税价格} + \text{关税}}{1 - \text{消费税税率}}$$

$$\text{应纳税额} = \text{组成计税价格} \times \text{消费税税率}$$

公式中的关税完税价格是指海关核定的关税计税价格。

【案例分析】3-7 某外贸公司进口一批小轿车，关税完税价格折合人民币500万元，关税率25%,消费税率9%,则进口环节应纳消费税( )万元。

  A. 49.45   B. 61.81   C. 65.23   D. 70.31

(二) 实行定额税率的进口应税消费品实行从量定额办法计算应纳税额

$$应纳税额 = 应税消费品数量 \times 消费税单位税额$$

(三) 实行复合计税方法的进口应税消费品的税额计算

$$组成计税价格 = \frac{关税完税价格 + 关税 + 进口数量 \times 消费税定额税率}{1 - 消费税比例税率}$$

$$应纳税额 = 应税消费品数量 \times 消费税单位税额 + 组成计税价格 \times 消费税税率$$

消费税由税务机关征收,进口的应税消费品的消费税由海关代征。

【课堂思考】3-5 试确定进口卷烟在计征进口环节消费税时单位组成计税价格中分母中消费税比例税率的数值。

四、已纳消费税的扣除

(一) 外购应税消费品已纳消费税的扣除

为避免重复征税,税法规定:对外购已税消费品连续生产应税消费品销售时,可按当期生产领用数量计算准予扣除外购应税消费品已纳的消费税税款。

1. 扣税范围

(1) 用外购已税烟丝生产的卷烟;

(2) 用外购已税珠宝玉石生产的贵重首饰及珠宝玉石;

(3) 用外购已税化妆品生产的化妆品;

(4) 用外购已税鞭炮焰火生产的鞭炮焰火;

(5) 以外购已税杆头、杆身和握把为原料生产的高尔夫球杆;

(6) 以外购已税木制一次性筷子为原料生产的木制一次性筷子;

(7) 以外购已税实木地板为原料生产的实木地板;

(8) 以外购已税石脑油、润滑油、燃料油为原料生产的成品油;

(9) 以外购已税汽油、柴油为原料生产的汽油、柴油。

2. 扣税计算

按当期生产领用数量扣除其已纳消费税。

当期准予扣除的外购应税消费品已纳税款 = 当期准予扣除的外购应税消费品买价 × 外购应税消费品适用税率

当期准予扣除的外购应税消费品买价 = 期初库存的外购应税消费品买价 + 当期购进的外购应税消费品买价 − 期末库存的外购应税消费品买价

【案例分析】3-8 某卷烟厂从甲企业购进烟丝,取得增值税专用发票,注明价款50万元;使用60%用于生产A牌卷烟(甲类卷烟);本月销售A牌卷烟80箱(标准箱),取得不含税销售额400万元。已知:甲类卷烟消费税税率为56%加150元/标准箱,烟丝消费税税率为30%。当月该卷烟厂应纳消费税税额为( )万元。

  A. 210.20   B. 216.20   C. 224   D. 225.20

3. 扣税环节

(1) 纳税人用外购的已税珠宝、玉石原料生产的改在零售环节征收消费税的金银首饰

（含镶嵌首饰）、钻石及钻石饰品，在计税时一律不得扣除外购珠宝、玉石的已纳税款。

（2）允许扣除已纳税款的应税消费品只限于从工业企业购进的应税消费品和进口环节已缴纳消费税的应税消费品，对从境内商业企业购进应税消费品的已纳税款一律不得扣除。

（3）对自己不生产应税消费品，而只是购进后再销售应税消费品的工业企业，其销售的化妆品、鞭炮焰火和珠宝玉石，凡不能构成最终消费品直接进入消费品市场，而需进一步生产加工的，应当征收消费税，同时允许扣除上述外购应税消费品的已纳税款。

（二）用委托加工收回的应税消费品连续生产应税消费品的税款抵扣

委托加工的应税消费品，委托方用于连续生产应税消费品的，所纳税款准予按规定抵扣。

税法规定：对委托加工收回消费品已纳的消费税，可按当期生产领用数量从当期应纳消费税税额中扣除，其扣税规定与外购已税消费品连续生产应税消费品的扣税范围、扣税方法、扣税环节相同。

【课堂思考】3-6 试比较已纳税款扣除中增值税和消费税的不同。

【应用训练】3-7 某汽车制造公司为增值税一般纳税人，2015年2月，该公司发生以下经济业务：

（1）销售自产小汽车50辆，共取得不含增值税的汽车价款550万元。另向购买方收取价外费用5万元。

（2）销售自产轮胎取得的含增值税销售额58.5万元。

（3）购进各种生产用原材料，从销售方取得的增值税专用发票上注明的增值税税额合计为70万元，支付运输公司开具的货物运输业增值税专用发票上注明的不含税运费3万元，增值税0.33万元。

2月初，该公司增值税进项税额余额为0；小汽车适用的消费税税率为5%；交通运输业适用的增值税税率为11%；销售小汽车、轮胎适用的增值税税率为17%。

计算该公司2月份应纳增值税税额和消费税税额。（计算精确到小数点后两位）

第四节　消费税的纳税申报

一、消费税的纳税地点

不同于增值税，消费税主要是核算地纳税。

（1）纳税人销售的应税消费品，以及自产自用的应税消费品，除国务院财政、税务主管部门另有规定外，应当向纳税人机构所在地或者居住地的主管税务机关申报纳税。

（2）委托个人加工的应税消费品，由委托方向其机构所在地或者居住地主管税务机关申报纳税。除此之外，由受托方向所在地主管税务机关代收代缴消费税税款。

（3）进口的应税消费品，由进口人或者其代理人向报关地海关申报纳税。

（4）纳税人到外县（市）销售或委托外县（市）代销自产应税消费品的，于应税消费品销售后,向机构所在地或者居住地主管税务机关申报纳税。

纳税人的总机构与分支机构不在同一县(市)的,应当分别向各自机构所在地的主管税务机关申报纳税;经财政部、国家税务总局或者其授权的财政、税务机关批准,可以由总机构汇总向总机构所在地的主管税务机关申报纳税。

(5) 纳税人销售的应税消费品,如因质量等原因由购买者退回时,经所在地主管税务机关审核批准后,可退还已征收的消费税,但不能自行直接抵减应纳税款。

二、消费税纳税义务发生时间和纳税期限

消费税纳税义务发生时间,根据《中华人民共和国消费税暂行条例》第四条和《中华人民共和国消费税暂行条例实施细则》第八条的规定,分列如下:

(1) 纳税人销售应税消费品的,按不同的销售结算方式分别为:

① 采取赊销和分期收款结算方式的,为书面合同约定的收款日期的当天,书面合同没有约定收款日期或者无书面合同的,为发出应税消费品的当天;

② 采取预收货款结算方式的,为发出应税消费品的当天;

③ 采取托收承付和委托银行收款方式的,为发出应税消费品并办妥托收手续的当天;

④ 采取其他结算方式的,为收讫销售款或者取得索取销售款凭据的当天。

(2) 纳税人自产自用应税消费品的,为移送使用的当天。

(3) 纳税人委托加工应税消费品的,为纳税人提货的当天。

(4) 纳税人进口应税消费品的,为报关进口的当天。

根据《中华人民共和国消费税暂行条例》第十四条规定:"消费税的纳税期限分别为1日、3日、5日、10日、15日、1个月或者1个季度。纳税人的具体纳税期限,由主管税务机关根据纳税人应纳税额的大小分别核定;不能按照固定期限纳税的,可以按次纳税。

纳税人以1个月或者1个季度为1个纳税期的,自期满之日起15日内申报纳税;以1日、3日、5日、10日或者15日为1个纳税期的,自期满之日起5日内预缴税款,于次月1日起15日内申报纳税并结清上月应纳税款。"

根据《国家税务总局关于合理简并纳税人申报缴税次数的公告》(国家税务总局公告2016年第6号)第一条规定:"增值税小规模纳税人缴纳增值税、消费税、文化事业建设费,以及随增值税、消费税附征的城市维护建设税、教育费附加等税费,原则上实行按季申报。纳税人要求不实行按季申报的,由主管税务机关根据其应纳税额大小核定纳税期限。"

三、消费税的纳税申报表

消费税的纳税申报需要提交相关的纳税申报表。2008年3月14日,国家税务总局颁发了国税函〔2008〕236号文件,为在全国范围内统一、规范消费税纳税申报资料,加强消费税管理的基础工作,制定了《烟类应税消费品消费税纳税申报表》、《酒及酒精消费税纳税申报表》、《成品油消费税纳税申报》、《小汽车消费税纳税申报表》、《其他应税消费品消费税纳税申报表》,具体格式如下:

(一) 烟类应税消费品消费税纳税申报表

烟类应税消费品消费税纳税申报表如表3.2所示。

表 3.2 烟类应税消费品消费税纳税申报表

税款所属期：　年　月　日至　　年　月　日

纳税人名称(公章)：　　纳税人识别号：□□□□□□□□□□□□□□□

填表日期：　年　月　日　　单位：卷烟万支、雪茄烟支、烟丝千克；金额单位：元(列至角分)

应税消费品名称	适用税率 定额税率	适用税率 比例税率	销售数量	销售额	应纳税额
卷烟	30元/万支	56%			
卷烟	30元/万支	36%			
雪茄烟	—	36%			
烟丝	—	30%			
合计	—	—			

本期准予扣除税额：

本期减(免)税额：

期初未缴税额：

本期缴纳前期应纳税额：

本期预缴税额：

本期应补(退)税额：

期末未缴税额：

声明

此纳税申报表是根据国家税收法律的规定填报的，我确定它是真实的、可靠的、完整的。

经办人(签章)：
财务负责人(签章)：
联系电话：

(如果你已委托代理人申报，请填写)

授权声明

为代理一切税务事宜，现授权_____
_____(地址)_____为本纳税人的代理申报人，任何与本申报表有关的往来文件，都可寄予此人。

授权人签章：

（二）酒及酒精消费税纳税申报表

酒类应税消费品消费税纳税申报表如表3.3所示。

表3.3 酒类应税消费品消费税纳税申报表

税款所属期： 年 月 日至 年 月 日

纳税人名称（公章）： 纳税人识别号：

填表日期： 年 月 日　　　　　　　　　　　　　　　　金额单位：元（列至角分）

应税消费品名称	项目 适用税率		销售数量	销售额	应纳税额
	定额税率	比例税率			
粮食白酒	0.5元/斤	20%			
薯类白酒	0.5元/斤	20%			
啤酒	250元/吨	—			
啤酒	220元/吨	—			
黄酒	240元/吨	—			
其他酒	—	10%			
合计	—	—	—		

本期准予扣除税额：

本期减（免）税额：

期初未缴税额：

本期缴纳前期应纳税额：

本期预缴税额：

本期应补（退）税额：

期末未缴税额：

声明

　　此纳税申报表是根据国家税收法律的规定填报的，我确定它是真实的、可靠的、完整的。

经办人（签章）：
财务负责人（签章）：
联系电话：

（如果你已委托代理人申报，请填写）

授权声明

为代理一切税务事宜，现授权_____
_____（地址）_____为本纳税人的代理申报人，任何与本申报表有关的往来文件，都可寄予此人。

授权人签章：

(三) 成品油消费税纳税申报表

成品油消费税纳税申报表如表 3.4 所示。

表 3.4 成品油消费税纳税申报表

税款所属期： 年 月 日至 年 月 日

纳税人名称（公章）： 　　纳税人识别号：□□□□□□□□□□□□□□□

填表日期： 年 月 日　　　　计量单位：升　　　　金额单位：元（列至角分）

应税消费品名称	项目 适用税率 （元/升）	销售数量	应纳税额
汽油	1.12		
	1.40		
	1.52		
柴油	0.94		
	1.10		
	1.20		
石脑油	1.12		
	1.40		
	1.52		
溶剂油	1.12		
	1.40		
	1.52		
润滑油	1.12		
	1.40		
	1.52		
燃料油	0.94		
	1.10		
	1.20		
航空煤油	0.94		
	1.10		
	1.20		
合计			

本期减（免）税额：	
期初留抵税额：	声明
本期准予扣除税额：	此纳税申报表是根据国家税收法律、法规规定填报的，我确定它是真实的、可靠的、完整的。
本期应抵扣税额：	
期初未缴税额：	
期末留抵税额：	
本期实际抵扣税额：	声明人签字：
本期缴纳前期应纳税额：	（如果你已委托代理人申报，请填写） 授权声明
本期预缴税额：	为代理一切税务事宜，现授权_____ _____（地址）
本期应补（退）税额：	为本纳税人的代理申报人，任何与本申报表有关的往来文件，都可寄予此人。
期末未缴税额：	授权人签章：

(四)小汽车消费税纳税申报表

小汽车消费税纳税申报表如表3.5所示。

表3.5 小汽车消费税纳税申报表

税款所属期: 　年　月　日至　年　月　日

纳税人名称(公章): 　　　　纳税人识别号: ☐☐☐☐☐☐☐☐☐☐☐☐☐☐☐

填表日期: 　年　月　日　　　　　　　　　　　　　　单位:辆、元(列至角分)

应税消费品名称	项目	适用税率	销售数量	销售额	应纳税额
乘用车	气缸容量≤1.5升	3%			
	1.5升<气缸容量≤2.0升	5%			
	2.0升<气缸容量≤2.5升	9%			
	2.5升<气缸容量≤3.0升	12%			
	3.0升<气缸容量≤4.0升	15%			
	气缸容量>4.0升	20%			
中轻型商用客车		5%			
合计		—	—	—	

本期准予扣除税额:	声明
本期减(免)税额:	此纳税申报表是根据国家税收法律的规定填报的,我确定它是真实的、可靠的、完整的。
期初未缴税额:	经办人(签章): 财务负责人(签章): 联系电话:
本期缴纳前期应纳税额:	(如果你已委托代理人申报,请填写) 授权声明
本期预缴税额:	为代理一切税务事宜,现授权_____ _____(地址)
本期应补(退)税额:	为本纳税人的代理申报人,任何与本申报表有关的往来文件,都可寄予此人。
期末未缴税额:	授权人签章:

(五) 其他应税消费品消费税纳税申报表

其他应税消费品消费税纳税申报表如表3.6所示。

表3.6　其他应税消费品消费税纳税申报表

税款所属期：　年　月　日至　年　月　日

纳税人名称(公章)：　　　　纳税人识别号：□□□□□□□□□□□□□□□

填表日期：　年　月　日　　　　　　　　　　　　　　金额单位：元(列至角分)

项目 应税消费品名称	适用税率	销售数量	销售额	应纳税额
合计	—	—	—	

本期准予抵减税额：_____

本期减(免)税额：_____

期初未缴税额：_____

本期缴纳前期应纳税额：_____

本期预缴税额：_____

本期应补(退)税额：_____

期末未缴税额：_____

声明

此纳税申报表是根据国家税收法律的规定填报的，我确定它是真实的、可靠的、完整的。

经办人(签章)：_____
财务负责人(签章)：_____
联系电话：_____

(如果你已委托代理人申报，请填写)

授权声明

为代理一切税务事宜，现授权_____
_____（地址）
为本纳税人的代理申报人，任何与本申报表有关的往来文件，都可寄予此人。

授权人签章：_____

◆ **内容提要**

消费税指对在我国境内从事生产销售、委托加工和进口应税消费品的单位和个人征收的一种税。

消费税的税制要素包括消费税纳税义务人、征税范围、税目税率等。纳税义务人具体包括：(1) 生产应税消费品的单位和个人(2) 进口应税消费品的单位和个人(3) 委托加工应税消费品的单位和个人(4) 零售金银首饰、钻石、钻石饰品的单位和个人(5) 从事卷烟批发业务的单位和个人。征税范围：生产环节、进口环节、零售环节以及批发环节。消费税共有15个税目，税率分为比例税率和定额税率。

消费税应纳税额的计算。消费税计算一般分为直接生产销售、自产自用、委托加工以及进口四个环节计征。依据不同税目税率，消费税计算方法分为三种：从价定率征收、从量定额征收以及复合计税。从价定率征收计税依据是销售额，从量定额征收计税依据销售数量，复合计征既有销售额又有销售数量。消费税应纳税额的计算难点在于组成计税价格的确定。

◆ **关键词**

应税消费品　销售额　销售数量　组成计税价格　比例税率　定额税率　从价定率计税　从量定额计税　复合计税　委托加工

◆ **练习题**

一、单选题

1. 根据《消费税暂行条例》及其实施细则规定，下列各项中，纳税人不缴纳消费税的是（　　）。

   A. 将自产的应税消费品用于职工福利
   B. 随同应税消费品销售而取得的包装物作价收入
   C. 将自产的应税消费品用于连续生产应税消费品
   D. 销售应税消费品而收取的超过一年以上的包装物押金

2. 根据消费税的有关规定，下列纳税人自产自用应税消费品不缴纳消费税的是（　　）。

   A. 高尔夫球具厂用于本企业职工福利的自产球具
   B. 汽车厂用于管理部门的自产汽车
   C. 日化厂用于赠送客户样品的自产化妆品
   D. 卷烟厂用于生产卷烟的自制烟丝

3. 委托加工的特点是（　　）。

   A. 委托方提供原料和主要材料，受托方代垫辅助材料并收取加工费
   B. 委托方支付加工费，受托方提供原料或主要材料
   C. 委托方支付加工费，受托方以委托方的名义购买原料或主要材料
   D. 委托方支付加工费，受托方购买原料或主要材料再卖给委托方进行加工

4. 下列各项中，符合消费税有关规定的是（　　）。

   A. 纳税人的总、分支机构不在同一县(市)的，一律在总机构所在地缴纳消费税
   B. 纳税人销售的应税消费品，除另有规定外，应向纳税人机构所在地或居住地的主管税务机关申报纳税
   C. 纳税人委托加工应税消费品，其纳税义务发生时间，为纳税人支付加工费的当天
   D. 因质量原因由购买者退回的消费品，可退已征的消费税，也可直接抵减应纳税额

5. 甲厂将一批原材料送交乙厂进行委托加工,该批原材料不含税价格10万元,受托方代垫辅料收费1万元(含税),另收取加工费3万元(含税),假定该消费品消费税税率为5%,则该项委托加工组成计税价格为(　　)万元。

A. 13.68　　　　B. 14.13　　　　C. 14.74　　　　D. 15

6. 2010年8月某首饰厂从某商贸企业购进一批珠宝玉石,增值税发票注明价款50万元,增值税税款8.5万元,打磨后再将其销售给首饰商城,收到不含税价款90万元。已知珠宝玉石消费税税率为10%,该首饰厂以上业务应缴纳消费税(　　)。

A. 4万元　　　　B. 5万元　　　　C. 9万元　　　　D. 14万元

7. 某酒厂为增值税一般纳税人,2012年1月生产一种新的白酒,广告样品使用0.8吨,已知该种白酒没有同类产品的出厂价,该白酒的生产成本为每吨40 000元,成本利润率为10%,白酒消费税定额税率为每斤0.5元,比例税率为20%。该酒厂当月应缴纳的消费税为(　　)元。

A. 8 600　　　　B. 8 800　　　　C. 9 600　　　　D. 9 800

8. 某酒厂为增值税一般纳税人,2012年1月销售白酒3吨,取得不含税收入300 000元,开具增值税专用发票,当期收取白酒包装物押金23 400元,开具普通发票,该企业包装物押金单独记账核算,货物已经发出。白酒消费税定额税率为每斤0.5元,比例税率为20%。该酒厂当月应缴纳消费税(　　)元。

A. 64 000　　　　B. 64 680　　　　C. 67 000　　　　D. 67 680

9. 某金店采取以旧换新方式零售金银饰品,则消费税的计税依据是(　　)。

A. 新金银饰品的同类销售价格
B. 实际收取的含增值税的全部价款
C. 实际收取的不含增值税的全部价款
D. 新金银饰品的组成计税价格

10. 某烟草公司2012年4月份进口400标准箱甲类卷烟,关税完税价格合计为600万元,进口关税180万元,甲类卷烟消费税比例税率为56%,定额税率为150元/标准箱。不考虑其他事项,则该烟草公司当期应缴纳进口消费税为(　　)万元。

A. 448.13　　　　B. 992.93　　　　C. 1 000.36　　　　D. 1 006.36

二、多选题

1. 根据消费税的规定,下列环节应当征收消费税的有(　　)。

A. 生产企业进口钻石的环节
B. 不具有卷烟批发资质的零售商零售卷烟的环节
C. 化妆品的委托加工环节
D. 镀金首饰的生产环节

2. 企业生产销售白酒取得的下列款项中,应并入销售额计征消费税的有(　　)。

A. 优质费　　　B. 包装物租金　　　C. 品牌使用费　　　D. 包装物押金

3. 下列各项中,符合消费税纳税地点规定的有(　　)。

A. 进口应税消费品的,由进口人或其代理人向报关地海关申报纳税
B. 纳税人总机构与分支机构不在同一县的,分支机构应回总机构申报纳税
C. 委托加工应税消费品的,由委托方向受托方所在地主管税务机关申报纳税
D. 纳税人到外县销售自产应税消费品的,应向机构所在地或者居住地主管税务机关申

报纳税

4. 根据现行税法,下列消费品的生产经营环节,既征收增值税又征收消费税的有（　　）。
   A. 批发环节销售的卷烟　　　　　　B. 零售环节销售的金基合金首饰
   C. 批发环节销售的白酒　　　　　　D. 零售环节销售的白酒

5. 下列各项关于从量计征消费税计税依据确定方法的表述中,正确的有（　　）。
   A. 销售应税消费品的,为应税消费品的销售数量
   B. 进口应消费品的为海关核定的应税消费品数量
   C. 以应税消费品投资入股的,为应税消费品移送使用数量
   D. 委托加工应税消费品的,为加工完成的应税消费品数量

6. 某公司进口一批摩托车,海关应征进口关税15万元（关税税率假定为30%）,则进口环节还需缴纳（　　）。（消费税税率为3%）
   A. 消费税6.5万元　　　　　　　　B. 消费税2万元
   C. 增值税11.05万元　　　　　　　D. 增值税11.39万元

7. 根据消费税法律制度的规定,下列表述正确的有（　　）。
   A. 用外购的已税珠宝玉石用于继续生产金银首饰的,外购珠宝玉石的已纳消费税税款可以按规定扣除
   B. 用委托加工收回的已税杆头继续生产高尔夫球杆的,委托加工收回的杆头的已纳消费税税款可以按规定扣除
   C. 用外购的已税酒精用于继续生产白酒的,外购酒精的已纳消费税税款可以按规定扣除
   D. 用外购已税烟丝连续生产卷烟的,外购烟丝的已纳消费税税款可以按规定扣除

8. 下列有关消费税纳税义务发生时间的表述,正确的有（　　）。
   A. 纳税人采取预收货款结算方式销售应税消费品的,纳税义务发生时间为收到预收款的当天
   B. 纳税人采取赊销结算方式销售应税消费品的,纳税义务发生时间为销售合同规定的收款日期的当天
   C. 纳税人采取分期收款结算方式销售应税消费品的,纳税义务发生时间为发出应税消费品的当天
   D. 纳税人委托加工的应税消费品,纳税义务发生时间为纳税人提货的当天

9. 某高尔夫球生产企业为增值税一般纳税人,2011年8月发生如下业务:将其生产的20箱A牌高尔夫球移送至下设非独立核算的门市部,当月该门市部将其中的80%销售,取得不含税销售额410 000元;A牌高尔夫球平均销售价格（不含增值税）为25 000元/箱,最高销售价格（不含增值税）为26 000元/箱,当月将5箱A牌高尔夫球用于换取一批生产材料,则下列关于高尔夫球生产企业上述业务的税务处理正确的有（　　）。（高尔夫球及球具适用的消费税税率是10%）
   A. 非独立核算门市部销售高尔夫球的增值税销项税额为69 700元
   B. 该企业将高尔夫球换取生产资料应缴纳的消费税为12 500元
   C. 该企业将高尔夫球换取生产资料的增值税销项税额为21 250元
   D. 该企业上述业务应缴纳消费税合计53 500元

10. 甲化妆品生产厂家为增值税一般纳税人,2012年1月购进一批原材料,取得的增值税专用发票上注明价款110万元、增值税税款18.7万元,委托乙企业(增值税一般纳税人)加工成香水,支付加工费不含税金额30万元,取得增值税专用发票。当月全部收回,收回之后80%在当月对外销售,收到不含税销售款280万元,20%留存仓库。主管税务机关2月对甲厂进行检查时发现,乙企业未履行代收代缴消费税义务。已知化妆品消费税税率为30%,税务机关做出的以下决定中,正确的有(　　)。

A. 责令甲补缴消费税96万元
B. 责令甲补缴消费税105万元
C. 对乙处以应代收代缴税款等额的罚款
D. 对乙处以应代收代缴税款3倍的罚款

三、计算题

1. 某卷烟生产企业,某月初库存外购应税烟丝金额20万元,当月又外购应税烟丝金额50万元(不含增值税),月末库存烟丝金额10万元,其余被当月生产卷烟领用。请计算卷烟厂当月准许扣除的外购烟丝已缴纳的消费税税额。

2. 甲企业为高尔夫球及球具生产厂家,是增值税一般纳税人,2010年10月发生以下业务:

(1) 购进一批碳素材料、钛合金,增值税专用发票注明价款150万元、增值税税款25.5万元,委托丙企业将其加工成高尔夫球杆,支付加工费用30万元、增值税税款5.1万元。

(2) 委托加工收回的高尔夫球杆的80%当月已经销售,收到不含税款300万元,尚有20%留存仓库。

(3) 主管税务机关在11月初对甲企业进行税务检查时发现,丙企业未履行代收代缴消费税义务。

要求:
(1) 计算甲企业销售高尔夫球杆应缴纳的消费税。
(2) 计算甲企业留存仓库的高尔夫球杆应缴纳的消费税。
(3) 主管税务机关对丙企业未代收代缴消费税的行为应如何处理?

四、综合题

某城市一日化公司为增值税一般纳税人,主要生产化妆品,2013年8月发生以下业务:

(1) 从国外进口一批散装化妆品,关税完税价格为250 000元,关税税率为40%。

(2) 将进口化妆品的70%生产加工为成套化妆品,本月销售4 000套,每套不含税价500元。

(3) 将上月购进的价值60 000元的原材料委托一县城日化厂(小规模纳税人)加工化妆品,支付不含税加工费6 000元,加工产品已收回。

(4) 以自产不含税价格20 000元的化妆品,与自产不含税价格5 000元的护肤品(分别核算销售额)组成精美礼品盒试销售,开具专用发票上注明销售额30 000元。

要求:根据以上资料,按以下顺序回答问题,每问需计算出合计数。
(1) 计算该日化公司8月份应纳进口环节税金。
(2) 计算该日化公司8月份应纳国内消费税(化妆品销售税率为30%)。
(3) 计算该日化公司8月份应纳国内增值税。
(4) 计算受托方代收代缴的消费税。

第四章 关税税法

◆ 本章结构图

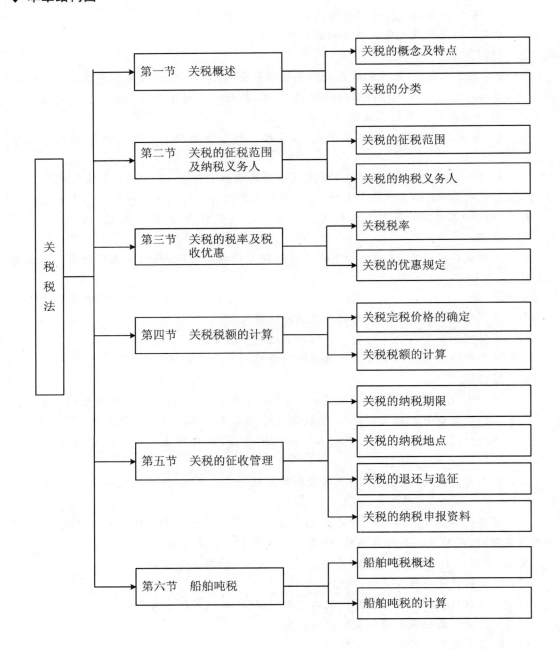

通过本章的学习,理解关税的分类、特点和作用;理解船舶吨税的概念;掌握关税和船舶吨税制度的构成要素以及应纳税额的计算;了解关税和船舶吨税的征收管理。

关税是一种古老的税种,在我国,西周时期(约公元前 11 世纪至公元前 771 年)就在边境设立关卡,《周礼·地官》中有关于"关市之征"的记载,说明关税其本意便是对进出关卡的物品征税,市税是在领地内商品聚散集市上对进出集市的商品征税。关市之征是我国关税的雏形。西方的关税最早发生在欧洲。《大英百科全书》中对海关(Customs)一词的来源解释,提到古时在商人进入市场交易时要向当地领主交纳一种例行的、常规的入市税,后来就把 Customs Duty 作为关税的英文名称。罗马帝国征服欧非亚的大片领地之后,欧洲各地区和各省之间的商业往来极其发达,在罗马王政时代,就对通过海港、道路、桥梁等的商品课税,其后关税就作为一种正式的间接税开始征收了。

第一节 关税概述

一、关税的概念及特点

(一)关税及关税法的概念

关税是海关依法对进出境的货物或物品征收的一种税。所谓"境"是指关境,又称"税境"或"关税领域",是一国《海关法》的实施领域。关境和国境是两个不同的概念,两者通常是一致的,但如果某国在国境内设立了自由港或是几个国家结成关税同盟时,就会出现关境和国境不一致的情况。

关税法是指国家制定的调整关税征收与缴纳权利义务关系的法律规范的总称。我国现行的关税基本法律规范,是全国人民代表大会于 2000 年 7 月修正颁布的《中华人民共和国海关法》,国务院于 2003 年 11 月发布的《中华人民共和国进出口关税条例》,以及由国务院关税税则委员会于 2010 年发布实施的《中华人民共和国海关进出口税则》等。

【课堂思考】4-1 请举例说明为何会形成国境与关境不一致的结果。

(二)关税的特点

关税具有一次性征收的特点,按照全国统一的税则一次性征收关税后,货物在整个关境范围内可以自由流通,不再另行征收关税。关税的征收标准是货物是否进出关境,凡是未进出关境的货物均不属于关税的征税对象。另外,关税是由海关负责征收的,海关代表国家向纳税人征收进口关税的同时,也负责代征进口增值税和消费税。

二、关税的分类

（一）按征税对象的流向分类

按关税的征税对象的流向，可以分为进口税、出口税与过境税。

进口税是一国海关对进口货物和物品所征收的关税。进口税是关税中最重要的一种，在目前大多数国家已经废止或停征出口税和过境税的前提下，进口税是唯一实质征收的关税。

出口税是一国海关对本国出口的货物和物品所征收的关税。除了少数国内稀缺的资源和产品，国家对于大多数产品都采取鼓励出口的政策，因此大多数国家都已经废止或停征出口税。

过境税是一国海关对外国经过本国国境运往另一国的货物所征收的关税。过境货物并不进入本国市场，对本国工农业生产和市场都不产生影响，因此大多数国家包括我国都不征收过境税。

（二）按计税依据分类

按关税的计税依据，可以分为从价关税、从量关税、复合关税与滑准税。

从价关税是以进口货物和物品的价格为计税依据，适用比例税率的一种关税。其特点是，进口货物和物品的价格越高，关税额就越高。

从量关税是以进口货物和物品的数量、质量、体积、容量等计量单位为计税依据，适用定额税率的一种关税。从量关税的特点是关税额不受货物和物品价格变动的影响。

复合关税是对同一种进口货物和物品混合采用从价、从量两种标准课征的一种关税。复合关税的计征手续比较繁琐，但在物价波动时，可以减少对财政收入的影响。

滑准税是根据进口货物和物品的价格由高至低而由低至高适用税率的一种特殊的从价关税。进口货物和物品的价格越高，关税税率越低；进口货物和物品的价格越低，关税税率越高。滑准税的优点是在某种商品的国际市场价格波动较大的情况下，可以保持实行滑准税的商品的国内市场价格相对稳定。

（三）按对不同来源的货物给予差别待遇分类

按对不同来源的货物给予的差别待遇，可以分为加重关税和优惠关税。

加重关税，是对某些国家输出的进口货物，因反歧视、报复或保护等原因而使用比正常税率较高的税率征收的进口关税。反倾销税、反补贴税和报复关税都属于加重关税。

优惠关税，是指对来自特定受惠国的进口货物给予优惠待遇，使用比普通税率较低的优惠税率的进口关税。优惠关税可以分为互惠关税、特惠关税、普惠关税、最惠国待遇四种形式。

第二节　关税的征税范围及纳税义务人

一、关税的征税范围

我国现行关税的征税范围包括准许进出境的货物和物品。货物是指贸易性进出口的商品；物品是指非贸易性进出口的商品，包括携带进境的物品、分离运输的行李以及以邮递或其他运输方式进出境的物品。

货物和物品适用不同的计税规则。非贸易性的行李和邮递物品进口环节的关税，与增值税、消费税合并征收，称为行邮税。

【资料链接】4-1　行邮税是海关对入境旅客行李物品和个人邮递物品(非贸易性进口物品)征收的进口税,是关税、增值税、消费税三个税种的混合体,从价计征,完税价格由海关参照该物品境外正常零售平均价格确定。自2016年4月起,行邮税税率调整为15%、30%和60%三档。并且对于跨境电子商务零售的进口商品,不再综合征收行邮税,而是按照货物分别征收关税和进口环节增值税、消费税。

【课堂思考】4-2　2016年4月行邮税的调整对"海淘"行为有何影响?

二、关税的纳税义务人

进口货物的收货人、出口货物的发货人、进出境物品的所有人,是关税的纳税义务人。进出境物品的所有人包括该物品的所有人和推定为所有人的人。一般情况下,对于携带进境的物品,推定其携带人为所有人;对分离运输的行李,推定相应的进出境旅客为所有人;对以邮递方式进境的物品,推定其收件人为所有人;以邮递或其他运输方式出境的物品,推定其寄件人或托运人为所有人。

第三节　关税的税率及税收优惠

一、关税税率

(一) 进出口税则

进出口税则是一国政府根据国家的关税政策和经济政策,通过一定的立法程序制定公布实施的进出口货物和物品的关税税目税率表。进出口税则以税率表为主体,包括商品分类目录和税率栏两部分。商品分类目录是把种类繁多的商品加以综合,按照其不同特点分门别类地简化成数量有限的商品类目,分别编号按序排列,称为税则号列。我国进出口关税的税目根据实际需要一直在进行调整,2016年我国税则税目总数由8 285个增加到8 294个。税率栏则是对应商品分类目录逐项定出的税率栏目。我国现行进口税则为四栏税率,出口税则为一栏税率。

(二) 进口关税税率

在加入WTO之后,为履行我国在加入WTO关税减让谈判中承诺的义务,自2002年1月1日起,我国进口税则设有最惠国税率、协定税率、特惠税率、普通税率、关税配额税率等税率,并且在一定期限内可以实行暂定税率。

最惠国税率适用于原产于与我国共同适用最惠国待遇条款的WTO成员方的进口货物,或原产于与我国签订有相互给予最惠国待遇条款的双边贸易协定的国家或地区的进口货物,以及原产于我国境内的进口货物。协定税率适用于原产于我国参加的含有关税优惠条款的区域性贸易协定有关缔约方的进口货物。目前我国对原产于韩国、澳大利亚、印度、斯里兰卡、孟加拉以及东盟地区等国的部分进口产品实行协定税率。特惠税率适用于原产于与我国签订有特殊优惠关税协定的国家或地区的进口货物。2016年我国继续对原产于缅甸、孟加拉、埃塞俄比亚等41个最不发达国家的部分产品实行特惠税率。普通税率适用于原产于上述国家或地区以外的国家或地区以及原产地不明的进口货物。

关税配额税率是一种对进口货物实行关税配额管理的税率,配额内的进口货物适用税率较低的配额内税率,超出配额数量的进口商品适用税率较高的配额外税率。暂定税率是指经调整后在一定期限内暂时执行的关税税率。暂定税率优先适用于特惠税率或最惠国税率,按普通税率征税的进口货物不适用暂定税率。我国现行税则主要是对小麦等农产品以及化肥产品实行关税配额管理,并且对700多个税目进口商品实行了暂定税率。

【课堂思考】4-3 对于进口商品选择适用各种关税税率的依据是什么?

(三)出口关税税率

我国和大多数国家一样,对于绝大多数商品采取鼓励出口的政策,仅对少数资源性产品及易于竞相杀价、盲目出口、需要规范出口秩序的半制成品征收出口关税,因此我国出口税则仅一栏税率,为20%~40%的比例税率。现行税则对100余种商品计征出口关税,对其中部分商品实行0~25%的暂定税率。出口暂定税率优先适用于出口税率。

(四)特别关税

根据世界贸易组织规则,在正常的进出口关税之外,我国还可实行一些特别关税,包括报复性关税、反倾销税与反补贴税、保障性关税等。

报复性关税是指为报复他国对本国出口货物的关税歧视,而对相关国家的进口货物征收的一种进口附加税。任何国家或地区如果对其进口的原产于我国的货物征收歧视性关税或者给予其他歧视性待遇的,我国可对原产于该国家或地区的进口货物征收报复性关税。

反倾销税与反补贴税是指进口国对外国的倾销商品或是得到政府补贴的商品,在征收关税的同时附加征收的一种特别关税,目的在于使进口商品的价格恢复至正常市场价格,保护本国产业。我国征收反倾销税与反补贴税的前提是商务部作出裁定,确定倾销或补贴成立,并对国内产业造成损害。

保障性关税指当有证据表明某类商品进口量剧增,对我国相关产业将造成难以补救的损害时,按照WTO有关规则,可以在与有实质利益的国家或地区进行磋商后,在一定时期内提高该项商品的进口关税或采取数量限制措施,以保护国内相关产业不受损害。

进出口货物,应当适用海关接受该货物申报进口或出口之日实施的税率征税。进口货物到达前,经海关核准先行申报的,应当按装载此货物的运输工具申报进境之日实施的税率征税。

【课堂思考】4-4 报复性关税、反倾销税与反补贴税和保障性关税有何异同?请在课下查询了解我国实施以及被实施特别关税的案例。

二、关税的优惠规定

关税的优惠规定包括法定减免税、特定减免税和临时减免税。根据《海关法》规定,除法定减免税外的其他减免税均由国务院决定。

(一)法定减免税

法定减免税是税法中明确列出的减税或免税。符合税法规定可予减免税的进出口货物,纳税义务人无需提出申请,海关可按规定直接予以减免税。

(1) 关税税额在人民币50元以下的一票货物,可予免税。
(2) 无商业价值的广告品和货样,可予免税。
(3) 外国政府、国际组织无偿赠送的物资,可予免税。
(4) 在海关放行前损失的货物,可予免税。
(5) 进出境运输工具装载的途中必需的燃料、物料和饮食用品,可予免税。

(6) 经海关核准暂时进境或者暂时出境,并在6个月内复运出境或者复运进境的货样、展览品、施工机械、工程车辆、工程船舶、供安装设备时使用的仪器和工具、电视或者电影摄制器械、盛装货物的容器以及剧团服装道具,在货物收发货人向海关缴纳相当于税款的保证金或者提供担保后,可予暂时免税。

(7) 为境外厂商加工、装配成品和为制造外销产品而进口的原材料、辅料、零件、部件、配套件和包装物料,海关按照实际加工出口的成品数量免征进口关税;或者对进口料、件先征进口关税,再按照实际加工出口的成品数量予以退税。

(8) 因故退还的中国出口货物或境外进口货物,经海关审查属实,可予免征进口或出口关税。

(9) 我国缔结或参加的国际条约规定减征、免征关税的货物、物品,可以减免关税。

(10) 法律规定减征、免征的其他货物,海关根据规定予以减免关税。

(二) 特定减免税

特定减免税,是在关税基本法规确定的法定减免之外,国家按照国际通行规则和我国实际情况,制定发布的特定或政策性的关税减免。实施特定减免政策的项目包括科教用品,残疾人专用品,扶贫、慈善性捐赠物资,加工贸易产品,边境贸易进口物资,保税区进出口货物,出口加工区进出口货物,进口设备等等。

(三) 临时减免税

临时减免税是指国务院在法定和特定减免税以外,根据《海关法》对某个单位、某类商品、某个项目或某批进出口货物的特殊情况,给予特别照顾,一案一批,专文下达的减免税。

第四节 关税税额的计算

一、关税完税价格的确定

关税完税价格是海关计征关税的依据,即进出口货物应当缴纳关税的价值,由海关以进出口货物的实际成交价格为基础审查确定。成交价格不能确定时,完税价格由海关依法估定。关税完税价格包括进口货物完税价格和出口货物完税价格。

(一) 进口货物完税价格的确定

1. 以成交价格为基础的完税价格

进口货物的完税价格包括货物的货价、货物运抵我国境内输入地点起卸前的运输及其相关费用、保险费。

货价以成交价格为基础,成交价格包括买方为满足卖方的销售条件以顺利进口该货物,向卖方支付的全部费用。比如买方负担的除购货佣金以外的佣金和经纪费,买方负担的与该货物视为一体的容器费用、包装材料和包装劳务费用,买方为了能在境内制造、使用、出版或播映而向境外卖方支付的与该货物有关的特许权使用费等等。

但是,进口货物的完税价格中不包括下列费用或价值:① 厂房、机械、设备等货物进口后的基建、安装、装配、维修和技术服务的费用;② 货物运抵境内输入地点之后的运输费用、保险费和其他相关费用;③ 进口关税及其他国内税收;④ 为在境内复制进口货物而支付的费用。

【应用训练】4-1　某公司从美国引进一条自动生产线,境外成交价格1 500万元,该生产线运抵我国输入地点起卸前的运费和保险费120万元,境内运输费用12万元。该公司另向卖方支付佣金10万元,向自己的采购代理人支付佣金10万元,并承担包装费20万元以及生产线进口后的培训费用100万元。请计算该生产线的关税完税价格。

2. 进口货物海关估价方法

对于价格不符合成交价格条件或者成交价格不能确定的进口货物,海关应当依次以相同货物成交价格方法、类似货物成交价格方法、倒扣价格方法、计算价格方法及其他合理方法确定的价格为基础,估定完税价格。

(二) 出口货物完税价格的确定

1. 以成交价格为基础的完税价格

出口货物的完税价格,由海关以该货物向境外销售的成交价格为基础审查确定,并应包括货物运至我国境内输出地点装载前的运输及其相关费用、保险费,但其中包含的出口关税税额和能单独列明的支付给境外的佣金,应当扣除。

2. 出口货物海关估价方法

出口货物的成交价格不能确定时,海关应当依次参照下列方法估定完税价格:① 同时或大约同时向同一国家或地区出口的相同货物的成交价格;② 同时或大约同时向同一国家或地区出口的类似货物的成交价格;③ 根据境内生产相同或类似货物的成本、利润和一般费用、境内发生的运输及其相关费用、保险费计算所得的价格;④ 按照合理方法估定的价格。

(三) 进出口货物完税价格中的运输及相关费用、保险费的计算

(1) 以一般陆运、空运、海运方式进口的货物,保运费计算规则如下:海运进口的算至该货物运抵境内的卸货口岸;陆运、空运进口的算至该货物运抵境内第一口岸或目的口岸。

保运费无法确定或未实际发生的,海关应当按照该货物进口同期运输行业公布的运费率(额)计算运费,按照"货价加运费"两者总额的3‰计算保险费。

【案例分析】4-1　(2013年注册会计师考试试题改编)某演出公司进口舞台设备一套,实付金额折合人民币185万元,其中包含单独列出的进口后设备安装费10万元、中介经纪费5万元;运输保险费无法确定,海关按同类货物同期同程运输费计算的运费25万元。请计算该套设备的关税完税价格。

(2) 以其他方式进口的货物。邮运进口货物,以邮费作为运输及其相关费用、保险费;以境外边境口岸价格条件成交的铁路或公路运输进口货物,按货价的1%计算运输及相关费用、保险费;作为进口货物的自驾进口的运输工具,完税价格中可以不另行计算运费。

二、关税税额的计算

(一) 从价关税应纳税额的计算

关税税额＝应税进(出)口货物数量×单位完税价格×比例税率。

(二) 从量关税应纳税额的计算

关税税额＝应税进(出)口货物数量×单位货物税额。

(三) 复合关税应纳税额的计算

关税税额＝应税进(出)口货物数量×单位货物税额＋应税进(出)口货物数量×单位完税价格×比例税率。

（四）滑准税应纳税额的计算

关税税额＝应税进（出）口货物数量×单位完税价格×滑准税税率。

【案例分析】4-2 卷烟厂是增值税一般纳税人（具有进出口经营权），2015年10月进口烟丝一批，成交价为520万元，支付境外中介机构经纪费60万元，境外运费3万元、保险费2万元，取得海关填发的相关税款缴款书。已知烟丝关税税率为40%，烟丝消费税税率为30%。请分别计算该卷烟厂进口烟丝应缴纳的关税、增值税和消费税。

【案例分析】4-3 某外贸企业从水产公司购进鳗鱼苗1 000吨，直接报关离境出口。鳗鱼苗采购价格每吨15万元，离岸价为每吨3.5万美元（当日汇率1∶6.5），假设出口关税暂定税率为10%。请计算该批鳗鱼苗应交出口关税税额。

第五节　关税的征收管理

一、关税的纳税期限

进口货物自运输工具申报进境之日起14日内，出口货物在货物运抵海关监管区后装货的24小时以前，纳税义务人应向货物进（出）境地海关申报纳税，并且自海关填发税款缴纳书之日起15日内，向指定银行缴纳税款。关税纳税义务人因不可抗力或者在国家税收政策调整的情形下，不能按期缴纳税款的，经海关批准，可以延期缴纳税款，但最长不得超过6个月。

纳税义务人未在关税缴纳期限内缴纳税款的，海关可采取征收滞纳金和强制征收等强制措施。滞纳金自关税缴纳期限届满之次日起，至纳税义务人缴纳关税之日止，按滞纳税款万分之五的比例按日征收，周末或法定节假日不予扣除。其计算公式为

$$关税滞纳金金额＝滞纳关税税额×0.5‰×滞纳天数$$

纳税义务人自海关填发缴款书之日起3个月内仍未缴纳税款，经海关关长批准，海关可以采取强制扣缴、变价抵缴等强制措施。强制扣缴即海关从纳税义务人在开户银行或其他金融机构的存款中直接扣缴税款。变价抵缴即海关将应税货物依法变卖，以变卖所得抵缴税款。

【应用训练】4-2 某公司于2015年1月10日进口一批设备，成交价格折合人民币1 000万元，含单独计价并经海关审核属实的进口后装配调试费50万元，该货物关税税率20%。海关填发税款缴纳书日期为1月11日，该公司于1月28日缴纳税款。请计算该公司应缴纳的关税滞纳金。

二、关税的纳税地点

纳税义务人申请经海关同意，可以在设有海关的指运地（起运地）办理关税的申报与缴纳手续。

三、关税的退还与追征

（一）关税退还

关税退还，是指纳税义务人按海关核定的税额缴纳关税后，因某种原因的出现，海关将

溢征关税退还给原纳税义务人的一种行政行为。

根据《海关法》规定,出现以下情形导致海关多征税款的,海关发现后应当立即退还:① 因海关误征,多纳税款的;② 海关核准免验进口的货物,在完税后,发现有短卸情形,经海关审查认可的;③ 已征出口关税的货物,因故未将其运出口,申报退关,经海关查验属实的;④ 已征出口关税的出口货物和已征进口关税的进口货物,因货物品种或规格原因原状复运进境或出境,经海关查验属实的。纳税义务人应当自缴纳税款之日起 1 年内提出关税退还申请并书面声明理由,逾期不受理。

(二)关税的补征和追征

关税的补征和追征,是指纳税义务人按海关核定的税额缴纳关税后,海关发现短征关税时,责令纳税义务人补缴所差税款的一种行政行为。其中,由于纳税义务人违反海关规定造成短征关税的,称为追征,追征期为应纳税款之日起 3 年内,并可自缴纳税款之日起按日加收短征税款万分之五的滞纳金;非因纳税人原因造成短征关税的,称为补征,补征期为缴纳税款或货物、物品放行之日起 1 年内。

四、关税的纳税申报资料

纳税人在进行进(出)口货物申报时,应当向海关提供进(出)口货物报关单、进(出)口许可证和有关单证等。海关根据税则归类和完税价格计算应纳关税和进口环节增值税、消费税后,填发税款缴款书。

(一)进(出)口货物报关单

进出口货物报关单的样式如表 4.1 和表 4.2 所示。

表 4.1 中华人民共和国海关进口货物报关单

预录入编号		海关编号		
进口口岸	备案号	进口日期		申报日期
经营单位	运输方式	运输工具名称		提运单号
收货单位	贸易方式	征免性质		征税比例
许可证号	起运国(地区)	装货港		境内目的地
批准文号	成交方式	运费	保费	杂费
合同协议号	件数	包装种类	毛重(千克)	净重(千克)
集装箱号	随附单据			用途
标记唛码及备注				
项号 商品编号 商品名称、规格型号 数量及单位 原产国(地区) 单价 总价 币值 征免				
税费征收情况				
录入员 录入单位	兹声明以上申报无讹并承当法律责任	海关审单批注及放行日期(签章)		
		审单		申价
单位地址	申报单位(签章)	征税		统计
邮编 电话	填制日期	查验		放行

表 4.2　中华人民共和国海关出口货物报关单

预录入编号　　　　　　　　　海关编号

出口口岸	备案号	出口日期	申报日期
经营单位	运输方式	运输工具名称	提运单号
发货单位	贸易方式	征免性质	结汇方式
许可证号	运抵国(地区)	指运港	境内货源地
批准文号	成交方式　运费	保费	杂费
合同协议号	件数　包装种类	毛重(千克)	净重(千克)
集装箱号	随附单据		生产厂家
标记唛码及备注			
项号　商品编号　商品名称、规格型号　数量及单位　最终目的国(地区)　单价　总价　币制　征免			
税费征收情况			
录入员　　录入单位	兹声明以上申报无讹并承当法律责任	海关审单批注及放行日期(签章)	
报关员		审单	审价
单位地址	申报单位(签章)	征税	统计
邮编　　　电话　　　填制日期		查验	放行

(二)关税专用缴款书

纳税人应当自海关填发税款缴款书之日起 15 日内向指定银行缴纳税款。关税专用缴款书样式如表 4.3 所示。

表 4.3　海关进(出)口关税专用缴款书

收入系统:海关系统　　　　填发日期:　年　月　日

收款单位	收入机关	中央金库	缴款单位(人)	名称	
	科目	预算级次		账号	
	收款国库			开户银行	
税号	货物名称	数量	单位	完税价格(¥)	税率%	税款金额(¥)

金额人民币(大写)　万　仟　佰　拾　元　角　分	合计(¥)	
申请单位编号　　　报关单编号	填制单位	收款国库(银行)
合同(批文)号　　　运输工具(号)		
缴款期限　　　　　提/装货号	制单人	
注　一般征税		业务公章
国际代码	复核人单证专用章	

第六节 船舶吨税

一、船舶吨税概述

船舶吨税简称"吨税",是海关代为在设关口岸对进出中国国境的船舶征收的用于港口和海上干线公用航标建设维护的一种行为税。我国船舶吨税的基本法律依据是2012年1月1日起施行的《中华人民共和国船舶吨税暂行条例》。

(一)纳税人及征税范围

自中华人民共和国境外港口进入境内港口的船舶,都应当缴纳船舶吨税。纳税人是拥有或租有进出中国港口的国际航行船舶的单位和个人。

(二)税率

船舶吨税税率分为优惠税率和普通税率两种。中华人民共和国国籍的应税船舶,以及船籍国与我国签订有相互给予船舶税费最惠国待遇条款的条约或协定的应税船舶,适用优惠税率。其他应税船舶适用普通税率。如表4.4所示。

表4.4 船舶吨税税目税率表

税 目 (按船舶净吨位划分)	税率(元/净吨)						备 注
	普通税率 (按执照期限划分)			优惠税率 (按执照期限划分)			
	1年	90日	30日	1年	90日	30日	
不超过2 000净吨	12.6	4.2	2.1	9.0	3.0	1.5	拖船和非机动驳船分别按相同净吨位船舶税率的50%计征税款
超过2 000净吨,但不超过10 000净吨	24.0	8.0	4.0	17.4	5.8	2.9	
超过10 000净吨,但不超过50 000净吨	27.6	9.2	4.6	19.8	6.6	3.3	
超过50 000净吨	31.8	10.6	5.3	22.8	7.6	3.8	

(三)税收优惠

1. 享受免税优惠的船舶

① 应纳税额在人民币50元以下的船舶;② 自境外以购买、受赠、继承等方式取得船舶所有权的初次进口到港的空载船舶;③ 吨税执照期满后24小时内不上下客货的船舶;④ 非机动船舶;⑤ 捕捞、养殖渔船;⑥ 避难、防疫隔离、修理、终止运营或者拆解,并不上下客货的船舶;⑦ 军队、武装警察部队专用或者征用的船舶;⑧ 依照法律规定应当予以免税的外国驻华使领馆、国际组织驻华代表机构及其有关人员的船舶。

2. 享受延期优惠的船舶

① 避难、防疫隔离、修理,并不上下客货;② 军队、武装警察部队征用。应税船舶发生以上情形的,可以向海关申请按实际发生天数延长吨税执照期限。

二、船舶吨税的计算

船舶吨税适用定额税率,应纳税额按照船舶净吨位乘以适用税率计算。净吨位,是指由船籍国政府授权签发的船舶吨位证明书上标明的净吨位。税率根据纳税人自行选择的执照期限确定适用。其计算公式为

$$应纳税额 = 船舶净吨位 \times 定额税率$$

【案例分析】4-4 2016年3月20日,船籍国为某与我国签有相互给予船舶税费最惠国待遇的一艘货轮驶入我国港口,该货轮净吨位为20 000吨,货轮负责人向我国海关领取了期限为90天的吨税执照。请计算该货轮应缴纳的船舶吨税。

◆ **内容提要**

关税是海关依法对进出境的货物或物品征收的一种税。根据征税对象的流向,可以将关税分为进口税、出口税与过境税。进口关税是我国最重要的一种关税。

关税的征税范围包括准许进出境的货物和物品。进口货物的收货人、出口货物的发货人、进出境物品的所有人,是关税的纳税义务人。

进出口税则以税率表为主体,包括商品分类目录和税率栏两部分。

我国进口税则设有最惠国税率、协定税率、特惠税率、普通税率、关税配额税率等税率,并且在一定期限内可以实行暂定税率。出口税则仅一栏比例税率。

关税税额的计算方法有从价定率、从量定额、复合计税和滑准计税四种。

◆ **关键词**

进口关税　出口关税　货物　物品　进出口税则　最惠国税率　关税完税价格　滑准税　反倾销税与反补贴税　船舶吨税

◆ **练习题**

一、单项选择题

1. 把关税分为优惠关税和加重关税的标准是(　　)。
   A. 征税对象　　　B. 征税标准　　　C. 保护形式和程度　　D. 差别待遇
2. 对原产于与我国共同适用最惠国待遇条款的WTO成员方的进口货物,或原产于与我国签订有相互给予最惠国待遇条款的双边贸易协定的国家或地区的进口货物,以及原产于我国境内的进口货物,采用的税率为(　　)。
   A. 最惠国税率　　B. 协定税率　　　C. 定额税率　　　　　D. 优惠税率
3. 下列进口货物中,可以同时免征进口关税、增值税的是(　　)。
   A. 科研机构不以营利为目的,直接用于科学研究的进口货物
   B. 进口的残疾人个人专用品
   C. 境外捐赠人无偿捐赠给我国各级政府,直接用于扶贫事业的进口物资
   D. 康复机构直接进口的残疾人专用品
4. 进口货物关税完税价格是指货物的(　　)。
   A. 成交价格为基础的完税价格　　　　B. 到岸价格为基础的成交价格
   C. 组成计税价格　　　　　　　　　　D. 实际支付金额
5. 进口货物的保险费应计入进口的完税价格中,但陆、空、海运进口货物的保险费无法确定时,可按"货运加运费"之和的(　　)计算保险费。

A. 0.1% B. 3% C. 0.3% D. 0.5%

6. 下列项目中不属于进口关税完税价格组成部分的是（   ）。
   A. 货物价款
   B. 由买方负担的包装材料和包装劳务费
   C. 进口环节增值税
   D. 买方向中介机构支付的经纪费

7. 某外贸企业收购一批货物出口，离岸价6万美元（汇率1：6.5），关税税率20%，该批货物应纳出口关税为（   ）。
   A. 6.5万元 B. 8.3万元 C. 9.5万元 D. 10万元

8. 某公司从国外进口一批设备共40台，每台货价6 000元人民币，该批设备运抵我国大连港起卸前的包装、运输和保险费用共计50 000元，假设该设备进口关税税率为30%。该公司应纳关税为（   ）元。
   A. 88 131 B. 87 000 C. 87 565 D. 86 000

9. 进口货物关税申报时间为（   ）。
   A. 进口货物自运输工具申报进境7日内
   B. 进口货物自运输工具申报进境14日内
   C. 进口货物自运输工具申报进境15日内
   D. 进口货物自运输工具申报进境5日内

10. 进出口货物，因纳税义务人违反海关规定而造成少征或者漏征关税的，海关可以（   ）追征。
    A. 在1年内 B. 在3年内 C. 在10年内 D. 无限期

二、多项选择题

1. 差别关税是保护一国产业所采取的特别手段。下列属于差别关税的有（   ）。
   A. 加重关税 B. 优惠关税 C. 反倾销关税 D. 报复关税

2. 我国关税的纳税人包括（   ）。
   A. 进口货物的收货人
   B. 出口货物的发货人
   C. 进出境货物的所有人
   D. 进出口货物的代理人

3. 下列出口货物完税价格确定方法中，符合法律规定的有（   ）。
   A. 海关依法估价确定的完税价格
   B. 以成交价格为基础确定的完税价格
   C. 根据境内生产类似货物的成本、利润和费用计算出的价格
   D. 以相同或类似的进口货物在境内销售价格为基础估定的完税价格

4. 下列各项中，可以适用退税规定的有（   ）。
   A. 因海关误征，多缴纳税款的
   B. 海关核准免验进口的货物，在完税后发现有短缺的
   C. 已征收出口关税的货物，因故未装运出口的
   D. 已征收出口关税的货物，因故发生退货的

5. 以成交价格为基础审查确定进口货物的关税完税价格时，买方负担的下列费用，应当计入完税价格的有（   ）。
   A. 购货佣金
   B. 购货佣金以外的其他佣金
   C. 包装材料费用
   D. 与该货物视为一体的容器费用

6. 以下免征船舶吨税的有（   ）。

A. 应纳税额在人民币 50 元以下的船舶
B. 自境外以购买、受赠、继承等方式取得船舶所有权的初次进口到港的载货船舶
C. 吨税执照期满后 24 小时内上下客货的船舶
D. 军队、武装警察部队专用或者征用的船舶

7. 关税的强制执行措施有(　　)。
A. 处以应纳关税 1～5 倍的罚款
B. 征收滞纳金
C. 变价拍卖抵税
D. 强制扣缴

8. 以下关于关税税率的陈述中,正确的有(　　)。
A. 进出口税则是根据国家关税政策和经济政策,通过一定的立法程序制定公布实施的关税税率表
B. 进出口税则以税率表为主体,通常还包括实施税则的法令、使用税则的有关说明和附录等
C. 税率表包括税则商品分类目录和税率栏两部分
D. 原产地不明的进口货物,不能适用普通税率

三、简答题

1. 什么是关税？我国关税制度有何特点？
2. 一般进口货物的完税价格是如何确定的？
3. 什么是加重关税与优惠关税？分别在什么情形下适用？
4. 进口关税和进口环节的增值税、消费税在计算方法上有什么关联？

四、计算题

1. 某进出口公司从日本进口货物一批,货物以离岸价格成交,成交价折合人民币为 158 万元,(包括单独计价并经海关审查属实的向境外采购代理人支付的买方佣金为 5 万元,但不包括因使用该货物而向境外支付的软件费 20 万元,向卖方支付的佣金 10 万元),另支付货物运抵我国上海港的运费、保险费等 17 万元。(该货物适用的关税税率为 10%,增值税 17%,消费税税率为 20%。)

请分别计算该公司应纳关税、消费税和增值税。

2. 某进出口公司 2016 年 3 月从 A 国进口一批材料,货价 180 万元,买方支付购货佣金 5 万元,运抵我国输入地点起卸前运费及保险费 10 万元;从 B 国进口一台设备,货价 10 万元,境外运费和保险费 3 万元,与设备有关的特许权使用费 3 万元,海关于 3 月 15 日填发税款缴纳证,由于该公司资金紧张,仅按时缴纳了设备的进口关税,至 4 月 11 日才缴清材料的进口关税。(材料的进口关税税率为 10%,设备的进口关税税率为 20%。)

请计算该公司应纳的进口关税及滞纳金合计数。

3. 有进出口经营权的某外贸公司,2015 年 10 月经有关部门批准从境外进口小轿车 30 辆,每辆小轿车货价 12 万元,运抵我国海关前发生运输费用 50 万元,保险费用无法确定。该公司向海关缴纳了相关税款,并取得完税凭证。后公司委托运输公司将小轿车从海关运回本单位,取得运输公司(增值税一般纳税人)开具的货物运输业增值税专用发票注明运输费用 6 万元。当月售出 24 辆小轿车,每辆取得含税销售额 40.95 万元,公司自用 2 辆并作为本企业固定资产。(已知小轿车关税税率 60%、增值税税率 17%、消费税税率 8%。)

要求：
(1) 计算小轿车在进口环节应缴纳的关税、消费税和增值税；
(2) 计算国内销售环节 10 月份应缴纳的增值税。

第五章　城市维护建设税及教育费附加税法

◆ **本章结构图**

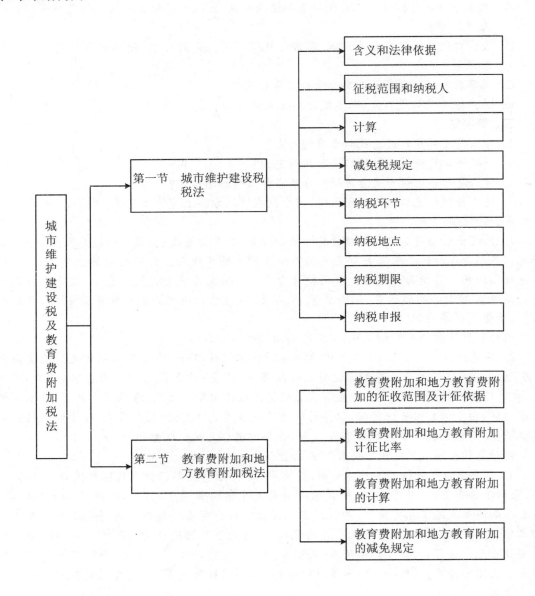

通过本章的学习,了解城市维护建设税、教育费附加的含义;理解城市维护建设税的税制要素;掌握城市维护建设税应纳税额以及应交教育费附加的计算。

城市维护建设税法,是指国家制定的用以调整城市维护建设税征收与缴纳权利及义务关系的法律规范。现行城市维护建设税的基本规范,是1985年2月8日国务院发布并于同年1月1日实施的《中华人民共和国城市维护建设税暂行条例》(简称《城市维护建设税暂行条例》)。

城市维护建设税是对从事工商经营,缴纳增值税、消费税的单位和个人征收的一种税。新中国成立以来,我国城市建设和维护在不同时期都取得了较大成绩,但国家在城市建设方面一直资金不足。1979年以前,我国用于城市维护建设的资金来源由当时的工商税附加、城市公用事业附加和国家下拨城市维护费组成。1985年2月8日国务院正式颁布了《城市维护建设税暂行条例》,并于1985年1月1日在全国范围内施行。

教育费附加是为加快地方教育事业,扩大地方教育经费的资金而征收的一项专用基金。1984年,国务院颁布了《关于筹措农村学校办学经费的通知》,开征了农村教育事业经费附加。1985年,中共中央作出了《关于教育体制改革的决定》,指出必须在国家增拨教育基本建设投资和教育经费的同时,充分调动企、事业单位和其他各种社会力量办学的积极性,开辟多种渠道筹措经费。为此,国务院于1986年4月28日颁布了《征收教育费附加的暂行规定》,决定从同年7月1日开始在全国范围内征收教育费附加。自2006年9月1日起施行的《中华人民共和国教育法》规定,税务机关依法足额征收教育费附加,由教育行政部门统筹管理,主要用于实施义务教育。省、自治区、直辖市人民政府根据国务院的有关规定,可以决定开征用于教育的地方附加费,专款专用。2010年财政部下发了《关于统一地方教育附加政策有关问题的通知》,对各省、市、自治区的地方教育费附加进行了统一。

第一节 城市维护建设税税法

一、含义和法律依据

城市维护建设税是对从事工商经营并实际缴纳增值税和消费税的单位和个人征收的一种税。其特点如下:

(1)附加税性质,本身没有独立的税制要素。纳税人、纳税对象、纳税义务时间、纳税期限和纳税地点都不是独立的。

(2)特定目的,税款收入由地方人民政府安排,专门用于城镇公用事业和公共设施的维护、建设,属于地方附加税性质。

二、征税范围和纳税人

凡缴纳增值税、营业税和消费税的单位和个人,都是城市维护建设税的纳税义务人(以下简称纳税人),都应当依照法律的规定缴纳城市维护建设税。纳税人包括企业、事业单位、军事单位、社会团体、个体工商户和其他个人,但不包括外商投资企业和外国企业,也不包括进口货物的单位和个人。

三、计算

(一) 计税依据

纳税人实际缴纳的增值税和消费税的税额。纳税人因违反增值税和消费税有关税法而加收的滞纳金和罚款,不包括在计税依据内,但纳税人在被查补增值税和消费税和被处以罚款时,应同时对其城市维护建设税进行补税、征收滞纳金和罚款。

(二) 税率

税率为三档地区差别比例税率。

基本规定:纳税人所在地在市区的,税率为7%;纳税人所在地在县城、镇的,税率为5%;纳税人所在地不在市区、县城或镇的,税率为1%。

(1) 由受托方代扣代缴或代收代缴的增值税和消费税,城建税由受托方缴纳,适用税率为托方所在地税率。

(2) 无固定纳税地点的在经营地缴纳增值税和消费税的纳税人,城建税适用税率为经营地税率。

(3) 县政府设在城市市区,其在市区设立的企业,按照市区规定税率计算纳税。

(4) 纳税人所在地为工矿区的,应根据工矿区所属行政区划适用的税率计算纳税。

应纳税额=(实际缴纳的增值税税额+实际缴纳的消费税税额)×适用税率

【应用训练】5-1 A市区某企业为增值税一般纳税人。2016年6月份实际缴纳增值税300 000元,缴纳消费税400 000元。因故被加收滞纳金2 100元。已知城建税适用税率7%。计算该企业8月份应缴纳的城建税税额。

【应用训练】5-2 某企业3月份销售应税货物缴纳增值税34万元、消费税12万元、土地增值税4万元。已知该企业所在地使用的城市维护建设税税率为7%。该企业3月份应缴纳的城市维护建设税税额为( )万元。

A. 4.20   B. 3.92   C. 3.22   D. 2.38

四、减免税规定

(1) 城市维护建设税按减免后实缴的增值税和消费税税额计征,增值税和消费税要免征或减征,城市维护建设税同时减免。

(2) 对增值税和消费税实行先征后返、先征后退、即征即退办法的,除另有规定外,对随增值税和消费税附征的城市维护建设税,一律不予退(返)还。

(3) 2014年12月31日前对广东核电投资有限公司销售给广东电网公司的电力实行增值税先征后退政策,并免征城建税和教育附加。

(4) 对出口产品不退还已缴纳的城市维护建设税,对进口货物不征收城建税。

(5) 为支持国家重大水利工程建设,对国家重大水利工程建设基金免征城市维护建设税。

五、纳税环节

城市维护建设税的纳税环节,是指《城市维护建设税暂行条例》规定的纳税人应当缴纳城市维护建设税的环节。城市维护建设税的纳税环节,实际就是纳税人缴纳增值税和消费税的环节。纳税人只要发生增值税和消费税的纳税义务,就要在同样的环节,分别计算缴纳城市维护建设税。

六、纳税地点

城市维护建设税以纳税人实际缴纳的增值税、消费税税额为计税依据,分别与增值税和消费税同时缴纳。所以,纳税人缴纳增值税和消费税的地点,就是该纳税人缴纳城市维护建设税的地点。但是,属于下列情况的,纳税地点为:

(1) 代扣代缴、代收代缴增值税和消费税的单位和个人,同时也是城市维护建设税的代扣代缴、代收代缴义务人,其城建税的纳税地点在代扣代收地。

(2) 跨省开采的油田,在油井所在地缴纳增值税,同时一并缴纳城建税。

(3) 对管道局输油部分的收入,由取得收入的各管道局于所在地缴纳营业税,城建税也一并缴纳。

(4) 对流动经营等无固定纳税地点的单位和个人,应随同增值税和消费税在经营地按适用税率缴纳。

七、纳税期限

由于城市维护建设税是由纳税人缴纳增值税和消费税时同时缴纳的,所以其纳税期限分别与增值税和消费税的纳税期限一致。根据增值税法和消费税法规定,增值税、消费税的纳税期限分别为 1 日、3 日、5 日、10 日、15 日或者 1 个月;增值税、消费税的纳税人的具体纳税期限,由主管税务机关根据纳税人应纳税额大小分别核定;不能按照固定期限纳税的,可以按次纳税。

八、纳税申报

《城市维护建设税纳税申报表》如表 5.1 所示。

表 5.1　城市维护建设税纳税申报表

填表日期:　　年　月　日

纳税人识别号:□□□□□□□□□□□□□□□　　　　　　金额单位:元(列至角分)

纳税人名称				税款所属时期	
计税依据	计税依据	税率	应纳税额	已纳税额	应补(退)税额
1	2	3	4=2*3	5	6=4-5
增值税					
消费税					
合计					

如纳税人填报，由纳税人填写以下各栏		如委托代理人申报，由代理人填写以下各栏		备注
会计主管（签章）	纳税人（公章）	代理人名称	代理人（公章）	
		代理人地址		
		经办人	电话	
以下由税务机关填写				
收到申报表日期			接收人	

第二节 教育费附加和地方教育附加

教育费附加和地方教育费附加是对缴纳增值税和消费税的单位和个人，就其实际缴纳的税额为计算依据征收的一种附加费。

一、教育费附加和地方教育费附加的征收范围及计征依据

教育费附加和地方教育附加对缴纳增值税和消费税的单位和个人征收，以其实际缴纳的增值税和消费税为计征依据，分别与增值税和消费税同时缴纳。

自2010年12月1日起，对外商投资企业、外国企业及外籍个人（简称"外资企业"）征收教育费附加。对外资企业2010年12月1日（含）之后发生纳税义务的增值税和消费税征收教育费附加；对外资企业2010年12月1日之前发生纳税义务的增值税和消费税，不征收教育费附加。后各省又陆续开征了地方教育附加。

二、教育费附加和地方教育附加计征比率

按照1994年2月7日《国务院关于教育费附加征收问题的紧急通知》的规定，现行教育费附加征收比率为3%，地方教育附加征收率统一为2%。

三、教育费附加和地方教育附加的计算

教育费附加和地方教育附加的计算公式为：
应纳教育费附加或地方教育附加＝实际缴纳的增值税和消费税×征收比率（3%或2%）

【应用训练】5-3 安徽省合肥市一家企业2016年5月实际缴纳增值税300 000元，交纳消费税400 000元。计算该企业应缴纳的教育费附加和地方教育附加。

四、教育费附加和地方教育附加的减免规定

（1）对海关进口的产品征收的增值税、消费税，不征收教育费附加。

（2）对由于减免增值税和消费税而发生退税的，可同时退还已征收的教育费附加。但

对出口产品退还增值税、消费税的,不退还已征的教育费附加。

(3) 对国家重大水利工程建设基金免征教育费附加。

◆ 内容提要

城市维护建设税是对从事工商经营并实际缴纳增值税和消费税的单位和个人征收的一种税。

教育费附加和地方教育费附加是对缴纳增值税和消费税的单位和个人,就其实际缴纳的税额为计算依据征收的一种附加费。

◆ 关键词

城市维护建设税　附加税　教育费附加　地方教育附加

◆ 练习题

一、简答题

1. 附加税的特点是什么?
2. 城市维护建设税有哪些特点?
3. 城市维护建设税有哪些作用?
4. 教育费附加和地方教育附加是如何征收的?

二、单项选择题

1. 下列纳税人中,同时也是城市维护建设税的纳税人的是(　　)。

    A. 房产税的纳税人　　　　　　　B. 增值税的纳税人
    C. 企业所得税的纳税人　　　　　D. 个人所得税的纳税人

2. 根据城市维护建设税法的规定,下列各项中,属于城市维护建设税的计税依据的是(　　)。

    A. 纳税人当期实际缴纳的增值税税额　　B. 纳税人当期缴纳的资源税税额
    C. 纳税人因增值税查补而加收的滞纳金　D. 纳税人因消费税查补而加收的罚款

3. 位于县城的甲企业 2015 年 5 月实际缴纳增值税 380 万元(其中包括进口环节增值税 50 万元)、消费税 530 万元(其中包括由位于市区的乙企业代收代缴的消费税 30 万元)。则甲企业本月应向所在县城税务机关缴纳的城市维护建设税为(　　)。

    A. 40 万元　　　　B. 44.5 万元　　　　C. 42.50 万元　　　　D. 41.5 万元

4. 流动经营等无固定纳税地点的单位和个人,在经营地缴纳"三税"的,其城市维护建设税税率按(　　)执行。

    A. 7%税率　　　　B. 5%税率　　　　C. 居住地适用税率　　　D. 经营地适用税率

5. 下列关于城市维护建设税的说法中,不正确的有(　　)。

    A. 对出口产品退还增值税的,不退还已缴纳的城市维护建设税
    B. 免征增值税、消费税的同时免征城市维护建设税
    C. 纳税人违反增值税、消费税的规定而被加收的滞纳金应计入城市维护建设税的计税依据
    D. 纳税人被查补增值税、消费税时应同时对查补的增值税、消费税补缴城市维护建设税

6. 下列情况中,需要缴纳城市维护建设税的有(　　)。

    A. 外商投资企业 2015 年 11 月缴纳的消费税

B. 外商投资企业2015年11月缴纳的消费税滞纳金
C. 某内资企业2016年2月进口货物由海关代征的增值税
D. 某服务性内资企业2016年6月直接免征的增值税

7. 某生产企业生产销售服装,某月取得的销售收入应缴纳的税费不包括( )。
   A. 增值税　　　　B. 消费税　　　　C. 城市维护建设税　　D. 教育费附加

8. 下列关于城市维护建设税的说法中,正确的是( )。
   A. 某企业出口家具退还增值税后,还应退还城市维护建设税
   B. 某企业进口重型设备,海关代征增值税,应同时代征城市维护建设税
   C. 某外商投资企业生产销售货物并缴纳了增值税,需同时缴纳城市维护建设税
   D. 某企业享受增值税先征后返的税收优惠政策,城市维护建设税应同时先征后返

三、多项选择题

1. 下列各项中,应作为城市维护建设税计税依据的有( )。
   A. 纳税人应交纳的增值税税额
   B. 纳税人应缴纳的消费税税额
   C. 经税务局审批的当期免抵增值税税额
   D. 缴纳的进口产品增值税税额

2. 下列各项中,属于城市维护建设税计税依据的有( )。
   A. 偷逃消费税而被查补的税款
   B. 出口货物免抵的增值税税额
   C. 偷逃增值税而被查补的税款
   D. 出口产品征收的增值税税额和关税税额

3. 下列属于城市维护建设税的特点的有( )。
   A. 属于附加税　　　　　　　　B. 根据城市规模设计不同的定额税
   C. 补充城市维护建设资金的不足　　D. 税款专款专用

4. 关于教育费附加的正确表述有( )。
   A. 对海关进口的产品征收增值税、消费税,但不征收教育费附加
   B. 教育费征收附加比率按照地区差别设定
   C. 外资企业需要缴纳教育费附加
   D. 出口产品退还增值税、消费税的,同时退还已征收的教育费附加

5. 属于城市维护建设税纳税人的有( )。
   A. 外国企业　　　B. 集体企业　　　C. 国有企业　　　D. 外籍个人

6. 下列关于教育费附加的内容中说法正确的有( )。
   A. 教育费附加是以实际缴纳的增值税为计税依据征收的一种附加费
   B. 对由于减免增值税而发生退税的,可同时退还已征收的教育费附加
   C. 教育费附加的征收比率为3%
   D. 进口产品征收的消费税、增值税,不征收教育费附加

四、计算题

1. 位于某市甲地板厂为外商投资企业,2015年8月份进购一批木材,取得增值税发票注明不含税价格850 000元,当月委托位于县城的乙工厂加工成实木地板,支付不含税加工费100 000元。乙工厂11月份交付50%实木地板,12月份完工交付剩余部分。已知实木地

板消费税税率为5%,计算乙工厂12月应代收代缴城市维护建设税。

2. 位于市区的某内资生产企业为增值税一般纳税人,经营内销与出口业务。2016年7月实际缴纳增值税41万元,出口货物免抵税额3万元,进口货物缴纳增值税20万元、消费税31万元。计算该企业7月份应缴纳的城市维护建设税和教育费附加。

3. 境内某市区A重型设备销售公司是增值税一般纳税人,按月申报缴纳增值税和消费税,2016年5月因计算失误漏计设备销售取得的含税销售额117 000元,2016年6月23日自行发现并实施补税,计算:(1)该公司应补缴的增值税及滞纳金;(2)该公司应补缴的城市维护建设税及滞纳金;(3)该公司应补缴的教育费附加和地方教育附加。

第六章 资源税和土地增值税税法

◆ 本章结构图

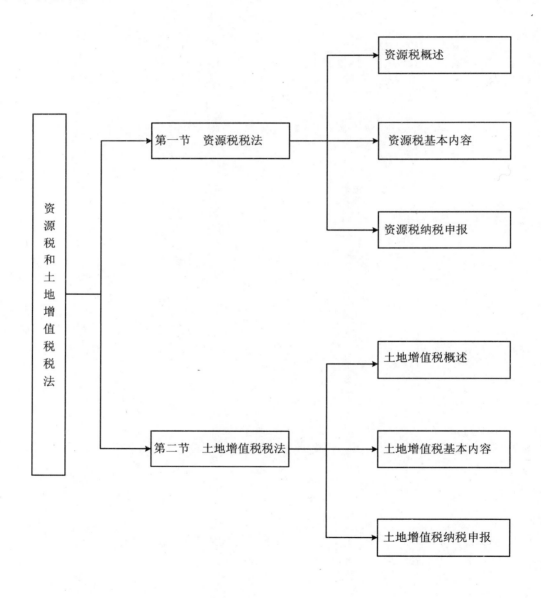

通过本章的学习,了解资源税的概念;理解资源税的纳税人、征税范围、税目与税率;掌握资源税的计税依据和应纳税额计算;熟悉资源税的税收优惠、税收征管、纳税申报;关注资源税改革的最新动态;了解土地增值税的概念;理解土地增值税的征收范围、纳税人、税率;掌握土地增值税的计税依据和应纳税额计算;熟悉土地增值税的税收优惠、税收征管、纳税申报。

由于全球化资源枯竭、环境恶化等问题越来越严重,特别是资源的不合理开采利用导致环境破坏加剧,各国选择开征资源税并积极研究资源税的改革,主要目的是保护资源,促进合理开发利用,减少环境污染。发达国家1970年代开始调整税收政策,资源税由收益型转向绿色生态型。从实践来看,提高资源利用效率、保护环境目前是各国设置资源税的最主要目标。

我国自1984年开征资源税到1994年资源税制改革,进行了不少调整,但基本属于微调。自1994年第一次资源税大调整到2006年以来,主要目的在于扩大征税范围,改变计税依据,提高征收额。资源税改革十年磨一剑,2016年7月1日起,我国全面推进资源税改革,改革的主要内容是清费立税、全面实施从价计征改革,并逐步扩大资源税征收范围。特别是此次资源税改革在征税范围上的突破,将在促进资源节约集约利用和生态环境保护等方面起到非常重要的作用。

土地增值税是对有偿转让国有土地使用权及地上的建筑物和其他附着物等产权的单位和个人,依据其所得收入征收的一种税。开征土地增值税有利于加强政府对房地产开发和房地产交易市场的调控力度,有利于抑制炒买炒卖土地获取暴利的投机行为,有利于规范国家参与土地增值收益的分配方式,增加国家财政收入。

第一节 资源税税法

一、资源税概述

资源税,是对在中华人民共和国领域及管辖海域开采《中华人民共和国资源税暂行条例》中规定的矿产品或者生产盐的单位和个人课征的一种税。我国自开征资源税时,就兼顾受益原则、公平原则和效率原则,遵循"谁受益、谁缴税","普遍征收、级差调节","有效开采、节约资源"的基本要求。资源税征收的基本目的在于促进对我国自然资源的合理、有效的开发与利用;创造企业之间公平竞争的外部条件;发挥为国家筹集财政资金的作用。

资源税法是以特定自然资源为课征对象,用以调整国家与特定单位和个人之间的资源税征收与缴纳的权利及义务关系的法律规范。我国现行资源税的法律规范,是2011年9月

30日国务院修改的《中华人民共和国资源税暂行条例》(以下简称《条例》)和同年11月28日财政部、国家税务总局颁布的《中华人民共和国资源税暂行条例实施细则》(以下简称《实施细则》)。之后,财政部、国家税务总局陆续发布关于岩金矿石等、原油天然气、煤炭资源等有关政策的调整通知。2014年11月2日,国家税务总局发布关于修订《资源税纳税申报表》的公告。特别是2016年5月9日,财政部、国家税务总局发布财税〔2016〕53号、54号、55号文件,分别是《关于全面推进资源税改革的通知》《水资源税改革试点暂行办法》《关于资源税改革具体政策问题的通知》,这标志着资源税改革在我国全面推行。

由于本书编写时我国尚处于资源税改革阶段,最新的资源税暂行条例还未颁布,因此本章的基本内容以资源税改革的一系列最新文件规定为主体,之前2011年的资源税暂行条例和实施细则作为补充。

二、资源税基本内容

(一) 纳税人与征税范围

1. 纳税人

资源税的纳税义务人,简称纳税人,是指在中华人民共和国领域及管辖海域开采或者生产应税产品的单位和个人。其中,单位是指企业、行政单位、事业单位、军事单位、社会团体及其他单位;个人是指个体工商户和其他个人。其他单位和其他个人,是指外商投资企业、外国企业和外籍人员。

需要注意的是,资源税是对在属于我国境内生产或开采应税资源的单位或个人征收,而对进口应税资源产品的单位或个人不征资源税。资源税是对开采或生产应税资源进行销售或自用的单位和个人,在出厂销售或移作自用时一次性征收,属于价内税。资源税纳税人不仅包括符合规定的中国企业和个人,还包括外商投资企业、外国企业和外籍人员,即其他单位和其他个人。

2. 征税范围

我国资源税于1984年开始征收,征收对象为在我国境内从事原油、天然气、煤炭等矿产资源开采的单位和个人。1994年国务院颁布了资源税暂行条例,确定了普遍征收、从量定额计征方法。随后经国务院批准,以2011年9月30日颁布《国务院关于修改〈中华人民共和国资源税暂行条例〉的决定》起,先后对原油、天然气、煤炭、稀土、钨、钼6个品目资源税实施了从价计征改革,并全面清理相关收费基金。

2016年5月9日颁布的《财政部 国家税务总局关于全面推进资源税改革的通知》中,指出我国资源税改革的主要目标是通过全面实施清费立税、从价计征改革,理顺资源税费关系,建立规范公平、调控合理、征管高效的资源税制度,有效发挥其组织收入、调控经济、促进资源节约集约利用和生态环境保护的作用。其中,资源税征税范围的主要变化有:

(1) 开展水资源税改革试点工作。鉴于取用水资源涉及面广、情况复杂,为确保改革平稳有序实施,先在河北省开展水资源税试点。河北省开征水资源税试点工作,采取水资源费改税方式,将地表水和地下水纳入征税范围,实行从量定额计征,对高耗水行业、超计划用水以及在地下水超采地区取用地下水,适当提高税额标准,正常生产生活用水维持原有负担水平不变。在总结试点经验基础上,财政部、国家税务总局将选择其他地区逐步扩大试点范围,条件成熟后在全国推开。

(2) 逐步将其他自然资源纳入征收范围。鉴于森林、草场、滩涂等资源在各地区的市场开发利用情况不尽相同,对其全面开征资源税条件尚不成熟,此次改革不在全国范围统一规定对森林、草场、滩涂等资源征税。各省、自治区、直辖市(以下统称省级)人民政府可以结合本地实际,根据森林、草场、滩涂等资源开发利用情况提出征收资源税的具体方案建议,报国务院批准后实施。

【课堂思考】6-1　总结我国资源税征税范围的变化路径,并思考改革后,资源税的征收范围会有哪些变化?

(二) 税目与税率

1. 税目

目前,我国暂行的2011年资源税《条例》和《实施细则》中所列税目包括七大类,每一类税目下又包含若干子目,主要税目规定如下:

(1) 原油,是指开采的天然原油,不包括人造石油。
(2) 天然气,是指专门开采或者与原油同时开采的天然气。
(3) 煤炭,是指原煤,不包括洗煤、选煤及其他煤炭制品。
(4) 其他非金属矿原矿,是指上列产品和井矿盐以外的非金属矿原矿。
(5) 黑色金属矿原矿,包括铁矿石、锰矿石和铬矿石。
(6) 有色金属矿原矿,包括铜矿石、铅锌矿石、铝土矿石等。
(7) 盐,包括固体盐和液体盐。固体盐是指海盐原盐、湖盐原盐和井矿盐;液体盐,又称卤水,是指氯化钠含量达到一定浓度的溶液。

纳税人在开采主矿产品的过程中伴采的其他应税矿产品,凡未单独规定适用税额的,一律按主矿产品或视同主矿产品税目征收资源税。未列举名称的其他非金属矿原矿和其他有色金属矿原矿,由省、自治区、直辖市人民政府决定征收或暂缓征收资源税,并报财政部和国家税务总局备案。

2016年资源税改革通知文件中指出,要扩大资源税征税范围,一方面是开展水资源税改革试点工作;另一方面是逐步将其他自然资源纳入征收范围。因此,随着资源税征税范围的扩大,资源税税目也将随之增加。

2. 税率

资源税的税率,是根据具体税目对应的税额幅度来确定适用的标准,资源税则分别以应税产品的销售额乘以具体适用的标准或者以应税产品的销售数量乘以具体适用的标准计算得来。11年修订的资源税条例中资源税税目税率如表6.1。

表 6.1　资源税税目税率表

序号	税目		税率
1	原油		销售额的 6%~10%
2	天然气		销售额的 6%~10%
3	煤炭		销售额的 2%~10%
4	其他非金属矿原矿	普通非金属矿原矿	每吨或每立方米 0.5~20 元
5		贵重非金属矿原矿	每千克或每克拉 0.5~20 元
6	黑色金属矿原矿		每吨 2~30 元

续表

序号	税目		税率
7	有色金属原矿	稀土矿	每吨 0.4~60 元
8		其他有色金属原矿	每吨 0.4~30 元
9	盐	固体盐	每吨 10~60 元
10		液体盐	每吨 2~10 元

【资料链接】6-1 2016 年 5 月 9 日,财政部、国家税务总局发布的《关于全面推进资源税改革的通知》中,给出较为具体的资源税税目税率幅度表,如表 6.2 所示。

表 6.2 资源税税目税率幅度表

序号	税 目		征税对象	税率幅度
1	金属矿	铁矿	精矿	1%~6%
2		金矿	金锭	1%~4%
3		铜矿	精矿	2%~8%
4		铝土矿	原矿	3%~9%
5		铅锌矿	精矿	2%~6%
6		镍矿	精矿	2%~6%
7		锡矿	精矿	2%~6%
8		未列举名称的其他金属矿产品	原矿或精矿	税率不超过 20%
9	非金属矿	石墨	精矿	3%~10%
10		硅藻土	精矿	1%~6%
11		高岭土	原矿	1%~6%
12		萤石	精矿	1%~6%
13		石灰石	原矿	1%~6%
14		硫铁矿	精矿	1%~6%
15		磷矿	原矿	3%~8%
16		氯化钾	精矿	3%~8%
17		硫酸钾	精矿	6%~12%
18		井矿盐	氯化钠初级产品	1%~6%
19		湖盐	氯化钠初级产品	1%~6%
20		提取地下卤水晒制的盐	氯化钠初级产品	3%~15%
21		煤层(成)气	原矿	1%~2%
22		黏土、砂石	原矿	每吨或立方米 0.1 元~5 元
23		未列举名称的其他非金属矿产品	原矿或精矿	从量税率每吨或立方米不超过 30 元;从价税率不超过 20%
24		海盐	氯化钠初级产品	1%~5%

说明:

1. 对《资源税税目税率幅度表》中列举名称的资源品目,由省级人民政府在规定的税率幅度内提出具体适用税率建议,报财政部、国家税务总局确定核准。

2. 对未列举名称的其他金属和非金属矿产品,由省级人民政府根据实际情况确定具体税目和适用税率,报财政部、国家税务总局备案。

3. 省级人民政府在提出和确定适用税率时,要结合当前矿产企业实际生产经营情况,遵循改革前后税费平移原则,充分考虑企业负担能力。

4. 各省级人民政府应当按《改革通知》要求提出或确定本地区资源税适用税率。测算具体适用税率时,要充分考虑本地区资源禀赋、企业承受能力和清理收费基金等因素,按照改革前后税费平移原则,以近几年企业缴纳资源税、矿产资源补偿费金额(铁矿石开采企业缴纳资源税金额按40%税额标准测算)和矿产品市场价格水平为依据确定。一个矿种原则上设定一档税率,少数资源条件差异较大的矿种可按不同资源条件、不同地区设定两档税率。

(资料来源:财政部、国家税务总局.关于全面推进资源税改革的通知.2016-05-09)

(三)计税依据与应纳税额

1. 计税依据

资源税的计税依据为应税产品的销售额或销售量,即从价计征和从量计征。资源税改革全面推行从价计征,已先后对原油、天然气、煤炭、稀土、钨、钼6个品目实施从价计征改革,2016年资源税改革的一项重要内容就是实施矿产资源税从价计征改革。具体内容如下:

(1)对《资源税税目税率幅度表》(见【资料链接】6-1)中列举名称的21种资源品目和未列举名称的其他金属矿实行从价计征,计税依据由原矿销售量调整为原矿、精矿(或原矿加工品)、氯化钠初级产品或金锭的销售额。列举名称的21种资源品目包括:铁矿、金矿、铜矿、铝土矿、铅锌矿、镍矿、锡矿、石墨、硅藻土、高岭土、萤石、石灰石、硫铁矿、磷矿、氯化钾、硫酸钾、井矿盐、湖盐、提取地下卤水晒制的盐、煤层(成)气、海盐。

对经营分散、多为现金交易且难以管控的黏土、砂石,按照便利征管原则,仍实行从量定额计征。

(2)对《资源税税目税率幅度表》中未列举名称的其他非金属矿产品,按照从价计征为主、从量计征为辅的原则,由省级人民政府确定计征方式。

(3)资源税各税目的征税对象包括原矿、精矿(或原矿加工品,下同)、金锭、氯化钠初级产品,具体按照《财政部 国家税务总局关于全面推进资源税改革的通知》所附《资源税税目税率幅度表》相关规定执行。对未列举名称的其他矿产品,省级人民政府可对本地区主要矿产品按矿种设定税目,对其余矿产品按类别设定税目,并按其销售的主要形态(如原矿、精矿)确定征税对象。

① 关于销售额的认定

销售额是指纳税人销售应税产品向购买方收取的全部价款和价外费用,不包括增值税销项税额和运杂费用。

运杂费用是指应税产品从坑口或洗选(加工)地到车站、码头或购买方指定地点的运输费用、建设基金以及随运销产生的装卸、仓储、港杂费用。运杂费用应与销售额分别核算,凡未取得相应凭据或不能与销售额分别核算的,应当一并计征资源税。

② 关于原矿销售额与精矿销售额的换算或折算

为公平原矿与精矿之间的税负,对同一种应税产品,征税对象为精矿的,纳税人销售原矿时,应将原矿销售额换算为精矿销售额缴纳资源税;征税对象为原矿的,纳税人销售自采原矿加工的精矿,应将精矿销售额折算为原矿销售额缴纳资源税。换算比或折算率原则上应通过原矿售价、精矿售价和选矿比计算,也可通过原矿销售额、加工环节平均成本和利润计算。

金矿以标准金锭为征税对象,纳税人销售金原矿、金精矿的,应比照上述规定将其销售额换算为金锭销售额缴纳资源税。

换算比或折算率应按简便可行、公平合理的原则,由省级财税部门确定,并报财政部、国家税务总局备案。

【课堂思考】6-2　我国为什么全面推行资源税从价计征改革？

【资料链接】6-2

煤炭资源税从价计征改革

为促进资源节约集约利用和环境保护,推动转变经济发展方式,规范资源税费制度,经国务院批准,自2014年12月1日起在全国范围内实施煤炭资源税从价计征改革,同时清理相关收费基金。

1. 关于计征方法

煤炭资源税实行从价定率计征。煤炭应税产品(以下简称应税煤炭)包括原煤和以未税原煤加工的洗选煤(以下简称洗选煤)。应纳税额的计算公式如下:

$$应纳税额 = 应税煤炭销售额 \times 适用税率$$

2. 关于应税煤炭销售额

应税煤炭销售额依照《中华人民共和国资源税暂行条例实施细则》第五条和本通知的有关规定确定。

(1) 纳税人开采原煤直接对外销售的,以原煤销售额作为应税煤炭销售额计算缴纳资源税。

$$原煤应纳税额 = 原煤销售额 \times 适用税率$$

原煤销售额不含从坑口到车站、码头等的运输费用。

(2) 纳税人将其开采的原煤,自用于连续生产洗选煤的,在原煤移送使用环节不缴纳资源税;自用于其他方面的,视同销售原煤,依照《中华人民共和国资源税暂行条例实施细则》第七条和本通知的有关规定确定销售额,计算缴纳资源税。

(3) 纳税人将其开采的原煤加工为洗选煤销售的,以洗选煤销售额乘以折算率作为应税煤炭销售额计算缴纳资源税。

$$洗选煤应纳税额 = 洗选煤销售额 \times 折算率 \times 适用税率$$

洗选煤销售额包括洗选副产品的销售额,不包括洗选煤从洗选煤厂到车站、码头等的运输费用。

折算率可通过洗选煤销售额扣除洗选环节成本、利润计算,也可通过洗选煤市场价格与其所用同类原煤市场价格的差额及综合回收率计算。折算率由省、自治区、直辖市财税部门或其授权地市级财税部门确定。

(4) 纳税人将其开采的原煤加工为洗选煤自用的,视同销售洗选煤,依照《中华人民共和国资源税暂行条例实施细则》第七条和本通知有关规定确定销售额,计算缴纳资源税。

(资料来源:财政部、国家税务总局关于实施煤炭资源税改革的通知,2014-10-09.)

2. 应纳税额

资源税的应纳税额，按照从价计征或者从量计征的办法，分别以应税产品的销售额乘以纳税人具体适用的比例税率或以应税产品的销售量乘以纳税人具体适用的定额税率计算。

（1）从价计征的应纳税额计算

实行从价计征的应税产品的应纳税额，根据应税产品的销售额和适用的税率计算得出，具体公式为

$$应纳税额＝销售额\times税率$$

（2）从量计征的应纳税额计算

实行从量计征的应税产品的应纳税额，根据应税产品的销售量和适用的定额税率（单位税额）计算得出，具体公式为

$$应纳税额＝销售量\times定额税率（单位税额）$$

【案例分析】6-1 某油田2016年1月共计开采原油8 000吨，当月销售原油6 000吨，取得销售收入（不含增值税）1 800万元，同时还向购买方收取违约金23 400元，储备费5 850元。已知销售原油的资源税税率为6％，则该油田1月应缴纳的资源税为(　　)。

A. 1 080 000元　　　B. 1 080 300元　　　C. 1 081 200元　　　D. 1 081 500元

（四）税收优惠

在"普遍征收、级差调整"征收原则指导下，资源税征收规定以下减税或者免税项目：

（1）开采原油过程中用于加热、修井的原油免税。

（2）纳税人开采或者生产应税产品过程中，因意外事故或者自然灾害等原因遭受重大损失的，由省、自治区、直辖市人民政府酌情决定减税或者免税。

（3）铁矿石资源税减按40％征收。

（4）尾矿再利用不征收资源税。

（5）对地面抽采煤层气（煤矿瓦斯）暂不征收资源税。

（6）油气减征资源税项目：

① 油田范围内运输稠油过程中用于加热的原油、天然气，免征资源税；

② 对稠油、高凝油和高含硫天然气资源税减征40％；

③ 对三次采油资源税减征30％；

④ 对低丰度油气田资源税暂减征20％；

⑤ 对深水油气田资源税减征30％。

（7）煤炭减征资源税项目：

① 对衰竭期煤矿开采的煤炭，资源税减征30％；

② 对充填开采置换出来的煤炭，资源税减征50％。

同时，资源税规定，由于对进口应税资源产品不征收资源税，相应地对出口应税产品也不免征或退还已纳的资源税，因而出口的应税资源产品并不享受类似出口增值税应税货物所享受的出口退（免）税政策。纳税人的减免税项目，应当单独核算课税数量；未单独核算或者不能准确提供课税数量的，不予减税或者免税。

（8）2016年资源税改革后，新增资源税优惠政策及处理规定有：

① 对依法在建筑物下、铁路下、水体下通过充填开采方式采出的矿产资源，资源税减征50％。

充填开采是指随着回采工作面的推进,向采空区或离层带等空间充填废石、尾矿、废渣、建筑废料以及专用充填合格材料等采出矿产品的开采方法。

② 对实际开采年限在 15 年以上的衰竭期矿山开采的矿产资源,资源税减征 30%。

衰竭期矿山是指剩余可采储量下降到原设计可采储量的 20%(含)以下或剩余服务年限不超过 5 年的矿山,以开采企业下属的单个矿山为单位确定。

③ 对鼓励利用的低品位矿、废石、尾矿、废渣、废水、废气等提取的矿产品,由省级人民政府根据实际情况确定是否给予减税或免税。

④ 关于共伴生矿产的征免税的处理。为促进共伴生矿的综合利用,纳税人开采销售共伴生矿,共伴生矿与主矿产品销售额分开核算的,对共伴生矿暂不计征资源税;没有分开核算的,共伴生矿按主矿产品的税目和适用税率计征资源税。财政部、国家税务总局另有规定的,从其规定。

三、资源税纳税申报

(一) 征收管理

资源税在应税产品的销售或自用环节计算缴纳。以自采原矿加工精矿产品的,在原矿移送使用时不缴纳资源税,在精矿销售或自用时缴纳资源税。

纳税人以自采原矿加工金锭的,在金锭销售或自用时缴纳资源税。纳税人销售自采原矿或者自采原矿加工的金精矿、粗金,在原矿或者金精矿、粗金销售时缴纳资源税,在移送使用时不缴纳资源税。

以应税产品投资、分配、抵债、赠与、以物易物等,视同销售,依照有关规定计算缴纳资源税。

1. 纳税义务发生时间

资源税纳税义务发生时间具体规定如下:

(1) 纳税人销售应税产品,其纳税义务发生时间是:

① 纳税人采取分期收款结算方式的,其纳税义务发生时间,为销售合同规定的收款日期的当天;

② 纳税人采取预收货款结算方式的,其纳税义务发生时间,为发出应税产品的当天;

③ 纳税人采取其他结算方式的,其纳税义务发生时间,为收讫销售款或者取得索取销售款凭据的当天。

(2) 纳税人自产自用应税产品的纳税义务发生时间,为移送使用应税产品的当天。

(3) 扣缴义务人代扣代缴税款的纳税义务发生时间,为支付货款的当天。

2. 纳税期限

纳税期限是指纳税人发生纳税义务后缴纳税款的期限。资源税的纳税期限为 1 日、3 日、5 日、10 日、15 日或者一个月,由税务机关根据实际情况具体核定。不能按固定期限计算纳税的,可以按次计算纳税。

纳税人以一个月为一期纳税的,自期满之日起 10 日内申报纳税;以 1 日、3 日、5 日、10 日或者 15 日为一起纳税的,自期满之日起 5 日内预缴税款,于次月 1 日起 10 日内申报纳税并结清上月税款。

3. 纳税地点

纳税人应当向矿产品的开采地或盐的生产地缴纳资源税。纳税人在本省、自治区、直辖

市范围开采或者生产应税产品,其纳税地点需要调整的,由省级地方税务机关决定。具体要求如下:

(1) 凡是缴纳资源税的纳税人,都应当向应税产品开采或者生产地主管税务机关缴纳。

(2) 如果纳税人应纳的资源税属于跨省开采,其下属生产单位与核算单位不在同一省、自治区、直辖市的,对其开采的矿产品一律在开采地纳税。

(3) 扣缴义务人代扣代缴的资源税,也应当向收购地主管税务机关缴纳。

4. 其他纳税事项

(1) 纳税人用已纳资源税的应税产品进一步加工应税产品销售的,不再缴纳资源税。纳税人以未税产品和已税产品混合销售或者混合加工为应税产品销售的,应当准确核算已税产品的购进金额,在计算加工后的应税产品销售额时,准予扣减已税产品的购进金额;未分别核算的,一并计算缴纳资源税。

(2) 纳税人在 2016 年 7 月 1 日前开采原矿或以自采原矿加工精矿,在 2016 年 7 月 1 日后销售的,按本通知规定缴纳资源税;2016 年 7 月 1 日前签订的销售应税产品的合同,在 2016 年 7 月 1 日后收讫销售款或者取得索取销售款凭据的,按本通知规定缴纳资源税;在 2016 年 7 月 1 日后销售的精矿(或金锭),其所用原矿(或金精矿)如已按从量定额的计征方式缴纳了资源税,并与应税精矿(或金锭)分别核算的,不再缴纳资源税。

(3) 对在 2016 年 7 月 1 日前已按原矿销量缴纳过资源税的尾矿、废渣、废水、废石、废气等实行再利用,从中提取的矿产品,不再缴纳资源税。

(二)申报实务

为适应税制改革,2014 年 11 月 2 日,国家税务总局统一修订了《资源税纳税申报表》,形成了《资源税纳税申报表》(一)、(二),并予以发布,规定自 2014 年 12 月 1 日起施行。纳税申报表具体格式及填表要求如表 6.3、表 6.4 所示。

【应用训练】6-1 煤炭资源税自 2014 年 12 月 1 日起实行从价计征,并采用了折算率方法来计征洗选煤的应纳资源税额。为适应税制改革,税务总局统一修订了《资源税纳税申报表》,并将其分为表一和表二。请思考,为什么要修订成两张申报表?新修订的申报表有哪些变化?纳税实务中,如何填写资源税申报表?

【资料链接】6-3

对资源税扩围改革的展望

尽管目前资源税扩大征税范围的改革方向得以明确,但全面完成资源税扩围改革任务还任重道远。水资源费改税的改革试点工作需要有一定的时间,有条件的地区对森林资源、草原资源和滩涂等其他自然资源制定具体征收办法也需要进行相关研究和探索。

按照国内税收立法的进程,资源税在相关改革结束后也面临着统一制定资源税法的要求。由于不同的自然资源的属性不同,征收对象的性质存在差别,在进行资源税制度设计上也存在着一定的差别,这些问题也都有待在今后的改革中加以解决和完善。

可以看到,资源税改革在全面推进后将形成对矿产(包括盐)、水、森林、草原和滩涂等其他自然资源征收的情况。可以说,我国这种针对多种自然资源征收的资源税制度在国际上也属于创新之举。期望国内通过资源税制度的逐步改革,最终形成既统一又具备地方特色的资源税制度,并为国际资源税制度的发展做出贡献。

(资料来源:对资源税扩围改革的展望[N].中国财经报,2016-05-31)

表6.3 资源税纳税申报表(一)
（按从价定率办法计算应纳税额的纳税人适用）

税款所属期限：自　年　月　日至　年　月　日

填表日期：　年　月　日　　　　　　　　　　　　　　　　　金额单位：元至分角

纳税人识别号：□□□□□□□□□□□□□□□

栏次	征收品目	征收子目	销售量	销售额	折算率	适用税率或实际征收率	本期应纳税额	减征比例	本期减免税额	减免性质代码	本期已纳税额	本期应补（退）税额
	1	2	3	4	5	6	7	8	9=7×8	10	11	12=7−9−11
合计												

以下由纳税人填写

纳税人声明	此纳税申报表是根据《中华人民共和国资源税暂行条例》及其《实施细则》的规定填报的，是真实的、可靠的、完整的。
纳税人签章	代理人签章　　　　　　代理人身份证号

以下由税务机关填写

受理人	受理日期	年　月　日	受理税务机关签章

本表一式两份，一份纳税人留存，一份税务机关留存。

填表说明：

1. 本表适用于资源税纳税人填报（国家税务总局另有规定者除外）。

2. "纳税人识别号"是纳税人在办理税务登记时由主管税务机关确定的税务编码。

3. 煤炭的征收品目是指财税〔2014〕72号通知规定的原煤和洗选煤，征收子目按适用不同的折算率和不同的减免性质代码，将原煤和洗选煤这两个税目细化，分行填列。其他从价计征的征收品目是指资源税实施细则规定的税目，征收子目是同一税目下属的子目。

4. "销售量"包括视同销售应税产品的自用数量。煤炭、原油的销售量，按吨填报；天然气的销售量，按千立方米填报。原油、天然气应纳税额=油气总销售额×实际征收率。

5. 原煤应纳税额=原煤销售额×适用税率；洗选煤应纳税额=洗选煤销售额×折算率×适用税率。2014年12月1日后销售的洗选煤，其所用原煤如果此前已按从量定额办法缴纳了资源税，这部分已缴税款可在其应纳税额中抵扣。

6. "减免性质代码"，按照国家税务总局制定下发的最新《减免性质及分类表》中的最细项减免性质代码填报。如有免税项目，"减征比例"按100%填报。

表6.4 资源税纳税申报表(二)

(按从量定额办法计算应纳税额的纳税人适用)

税款所属期限:自 年 月 日至 年 月 日

填表日期: 年 月 日　　　　　　　　　　　　　　　　　　金额单位:元至角分

纳税人识别号:□□□□□□□□□□□□□□□

栏次	征收品目	征收子目	计税单位	销售量	单位税额	本期应纳税额	本期减免销量	本期减免税额	减免性质代码	本期已缴税额	本期应补(退)税额
	1	2	3	4	5	6=4×5	7	8	9	10	11=6-8-10
合计											

以下由纳税人填写

纳税人声明	此纳税申报表是根据《中华人民共和国资源税暂行条例》及其《实施细则》的规定填报的,是真实的、可靠的、完整的。
纳税人签章	代理人签章　　　　　　代理人身份证号

以下由税务机关填写

受理人	受理日期 年 月 日	受理税务机关签章

本表一式两份,一份纳税人留存,一份税务机关留存。

填表说明:

1. 本表适用于资源税纳税人填报(国家税务总局另有规定者除外)。

2. "纳税人识别号"是纳税人在办理税务登记时由主管税务机关确定的税务编码。

3. 征收品目是指资源税实施细则规定的税目,征收子目是同一税目下属的子目。

4. "计税单位"是指资源税实施细则所附"资源税税目税率明细表"所规定的计税单位。"销售量"包括视同销售应税产品的自用数量。

5. "本期减免销量"是指"本期减免税额"对应的应税产品减免销售量。

"减免性质代码",按照国家税务总局制定下发的最新《减免性质及分类表》中的最细项减免性质代码填报。

【应用训练】6-2 2016年5月9日,财政部、国家税务总局颁布了《关于全面推进资源税改革的通知》和《水资源税改革试点暂行办法》等政策文件,明确自2016年7月1日起全面推进资源税改革,其中包括在河北省开展水资源税改革试点工作,并逐步将森林、草场、滩涂等其他自然资源纳入征收范围。相对于从价计征等已实施过的改革内容,扩大征收范围是我国资源税全面改革迈出的突破性一步。

查询资源税改革相关资料,结合实践调研,分析我国开展对水资源(或者森林、草场、滩涂等,选择其一进行分析即可)征收资源税的可行性,并撰写可行性分析报告。

第二节 土地增值税税法

一、土地增值税概述

土地增值税,是对转让国有土地使用权、地上的建筑物及其附着物(以下简称转让房地产)的单位和个人,就其所取得收入的土地增值额征收的一种税。其中,所取得收入包括转让房地产的全部价款及有关的经济收益。土地增值税征收的基本目的是为了规范土地、房地产市场交易秩序,合理调节土地增值收益,增加财政收入,维护国家权益。

土地资源税法是以特定土地资源为课征对象,用以调整国家与特定单位和个人之间的土地增值税征收与缴纳的权利及义务关系的法律规范。我国现行土地资源税的法律规范,是1993年12月13日国务院颁布的《中华人民共和国土地增值税暂行条例》和1995年1月27日财政部颁布的《中华人民共和国土地增值税暂行条例实施细则》以及财政部、国家税务总局陆续颁发的一系列规范性文件。

二、土地增值税基本内容

(一)征税范围

土地增值税是对有偿转让房地产等并取得收入的土地增值额征税,其征税范围判断的三个标准分别是:一是转让的土地使用权必须是国家所有;二是产权必须发生转让;三是必须取得转让收入。

1. 一般规定

(1)土地增值税只对转让国有土地使用权的行为课税,转让非国有土地和出让国有土地的行为均不征税。

(2)土地增值税既对转让土地使用权课税,也对转让地上建筑物和其他附着物的产权征税。

(3)土地增值税只对有偿转让的房地产征税,对以继承、赠与等方式无偿转让的房地产,则不予征税。

不征土地增值税的房地产赠与行为包括以下两种情况:

(1)房产所有人、土地使用权所有人将房屋产权、土地使用权赠与直系亲属或承担直接赡养义务人的行为。

(2)房产所有人、土地使用权所有人通过中国境内非营利的社会团体、国家机关将房屋产权、土地使用权赠与教育、民政和其他社会福利、公益事业的行为。

2. 具体规定

土地增值税征税范围的具体事项及征收规定如表 6.5 所示。

表 6.5 土地增值税征税范围的具体规定

具体事项	征收规定
合作建房	建成后自用,暂免
	建成后转让,征收
房地产交换	交换取得收入,征收
	个人之间互换自有居住用房,核实免征
房地产抵押	抵押期不征
	抵押期满,不能偿还债务,房地产抵债,征税
房地产出租	不征
房地产投资、联营	作价入股,暂免
	再转让,征收
企业兼并转让房地产	暂免
房地产评估增值	不征
国家收回国有土地使用权、征用地上建筑物及附着物	免征
代建房行为	不征
土地使用者转让、抵押、置换土地	征税

（二）纳税人

土地增值税的纳税人,是指转让国有土地使用权、地上的建筑物及其附着物并取得收入的单位和个人。其中,单位,是指各类企业单位、事业单位、国家机关和社会团体及其他组织;个人,包括个体经营者。

土地增值税纳税人的特点是不论法人还是自然人,不论中国公民还是外籍人员,不论企业的经济性质,不论何种部门,只要有偿转让房地产,都是土地增值税的纳税人。

（三）税率

土地增值税实行四级超率累进税率：
（1）增值额未超过扣除项目金额50%的部分,税率为30%；
（2）增值额超过扣除项目金额50%、未超过扣除项目金额100%的部分,税率为40%；
（3）增值额超过扣除项目金额100%、未超过扣除项目金额200%的部分,税率为50%；
（4）增值额超过扣除项目金额200%的部分,税率为60%。

土地增值税的四级超率累进税率见表6.6。

表 6.6 土地增值税累进税率表

级次	增值额占扣除项目金额比例	税率(%)	速算扣除率(%)
1	50%(含)以下	30	0
2	50%～100%(含)	40	5
3	100%～200%(含)	50	15
4	200%以上	60	35

(四) 计税依据

土地增值税的计税依据为纳税人转让房地产所取得收入的土地增值额，即转让房地产所取得的收入减去规定的扣除项目金额后的余额。计算公式为

$$土地增值额 = 转让房地产取得的收入 - 法定扣除项目金额$$

1. 收入金额的确定

转让房地产取得的收入，包括转让房地产的全部价款和有关经济利益。从收入的形式来看，包括货币收入、实物收入和其他收入。土地增值税纳税人转让房地产取得的收入为不含增值税收入。免征增值税，取得的收入不扣减增值税额。

2. 扣除项目金额的确定

（1）取得土地使用权所支付的金额（土地出让金、土地转让金以及办理相关手续按规定缴纳的登记、过户手续费和税金等）。

（2）房地产开发成本

① 土地征用及拆迁补偿费；

② 前期工程费；

③ 建筑安装工程费；

④ 基础设施费；

⑤ 公共配套设施费；

⑥ 开发间接费用。

（3）房地产开发费用，指与房地产开发项目有关的销售费用、管理费用和财务费用。三项费用的扣除金额的规定：若能按房地产项目单独计算分摊利息支出且能提供金融机构证明的，利息费用可据实扣除（不超过商业银行同期同类贷款利率计算的金额），三项费用的扣除金额为：据实扣除的利息＋(取得土地使用权所支付的金额＋房地产开发成本)×5%；若不能按房地产项目单独计算分摊利息支出或不能提供金融机构证明的，三项费用的扣除金额为(取得土地使用权所支付的金额＋房地产开发成本)×10%。

（4）与转让房地产有关的税金，包括房地产转让过程中缴纳的城建税、教育费附加和印花税，还包括不允许在销项税额中计算抵扣的增值税进项税额。

（5）财政部规定的其他扣除项目，即对专门从事房地产开发的纳税人，可按取得的土地使用权所支付的金额与土地和新建房及配套设施的成本之和，加计20%的扣除。

（6）旧房及建筑物的评估价格，是指在转让已使用的房屋及建筑物时，由政府批准设立的房地产评估机构评定的重置成本价乘以成新度折扣率后的价格，即

$$评估价格 = 重置成本价 \times 成新度折扣率$$

评估价格的相关规定：当纳税人有隐瞒、虚报房地产成交价格等下列行为之一时，应对房地产进行评估，并以评估价格来确定计税依据，具体如表6.7。

【资料链接】6-4 2016年4月25日，国家税务总局颁布财税〔2016〕43号文件《关于营改增后契税 房产税 土地增值税 个人所得税计税依据问题的通知》中，规定土地增值税纳税人转让房地产取得的收入为不含增值税收入。

《中华人民共和国土地增值税暂行条例》等规定的土地增值税扣除项目涉及的增值税进项税额，允许在销项税额中计算抵扣的，不计入扣除项目，不允许在销项税额中计算抵扣的，可以计入扣除项目。

表 6.7　房地产评估价格

具体行为	计税依据的特殊规定
隐瞒、虚报房地产成交价格的	评估价格
提供扣除项目金额不实的	重置成本价乘以房屋的成新度
转让房地产的成交价格低于房地产评估价格，又无正当理由的	市场交易价
非直接销售和自用房地产，即：房地产开发企业将开发产品用于职工福利、奖励、对外投资、分配给股东或投资人、抵偿债务、换取其他单位和个人的非货币性资产等，发生所有权转移时应视同销售房地产。	按本企业在同一地区、同一年度销售的同类房地产的平均价格；由主管税务机关参照当地当年同类房地产的市场价格或评估价值确定

（五）应纳税额计算

1. 计算公式

土地增值税是按照纳税人转让房地产所取得收入的土地增值额和规定的税率计算征收的，计算公式为：

$$土地增值额 = 转让房地产的总收入 - 扣除项目金额$$

$$应纳税额 = 土地增值额 \times 适用税率$$

$$应纳税额 = \sum (每级距的土地增值额 \times 适用税率)$$

该方法需要分段计算、汇总合计，计算过程比较繁杂。因此，在实际工作中，计算土地增值税税额，可按增值额乘以适用的税率减去扣除项目金额乘以速算扣除系数的简便方法计算，一般参照土地增值税累进税率表（见表 6.5），根据税率表中的速算扣除率，计算公式如下：

$$应纳税额 = 土地增值额 \times 适用税率 - 扣除项目金额 \times 速算扣除率$$

2. 计算步骤

土地增值税应纳税额的计算步骤如下：

第一步：确定转让房地产的收入

第二步：确定扣除项目金额

（1）转让新建房

考虑五大扣除项目：① 支付的地价款；② 房地产开发成本；③ 房地产开发费用；④ 与转让房地产有关的税金；⑤ 加计扣除项目（适用于房地产开发企业）。

（2）转让旧房

考虑三个扣除项目：① 支付的地价款；② 旧房及建筑物的评估价格；③ 与转让房地产有关的税金。

第三步：计算土地增值额

第四步：计算土地增值额与扣除项目的比率，找出适用税率

第五步：计算应纳税额

计算应纳税额的公式为

$$应纳税额 = 土地增值额 \times 适用税率 - 扣除项目金额 \times 速算扣除率$$

（六）税收优惠

土地增值税的减、免税的具体规定：

1. 建造普通标准住宅的税收优惠

纳税人建造普通标准住宅出售，增值额未超过扣除项目金额20%的，免征土地增值税。如果超过20%的，应就其全部增值额按规定计税。普通标准住宅，是指按所在地一般民用住宅标准建造的居住用住宅。高级公寓、别墅、度假村等不属于普通标准住宅。普通标准住宅与其他住宅的具体划分界限由各省、自治区、直辖市人民政府规定。

2. 其他情况的税收优惠

（1）因国家建设的需要而被政府征用、收回的房地产，免征土地增值税；

（2）因城市规划、国家建设需要而搬迁由纳税人自行转让原房地产的，免征土地增值税；

（3）对企事业单位、社会团体以及其他组织转让旧房作为公租房房源，且增值额未超过扣除项目金额20%的，免征土地增值税。

三、土地增值税纳税申报

（一）征收管理

1. 纳税义务发生时间

纳税人应在转让房地产合同签订后的七日内，到房地产所在地主管税务机关办理纳税申报，并向税务机关提交房屋及建筑物产权、土地使用权证书，土地转让、房产买卖合同，房地产评估报告及其他与转让房地产有关的资料。

纳税人因经常发生房地产转让而难以在每次转让后申报的，经税务机关审核同意后，可以定期进行纳税申报，具体期限由税务机关根据情况确定。

2. 纳税地点

土地增值税的纳税人应向房地产所在地主管税务机关办理纳税申报，并按照税务机关核定的税额及规定的期限缴纳土地增值税。房地产所在地，是指房地产的坐落地。纳税人转让房地产坐落在两个或两个以上地区的，应按房地产所在地分别申报纳税。

在实际工作中，纳税地点的确定具体有以下两种情况：

（1）纳税人是法人的，当转让的房地产坐落地与其机构所在地或经营所在地一致时，在办理税务登记的原管辖税务机关申报纳税；如果转让的房地产坐落地与其机构所在地或经营所在地不一致时，在房地产坐落地所管辖的税务机关申报纳税。

（2）纳税人是自然人的，当转让的房地产坐落地与其居住所在地一致时，在住所所在地税务机关申报纳税；当转让的房地产坐落地与其居住所在地不一致时，在办理过户手续所在地的税务机关申报纳税。

（二）纳税实务

纳税人应在转让房地产合同签订后的七日内，到房地产所在地主管税务机关办理纳税申报，并向税务机关提供与房地产转让相关资料。国家税务总局规定，纳税人必须按照税法的有关规定，向房地产所在地主管税务机关如实填写和申报转让房地产所取得收入、扣除项目金额以及应纳土地增值税税额，并按期缴纳税款。

1995年5月17日，国家税务总局制定并发布《土地增值税纳税申报表》，包括《土地增值税纳税申报表（一）》和《土地增值税纳税申报表（二）》，分别适用于从事房地产开发纳税人和从事房地产开发纳税人。为加强土地增值税规范化管理,国家税务总局决定修订土地增值税纳税申报表,于2016年7月7日发布《关于修订土地增值税纳税申报表的通知》(税总函〔2016〕309号)。最新《土地增值税纳税申报表》(修订版)包括以下内容:

(1) 土地增值税项目登记表(从事房地产开发的纳税人适用)。
(2) 土地增值税纳税申报表(一)(从事房地产开发的纳税人预征适用)。
(3) 土地增值税纳税申报表(二)(从事房地产开发的纳税人清算适用)。
(4) 土地增值税纳税申报表(三)(非从事房地产开发的纳税人适用)。
(5) 土地增值税纳税申报表(四)(从事房地产开发的纳税人清算后尾盘销售适用)。
(6) 清算后尾盘销售土地增值税扣除项目明细表。
(7) 土地增值税纳税申报表(五)(从事房地产开发的纳税人清算方式为核定征收适用)。
(8) 土地增值税纳税申报表(六)(纳税人整体转让在建工程适用)。
(9) 土地增值税纳税申报表(七)(非从事房地产开发的纳税人核定征收适用)。

主要申报表示例如表 6.8～表 6.10。

【案例分析】6-2 2015年5月,某市税务机关拟对辖区内某房地产开发公司开发的房产项目进行土地增值税清算。该房地产开发公司提供该房产开发项目的资料如下:

(1) 2013年3月以8 000万元拍得用于该房地产开发项目的一宗土地,并缴纳契税(税率5%);因闲置1年,支付土地闲置费400万元。

(2) 2014年5月开始动工建设,发生开发成本5 000万元;银行贷款凭证显示利息支出1 000万元。

(3) 2015年6月项目已销售可售建筑面积的88%,共计取得收入22 000万元。

(4) 公司已按照3%的预征率预缴了土地增值税600万元,并聘请税务中介机构对该项目土地增值税进行审核鉴证。税务中介机构提供了鉴证报告。(其他相关资料:当地适用的契税税率为5%,省级政府规定其他开发费用的扣除比例为5%。)

要求:根据上述资料,按照下列序号计算回答问题(如有计算,需计算出合计数)。

(1) 简述税务机关要求该公司进行土地增值税清算的理由。
(2) 计算该公司清算土地增值税时允许扣除的土地使用权支付金额。
(3) 计算该公司清算土地增值税时补缴的土地增值税。
(4) 税务机关能否对清算补缴的土地增值税征收滞纳金,并说明理由。
(5) 税务机关在什么条件下可以采信由税务中介机构出具的鉴证报告。

表6.8 土地增值税项目登记表
（从事房地产开发的纳税人适用）

纳税人识别号： 　　　　纳税人名称： 　　　　填表日期： 年 月 日

金额单位：元至角分 　　　　　　　　　　　　　　面积单位：平方米

项目名称		项目地址		业别	
经济性质		主管部门			
开户银行		银行账号			
地　　址		邮政编码		电话	
土地使用权受让(行政划拨)合同号			受让(行政划拨)时间		
建设项目起讫时间		总预算成本		单位预算成本	
项目详细坐落地点					
开发土地总面积		开发建筑总面积		房地产转让合同名称	
转让次序	转让土地面积（按次填写）	转让建筑面积(按次填写)		转让合同签订日期(按次填写)	
第1次					
第2次					
……					
备　　注					

以下由纳税人填写：

纳税人声明	此纳税申报表是根据《中华人民共和国土地增值税暂行条例》及其实施细则和国家有关税收规定填报的，是真实的、可靠的、完整的。			
纳税人签章		代理人签章		代理人身份证号

以下由税务机关填写：

受理人		受理日期	年　月　日	受理税务机关签章

填表说明：

1. 本表适用于从事房地产开发与建设的纳税人，在立项后及每次转让时填报。

2. 凡从事新建房及配套设施开发的纳税人，均应在规定的期限内，据实向主管税务机关填报本表所列内容。

3. 本表栏目的内容如果没有，可以空置不填。

4. 纳税人在填报土地增值税项目登记表时，应同时向主管税务机关提交土地使用权受让合同、房地产转让合同等有关资料。

5. 本表一式三份，送主管税务机关审核盖章后，两份由地方税务机关留存，一份退纳税人。

表6.9 土地增值税纳税申报表(一)

(从事房地产开发的纳税人预征适用)

税款所属时间:　年　月　日至　年　月　日　　填表日期:　年　月　日

项目名称:　　　　　　　　项目编号:□□□□□　　金额单位:元至角分;面积单位:平方米

纳税人识别号:

房产类型	房产类型子目	收入				预征率(%)	应纳税额	税款缴纳	
		应税收入	货币收入	实物收入及其他收入	视同销售收入			本期已缴税额	本期应缴税额计算
		1	2=3+4+5	3	4	5	6	7=2×6	8	9=7-8
普通住宅									
非普通住宅									
其他类型房地产									
合计	—					—			

以下由纳税人填写:

纳税人声明: 此纳税申报表是根据《中华人民共和国土地增值税暂行条例》及其实施细则和国家有关税收规定填报的,是真实的、可靠的、完整的。

纳税人签章		代理人签章		代理人身份证号	

以下由税务机关填写:

受理人		受理日期	年　月　日	受理税务机关签章	

表 6.10 土地增值税纳税申报表（二）
（从事房地产开发的纳税人清算适用）

税款所属时间：　年　月　日至　年　月　日　　　填表日期：　年　月　日

纳税人识别号：□□□□□□□□□□□□□□□

金额单位：元至角分　　面积单位：平方米

纳税人名称		项目名称		项目编号	
所属行业		登记注册类型		纳税人地址	
开户银行		银行账号		主管部门	
	总可售面积			项目地址	
				邮政编码	
				电话	
已售面积	其中：普通住宅已售面积	其中：非普通住宅已售面积	自用和出租面积		

项　目	行次	金　额			
		普通住宅	非普通住宅	其中：其他类型房地产已售面积 其他类型房地产	合计
一、转让房地产收入总额 1=2+3+4	1				
货币收入	2				
其中 实物收入及其他收入	3				
视同销售收入	4				
二、扣除项目金额合计 5=6+7+14+17+21+22	5				
1. 取得土地使用权所支付的金额	6				
2. 房地产开发成本 7=8+9+10+11+12+13	7				
土地征用及拆迁补偿费	8				
其 前期工程费	9				
中 建筑安装工程费	10				
基础设施费	11				
公共配套设施费	12				
开发间接费用	13				

续表

	项目	编号
其中	3. 房地产开发费用 14＝15＋16	
	利息支出	14
	其他房地产开发费用	15
		16
	4. 与转让房地产有关的税金等 17＝18＋19＋20	17
其中	营业税	18
	城市维护建设税	19
	教育费附加	20
	5. 财政部规定的其他扣除项目	21
	6. 代收费用	22
三、增值额 23＝1－5		23
四、增值额与扣除项目金额之比（%） 24＝23÷5		24
五、适用税率（%）		25
六、速算扣除系数		26
七、应缴土地增值税额 27＝23×25－5×26		27
八、减免税额 28＝30＋32＋34		28
其中	减免税(1)	
	减免性质代码(1)	29
	减免税额(1)	30
	减免税(2)	
	减免性质代码(2)	31
	减免税额(2)	32
	减免税(3)	
	减免性质代码(3)	33
	减免税额(3)	34

续表

九、已缴土地增值税税额	35	
十、应补(退)土地增值税税额 36=27-28-35	36	

以下由纳税人填写：

纳税人声明	此纳税申报表是根据《中华人民共和国土地增值税暂行条例》及其实施细则和国家有关税收规定填报的,是真实的、可靠的、完整的。		
纳税人签章		代理人签章	代理人身份证号

以下由税务机关填写：

受理人		受理日期	年 月 日	受理税务机关签章

本表一式两份,一份纳税人留存,一份税务机关留存。

填表说明：

一、适用范围

土地增值税纳税申报表(二)：适用从事房地产开发并转让的土地增值税纳税人。

二、土地增值税纳税申报表

(一)表头项目

1. 税款所属期间是项目预征开始的时间,截至日期是税务机关确定(通知)申报期限的最后一日(应清算项目达到清算条件起90天的最后一日,可清算项目税务机关通知书送达起90天的最后一日)。

2. 纳税人识别号：填写纳税人为纳税人确定的识别号。

3. 项目名称：填写纳税人所开发房地产项目全称。

4. 项目编号：是在进行房地产项目登记时,税务机关按照一定的规则赋予的编号,此编号会跟随项目的预征清算全过程。

5. 所属行业：根据《国民经济行业分类》(GB/T 4754-2011)填写。该项可由系统根据纳税人识别号自动带出,无须纳税人填写。

6. 登记注册类型：单位,根据税务登记证中登记的注册类型填写;纳税人是企业的,根据国家统计局关于划分企业登记注册类型的规定》填写。该项可由系统根据纳税人识别号自动带出,无须纳税人填写。

7. 主管部门：按纳税人隶属的管理部门或机构填写。外商投资企业不填。

8. 开户银行：填写纳税人开设银行账户的银行名称，如果纳税人在多个银行开户的，填写其主要经营账户的银行名称。
9. 银行账号：填写纳税人开设银行账户的银行账户的号码，如果纳税人拥有多个银行账户的，填写其主要经营账户的号码。

(二) 表中项目

1. 表第1栏"转让房地产收入总额"，按纳税人在转让房地产开发项目所取得的全部收入额（不含增值税）填写。
2. 表第2栏"货币收入"，按纳税人转让房地产开发项目所取得的货币形态的收入额（不含增值税）填写。
3. 表第3栏"实物收入及其他收入"，按纳税人转让房地产开发项目所取得的实物形态的收入和无形资产等其他形式的收入额（不含增值税）填写。
4. 表第4栏"视同销售收入"，纳税人将开发产品用于职工福利、奖励、对外投资、分配给股东或投资人、抵偿债务、换取其他单位和个人的非货币性资产等，发生所有权转移时应视同销售房地产，其收入不含增值税。
5. 表第6栏"取得土地使用权所支付的金额"，按纳税人为取得该房地产开发项目所需要的土地出让金（地价款）及按国家统一规定交纳的有关费用的数额填写。
6. 表第8栏至第13栏，应根据《中华人民共和国土地增值税暂行条例实施细则》（财法字〔1995〕6号，以下简称《细则》）第七条（三）规定的数额填写。
7. 表第15栏"利息支出"，按纳税人进行房地产开发实际发生的利息支出中符合《细则》第七条（三）的规定填写。
8. 表第16栏"其他房地产开发费用"，应根据《细则》规定的数额填写。如果不单独计算利息支出的，则本栏数额填写为"0"。
9. 表第18栏至第20栏，按纳税人转让房地产时所缴纳的税金数额（不包括增值税）填写。
10. 表第21栏"财政部规定的其他扣除项目"，是指根据《中华人民共和国土地增值税暂行条例》（国务院令第138号，以下简称《条例》）和《细则》等有关规定所确定的扣除项目的财政部规定的扣除项目的合计数。
11. 表第22栏"代收费用"，应根据《国家税务总局 财政部关于土地增值税一些具体问题》[财税字〔1995〕48号]规定对于县级及县级以上人民政府要求房地产开发企业在售房时代收的各项费用，如果代收费用是计入房价中向购买方一并收取的，可作为转让房地产所取得的收入计税；如果代收费用未计入房价中，而是在房价之外单独收取的，可以不作为转让房地产的收入。对于代收费用作为转让收入计税的，在计算扣除项目金额时，可予以扣除，但不允许作为加计20%扣除的基数；对于代收费用未作为转让房地产的收入计税的，在计算增值额时不允许扣除代收费用"填写。
12. 表第25栏"适用税率"，应根据《条例》规定的四级超率累进税率，按适用的最高一级税率填写。
13. 表第26栏"速算扣除系数"，按适用税率找出相关速算扣除系数来填写。
14. 表第29,31,33栏"减免性质代码"，按照税务机关最新制发的减免税政策代码表中最细项减免税政策分别填写，不享受减免税的，不填写此项。表第30,32,34栏"减免税额"填写相应"减免性质代码"对应减免税金额，纳税人同时享受多个减免税额，纳税人已经缴纳的土地增值税的数额填写。
15. 表第35栏"已缴土地增值税税额"，纳税人已经缴纳的土地增值税的数额填写。
16. 表中每栏按照"普通住宅、非普通住宅、其他类型房地产"分别填写。

◆ **内容提要**

资源税,是对在中华人民共和国领域及管辖海域开采或者生产应税产品的单位和个人课征的一种税。资源税的纳税人,是指在我国境内开采或生产应税资源的单位和个人。2016年7月1日起,我国全面推进资源税改革,改革的主要内容是清费立税、全面实施从价计征改革,并逐步扩大资源税征收范围。因此,从价计征成为资源税的主要计税依据,随着资源税征税范围的扩大,资源税的税目也将随之增加。资源税的税率,是根据具体税目对应的税额幅度来确定适用的标准。资源税的应纳税额,分别以应税产品的销售额乘以纳税人具体适用的比例税率或者以应税产品的销售量乘以纳税人具体适用的定额税率计算。资源税的纳税人应当根据纳税义务发生时间向开采或生产应税产品所在地的主管税务机关依法纳税。

土地增值税,是对转让房地产的单位和个人,就其所取得收入的土地增值额征收的一种税。土地资源税法是用以调整国家与特定单位和个人之间的土地增值税征收与缴纳的权利及义务关系的法律规范。土地增值税实行四级超率累进税率,应纳税额是按照纳税人转让房地产所取得收入的土地增值额和规定的税率计算征收的。纳税人必须按照税法的有关规定,在转让房地产合同签订后的七日内,向房地产所在地主管税务机关如实填写和申报转让房地产所取得收入、扣除项目金额以及应纳土地增值税税额,提供与房地产转让相关资料,并按期缴纳税款。

◆ **关键词**

资源税　纳税人　税目　税率　计税依据　应纳税额　土地增值税　征税范围

◆ **练习题**

一、简答题

1. 资源税的纳税人是什么?征收范围有哪些?
2. 如何确定资源税的计税依据?
3. 资源税的应纳税额如何计算?
4. 资源税与增值税有什么不同?
5. 关注资源税改革动态,并简述水资源税改革试点的情况。
6. 土地增值税的征税范围有哪些?
7. 土地增值税的计税依据是什么?应纳税额如何计算?
8. 土地增值税的税收优惠有哪些?

二、单项选择题

1. 下列有关资源税的说法中不正确的是(　　)。
A. 资源税是对在中国境内生产或开采应税产品的单位或个人征收
B. 对进口应税资源产品的单位或个人不征资源税
C. 资源税纳税人不包括外商投资企业、外国企业和外籍人员
D. 资源税纳税人包括符合规定的中国企业和个人。

2. 下列各项中,不属于资源税征税范围的是(　　)。
A. 原油　　　　　　B. 煤炭　　　　　　C. 天然气　　　　　　D. 森林

3. 某煤矿2015年8月开采原煤200万吨,销售160万吨,不含税销售额1 000万元,销售与原煤同时开采的天然气取得不含税收入40万元。该煤矿当月应纳资源税(　　)万元。(原煤、天然气资源税税率6%)

A. 40　　　　　　B. 42　　　　　　C. 60　　　　　　D. 80

4. 某油田2015年10月开采原油6.5万吨,当月销售4万吨,取得不含税收入16 000万元;将1万吨用于加工成品油,其余1.5万吨转入库存待销售。该油田当月应纳资源税(　　)万元。(原油资源税税率6%)

A. 960　　　　　　B. 1 000　　　　　　C. 1 200　　　　　　D. 1 560

5. 以关于资源税计税依据的说法中不正确的是(　　)。

A. 资源税的计税依据为应税产品的销售额或销售量
B. 原油、天然气、煤炭等以产品的销售量作为计税依据
C. 对经营分散、多为现金交易且难以管控的粘土、砂石,仍实行从量计征
D. 销售额是指纳税人销售应税产品向购买方收取的全部价款和价外费用

6. 关于资源税申报与缴纳的说法,正确的有(　　)。

A. 纳税人应当向应税资源的开采或生产所在地主管税务机关缴纳
B. 扣缴义务人代扣代缴的资源税,应当向开采地主管税务机关缴纳
C. 跨省开采的,下属生产单位应纳的资源税应当向核算地缴纳
D. 纳税人在本省范围内开采应税资源,纳税地点需要调整的,由省人民政府决定

7. 下列各项中,应征收土地增值税的是(　　)。

A. 房地产开发公司为客户代建房产
B. 土地使用者转让、抵押、置换土地
C. 双方合作建房后按比例分配自用房产
D. 企业长期出租办公用房

8. 土地增值税采用(　　)。

A. 超额累进税率　　　　　　B. 超率累进税率
C. 比例税率　　　　　　　　D. 定额税率

三、多项选择题

1. 根据现行资源税规定,下列说法正确的有(　　)。

A. 我国目前的资源税只对部分资源征收,征税范围较小
B. 资源税的立法原则充分体现了级差调节
C. 资源税实行从量定额和从价定率征收
D. 资源税征税范围包括矿产品、水资源和森林资源

2. 下列各项中,符合资源税纳税义务发生时间规定的有(　　)。

A. 采取分期收款结算方式的为实际收到款项的当天
B. 采取分期收款结算方式的为销售合同规定的收款日期的当天
C. 自产自用应税产品的为移送使用应税产品的当天
D. 采取预收货款结算方式的为发出应税产品的当天

3. 下列各项关于资源税减、免税规定的表述,正确的是(　　)。

A. 对出口的应税产品免征资源税
B. 对进口的应税产品不征收资源税
C. 开采原油过程中用于修井的原油免征资源税
D. 开采应税产品过程中因自然灾害有重大损失的可由省级政府减征资源税

4. 下列各项中,不属于土地增值税征收范围的是(　　)。

A. 赠与社会公益事业的房地产
B. 个人出售自有住房
C. 抵押期满权属转让给债权人的房地产
D. 兼并企业从被兼并企业得到的房地产

5. 下列属于房地产开发成本项目的有(　　)。
A. 土地征用及拆迁补偿费
B. 基础设施费
C. 前期工程费
D. 开发间接费用

6. 对符合以下条件之一的,主管税务机关可要求纳税人进行土地增值税清算(　　)。
A. 已竣工验收的房地产开发项目,已转让的房地产建筑面积占整个项目可售建筑面积的比例在80%以上,或该比例虽未超过80%,但剩余的可售建筑面积已经出租或自用的
B. 取得销售(预售)许可证满两年仍未销售完毕的
C. 纳税人申请注销税务登记但未办理土地增值税清算手续的
D. 经主管地方税务机关进行纳税评估发现问题后,认为需要办理土地增值税清算的房地产开发项目

四、判断题

1. 资源税是对开采生产所有自然资源的单位和个人征收的一种税。(　　)
2. 资源税实行差别征收,主要采用从量方式计征。(　　)
3. 企业将开采的煤炭出口销售的,免征资源税。(　　)
4. 对在中国境内开采煤炭的单位和个人,应按税法规定征收资源税,但对进口煤炭的单位和个人,则不用征收资源税。(　　)
5. 纳税人以外购的液体盐加工固体盐,其加工固体盐所耗用的液体的已纳税额准予抵扣。(　　)
6. 纳税人开采或者生产应税产品自用的,可以减半征收资源税。(　　)
7. 房地产开发企业代收的费用一律并入转让房地产收入,计征土地增值税。(　　)
8. 土地增值税纳税人应在转让房地产合同签订后七日内,向房地产所在地税务机关办理纳税申报。(　　)
9. 房地产在抵押期间不征收土地增值税,抵押期满后,若以房地产抵债而发生权属转让的,应列入征税范围。(　　)
10. 房产所有人将房屋产权赠与社会公益事业的行为,应视同销售,征收土地增值税。(　　)

五、计算题

1. 某盐企2016年2月销售固体盐取得销售收入600万元,销售液体盐取得销售收入200万元,均为不含税价格,已知液体盐每吨单位税额6元、固体盐每吨单位税额30元,求该盐企2月份应缴纳的资源税是多少?
2. 某石油企业为增值税一般纳税人,本月开采原油9 000吨,其中当月销售6 000吨,取得不含税销售收入2 700万元,同时还向购买方收取延期付款利息3.51万元。已知原油的资源税税率为10%,增值税税率为17%。求本月的应纳资源税和应纳增值税分别是多少?
3. 某工厂将其闲置的旧厂房连同周围的占地(有使用权)一并转让给一家生产企业,共

取得转让收入1 200万元。该厂在建设上述厂房征地时，支付的地价款和按国家统一规定交纳的有关费用合计为110万元，转让上述房地产时缴纳的营业税、城建税、教育费附加以及印花税等金额共计56万元。经当地房地产评估中心评估，并经税务机关认可的厂房重置价为800万元，成新度折扣率为70%。请计算该厂转让上述旧厂房及土地使用权应纳的土地增值税。

第七章 资本化和费用化税税法

◆ 本章结构图

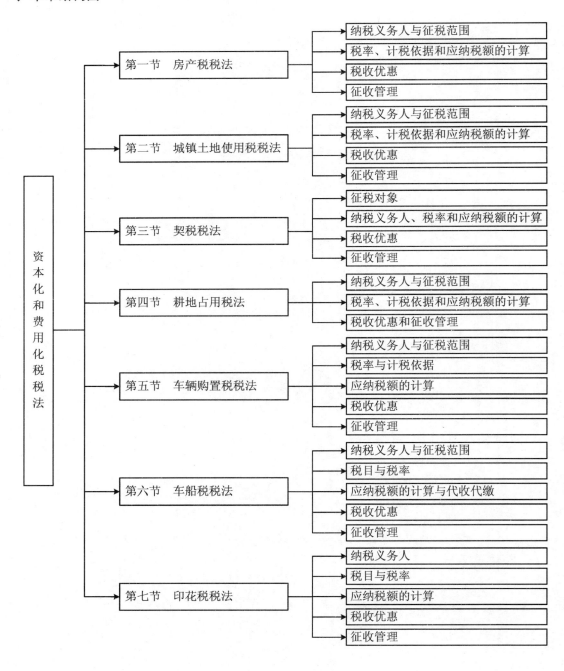

通过本章的学习,了解房产税、城镇土地使用税、耕地占用税、契税、车辆购置税、车船税、印花税这七种税的立法原则;掌握这七种税的征税范围、计税依据、应纳税额的计算、税收优惠政策以及征收管理办法。

近年来,随着中国房地产市场的兴起与发展,房地产业已逐渐成为推动国民经济增长的主导产业之一,对我国的经济和社会的发展起着重要作用。而中国房价也经历了从"火箭速度"般急涨到稍有降温的转变过程。房价的每次升落无不牵动着每位买房人的心。中国的房市何时才能给出一个"亲民"的价格,低收入者和无房户何时才能迎来房地产市场的春天?

我国现行房产税征收制度主要的法律依据是 1986 年《房产税暂行条例》和沪、渝两试点城市的《房产税试点暂行条例》。但是从实施情况上看,我国房产税征收制度中仍有诸多问题值得我们去探讨,如我国房产税征税依据的立法位阶问题、房产保有环节征税的法理基础问题、试点城市房产税征税权的合法性问题、不同的计税依据是否会带来税负不公的问题和房产税改革过程中的行政化管理问题等都阻碍着我国房地产市场的发展。

除此之外,关于我国房产税改革与立法的争论也一直没有停歇。2013 年 11 月,中共十八届三中全会通过的《中共中央关于全面深化改革若干重大问题的决定》提出"推进房产税立法"的指导意见,使得房产税改革成为关注焦点。随着《不动产登记条例》于 2015 年 3 月 1 日起正式施行,关于房产税立法的问题甚嚣尘上。《条例》的实施,向社会释放了房产税立法的信号,为房产税的开征铺平了道路,我国房地产业将向稳定、可控的方向发展。那么我国房产税到底该怎么征?何时征?是值得我们进一步思考的问题。

第一节 房产税税法

一、纳税义务人与征税范围

(一) 纳税义务人

房产税是以房屋为征税对象,按照房屋的计税余值或租金收入,向产权所有人征收的一种财产税。房产税以在征税范围内的房屋产权所有人为纳税人。其中:

(1) 产权属国家所有的,由经营管理单位纳税;产权属集体和个人所有的,由集体单位和个人纳税。

所称单位,包括国有企业、集体企业、私营企业、股份制企业、外商投资企业、外国企业以及其他企业和事业单位、社会团体、国家机关、军队以及其他单位;所称个人,包括个体工商户以及其他个人。

(2) 产权出典的,由承典人纳税。所谓产权出典,指产权所有人将房屋、生产资料等的产权,在一定期限内典当给他人使用,而取得资金的一种融资业务。这种业务大多发生于出典人急需用款,但又想保留产权回赎权的情况。承典人向出典人交付一定的典价之后,在质典期内即获抵押物品的支配权,并可转典。产权的典价一般要低于卖价。出典人在规定期间内须归还典价的本金和利息,方可赎回出典房屋等的产权。由于在房屋出典期间,产权所有人已无权支配房屋,因此税法规定由对房屋具有支配权的承典人为纳税人。

(3) 产权所有人、承典人不在房屋所在地的,或者产权未确定及租典纠纷未解决的,由房产代管人或者使用人纳税。

所谓租典纠纷,是指产权所有人在房产出典和租赁关系上,与承典人、租赁人发生各种争议,特别是权利和义务的争议悬而未决的。此外还有一些产权归属不清的问题,也都属于租典纠纷。对租典纠纷尚未解决的房产,规定由代管人或使用人为纳税人,主要目的在于加强征收管理,保证房产税及时入库。

(4) 无租使用其他房产的问题。纳税单位和个人无租使用房产管理部门、免税单位及纳税单位的房产,应由使用人代为缴纳房产税。

(5) 自2009年1月1日起,外商投资企业、外国企业和组织以及外籍个人,依照《中华人民共和国房产税暂行条例》缴纳房产税。

(二) 征税范围

房产税以房产为征税对象。所谓房产,是指有屋面和围护结构(有墙或者两边有柱),能够遮风避雨,可供人们在其中生产、学习、工作、娱乐、居住或储藏物资的场所。房地产开发企业建造的商品房,在出售前,不征收房产税;但对出售前房地产开发企业已使用或出租、出借的商品房应按规定征收房产税。

房产税的征收范围为城市、县城、建制镇和工矿区。具体规定如下:

(1) 城市是指国务院批准设立的市。

(2) 县城是指县人民政府所在地的地区。

(3) 建制镇是指经省、自治区、直辖市人民政府批准设立的建制镇。

(4) 工矿区是指工商业比较发达、人口比较集中、符合国务院规定的建制镇标准但尚未设立建制镇的大中型工矿企业所在地。开征房产税的工矿区须经省、自治区、直辖市人民政府批准。

房产税的征收范围不包括农村,这主要是为了减轻农民的负担。因为农村的房屋,除农副业生产用房外,大部分是农民居住用房。对农村房屋不纳入房产税征税范围,有利于农业发展,繁荣农村经济,促进社会稳定。

二、税率、计税依据和应纳税额的计算

(一) 税率

我国现行房产税采用的是比例税率。由于房产税的计税依据分为从价计征和从租计征两种形式,所以房产税的税率也有两种:一种是按房产原值一次减除10%~30%后的余值计算,税率为1.2%;另一种是按房产出租的租金收入计征的,税率为12%。从2001年1月1日起,对个人按市场价格出租的居民住房,用于居住的,可暂减4%的税率征收房产税。

(二) 计税依据

房产税的计税依据是房产的计税价值或者房产的租金收入,租金收入不含增值税。按照房产计税价值征税的,称为从价计征;按照房产租金收入计征的,称为从租计征。

1. 从价计征

《房产税暂行条例》规定,房产税依照房产原价值一次减除10%～30%后的余值计算缴纳。各地扣除比例由当地省、自治区、直辖市人民政府确定。

(1) 房产原值是指纳税人按照会计制度规定,在会计核算账簿"固定资产"科目中记载的房屋原价。因此,凡按会计制度规定在账簿中记载有房屋原价的,应以房屋原价按规定减除一定比例后作为房产余值计征房产税;没有记载房屋原价的,按照上述原则,并参照同类房屋确定房产原值,按规定计征房产税。

值得注意的是:自2009年1月1日起,对依照房产原值计税的房产,不论是否记载在会计账簿固定资产科目中,均应按照房屋原价计算缴纳房产税。房屋原价应根据国家有关会计制度规定进行核算。对纳税人未按国家会计制度规定核算并记载的,应按规定予以调整或重新评估。

自2010年12月21日起,对按照房产原值计税的房产,无论会计上如何核算,房产原值均包含地价,包括取得土地使用权支付的价款、开发土地发生的成本费用等。宗地容积率低于0.5的,按房产建筑面积的2倍计算土地面积并据此确定计入房产原值的地价。

(2) 房产原值应包括与房屋不可分割的各种附属设备或一般不单独计算价值的配套设施。主要有:暖气、卫生、通风、照明、煤气等设备;各种管线,如蒸汽、压缩空气、石油、给水排水等管道及电力、电信、电缆导线;电梯、升降机、过道、晒台等。属于房屋附属设备的水管、下水道、暖气管、煤气管等应从最近的探视井或三通管起,计算原值;电灯网、照明线从进线盒连接管起,计算原值。

自2006年1月1日起,为了维护和增加房屋的使用功能或使房屋满足设计要求,凡以房屋为载体,不可随意移动的附属设备和配套设施,如给排水、采暖、消防、中央空调、电气及智能化楼宇设备等,无论在会计核算中是否单独记账与核算,都应计入房产原值,计征房产税。对于更换房屋附属设备和配套设施的,在将其价值计入房产原值时,可扣减原来相应设备和设施的价值;对附属设备和配套设施中易损坏、需要经常更换的零配件,更新后不再计入房产原值。

(3) 纳税人对原有房屋进行改建、扩建的,要相应增加房屋的原值。

房产余值是房产的原值减除规定比例后的剩余价值。

此外,还应注意以下两个问题:

① 对投资联营的房产,在计征房产税时应予以区别对待。对于以房产投资联营,投资者参与投资利润分红,共担风险,按房产余值作为计税依据征房产税;对以房产投资,收取固定收入,不承担联营风险的,实际是以联营的名义取得房产租金,应根据《房产税暂行条例》的有关规定由出租方按租金收入计缴房产税。

② 对融资租赁房屋的情况,由于租赁费包括购进房屋的价款、手续费、借款利息等,与一般房屋出租的"租金"内涵不同,且租赁期满后,当承租方偿还最后一笔租赁费时,房屋产权要转移到承租方。这实际是一种变相的分期付款购买固定资产的形式,所以在计征房产税时应以房产余值计算征收。根据财税〔2009〕128号文件的规定,融资租赁的房产,由承租人自融租赁合同约定开始日的次月起依照房产缴纳房产税。合同未约定开始日的,由承租人自合同签订的次月起依照房产余值缴纳房产税。

(4) 居民住宅区内业主共有的经营性房产缴纳房产税。

从2007年1月1日起对居民住宅区内业主共有的经营性房产,由实际经营(包括自营和出租)的代管人或使用人缴纳房产税。其中自营的,依照房产原值减除10%~30%后的余值计征,没有房产原值或不能将业主共有房产与其他房产的原值准确划分开的由房产所在地地方税务机关参照同类房产核定房产原值;出租的,依照租金收入计征。所在地地方税务机关参照同类房产核定房产原值;出租的,依照租金收入计征。

(5) 凡在房产税征收范围内的具备房屋功能的地下建筑,包括与地上房屋相连的地下建筑以及完全建在地面以下的建筑、地下人防设施等,均应当依照有关规定征收房产税。上述具备房屋功能的地下建筑是指有屋面和维护结构,能够遮风避雨,可供人们在其中生产、经营、工作、学习、娱乐、居住或储藏物资的场所。自用的地下建筑,按以下方式计税:

① 工业用途房产,以房屋原价的50%~60%为应税房产原值。

$$应纳房产税的税额=应税房产原值×[1-(10\%~30\%)]×1.2\%$$

② 商业和其他用途房产,以房屋原价的70%~80%作为应税房产原值。

$$应纳房产税的税额=应税房产原值×[1-(10\%~30\%)]×1.2\%$$

房屋原价折算为应税房产原值的具体比例,由各省、自治区、直辖市和计划单列市财政和地方税务部门在上述幅度内自行确定。

③ 对于与地上房屋相连的地下建筑,如房屋的地下室、地下停车场、商场的地下部分等,应将地下部分与地上房屋视为一个整体,按照地上房屋建筑的有关规定计算征收房产税。

2. 从租计征

《房产税暂行条例》规定,房产出租的,以房产租金收入为房产税的计税依据。

所谓房产的租金收入,是房屋产权所有人出租房产使用权所得的报酬,包括货币收入和实物收入。

如果是以劳务或者其他形式为报酬抵付房租收入的,应根据当地同类房产的租金水平,确定一个标准租金额从租计征。

对出租房产,租赁双方签订的租赁合同约定有免收租金期限的,免收租金期间由产权所有人按照房产原值缴纳房产税。

出租的地下建筑,按照出租地上房屋建筑的有关规定计算征收房产税。

(三) 应纳税额的计算

房产税的计税依据有两种,与之相适应的应纳税额计算也分为两种:一是从价计征的计算;二是从租计征的计算。

1. 从价计征的计算

从价计征是按房产的原值减除一定比例后的余值计征,其计算公式为

$$应纳税额=应税房产原值×(1-扣除比例)×1.2\%$$

如前所述,房产原值是"固定资产"科目中记载的房屋原价;减除一定比例是省、自治区、直辖市人民政府规定的10%~30%的减除比例;计征的适用税率为1.2%。

【案例分析】7-1 某企业的经营用房原值为5 000万元,按照当地规定允许减除30%后按余值计税,适用税率为1.2%。请计算其应纳房产税税额。

2. 从租计征的计算

从租计征是按房产的租金收入计征,其计算公式为

$$应纳税额=租金收入×12\%(或4\%)$$

【案例分析】7-2 某公司出租房屋10间,年租金收入为300 000元,适用税率为12%。

请计算其应纳房产税税额。

【应用训练】7-1 广州市某国有企业,将A厂房(原值500万元,成新率60%),以融资租赁方式租赁给一实业公司,租期为4年,月租金为12万元,承租方在租赁期满后即获该房产的所有权;将B厂房(原值800万元,成新率80%)作为投资,与一开发公司组成联营企业,合同规定,双方利润分红,共担风险。

要求:(1) 分别计算A、B厂房的年应纳税额;

(2) 从税务筹划的角度,分析这家国有企业采取哪种计税依据更节税?

三、税收优惠

房产税的税收优惠是根据国家政策需要和纳税人的负担能力制定的。由于房产税属地方税,因此给予地方一定的减免权限,有利于地方因地制宜地处理问题。

目前,房产税的税收优惠政策主要有:

(1) 国家机关、人民团体、军队自用的房产免征房产税。但上述免税单位的出租房产以及非自身业务使用的生产、营业用房,不属于免税范围。

上述"人民团体",是指经国务院辑权的政府部门批准设立或登记备案并由国家拨付行政事业费的各种社会团体。

上述"自用的房产",是指这些单位本身的办公用房和公务用房。

(2) 由国家财政部门拨付事业经费的单位,如学校、医疗卫生单位、托儿所、幼儿园、敬老院、文化、体育、艺术这些实行全额或差额预算管理的事业单位所有的,本身业务范围内使用的房产免征房产税。

(3) 宗教寺庙、公园、名胜古迹自用的房产免征房产税。

宗教寺庙自用的房产,是指举行宗教仪式等的房屋和宗教人员使用的生活用房。

公园、名胜古迹自用的房产,是指供公共参观游览的房屋及其管理单位的办公用房。

宗教寺庙、公园、名胜古迹中附设的营业单位,如影剧院、饮食部、茶社、照相等使用的房产及出租的房产,不属于免税范围,应照章纳税。

(4) 个人所有非营业用的房产免征房产税。

个人所有的非营业用房,主要是指居民住房,不分面积多少,一律免征房产税。对个人拥有的营业用房或者出租的房产,不属于免税房产,应照章纳税。

(5) 经财政部批准免税的其他房产,主要有:

① 对非营利性医疗机构、疾病控制机构和妇幼保健机构等卫生机构自用的房产,免征房产税。

② 从2001年1月1日起,对按政府规定价格出租的公有住房和廉租住房,包括企业和自收自支事业单位向职工出租的单位自有住房,房管部门向居民出租的公有住房,落实私房政策中带户发还产权并以政府规定租金标准向居民出租的私有住房等,暂免征收房产税。

③ 经营公租房的租金收入,免征房产税。公共租赁住房经营管理单位应单独核算公共租赁住房租金收入,未单独核算的,不得享受免征房产税优惠政策。

四、征收管理

(一) 纳税义务发生时间

(1) 纳税人将原有房产用于生产经营,从生产经营之月起缴纳房产税。

(2) 纳税人自行新建房屋用于生产经营,从建成之次月起缴纳房产税。

(3) 纳税人委托施工企业建设的房屋,从办理验收手续之次月起缴纳房产税。

(4) 纳税人购置新建商品房,自房屋交付使用之次月起缴纳房产税。

(5) 纳税人购置存量房,自办理房屋权属转移、变更登记手续,房地产权属登记机签发房屋权属证书之次月起,缴纳房产税。

(6) 纳税人出租、出借房产,自交付出租、出借房产之次月起,缴纳房产税。

(7) 房地产开发企业自用、出租、出借本企业建造的商品房,自房屋使用或交付之次月起,缴纳房产税。

(8) 自 2009 年 1 月 1 日起,纳税人因房产的实物或权利状态发生变化而依法终止房产税纳税的义务的,其应纳税款的计算应截止到房产的实物或权利状态发生变化的当月末。

(二) 纳税期限

房产税实行按年计算、分期缴纳的征收方法,具体纳税期限由省、自治区、直辖市人民政府确定。

(三) 纳税地点

房产税在房产所在地缴纳。房产不在同一地方的纳税人,应按房产的坐落地点分别向房产所在地的税务机关纳税。

(四) 纳税申报

房产税的纳税人应按照条例的有关规定,及时办理纳税申报,并如实填写《房产税纳税申报表》(见表 7.1)。

【课堂思考】7-1 按照现行房产税优惠政策,哪些情况可以免征房产税?

第二节 城镇土地使用税税法

城镇土地使用税法是指国家制定的调整城镇土地使用税征收与缴纳权利及义务关系的法律规范。现行城镇土地使用税法的基本规范,是 2006 年 12 月 31 日国务院修改并颁布的《中华人民共和国城镇土地使用税暂行条例》,2013 年 12 月 4 日国务院第 32 次常务会议作了部分修改(2013 年 12 月 7 日起实施)(以下简称《城镇土地使用税暂行条例》)。

城镇土地使用税是以国有土地为征税对象,对拥有土地使用权的单位和个人征收的一种税。征收城镇土地使用税有利于促进土地的合理使用,调节土地级差收入,也有利于筹集地方财政资金。

一、纳税义务人与征税范围

(一) 纳税义务人

城镇土地使用税是以国有土地或集体土地为征税对象,对拥有土地使用权的单位和个人征收的一种税。

在城市、县城、建制镇、工矿区范围内使用土地的单位和个人,为城镇土地使用税(以下简称"土地使用税")的纳税人。

上述所称单位,包括国有企业、集体企业、私营企业、股份制企业、外商投资企业、外国企

表7.1 房产税纳税申报表

税务登记证件号码:□□□□□□□□□□□□□□□ 管理代码:□□□□□□□□ 金额单位:元(列至角分)

纳税人名称:

税款所属时期: 年 月 日 至 年 月 日   建筑面积(m²):

房产坐落地点	本期实际房产原值	其中			以房产余(净)值计征房产税			以租金收入计征房产税			房屋结构	缴纳次数	本期		应补(退)税额
		从价计税的房产原值	从租计税的房产原值	税法规定的免税房产原值	扣除率%	房产余(净)值	适用税率	应纳税额	租金收入	适用税率	应纳税额			全年应纳税额	应纳税额	已纳税额	
上期申报房产原值(评估值)	本期增减																
1	2	3=1+2	4=3−5−6	5=3−4−6	6	7	8=4×7	9	10=8×9	11	12	13=11×12	14=10+13	15	16=14÷15	17	18=16−17
					20%		1.2%				23.21			1		1 113.19
合计																	1 113.19
备注																	

纳税人或代理人声明:
此纳税申报表是根据国家税收法律的规定填报的,我确定它是真实的、可靠的、完整的。

如纳税人填报,由纳税人填写以下各栏:			
办税人员(签章)	财务负责人(签章)	法定代表人(签章)	联系电话
如委托代理人填报,由代理人填写以下各栏:			
代理人名称	经办人(签章)	联系电话	代理人(公章)

受理机关(签章):	
受理日期:	年 月 日

业以及其他企业和事业单位、社会团体、国家机关、军队以及其他单位;所称个人,包括个体工商户以及其他个人。

城镇土地使用税的纳税人通常包括以下几类:
(1) 拥有土地使用权的单位和个人。
(2) 拥有土地使用权的单位和个人不在土地所在地的,其土地的实际使用人和代管人为纳税人。
(3) 土地使用权未确定或权属纠纷未解决的,其实际使用人为纳税人。
(4) 土地使用权共有的,共有各方都是纳税人,由共有各方分别纳税。

几个人或几个单位共同拥有一块土地的使用权,这块土地的城镇土地使用税的纳税人应是对这块土地拥有使用权的每一个人或每一个单位。他们应以其实际使用的土地面积占总面积的比例,分别计算缴纳土地使用税。例如,某城市的甲与乙共同拥有一块土地的使用权,这块土地面积为1 500平方米,甲实际使用1/3,乙实际使用2/3,则甲应是其所占的500(=1 500×1/3)平方米土地的城镇土地使用税的纳税人,乙是其所占的1 000(=1 500×2/3)平方米土地的城镇土地使用税的纳税人。

(二) 征税范围

城镇土地使用税的征税范围,包括在城市、县城、建制镇和工矿区内的国家所有和集体所有的土地。

上述城市、县城、建制镇和工矿区分别按以下标准确认:
(1) 城市是指经国务院批准设立的市。
(2) 县城是指县人民政府所在地。
(3) 建制镇是指经省、自治区、直辖市人民政府批准设立的建制镇。
(4) 工矿区是指工商业比较发达,人口比较集中,符合国务院规定的建制镇标准,但尚未设立建制镇的大中型工矿企业所在地,工矿区须经省、自治区、直辖市人民政府批准。

上述城镇土地使用税的征税范围中,城市的土地包括市区和郊区的土地,县城的土地是指县人民政府所在地的城镇的土地,建制镇的土地是指镇人民政府所在地的土地。建立在城市、县城、建制镇和工矿区以外的工矿企业不需要缴纳城镇土地使用税。

二、税率、计税依据和应纳税额的计算

(一) 税率

城镇土地使用税采用定额税率,即采用有幅度的差别税额,按大、中、小城市和县城、建制镇、工矿区分别规定每平方米土地使用税年应纳税额。具体标准见表7.2。

表7.2 城镇土地使用税税率

级别	人口(非农业正式户口人数)	每平方米税额(元)
大城市	50万以上	1.5~30
中等城市	20万~50万	1.2~24
小城市	20万以下	0.9~18
县城、建制镇、工矿区		0.6~12

各省、自治区、直辖市人民政府可根据市政建设情况和经济繁荣程度在规定税额幅度

内,确定所辖地区的适用税额幅度。经济落后地区,土地使用税的适用税额标准可适当降低,但降低额不得超过上述规定最低税额的30%。经济发达地区的适用税额标准可以适当提高,但须报财政部批准。

土地使用税规定幅度税额主要考虑到我国各地区存在着悬殊的土地级差收益,同一地区内不同地段的市政建设情况和经济繁荣程度也有较大的差别。把土地使用税税额定为幅度税额,拉开档次,而且每个幅度税额的差距规定为20倍。这样,各地政府在划分本辖区不同地段的等级、确定适用税额时,有选择余地,便于具体操作。幅度税额还可以调节不同地区、不同地段之间的土地级差收益,尽可能地平衡税负。

(二)计税依据

城镇土地使用税以纳税人实际占用的土地面积为计税依据,土地面积计量标准为每平方米。即税务机关根据纳税人实际占用的土地面积,按照规定的税额计算应纳税额,向纳税人征收土地使用税。

纳税人实际占用的土地面积按下列办法确定:

(1) 由省、自治区、直辖市人民政府确定的单位组织测定土地面积的,以测定的面积为准。

(2) 尚未组织测量,但纳税人持有政府部门核发的土地使用证书的,以证书确认的土地面积为准。

(3) 尚未核发土地使用证书的,应由纳税人申报土地面积,据以纳税,待核发土地使用证以后再作调整。

(4) 对在城镇土地使用税征税范围内单独建造的地下建筑用地,按规定征收城镇土地使用税。其中,已取得地下土地使用权证的,按土地使用权证确认的土地面积计算应征税款;未取得地下土地使用权证或地下土地使用权证上未标明土地面积的,按地下建筑垂直投影面积计算应征税款。

对上述地下建筑用地暂按应征税款的50%征收城镇土地使用税。

(三)应纳税额的计算方法

城镇土地使用税的应纳税额可以通过纳税人实际占用的土地面积乘以该土地所在地段的适用税额求得。其计算公式为

$$全年应纳税额 = 实际占用应税土地面积(平方米) \times 适用税额$$

【案例分析】7-3 设在某城市的一家企业使用土地面积为10 000平方米,经税务机关核定,该土地为应税土地,每平方米年税额为4元。请计算其全年应纳的土地使用税税额。

三、税收优惠

(一)法定免缴土地使用税的优惠

(1) 国家机关、人民团体、军队自用的土地。

这部分土地是指这些单位本身的办公用地和公务用地。如国家机关、人民团体的办公楼用地,军队的训练场用地等

(2) 由国家财政部门拨付事业经费的单位自用的土地。

这部分土地是指这些单位本身的业务用地。如学校的教学楼、操场、食堂等占用的土地。

(3) 宗教寺庙、公园、名胜古迹自用的土地。

宗教寺庙自用的土地,是指举行宗教仪式等的用地和寺庙内的宗教人员生活用地。

公园、名胜古迹自用的土地,是指供公共参观游览的用地及其管理单位的办公用地。

以上单位的生产、经营用地和其他用地,不属于免税范围,应按规定缴纳土地使用税,如公园、名胜古迹中附设的营业单位如影剧院、饮食部、茶社、照相馆等使用的土地。

（4）市政街道、广场、绿化地带等公共用地。

（5）直接用于农、林、牧、渔业的生产用地。

这部分土地是指直接从事于种植养殖、饲养的专业用地,不包括农副产品加工场地和生活办公用地。

（6）经批准开山填海整治的土地和改造的废弃土地,从使用的月份起免缴土地使用税10年。

具体免税期限由各省、自治区、直辖市地方税务局在《城镇土地使用税暂行条例》规定的期限内自行确定。

（7）对非营利性医疗机构、疾病控制机构和妇幼保健机构等卫生机构自用的土地,免征城镇土地使用税。

（8）企业办的学校、医院、托儿所、幼儿园,其用地能与企业其他用地明确区分的,免征城镇土地使用税。

（9）免税单位无偿使用纳税单位的土地（如公安、海关等单位使用铁路、民航等单位的土地）,免征城镇土地使用税。纳税单位无偿使用免税单位的土地,纳税单位应照章缴纳城镇土地使用税。纳税单位与免税单位共同使用、共有使用权土地上的多层建筑,对纳税单位可按其占用的建筑面积占建筑总面积的比例计征城镇土地使用税。

（10）对行使国家行政管理职能的中国人民银行总行（含国家外汇管理局）所属分支机构自用的土地,免征城镇土地使用税。

（11）为了体现国家的产业政策,支持重点产业的发展,对石油、电力、煤炭等能源用地,民用港口、铁路等交通用地和水利设施用地,三线调整企业、盐业、采石场、邮电等一些特殊用地划分了征免税界限和给予政策性减免税照顾。具体规定如下：

① 对石油天然气生产建设中用于地质勘探、钻井、井下作业、油气田地面工程等施工临时用地暂免征收城镇土地使用税。

② 对企业的铁路专用线、公路等用地,在厂区以外、与社会公用地段未加隔离的,暂免征收城镇土地使用税。

③ 对企业厂区以外的公共绿化用地和向社会开放的公园用地,暂免征收城镇土地使用税。

④ 对盐场的盐滩、盐矿的矿井用地,暂免征收城镇土地使用税。

（12）自2015年1月1日起至2016年12月31日止,对物流企业自有的（包括自用和出租）大宗商品仓储设施用地,减按所属土地等级适用税额标准的50%计征城镇土地使用税。

物流企业是指至少从事仓储或运输一种经营业务,为工农业生产、流通、进出口和居民生活提供仓储、配送等第三方物流服务,实行独立核算、独立承担民事责任,并在工商部门注册登记为物流、仓储或运输的专业物流企业。

大宗商品仓储设施,是指同一仓储设施占地面积在6 000平方米及以上,且主要储存粮食、棉花、油料等农产品和农业生产资料,煤炭、焦炭、钢材、等矿产品和工业原材料的仓储设施。

仓储设施用地,包括仓库库区内的各类仓房(含配送中心)、油罐(池)、货场、晒场(堆场)、罩棚等储存设施和铁路专用线、码头、道路、装卸搬运区域等物流作业配套设施的用地。

(二)省、自治区、直辖市地方税务局确定减免土地使用税的优惠

(1)个人所有的居住房屋及院落用地。
(2)房产管理部门在房租调整改革前经租的居民住房用地。
(3)免税单位职工家属的宿舍用地。
(4)集体和个人办的各类学校、医院、托儿所、幼儿园用地。

四、征收管理

(一)纳税期限

城镇土地使用税实行按年计算、分期缴纳的征收方法,具体纳税期限由省、自治区、直辖市人民政府确定。

(二)纳税义务发生时间

(1)纳税人购置新建商品房,自房屋交付使用之次月起,缴纳城镇土地使用税。
(2)纳税人购置存量房,自办理房屋权属转移、变更登记手续,房地产权属登记机关签发房屋权属证书之次月起,缴纳城镇土地使用税。
(3)纳税人出租、出借房产,自交付出租、出借房产之次月起,缴纳城镇土地使用税。
(4)以出让或转让方式有偿取得土地使用权的,应由受让方从合同约定交付土地时间的次月起缴纳城镇土地使用税;合同未约定交付时间的,由受让方从合同签订的次月起缴纳城镇土地使用税。
(5)纳税人新征用的耕地,自批准征用之日起满1年时开始缴纳土地使用税。
(6)纳税人新征用的非耕地,自批准征用次月起缴纳土地使用税。
(7)自2009年1月1日起,纳税人因土地的权利发生变化而依法终止城镇土地使用税纳税义务的,其应纳税款的计算应截止到土地权利发生变化的当月末。

(三)纳税地点和征收机构

城镇土地使用税在土地所在地缴纳。

纳税人使用的土地不属于同一省、自治区、直辖市管辖的,由纳税人分别向土地所在地的税务机关缴纳土地使用税;在同一省、自治区、直辖市管辖范围内,纳税人跨地区使用的土地,其纳税地点由各省、自治区、直辖市地方税务局确定。

土地使用税由土地所在地的地方税务机关征收,其收入纳入地方财政预算管理。土地使用税征收工作涉及面广,政策性较强,在税务机关负责征收的同时,还必须注意加强同国土管理、测绘等有关部门的联系,及时取得土地的权属资料,沟通情况,共同协作把征收管理工作做好。

(四)纳税申报

城镇土地使用税的纳税人应按照条例的有关规定及时办理纳税申报,并如实填写《城镇土地使用税纳税申报表》(见表7.3)。

表7.3 城镇土地使用税纳税申报表

税款所属期：自 年 月 日 至 年 月 日　　填表日期： 年 月 日　　金额单位：元至角分　　面积单位：平方米

纳税人识别号：□□□□□□□□

纳税人信息	名称				纳税人分类	单位□ 个人□	
	登记注册类型			*	所属行业		
	身份证件类型	身份证□ 护照□ 其他□			身份证件号码	*	
	联系人				联系方式		

申报纳税信息	土地编号	宗地的地号	土地等级	税额标准	土地总面积	所属期起	所属期止	本期应纳税额	本期减免税额	本期已缴税额	本期应补（退）税额
	*										
	*										
	*										
	*										
	*										
	*										
	*										
	合计			*				*			

以下由纳税人填写：

纳税人声明	此纳税申报表是根据《中华人民共和国城镇土地使用税暂行条例》和国家有关税收规定填报的，是真实的、可靠的、完整的。	
纳税人签章	代理人签章	代理人身份证号
		年月日

以下由税务机关填写：

受理人	受理日期	受理税务机关签章
	年月日	

第三节 契税税法

契税法是指国家制定的用于调整契税征收与缴纳权利及义务关系的法律规范。现行契税法的基本规范,是1997年7月7日国务院发布并于同年10月1日开始施行的《中华人民共和国契税暂行条例》(以下简称《契税暂行条例》)。

契税是以在中华人民共和国境内转移土地、房屋权属为征税对象,向产权承受人征收的一种财产税。征收契税有利于增加地方财政收入,有利于保护合法产权,避免产权纠纷。

一、征税对象

契税是以中华人民共和国境内转移土地、房屋权属为征税对象,向产权承受人征收的一种财产税。

契税的征税对象是境内转移的土地、房屋权属。具体包括以下五项内容:

(一)国内土地使用权出让

国有土地使用权出让是指土地使用者向国家支付土地使用权出让费用,国家将国有土地使用权在一定年限内让与土地使用者的行为。

(二)土地使用权的转让

土地使用权的转让是指土地使用者以出售、赠与、交换或者其他方式将土地使用权转移给其他单位和个人的行为。土地使用权是转让不包括农村集体土地承包经营权的转移。

(三)房屋买卖

即以货币为媒介,出卖者向购买者过渡房产所有权的交易行为。以下几种特殊情况,视同买卖房屋:

1. 以房产抵押或实物交换房屋,均视同房屋买卖,应由产权承受人,按房屋现值缴纳契税

例如,甲某因无力偿还乙某债务,而以自有的房产抵偿债务。经双方同意,有关部门批准,乙某取得甲某的房屋产权,在办理产权过户手续时,按房产折价款缴纳契税。如以实物(金银首饰等等价物品)交换房屋,应视同货币购买房屋。

对已缴纳契税的购房单位和个人,在未办理房屋权属变更登记前退房的,退还已纳契税;在办理房屋权属变更后退房的,不予退还已纳契税。

2. 以房产作投资、入股

这种交易业务属房屋产权转移,应根据国家房地产管理的有关规定,办理房屋产权交易和产权变更登记手续,视同房屋买卖,由产权承受方按契税税率计算缴纳契税。

例如,甲企业以自有房产投资乙企业取得相应的股权。其房屋产权变为乙企业所有,故产权所有人发生变化。因此,乙企业在办理产权登记手续后,按甲企业入股房产现值(国有企事业房产须经国有资产管理部门评估核价)缴纳契税。如丙企业以股份方式购买乙企业房屋产权,丙企业在办理产权登记后,按取得房产买价缴纳契税。

以自有房产作股投入本人独资经营的企业,免纳契税。因为以自有的房地产投入本人独资经营的企业,产权所有人和使用人未发生变化,不需办理房产变更手续,也不办理契税手续。

3. 买房拆料或翻建新房,应照章征收契税

例如,甲某购买乙某房产,不论其目的是取得该房产的建筑材料或是翻建新房,实际构成房屋买卖。甲某应首先办理房屋产权变更手续,并按买价缴纳契税。

(四) 房屋赠与

房屋的赠与是指房屋产权所有人将房屋无偿转让给他人所有。其中,将自己的房屋转交给他人的法人和自然人,称作房屋赠与人;接受他人房屋的法人和自然人,称为受赠人。房屋赠与的前提必须是产权无纠纷,赠与人和受赠人双方自愿。

(五) 房屋交换

房屋交换是指房屋所有者之间互相交换房屋的行为。

随着经济形势的发展,有些特殊方式转移土地、房屋权属的,也将视同土地使用权转让、房屋买卖或者房屋赠与。一是以土地、房屋权属作价投资、入股;二是以土地、房屋权属抵债;三是以获奖方式承受土地、房屋权属;四是以预购方式或者预付集资建房款方式承受土地、房屋权属。

二、纳税义务人、税率和应纳税额的计算

(一) 纳税义务人

契税的纳税义务人是境内转移土地、房屋权属,承受的单位和个人。境内是指中华人民共和国实际税收行政管辖范围内。土地、房屋权属是指土地使用权和房屋所有权。单位是指企业单位、事业单位、国家机关、军事单位和社会团体以及其他组织。个人是指个体经营者及其他个人,包括中国公民和外籍人员。

(二) 税率

契税实行3%~5%的幅度税率。实行幅度税率是考虑到我国经济发展的不平衡,各地经济差别较大的实际情况。因此,各省、自治区、直辖市人民政府可以在3%~5%的幅度税率规定范围内,按照本地区的实际情况决定。

(三) 应纳税额的计算

1. 计税依据

契税的计税依据为不动产的价格,价格不含增值税。由于土地、房屋权属转移方式不同,定价方法不同,因而具体计税依据视不同情况而决定。

(1) 国有土地使用权出让、土地使用权出售、房屋买卖,以成交价格为计税依据。成交价格是指土地、房屋权属转移合同确定的价格,包括承受者应交付的货币、实物、无形资产或者其他经济利益。

(2) 土地使用权赠与、房屋赠与,由征收机关参照土地使用权出售、房屋买卖的市场价格核定。

(3) 土地使用权交换、房屋交换,为所交换的土地使用权、房屋的价格差额。也就是说,交换价格相等时,免征契税;交换价格不等时,由多交付的货币、实物、无形资产或者其他经济利益的一方缴纳契税。

(4) 以划拨方式取得土地使用权,经批准转让房地产时,由房地产转让者补交契税。计税依据为补交的土地使用权出让费用或者土地收益。

为了避免偷、逃税款,税法规定,成交价格明显低于市场价格并且无正当理由的,或者所

交换土地使用权、房屋价格的差额明显不合理并且无正当理由的,征收机关可以参照市场价格核定计税依据。

(5) 房屋附属设施征收契税的依据。

① 不涉及土地使用权和房屋所有权转移变动的,不征收契税。

② 采取分期付款方式购买房屋附属设施土地使用权、房屋所有权的,应按合同规定的总价款计征契税。

③ 承受的房屋附属设施权属如为单独计价的,按照当地确定的适用税率征收契税;如与房屋统一计价的,适用与房屋相同的契税税率。

(6) 个人无偿赠与不动产行为(法定继承人除外),应对受赠人全额征收契税。在缴纳契税时,纳税人须提交经税务机关审核并签字盖章的《个人无偿赠与不动产登记表》,税务机关(或其他征收机关)应在纳税人的契税完税凭证上加盖"个人无偿赠与"印章,在《个人无偿赠与不动产登记表》中签字并将该表格留存。

2. 应纳税计算方法

契税采用比例税率。当计税依据确定以后,应纳税额的计算比较简单。应纳税额的计算公式为

$$应纳税额 = 计税依据 \times 税率$$

【案例分析】7-4　居民甲有两套住房,将一套出售给居民乙,成交价格为 1 200 000 元;将另一套两室住房与居民丙交换成两处一室住房,并支付给丙换房差价款 300 000 元。试计算甲、乙、丙相关行为应缴纳的契税(假定税率为 4%)。

三、税收优惠

(一) 契税优惠的一般规定

(1) 国家机关、事业单位、社会团体、军事单位承受土地、房屋用于办公、教学、医疗、科研和军事设施的,免征契税。

(2) 城镇职工按规定第一次购买公有住房,免征契税。

此外,财政部、国家税务总局规定:自 2000 年 11 月 29 日起,对各类公有制单位为解决职工住房而采取集资建房方式建成的普通住房或由单位购买的普通商品住房,经当地县以上人民政府房改部门批准,按照国家房改政策出售给本单位职工的,如属职工首次购买住房,均可免征契税。

对个人购买普通住房,且该住房属于家庭(成员范围包括购房人、配偶以及未成年子女,下同)唯一住房的,减半征收契税。对个人购买 90 平方米及以下普通住房,且该住房属于家庭唯一住房的,减按 1% 税率征收契税。

(3) 因不可抗力灭失住房而重新购买住房的,酌情减免。不可抗力是指自然灾害、战争等不能预见、不可避免并不能克服的客观情况。

(4) 土地、房屋被县级以上人民政府征用、占用后,重新承受土地、房屋权属的,由省级人民政府确定是否减免。

(5) 承受荒山、荒沟、荒丘、荒滩土地使用权,并用于农、林、牧、渔业生产的,免征契税。

(6) 经外交部确认,依照我国有关法律规定以及我国缔结或参加的双边和多边条约或协定,应当予以免税的外国驻华使馆、领事馆、联合国驻华机构及其外交代表、领事官员和其他外交人员承受土地、房屋权属,免征契税。

公租房经营单位购买住房作为公租房的,免征契税。

(二) 契税优惠的特殊规定

自 2015 年 1 月 1 日起至 2017 年 12 月 31 日,企业、事业单位改制重组过程中涉及的契税按以下规定执行。该规定出台前,企业、事业单位改制重组过程涉及的契税尚未处理的,符合以下规定的可按以下规定执行。

1. 企业改制

企业按照《中华人民共和国公司法》的规定,包括非公司制企业改制为有限责任公司或股份有限公司,有限责任公司更改为股份有限公司,股份有限公司变更为有限责任公司,原企业投资主体存续并在改制(变更)后的公司中所持股权(股份)比例超过 75%,且改制(变更)后公司承继原企业权利、义务的,对改制(变更)后公司承受原企业土地、房产权属、免征契税。

2. 事业单位改制

事业单位按照国家有关规定改制为企业,原投资主体存续并在改制后企业中出资(股权、股份)比例超过 50% 的,对改制后企业承受原事业单位土地、房产权属、免征契税。

3. 公司合并

两个或两个以上的公司,依据法律规定、合同约定,合并为一个公司,且原投资主体存续的,对其合并后的公司承受原合并各方的土地、房屋权属,免征契税。

4. 公司分立

公司依照法律规定、合同约定分设为两个或两个以上与原公司投资主体相同的公司,对派生方、新设方承受原公司土地、房屋权属,免征契税。

5. 企业破产

企业依照有关法律、法规规定实施破产,债权人(包括破产企业职工)承受破产企业抵偿债务的土地、房屋权属,免征契税;对非债权人承受破产企业土地、房屋权属,凡按照《中华人民共和国劳动法》等国家有关法律法规政策妥善安置原企业全部职工,与原企业全部职工签订服务年限不少于三年的劳动合同的,对其承受所购企业土地、房屋权属、免征契税;与原企业超过 30% 的职工签订服务年限不少于三年的劳动用工合同的,减半征收契税。

6. 资产划转

对承受县级以上人民政府或国有资产管理部门按规定进行行政性调整、划转国有土地、房屋权属的单位,免征契税。

同一投资主体内部所属企业之间土地、房屋权属的划转,包括母公司与其全资子公司之间,同一公司所属全资子公司之间,同一自然人与其设立的个人独资企业、一人有限公司之间土地、房屋权属的划转,免征契税。

7. 债权转股权

经国务院批准实施债权转股权的企业,对债权转股权后新设立的公司承受原企业的土地、房屋权属的划转,免征契税。

8. 划拨用地出让或作价出资

以出让方式或国家作价出资(入股)方式承受原改制重组企业、事业单位划拨用地的,不属上述规定的免税范围,对承受方应按规定征收契税。

9. 公司股权(股份)转让

在股权(股份)转让中,单位、个人承受公司股权(股份),公司土地、房屋权属不发生转移,不征收契税。

四、征收管理

(一)纳税义务发生时间

契税的纳税义务发生时间是纳税人签订土地、房屋权属转移合同的当天,或者纳税人取得其他具有土地、房屋权属转移合同性质凭证的当天。

(二)纳税期限

纳税人应当自纳税义务发生之日起10日内,向土地、房屋所在地的契税征收机关办理纳税申报,并在契税征收机关核定的期限内缴纳税款。

(三)纳税地点

契税在土地、房屋所在地的征收机关缴纳。

(四)契税申报

(1)根据人民法院、仲裁委员会的生效法律文书发生土地、房屋权属转移,纳税人不能取得销售不动产发票的,可持人民法院执行裁定书原件及相关材料办理契税纳税申报,税务机关应予受理。

(2)购买新建商品房的纳税人在办理契税纳税申报时,由于销售新建商品房的房地产开发企业已办理注销税务登记或者被税务机关列为非正常户等原因,致使纳税人不能取得销售不动产发票的,税负机关在核实有关情况后应予受理。

(五)征收管理

纳税人办理纳税事宜后,征收机关应向纳税人开具契税完税凭证。纳税人持契税完税凭证和其他规定的文件材料,依法向土地管理部门、房产管理部门办理有关土地、房屋的权属变更登记手续。土地管理部门和房产管理部门应向契税征收机关提供有关资料,并协助契税征收机关依法征收契税。

国家税务总局决定,各级征收机关要在2005年1月1日后停止代征委托,直接征收契税。

另外,对已缴纳契税的购房单位和个人,在未办理房屋权属变更登记前退房的,退还已纳契税;在办理房屋权属变更登记之后退还的,不予退还已纳契税。

第四节 耕地占用税税法

耕地占用税法是指国家制定的调整耕地占用税征收与缴纳权利及义务关系的法律规范。现行耕地占用税法的基本规范,是2007年12月1日国务院重新颁布的《中华人民共和国耕地占用税暂行条例》(以下简称《耕地占用税暂行条例》)。

耕地占用税是对占用耕地建房或从事其他非农业建设的单位和个人,就其实际占用的耕地面积征收的一种税,它属于对特定土地资源占用课税。耕地是土地资源中最重要的组成部分,是农业生产最基本的生产资料。但我国人口众多,耕地资源相对较少,要用占世界总量7%的耕地,养活占世界总量22%的人口,人多地少的矛盾十分突出。为了遏制并逐步改变这种状况,政府决定开征耕地占用税,运用税收经济杠杆与法律、行政等手段相配合,以便有效地保护耕地。通过开征耕地占用税,使那些占用耕地建房及从事其他非农业建设的单位和个人承担必要的经济责任,有利于政府运用税收经济杠杆调节他们的经济利益,引导他们节约、合理地使用耕地资源。这对于保护国土资源,促进农业可持续发展,强化耕地管理,保护农民的切身利益等,都具有十分重要的意义。

一、纳税义务人与征税范围

(一)纳税义务人

耕地占用税的纳税义务人,是占用耕地建房或从事非农业建设的单位和个人。

所称单位,包括国有企业、集体企业、私营企业、股份制企业、外商投资企业、外国企业以及其他企业和事业单位社会团体、国家机关、军队以及其他单位,所称个人,包括个体工商户以及其他个人。

(二)征税范围

耕地占用税的征税范围包括纳税人为建房或从事其他非农业建设而占用的国家所有和集体所有的耕地。

耕地指种植农业作物的土地,包括菜地、园地。其中,园地包括花圃、苗圃、茶园、果园、桑园和其他种植经济林木的土地。

占用鱼塘及其他农用土地建房或从事其他非农业建设,也视同占用耕地,必须依法征收耕地占用税。占用已开发从事种植、养殖的滩涂、草场、水面和林地等从事非农业建设,由省、自治区、直辖市本着有利于保护土地资源和生态平衡的原则,结合具体情况确定是否征收耕地占用税。

二、税率、计税依据和应纳税额的计算

(一)税率

由于在我国的不同地区之间人口和耕地资源的分布极不均衡,有些地区人烟稠密,耕地资源相对匮乏;而有些地区则人烟稀少,耕地资源比较丰富。各地区之间的经济发展水平也有很大差异。考虑到不同地区之间客观条件的差别以及与此相关的税收调节力度和纳税人负担能力方面的差别,耕地占用税在税率设计上采用了地区差别定额税率。税率规定如下:

(1)人均耕地不超过1亩的地区(以县级行政区域为单位,下同),每平方米为10~50元;

(2)人均耕地超过1亩但不超过2亩的地区,每平方米为8~40元;

(3)人均耕地超过2亩但不超过3亩的地区,每平方米为6~30元;

(4)人均耕地超过3亩以上的地区,每平方米为5~25元。

经济特区、经济技术开发区和经济发达、人均耕地特别少的地区,适用税额可以适当提高,但最多不得超过当地适用税额的50%(见表7.4)。

(二)计税依据

耕地占用税以纳税人占用耕地的面积为计税依据,以每平方米为计量单位。

表7.4　各省、自治区、直辖市耕地占用税平均税额　　　　　单位:元

地　　区	每平方米平均税额
上海	45
北京	40
天津	35
江苏、浙江、福建、广东	30
辽宁、湖北、湖南	25
河北、安徽、江西、山东、河南、重庆、四川	22.5
广西、海南、贵州、云南、陕西	20
山西、吉林、黑龙江	17.5
内蒙古、西藏、甘肃、青海、宁夏、新疆	12.5

（三）税额计算

耕地占用税以纳税人实际占用的耕地面积为计税依据，以每平方米土地为计税单位，按适用的定额税率计税。其计算公式为

应纳税额＝实际占用耕地面积（平方米）×适用定额税率

【案例分析】7-5　假设某市一家企业新占用20 000平方米耕地用于工业建设，所占耕地适用的定额税率为20元/平方米。计算该企业应纳的耕地占用税。

三、税收优惠和征收管理

（一）免征耕地占用税

（1）军事设施占用耕地。

（2）学校、幼儿园、养老院、医院占用耕地。

学校范围，包括由国务院人力资源社会保障行政部门、省、自治区、直辖市人民政府或其人力资源社会保障行政部门批准成立的技工院校。

（二）减征耕地占用税

（1）铁路线路、公路线路、飞机场跑道、停机坪、港口、航道占用耕地，减按每平方米2元的税额征收耕地占用税。

根据实际需要，国务院财政、税务主管部门商国务院有关部门并报国务院批准后，可以对前款规定的情形免征或者减征耕地占用税。

（2）农村居民占用耕地新建住宅，按照当地适用税额减半征收耕地占用税。

农村烈士家属、残疾军人、鳏寡孤独以及革命老根据地、少数民族聚居区和边远贫困山区生活困难的农村居民，在规定用地标准以内新建住宅缴纳耕地占用税确有困难的，经所在地乡（镇）人民政府审核，报经县级人民政府批准后，可以免征或者减征耕地占用税。

免征或者减征耕地占用税后，纳税人改变原占地用途，不再属于免征或者减征耕地占用税情形的，应当按照当地适用税额补缴耕地占用税。

耕地占用税由地方税务机关负责征收。土地管理部门在通知单位或者个人办理占用耕地手续时，应当同时通知耕地所在地同级地方税务机关。获准占用耕地的单位或者个人应

当在收到土地管理部门的通知之日起 30 日内缴纳耕地占用税。土地管理部门凭耕地占用税完税凭证或者免税凭证和其他有关文件发放建设用地批准书。

纳税人临时占用耕地,应当依照本条例的规定缴纳耕地占用税。纳税人在批准临时占用耕地的期限内恢复所占用耕地原状的,全额退还已经缴纳的耕地占用税。

占用林地、牧草地、农田水利用地、养殖水面以及渔业水域滩涂等其他农用地建房或者从事非农业建设的,比照本条例的规定征收耕地占用税。建设直接为农业生产服务的生产设施占用前款规定的农用地的,不征收耕地占用税。

第五节 车辆购置税税法

车辆购置税法是指国家制定的用以调整车辆购置税征收与缴纳之间权利与义务关系的法律规范。现行车辆购置税法的基本规范,是 2000 年 10 月 22 日国务院令第 294 号颁布并于 2001 年 1 月 1 日起实施的《中华人民共和国车辆购置税暂行条例》(以下简称《车辆购置税暂行条例》)。

车辆购置税是以在中国境内购置规定车辆为课税对象、在特定的环节向车辆购置者征收的一种税。征收车辆购置税有利于合理筹集财政资金,规范政府行为,调节收入差距,也有利于配合打击车辆走私和维护国家权益。

一、纳税义务人与征税范围

(一)纳税义务人

车辆购置税是在以中国境内购置规定车辆为课税对象、在特定的环节向车辆购置者征收的一种税。就其性质而言,属于直接税的范畴。

车辆购置税的纳税人是指在我国境内购置应税车辆的单位和个人,其中购置是指购买使用行为、进口使用行为、受赠使用行为、自产自用行为、获奖使用行为以及以拍卖、抵债、走私、罚没等方式取得并使用的行为,这些行为都属于车辆购置税的应税行为。

车辆购置税的纳税人具体是指:

所称单位,包括国有企业、集体企业、私营企业、股份制企业、外商投资企业、外国企业以及其他企业,事业单位、社会团体、国家机关、部队以及其他单位。

所称个人,包括个体工商户及其他个人,既包括中国公民又包括外国公民。

(二)征税范围

车辆购置税以列举的车辆作为征税对象,未列举的车辆不纳税。其征税范围包括汽车、摩托车、电车、挂车、农用运输车,具体规定如下:

1. 汽车

包括各类汽车。

2. 摩托车

(1) 轻便摩托车:最高设计时速不大于 50 km/h,发动机气缸总排量不大于 50 cm^3 的两个或三个车轮的机动车;

(2) 二轮摩托车:最高设计车速大于 50 km/h,或发动机气缸总排量大于 50 cm^3 的两个车轮的机动车;

(3) 三轮摩托车：最高设计车速大于 50 km/h，发动机气缸总排量大于 50 cm³，空车质量不大于 400 kg 的三个车轮的机动车。

3. 电车

(1) 无轨电车：以电能为动力，由专用输电电缆供电的轮式公共车辆；

(2) 有轨电车：以电能为动力，在轨道上行驶的公共车辆。

4. 挂车

(1) 全挂车：无动力设备，独立承载，由牵引车辆牵引行驶的车辆；

(2) 半挂车：无动力设备，与牵引车共同承载，由牵引车辆牵引行驶的车辆。

5. 农用运输车

(1) 三轮农用运输车：柴油发动机，功率不大于 7.4 kW，载重量不大于 500 kg，最高车速不大于 40 km/h 的三个车轮的机动车。

(2) 四轮农用运输车：柴油发动机，功率不大于 28 kW，载重量不大于 1 500 kg，最高车速不大于 50 km/h 的四个车轮的机动车。

为了体现税法的统一性、固定性、强制性和法律的严肃性特征，车辆购置税征收范围的调整，由国务院决定，其他任何部门、单位和个人无权擅自扩大或缩小车辆购置税的征税范围。

二、税率与计税依据

(一) 税率

车辆购置税实行统一比例税率，税率为 10%。

(二) 计税依据

车辆购置税以应税车辆为课税对象，考虑到我国车辆市场供求的矛盾，价格差异变化，计量单位不规范以及征收车辆购置附加费的做法，实行从价定率、价外征收的方法计算应纳税额，应税车辆的价格即计税价格就成为车辆购置税的计税依据。但是，由于应税车辆购置的来源不同，应税行为的发生不同，计税价格的组成也就不一样。车辆购置税的计税依据有以下几种情况：

1. 购买自用应税车辆计税依据的确定

纳税人购买自用的应税车辆，计税价格为纳税人购买应税车辆而支付给销售者的全部价款和价外费用，不包含增值税税款。

购买的应税自用车辆包括购买自用的国产应税车辆和购买自用的进口应税车辆，如从国内汽车市场、汽车贸易公司购买自用的进口应税车辆。

价外费用是指销售方价外向购买方收取的基金、集资费、违约金（延期付款利息）和手续费、包装费、储存费、优质费、运输装卸费、保管费以及其他各种性质的价外收费，但不包括销售方代办保险等而向购买方收取的保险费，以及向购买方收取的代购方缴纳的车辆购置税、车辆牌照费。

境内单位和个人租入外国籍船舶的，不征收车船税。境内单位将船舶出租到境外的，应依法征收车船税。

2. 进口自用应税车辆计税依据的确定

纳税人进口自用的应税车辆以组成计税价格为计税依据，组成计税价格的计算公式为

组成计税价格＝关税完税价格＋关税＋消费税

进口自用的应税车辆是指纳税人直接从境外进口或委托代理进口自用的应税车辆,即非贸易方式进口自用的应税车辆。而且进口自用的应税车辆的计税依据,应根据纳税人提供的、经海关审查确认的有关完税证明资料确定。

纳税人购买自用或者进口自用应税车辆,申报的计税价格低于同类型应税车辆的最低计税价格,又无正当理由的,计税价格为国家税务总局核定的最低计税价格。

3. 其他自用应税车辆计税依据的确定

纳税人自产、受赠、获奖和以其他方式取得并自用的应税车辆的计税价格,按购置该型号车辆的价格确认,不能取得购置价格的,则由主管税务机关参照国家税务总局规定相同类型应税车辆的最低计税价格核定。

国家税务总局未核定最低计税价格的车辆,计税价格为纳税人提供的有效价格证明注明的价格。有效价格证明注明的价格明显偏低的,主管税务机关有权核定应税车辆的计税价格。

进口旧车、因不可抗力因素导致受损的车辆、库存超过3年的车辆、行驶8万千米以上的试验车辆、国家税务总局规定的其他车辆,计税价格为纳税人提供的有效价格证明注明的价格。纳税人无法提供车辆有效价格证明,主管税务机关有权核定应税车辆的计税价格。

免税条件消失的车辆,自初次办理纳税申报之日起,使用年限未满10年的,计税价格以免税车辆初次办理纳税申报时确定的计税价格为基准,每满1年扣减10%;未满1年的,计税价格为免税车辆的原计税价格;使用年限10年(含)以上的,计税价格为0。

4. 以最低计税价格为计税依据的确定

现行车辆购置税条例规定:"纳税人购买自用或者进口自用应税车辆,申报的计税价格低于同类型应税车辆的最低计税价格,又无正当理由的,按照最低计税价格征收车辆购置税。"也就是说,纳税人购买和自用的应税车辆,首先应分别按前述计税价格、组成计税价格来确定计税依据。当申报的计税价格偏低,又无正当理由的,应以最低计税价格作为计税依据。实际工作中,通常是当纳税人申报的计税价格等于或高于最低计税价格时,按申报的价格计税;当纳税人申报的计税价格低于最低计税价格时,按最低计税价格计税。

最低计税价格是指国家税务总局依据机动车生产企业或者经销商提供的车辆价格信息,参照市场平均交易价格核定的车辆购置税计税依据。根据纳税人购置应税车辆的不同情况,国家税务总局对以下几种特殊的车辆购置税计税价格如下:

(1) 对已缴纳车辆购置税并办理了登记注册手续的车辆,底盘(车架)发生更换,其计税依据按最新核发的同类型新车最低计税价格的70%计算。

(2) 免税、减税条件消失的车辆,其计税依据的确定方法为

$$计税依据 = 同类型新车最低计税价格 \times [1-(已使用年限 \times 10\%)] \times 100\%$$

其中,规定使用年限按10年计算;超过使用年限的车辆,计税依据为零,不再征收车辆购置税。未满一年的应税车辆计税依据为最新核发的同类型车辆最低计税价格。

(3) 非贸易渠道进口车辆最低计税价格,计税依据为已核定同类型车辆的最低计税价格。车辆购置税的计税依据和应纳税额应使用统一货币计算单位。纳税人以外汇结算应税车辆价款,按照申报纳税之日中国人民银行公布的人民币基准汇价,折合成人民币计算应纳税额。

三、应纳税额的计算

车辆购置税实行从价定率的方法计算应纳税额,计算公式为

应纳税额＝计税依据×税率

由于应税车辆的来源、应税行为的发生以及计税依据组成的不同,因而,车辆购置税应纳税额的计算方法也有区别。

(一) 购买自用应税车辆应纳税额的计算

在应纳税额的计算当中,应注意以下费用的计税规定:

(1) 购买者随购买车辆支付的工具件和零部件价款应作为购车价款的一部分,并计入计税依据中征收车辆购置税。

(2) 支付的车辆装饰费应作为价外费用并入计税依据中计税。

(3) 代收款项应区别征税。凡使用代收单位(受托方)票据收取的款项,应视作代收单位价外收费,购买者支付的价费款,应并入计税依据中一并征税;凡使用委托方票据收取,受托方只履行代收义务和收取代收手续费的款项,应按其他税收政策规定征税。

(4) 销售单位开给购买者的各种发票金额中包含增值税税款,因此,计算车辆购置税时,应换算为不含增值税的计税价格。

(5) 购买者支付的控购费,是政府部门的行政性收费,不属于销售者的价外费用范围,不应并入计税价格计税。

(6) 销售单位开展优质销售活动所开票收取的有关费用,应属于经营性收入,企业在代理过程中按规定支付给有关部门的费用,企业已作经营性支出列支核算,其收取的各项费用并在一张发票上难以划分的,应作为价外收入计算征税。

【案例分析】7-6 宋某2013年12月份从某汽车有限公司购买一辆小汽车供自己使用,支付了含增值税税款在内的款项234 000元,另支付代收临时牌照费550元、代收保险费1 000元,支付购买工具和零配件价款3 000元,车辆装饰费1 300元。所支付的款项均由该汽车有限公司开具"机动车销售统一发票"和有关票据。请计算宋某应纳车辆购置税。

(二) 进口自用应税车辆应纳税额的计算

纳税人进口自用应税车辆应纳税额的计算公式为

应纳税额＝(关税完税价格＋关税＋消费税)×税率

【案例分析】7-7 某外贸进出口公司2011年12月份,从国外进口10辆宝马公司生产的某型号小轿车。该公司报关进口这批小轿车时,经报关地海关对有关报关资料的审查,确定关税完税价格为每辆185 000元人民币,海关按关税政策规定每辆征收了关税203 500元,并按消费税、增值税有关规定分别代征了每辆小汽车的进口消费税11 655元和增值税66 045元。由于联系业务需要,该公司将一辆小轿车留在本单位使用。根据以上资料,计算应纳车辆购置税。

(三) 其他自用应税车辆应纳税额的计算

纳税人自产自用、受赠使用、获奖使用和以其他方式取得并自用应税车辆的,凡不能取得该型车辆的购置价格,或者低于最低价格的,以国家税务总局的最低计税价格作为计税依据计算征收车辆购置税。

应纳税额＝最低价格×税率

【案例分析】7-8 某客车制造厂将自产的一辆某型号的客车,用于本厂后勤服务,该厂

在办理车辆上牌落籍前,出具该车的发票,注明金额 65 000 元,并按此金额向主管税务机关申报纳税。经审核,国家税务总局对该车同类型车辆核定的最低计税价格为 80 000 元。计算该车应纳车辆购置税。

(四) 特殊情形下自用应税车辆应纳税额的计算

1. 减税、免税条件消失车辆应纳税额的计算

减税、免税条件消失的车辆,纳税人应按现行规定,在办理车辆过户手续前或者办理变更车辆登记注册手续前向税务机关缴纳车辆购置税。

应纳税额＝同类型新车最低计税价格×[1－(已使用年限/规定使用年限)]×100%×税率

2. 未按规定纳税车辆应补税额的计算

纳税人未按规定纳税的,应按现行政策规定的计税价格,区分情况分别确定征税。不能提供购车发票和有关购车证明资料的,检查地税务机关应按同类型应税车辆的最低计税价格征税;如果纳税人回落籍地后提供的购车发票金额与价外费用之和高于核定的最低计税价格的,落籍地主管税务机关还应对其差额计算补税。

应纳税额＝最低计税价格×税率

四、税收优惠

(一) 车辆购置税减免税规定

我国车辆购置税实行法定减免,减免税范围的具体规定是:

(1) 外国驻华使馆、领事馆和国际组织驻华机构及其外交人员自用的车辆,免税。

(2) 中国人民解放军和中国人民武装警察部队列入军队武器装备订货计划的车辆,免税。

(3) 设有固定装置的非运输车辆,免税。

(4) 有国务院规定予以免税或者减税的其他情形的,按照规定免税、减税。

根据现行政策规定,上述其他情形的车辆,目前主要有以下几种:

① 防汛部门和森林消防等部门购置的由指定厂家生产的指定型号的用于指挥、检查、调度、防汛(警)、联络的专用车辆免税。

② 回国服务的在外留学人员购买的 1 辆国产小汽车,免税。

③ 长期来华定居专家进口 1 辆自用小汽车,免税。

(5) 自 2004 年 10 月 1 日起,对农用三轮运输车免征车辆购置税。

(6) 纳税人在办理车辆购置税免(减)税手续时,应如实填写纳税申报表和《车辆购置税免(减)税申报表》,除按本办法第七条规定提供资料外,还应根据不同情况,分别提供下列资料:

① 外国驻华使馆、领事馆和国际组织驻华机构及其外交人员自用的车辆,分别提供机构证明和外交部门出具的身份证明;

② 中国人民解放军和中国人民武装警察部队列入军队武器装备订货计划的车辆,提供订货计划的证明;

③ 设有固定装置的非运输车辆,提供车辆内、外观彩色 5 寸照片;

④ 其他车辆,提供国务院或者国务院授权的主管部门的批准文件。

(7) 纳税人在办理设有固定装置的非运输车辆免税申报时,主管税务机关应当依据免税图册对车辆固定装置进行核实无误后,办理免税手续。

（二）车辆购置税的退税

纳税人已经缴纳车辆购置税但在办理车辆登记手续前,需要办理退还车辆购置税的,由纳税人申请,征收机构审查后办理退还车辆购置税所手续。

五、征收管理

根据自2015年2月1日起开始试行的《车辆购置税征收管理办法》,车辆购置税的征收规定如下:

（一）纳税申报

纳税人办理纳税申报时应如实填写《车辆购置税纳税申报表》,主管税务机关应对纳税申报资料进行审核,确定计税依据,征收税款,核发完税证明。证明车辆在完税证明征税栏加盖车购税征税专用章,免税车辆在完税证明免税栏加盖车购税征税专用章。完税后,由税务机关保存有关复印件,并对已经办理纳税申报的车辆建立车辆购置税征收管理档案。

主管税务机关在纳税人办理纳税申报手续时,对设有固定装置的非运输车辆应当实地验车。

（1）纳税人应到下列地点办理车辆购置税纳税申报：

① 需要办理车辆登记注册手续的纳税人,向车辆登记注册地的主管税务机关办理纳税申报；

② 不需要办理车辆登记注册手续的纳税人,向纳税人所在地的主管税务机关办理纳税申报。

（2）车辆购置税实行一车一申报制度。

（3）纳税人购买自用应税车辆的,应自购买之日起60日内申报纳税；进口自用应税车辆的,应自进口之日起60日内申报纳税；自产、受赠、获奖或者以其他方式取得并自用应税车辆的,应自取得之日起60日内申报纳税。

（4）免税车辆因转让、改变用途等原因,其免税条件消失的,纳税人应在免税条件消失之日起60日内到主管税务机关重新申报纳税。

免税车辆发生转让,但仍属于免税范围的,受让方应当自购买或取得车辆之日起60日内到主管税务机关重新申报免税。

（5）纳税人办理纳税申报时应如实填写《车辆购置税纳税申报表》(以下简称纳税申报表),同时提供以下资料：

① 纳税人身份证明；

② 车辆价格证明；

③ 车辆合格证明；

④ 税务机关要求提供的其他资料。

（6）免税条件消失的车辆,纳税人在办理纳税申报时,应如是填写纳税申报表,同时提供以下资料：

① 发生二手车交易行为的,提供纳税人身份证明、《二手车销售统一发票》和《车辆购置税完税证明》(以下简称完税证明)正本原件；

② 未发生二手车交易行为的,提供纳税人身份证明、完税证明正本原件及有效证明资料。

（二）纳税环节

车辆购置税的征税环节为使用环节（即最终消费环节）。具体而言，纳税人应当在向公安机关等车辆管理机构办理车辆登记注册手续前，缴纳车辆购置税。

购买二手车时，购买者应当向原车主索要《车辆购置税完税证明》。购买已经办理车辆购置税免税手续的二手车，购买者应当到税务机关重新办理申报缴纳或免税手续。未按规定办理的，按征管法的规定处理。

（三）纳税地点

纳税人购置应税车辆，应当向车辆登记注册地的主管国税机关申报纳税；购置不需要办理车辆登记注册手续的应税车辆，应当向纳税人所在地的主管国税机关申报纳税。车辆登记注册地是指车辆的上牌落籍地或落户地。

（四）纳税期限

纳税人购买自用应税车辆的，应当自购买之日起60日内申报纳税；进口自用应税车辆的，应当自进口之日起60日内申报纳税；自产、受赠、获奖或者以其他方式取得应税车辆的，应当自取得之日起60日内申报纳税。

上述的"购买之日"是指纳税人购车发票上注明的销售日期；"进口之日"是指纳税人报关进口的当天。

（五）车辆购置税的缴税管理

1. 车辆购置税的缴税方法

车辆购置税税款缴纳方法主要有以下几种：

（1）自报核缴。即纳税人自行计算应纳税额、自行填报纳税申报表有关资料，向主管税务机关申报，经税务机关审核，开具完税证明，由纳税人持完税凭证向当地金库或金库经收处缴纳税款。

（2）集中征收缴纳。包括两种情况：一是由纳税人集中向税务机关统一申报纳税。它适用于实行集中购置应税车辆的单位缴纳和经批准实行代理制经销商的缴纳。二是由税务机关集中报缴税款。即在纳税人向实行集中征收的主管税务机关申报缴纳税款，税务机关开具完税凭证后，由税务机关填写汇总缴款书，将税款集中缴入当地金库或金库经收处。它适用于税源分散、税额较少、税务部门实行集中征收管理的地区。

（3）代征、代扣、代收。即扣缴义务人按税法规定代扣代缴、代收代缴，税务机关委托征收单位代征税款的征收方式。它适用于税务机关征收或纳税人依法受托征税款。

2. 车辆购置税的缴税管理

（1）税款缴纳方式。纳税人在申报纳税时，税款的缴纳方式主要有：现金支付、支票、信用卡和电子结算及委托银行代收、银行划转等方式。

（2）完税凭证及使用要求。税务机关在征收车辆购置税时，应根据纳税人税款缴纳方式的不同，分别使用税收通用完税凭证、税收转账专用完税凭证和税收通用缴款书三种税票，即纳税人以现金方式向税务机关缴纳车辆购置税的，由主管税务机关开具《税收通用完税凭证》；纳税人以支票、信用卡和电子结算方式缴纳及税务机关委托银行代收税款的，由主管税务机关开具《税收转账专用完税证》；纳税人从其银行存款户直接划转税款的，由主管税务机关开具《税收通用缴款书》。

（六）车辆购置税的退税制度

（1）已经缴纳车辆购置税的车辆，发生下列情形之一的，纳税人应到车购办申请退税：

① 车辆退回生产企业或者经销商的；
② 符合免税条件的设有固定装置的非运输车辆但已征税的；
③ 其他依据法律法规规定应予退税的情形。
(2) 纳税人申请退税时，应如实填写《车辆购置税退税申请表》(以下简称退税申请表)，由本人、单位授权人员到主管税务机关办理退税手续，按下列情况分别提供资料：
① 车辆退回生产企业或者经销商的，提供生产企业或经销商开具的退车证明和退车发票。

未办理车辆登记注册的，提供原完税凭证、完税证明正本和副本；已办理车辆登记注册的，提供原完税凭证、完税证明正本、公安机关车辆管理机构出具的机动车注销证明。

② 符合免税条件的设有固定装置的非运输车辆但已征税的，未办理车辆登记注册的，提供原完税凭证、完税证明正本和副本；已办理车辆登记注册的，提供原完税凭证、完税证明正本。

③ 其他依据法律法规规定应予退税的情形，未办理车辆登记注册的，提供原完税凭证、完税证明正本和副本；已办理车辆登记注册的，提供原完税凭证、完税证明正本、公安机关车辆管理机构出具的机动车注销证明或者税务机关要求的其他资料。

(3) 车辆退回生产企业或者经销商的，纳税人申请退税时，主管税务机关自纳税人办理纳税申报之日起，按已缴纳税款每满1年扣减10%计算退税额；未满1年的，按已缴纳税款全额退税。

第六节 车船税税法

车船税税法是指国家制定的用以调整车船税征收与缴纳之间权利及义务关系的法律规范。现行车船税法的基本规范，是2011年2月25日，由中华人民共和国第十一届全国人民代表大会常务委员会第十九次会议通过了《中华人民共和国车船税法》（以下简称《车船税法》），自2012年1月1日起施行。

车船税是以车船为征税对象，向拥有车船的单位和个人征收的一种税。征收车船税有利于为地方政府筹集财政资金，有利于车船的管理和合理配置，也有利于调节财富差异。

一、纳税义务人与征税范围

(一) 纳税义务人

所谓车船税，是指在中华人民共和国境内的车辆、船舶的所有人或者管理人按照中华人民共和国车船税法应缴纳的一种税。

车船税的纳税义务人，是指在中华人民共和国境内，车辆、船舶（以下简称"车船"）的所有人或者管理人，应当依照《车船税法》的规定缴纳车船税。

(二) 征税范围

车船税的征税范围是指在中华人民共和国境内属于车船税法所附《车船税税目税额表》规定的车辆、船舶。车辆、船舶是指：
(1) 依法应当在车船管理部登记的机动车辆和船舶。
(2) 依法不需要在车船管理部门登记、在单位内部场所行驶或者作业的机动车辆和船舶。
前款所称车船管理部门，是指公安、交通运输、农业、渔业、军队、武装警察部队等依法具有车船登记管理职能的部门;单位,是指依照中国法律、行政法规规定,在中国境内成立的行政机关、企业、事业单位、社会团体以及其他组织。

二、税目与税率

车船税实行定额税率。定额税率,也称固定税额,是税率的一种特殊形式。定额税率计算简便,适宜从量计征的税种。车船税的适用税额,依照车船税法所附的《车船税税目税额表》执行。

车辆的具体适用税额由省、自治区、直辖市人民政府依照车船税法所附《车船税税目税额表》规定的税额幅度和国务院的规定确定。船舶的具体适用税额由国务院在车船税法所附《车船税税目税额表》规定的税额幅度内确定。

车船税采用定额税率,即对征税的车船规定单位固定税额。车船税确定税额总的原则是:非机动车船的税负轻于机动车船;人力车的税负轻于畜力车;小吨位船舶的税负轻于大船舶。由于车辆与船舶的行驶情况不同,车船税的税额也有所不同(见表7.5)。

表 7.5 车船税税目税额表

目 录		计税单位	年基准税额(元)	备 注
乘用车按发动机气缸容量(排气量分档)	1.0升(含)以下的	每辆	60~360	核定载客人数9人(含)以下
	1.0升以上至1.6升(含)的		300~540	
	1.6升以上至2.0升(含)的		360~660	
	2.0升以上至2.5升(含)的		660~1 200	
	2.5升以上至3.0升(含)的		1 200~2 400	
	3.0升以上至4.0升(含)的		2 400~3 600	
	4.0升以上的		3 600~5 400	
商用车	客车	每辆	480~1440	核定载客人数9人(包括电车)以上
	货车	整备质量每吨	16~120	1. 包括半挂牵引车、挂车、客货两用汽车、三轮汽车和低速载货汽车等 2. 挂车按照货车税额的50%计算
其他车辆	专用作业车	整备质量每吨	16~120	不包括拖拉机
	轮式专用机械车	整备质量每吨	16~120	
摩托车		每辆	36~180	
船舶	机动船舶	净吨位每吨	3~6	拖船、非机动驳船分别按照机动船舶税额的50%计算;游艇的税额另行规定
	游艇	艇身长度每米	600~2 000	

（1）机动船舶,具体适用税额。
① 净吨位小于或者等于200吨的,每吨3元;
② 净吨位201～2 000吨的,每吨4元;
③ 净吨位2 001～10 000吨的,每吨5元;
④ 净吨位10 001吨及以上的,每吨6元。
拖船按照发动机功率每1千瓦折合净吨位0.67吨计算征收车船税。
（2）游艇,具体适用税额。
① 艇身长度不超过10米的游艇,每米600元;
② 艇身长度超过10米但不超过18米的游艇,每米900元;
③ 艇身长度超过18米但不超过30米的游艇,每米1 300元;
④ 艇身长度超过30米的游艇,每米2 000元;
⑤ 辅助动力帆艇,每米600元。
游艇艇身长度是指游艇的总长。
（3）车船税法及其实施条例涉及的整备质量、净吨位、艇身长度等计税单位,有尾数的一律按照含尾数的计税单位据实计算车船税应纳税额。计算得出的应纳税额小数点后超过两位的可四舍五入保留两位小数。
（4）乘用车以车辆登记管理部门核发的机动车登记证书或者行驶证书所载的排气量毫升数确定税额区间。
（5）车船税法和实施条例所涉及的排气量、整备质量、核定载客人数、净吨位、功率（千瓦或马力）、艇身长度,以车船登记管理部门核发的车船登记证书或者行驶证相应项目所载数据为准。
依法不需要办理登记、依法应当登记而未办理登记或者不能提供车船登记证书、行驶证的,以车船出厂合格证明或者进口凭证相应项目标注的技术参数、所载数据为准;不能提供车船出厂合格证明或者进口凭证的,由主管税务机关参照国家相关标准核定,没有国家相关标准的参照同类车船核定。

三、应纳税额的计算与代收代缴

纳税人按照纳税地点所在的省、自治区、直辖市人民政府确定的具体适用税额缴纳车船税。车船税由地方税务机关负责征收。
（1）购置的新车船,购置当年的应纳税额自纳税义务发生的当月起按月计算。计算公式为：

$$应纳税额 =（年应纳税额 \div 12）\times 应纳税月份数$$
$$应纳税月份数 = 12 - 纳税义务发生时间（取月份）+ 1$$

（2）在一个纳税年度内,已完税的车船被盗抢、报废、灭失的,纳税人可以凭有关管理机关出具的证明和完税证明,向纳税所在地的主管税务机关申请退还自被盗抢、报废、灭失月份起至该纳税年度终了期间的税款。
（3）已办理退税的被盗抢车船,失而复得的,纳税人应当从公安机关出具相关证明的当月起计算缴纳车船税。
（4）在一个纳税年度内,纳税人在非车辆登记地由保险机构代收代缴机动车车船税,且能够提供合法有效完税证明的,纳税人不再向车辆登记地的地方税务机关缴纳车辆车船税。

(5) 已缴纳车船税的车船在同一纳税年度内办理转让过户的,不另纳税,也不退税。

【案例分析】7-9 某运输公司拥有货汽车 15 辆(货车整备质量全部为 10 吨);乘人大客车 20 辆;小客车 10 辆(注:载货汽车每吨年税额 80 元,乘人大客车每辆年税额 800 元,小客车每辆年税额 700 元)。计算该公司应纳车船税。

四、税收优惠

(一) 法定减免

(1) 捕捞、养殖渔船。是指在渔业船舶登记管理部门登记为捕捞船或者养殖船的船舶。

(2) 军队、武装警察部队专用的车船。是指按照规定在军队、武装警察部队车船管理部门登记,并领取军队、武警牌照的车船。

(3) 警用车船。是指公安机关、国家安全机关、监狱、劳动教养管理机关和人民法院、人民检察院领取警用牌照的车辆和执行警务的专用船舶。

(4) 依照法律规定应当予以免税的外国驻华使领馆、国际组织驻华代表机构及其有关人员的车船。

(5) 自 2012 年 1 月 1 日起,对节约能源的车辆,减半征收车船税;对适用新能源的车辆,免征车船税;对受严重自然灾害影响纳税困难以及有其他特殊原因确需减税、免税的,可以减征或者免征车船税。

使用新能源的车辆包括纯电动汽车、燃料电池汽车和混合动力汽车。纯电动汽车、燃料电池汽车不属于车船税征收范围,其他混合动力汽车按照同类车辆适用税额减半征税。

(6) 省、自治区、直辖市人民政府根据当地实际情况,可以对公共交通车船,农村居民拥有并主要在农村地区使用的摩托车、三轮汽车和低速载货汽车定期减征或者免征车船税。

(二) 特定减免

(1) 经批准临时入境的外国车船和中国香港特别行政区、中国澳门特别行政区、中国台湾地区的车船,不征收车船税。

(2) 按照规定缴纳船舶吨税的机动船舶,自车船税法实施之日起 5 年内免征车船税。

(3) 依法不需要在车船登记管理部门登记的机场、港口、铁路站场内部行驶或作业的车船,自车船税法实施之日起 5 年内免征车船税。

五、征收管理

(一) 纳税期限

车船税纳税义务发生时间为取得车船所有权或者管理权的当月。以购买车船的发票或其他证明文件所载日期的当月为准。

(二) 纳税地点

车船税的纳税地点为车船的登记地或者车船税扣缴义务人所在地。依法不需要办理登记的车船,车船税的纳税地点为车船的所有人或者管理人所在地。

扣缴义务人代收代缴车船税的,纳税地点为扣缴义务人所在地。

纳税人自行申报缴纳车船税的,纳税地点为车船登记地的主管税务机关所在地。

依法不需要办理登记的车船,纳税地点为车船所有人或者管理人主管税务机关所在地。

(三) 纳税申报

车船税按年申报,分月计算,一次性缴纳。纳税年度为公历 1 月 1 日至 12 月 31 日。车船税按年申报缴纳。具体申报纳税期限由省、自治区、直辖市人民政府规定。

（1）税务机关可以在车船管理部门、车船检验机构的办公场所集中办理车船税征收事宜。

（2）公安机关交通管理部门在办理车辆相关登记和定期检验手续时，对未提交自上次检验后各年度依法纳税或者免税证明的，不予登记，不予发放检验合格标志。

（3）海事部门、船舶检验机构在办理船舶登记和定期检验手续时，对未提交依法纳税或者免税证明，且拒绝扣缴义务人代收代缴车船税的纳税人，不予登记，不予发放检验合格标志。

（4）对于依法不需要购买机动车交通事故责任强制保险的车辆，纳税人应当向主管税务机关申报缴纳车船税。

（5）纳税人在首次购买机动车交通事故责任强制保险时缴纳车船税或者自行申报缴纳车船税的，应当提供购车发票及反映排气量、整备质量、核定载客人数等与纳税相关的信息及其相应凭证。

（6）从事机动车第三者责任强制保险业务的保险机构为机动车车船税的扣缴义务人，应当在收取保险费时依法代收车船税，并出具代收税款凭证。

第七节　印花税税法

印花税法是指国家制定的用以调整印花税征收与缴纳之间权利及义务关系的法律规范。现行印花税法的基本规范，是1988年8月6日国务院发布并于同年10月1日实施的《中华人民共和国印花税暂行条例》（以下简称《印花税暂行条例》）。

印花税是以经济活动和经济交往中，书立、领受应税凭证的行为为征税对象征收的一种税。印花税因其采用在应税凭进上粘贴印花税票的方法缴纳税款而得名。征收印花税有利于增加财政收入、有利于配合和加强经济合同的监督管理、有利于培养纳税意识，也有利于配合对其他应纳税种的监督管理。

一、纳税义务人

印花税的纳税义务人，是在中国境内书立、使用、领受印花税法所列举的凭证并应依法履行纳税义务的单位和个人。

所称单位和个人，是指国内各类企业、事业、机关、团体、部队以及中外合资企业、合作企业、外资企业、外国公司和其他经济组织及其在华机构等单位和个人。

上述单位和个人，按照书立、使用、领受应税凭证的不同，可以分别确定为立合同人、立据人、立账簿人、领受人、使用人和各类电子应税凭证的签订人。

（一）立合同人

指合同的当事人。所谓当事人，是指对凭证有直接权利义务关系的单位和个人，但不包括合同的担保人、证人、鉴定人。各类合同的纳税人是立合同人。各类合同，包括购销、加工承揽、建设工程承包、财产租赁、货物运输、仓储保管、借款、财产保险、技术合同或者具有合同性质的凭证。

所称合同，是指根据原《中华人民共和国经济合同法》、《中华人民共和国涉外经济合同法》和其他有关合同法规订立的合同。所称具有合同性质的凭证，是指具有合同效力的协议、契约、合约、单据、确认书及其他各种名称的凭证。

《中华人民共和国合同法》1999年10月1日起施行,《中华人民共和国经济合同法》、《中华人民共和国涉外经济合同法》、《中华人民共和国技术合同法》同时废止。有关合同的法律依据可参考《中华人民共和国合同法》的规定。

当事人的代理人有代理纳税的义务,他与纳税人负有同等的税收法律义务和责任。

(二) 立据人

产权转移书据的纳税人是立据人。是指土地、房屋权属转移过程中买卖双方的当事人。

(三) 立账簿人

营业账簿的纳税人是立账簿人。所谓立账簿人,指设立并使用营业账簿的单位和个人。例如,企业单位因生产、经营需要,设立了营业账簿,该企业即为纳税人。

(四) 领受人

权利、许可证照的纳税人是领受人。领受人,是指领取或接受并持有该项凭证的单位和个人。例如,某人因其发明创造,经申请依法取得国家专利机关颁发的专利证书,该人即为纳税人。

(五) 使用人

在国外书立、领受,但在国内使用的应税凭证,其纳税人是使用人。

(六) 各类电子应税凭证的签订人

即以电子形式签订的各类应税凭证的当事人。

值得注意的是,对应税凭证,凡由两方或两方以上当事人共同书立的,其当事人各方都是印花税的纳税人,应各就其所持凭证的计税金额履行纳税义务。

二、税目与税率

(一) 税目

印花税的税目,指印花税法明确规定的应当纳税的项目,它具体划定了印花税的征税范围。一般地说,列入税目的就要征税,未列入税目的就不征税。印花税共有13个税目,即:

1. 购销合同

包括供应、预购、采购、购销结合及协作、调剂、补偿、贸易等合同。此外,还包括出版单位与发行单位之间订立的图书、报纸、期刊和音像制品的应税凭证,例如订购单、订数单等。还包括发电厂与电网之间、电网与电网之间(国家电网公司系统、南方电网公司系统内部各级电网互供电量除外)签订的购售电合同。但是,电网与用户之间签订的供用电合同不属于印花税列举征税的凭证,不征收印花税。

2. 加工承揽合同

包括加工、定做、修缮、修理、印刷广告、测绘、测试等合同。

3. 建设工程勘察设计合同

包括勘察、设计合同。

4. 建筑安装工程承包合同

包括建筑、安装工程承包合同。承包合同,包括总承包合同、分包合同和转包合同。

5. 财产租赁合同

包括租赁房屋、船舶、飞机、机动车辆、机械、器具、设备等合同,还包括企业、个人出租门店、柜台等签订的合同。

6. 货物运输合同

包括民用航空、铁路运输、海上运输、公路运输和联运合同,以及作为合同使用的单据。

7. 仓储保管合同

包括仓储、保管合同,以及作为合同使用的仓单、栈单等。

8. 借款合同

银行及其他金融组织与借款人(不包括银行同业拆借)所签订的合同,以及只填开借据并作为合同使用、取得银行借款的借据。银行及其他金融机构经营的融资租赁业务,是一种以融物方式达到融资目的的业务,实际上是分期偿还的固定资金借款,因此融资租赁合同也属于借款合同。

9. 财产保险合同

包括财产、责任、保证、信用保险合同,以及作为合同使用的单据。财产保险合同,分为企业财产保险、机动车辆保险、货物运输保险、家庭财产保险和农牧业保险五大类。"家庭财产两全保险"属于家庭财产保险性质,其合同在财产保险合同之列,应照章纳税。

10. 技术合同

包括技术开发、转让、咨询、服务等合同/以及作为合同使用的单据。

技术转让合同,包括专利申请权转让和非专利技术转让。

技术咨询合同,是当事人就有关项目的分析、论证、预测和调查订立的技术合同。但一般的法律、会计、审计等方面的咨询不属于技术咨询,其所立合同不贴印花。

技术服务合同,是当事人一方委托另一方就解决有关特定技术问题,如为改进产品结构、改良工艺流程、提高产品质量、降低产品成本、保护资源环境、实现安全操作、提高经济效益等提出实施方案,实施所订立的技术合同,包括技术服务合同、技术培训合同和技术中介合同。但不包括以常规手段或者为生产经营目的进行一般加工、修理、修缮、广告、印刷、测绘、标准化测试,以及勘察、设计等所书立的合同。

11. 产权转移书据

包括财产所有权和版权、商标专用权、专利权、专有技术使用权等转移书据和专利实施许可合同、土地使用权出让合同、土地使用权转让合同、商品房销售合同等权利转移合同。

所称产权转移书据,是指单位和个人产权的买卖、继承、赠与、交换、分割等所立的书据。"财产所有权"转移书据的征税范围,是指经政府管理机关登记注册的动产、不动产的所有权转移所立的书据,以及企业股权转让所立的书据,并包括个人无偿赠送不动产所签订的"个人无偿赠与不动产登记表"。当纳税人完税后,税务机关(或其他征收机关)应在纳税人印花税完税凭证上加盖"个人无偿赠与"印章。

12. 营业账簿

指单位或者个人记载生产经营活动的财务会计核算账簿。营业账簿按其反映内容的不同,可分为记载资金的账簿和其他账簿。

记载资金的账簿,是指反映生产经营单位资本金数额增减变化的账簿。其他账簿,是指除上述账簿以外的有关其他生产经营活动内容的账簿,包括日记账簿和各明细分类账簿。

但是,对金融系统营业账簿,要结合金融系统财务会计核算的实际情况进行具体分析。凡银行用以反映资金存贷经营活动、记载经营资金增减变化、核算经营成果的账簿,如各种日记账、明细账和总账都属于营业账簿,应按照规定缴纳印花税;银行根据业务管理需要设置的各种登记簿,如空白重要凭证登记簿、有价单证登记簿、现金收付登记簿等,其记载的内容与资金活动无关,仅用于内部备查,属于非营业账簿,均不征收印花税。

13. 权利、许可证照

包括政府部门发给的房屋产权证、工商营业执照、商标注册证、专利证、土地使用证。

（二）税率

印花税的税率设计，遵循税负从轻、共同负担的原则。所以，税率比较低；凭证的当事人，即对凭证有直接权利与义务关系的单位和个人均应就其所持凭证依法纳税。

印花税的税率有两种形式，即比例税率和定额税率。

1. 比例税率

在印花税的13个税目中，各类合同以及具有合同性质的凭证（含以电子形式签订的各类应税凭证）、产权转移书据、营业账簿中记载资金的账簿，适用比例税率。

印花税的比例税率分为4个档次，分别是0.5‰、3‰、5‰、1‰。

（1）适用0.5‰税率的为"借款合同"。

（2）适用3‰税率的为"购销合同"、"建筑安装工程承包合同"、"技术合同"。

（3）适用5‰税率的为"加工承揽合同"、"建筑工程勘察设计合同"、"货物运输合同"、"产权转移书据"、"营业账簿"税目中记载资金的账簿。

（4）适用1‰税率的为"财产租赁合同"、"仓储保管合同"、"财产保险合同"。

（5）在上海证券交易所、深圳证券交易所、全国中小企业股份转让系统买卖、继承、赠与优先股所书立的股权转让书据，均依书立时实际成交金额，由出让方按已知的税率计算缴纳证券（股票）交易印花税。

香港市场投资者通过沪港通买卖、继承、赠与上交所上市A股，按照内地现行税制规定缴纳证券（股票）交易印花税。内地投资者通过沪港通买卖、继承、赠与联交所上市股票，按香港特别行政区现行税法规定缴纳印花税。

2. 定额税率

在印花税的今税目中，"权利、许可证照"和"营业账簿"税目中的其他账簿，适用定额税率，均为按件贴花，税额为5元。这样规定，主要是考虑到上述应税凭证比较特殊，有的是无法计算金额的凭证，例如权利、许可证照；有的是虽记载有金额，但以其作为计税依据又明显不合理的凭证，例如其他账簿。采用定额税率，便于纳税人缴纳，便于税务机关征管。印花税税目、税率见表7.6。

表7.6　印花税税目、税率

税　目	范　围	税　率	纳税人	说　明
1. 购销合同	包括供应、预购、采购、购销结合及协作、调剂、补偿、易货等合同	按购销金额0.3‰贴花	立合同人	
2. 加工承揽合同	包括加工、定做、修缮、修理、印刷广告、测绘、测试等合同	按加工或承揽收入0.5‰贴花	立合同人	
3. 建设工程勘察设计合同	包括勘察、设计合同	按收取费用0.5‰贴花	立合同人	
4. 建筑安装工程承包合同	包括建筑、安装工程承包合同	按承包金额0.3‰贴花	立合同人	

续表

税目	范围	税率	纳税人	说明
5. 财产租赁合同	包括租赁房屋、船舶、飞机、机动车辆、机械、器具、设备等合同	按租赁金额1‰。贴花。税额不足1元，按1元贴花	立合同人	
6. 货物运输合同	包括民用航空运输、铁路运输、海上运输、内河运输、公路运输和联运合同	按运输费用0.5‰贴花	立合同人	单据作为合同使用的,按合同贴花
7. 仓储保管合同	包括仓储、保管合同	按仓储保管费用1‰贴花	立合同人	仓单或栈单作为合同使用的,按合同贴花
8. 借款合同	银行及其他金融组织和借款人(不包括银行同业拆借)所签订的借款合同	按借款金额0.05‰贴花	立合同人	单据作为合同使用的,按合同贴花
9. 财产保险合同	包括财产、责任、保证、信用等保险合同	按收取保险费1‰贴花	立合同人	单据作为合同使用的,按合同贴花
10. 技术合同	包括技术开发、转让、咨询、服务等合同	按所记载金额0.3‰贴花	立合同人	
11. 产权转移书据	包括财产所有权和版权、商标专用权、专利权、专有技术使用权等转移书据、土地使用权出让合同、土地使用权转让合同、商品房销售合同	按所记载金额0.5‰贴花	立据人	
12. 营业账簿	生产、经营用账册	记载资金的账簿,按实收资本和资本公积的合计金额0.5‰贴花。其他账簿按件贴花5元	立账簿人	
13. 权利、许可证照	包括政府部门发给的房屋产权证、工商营业执照、商标注册证、专利证、土地使用证	按件贴花5元	领受人	

三、应纳税额的计算

（一）计税依据的一般规定

印花税的计税依据为各种应税凭证上所记载的计税金额。具体规定为：

（1）购销合同的计税依据为合同记载的购销金额。

（2）加工承揽合同的计税依据是加工或承揽收入的金额。具体规定为：

① 对于由受托方提供原材料的加工、定做合同，凡在合同中分别记载加工费金额和原材料金额的，应分别按"加工承揽合同"、"购销合同"计税，两项税额相加数，即为合同应贴印花；若合同中未分别记载，则应就全部金额依照加工承揽合同计税贴花。

② 对于由委托方提供主要材料或原料，受托方只提供辅助材料的加工合同，无论加工

费和辅助材料金额是否分别记载,均以辅助材料与加工费的合计数,依照加工承揽合同计税贴花。对委托方提供的主要材料或原料金额不计税贴花。

(3) 建设工程勘察设计合同的计税依据为收取的费用。

(4) 建筑安装工程承包合同的计税依据为承包金额。

(5) 财产租赁合同的计税依据为租赁金额;经计算,税额不足1元的,按1元贴花。

(6) 货物运输合同的计税依据为取得的运输费金额(即运费收入),不包括所运货物的金额、装卸费和保险费等。

(7) 仓储保管合同的计税依据为收取的仓储保管费用。

(8) 借款合同的计税依据为借款金额。针对实际借贷活动中不同的借款形式,税法规定了不同的计税方法:

① 凡是一项信贷业务既签订借款合同,又一次或分次填开借据的,只以借款合同所载金额为计税依据计税贴花;凡是只填开借据并作为合同使用的,应以借据所载金额为计税依据计税贴花。

② 借贷双方签订的流动资金周转性借款合同,一般按年(期)签订,规定最高限额,借款人在规定的期限和最高限额内随借随还。为避免加重借贷双方的负担,对这类合同只以其规定的最高限额为计税依据,在签订时贴花一次,在限额内随借随还不签订新合同的,不再另贴印花。

③ 对借款方以财产作抵押,从贷款方取得一定数量抵押贷款的合同,应按借款合同贴花;在借款方因无力偿还借款而将抵押财产转移给贷款方时,应再就双方书立的产权书据,按产权转移书据的有关规定计税贴花。

④ 对银行及其他金融组织的融资租赁业务签订的融资租赁合同,应按合同所载租金总额,暂按借款合同计税。

⑤ 在贷款业务中,如果贷方系由若干银行组成的银团,银团各方均承担一定的贷款数额。借款合同由借款方与银团各方共同书立,各执一份合同正本。对这类合同借款方与贷款银团各方应分别在所执的合同正本上,按各自尚借款金额计税贴花。

⑥ 在基本建设贷款中,如果按年度用款计划分年签订借款合同,在最后一年按总概算签订借款总合同,且总合同的借款金额包括各个分合同的借款金额的,对这类基建借款合同,应按分合同分别贴花,最后签订的总合同,只就借款总额扣除分合同借款金额后的余额计税贴花。

(9) 财产保险合同的计税依据为支付(收取)的保险费,不包括所保财产的金额。

(10) 技术合同的计税依据为合同所载的价款、报酬或使用费。为了鼓励技术研究开发。对技术开发合同,只就合同所载舍报酬金额计税,研究开发经费不作为计税依据。单对合同约定按研究开发经费一定比例相为报酬的,应按一定比例的报酬金额贴花。

(11) 产权转移书据的计税依据为所载金额。

(12) 营业账簿税目中记载资金的账簿的计税依据为"实收资本"与"资本公积"两项的合计金额。实收资本,包括现金、实物、无形资产和材料物资。现金按实际收到或存入纳税人开户银行的金额确定。实物,指房屋、机器等,按评估确认的价值或者合同、协议约定的价格确定。无形资产和材料物资,按评估确认的价值确定资本公积,包括接受捐赠、法定财产重估增值、资本折算差额、资本溢价等。如果是实物捐赠,则按同类资产的市场价格或有关凭据确定。

其他账簿的计税依据为应税凭证件数。
(13) 权利、许可证照的计税依据为应税凭证件数。

(二) 计税依据的特殊规定

(1) 上述凭证以"金额"、"收入"、"费用"作为计税依据的,应当全额计税,不得作任何扣除。

(2) 同一凭证,载有两个或两个以上经济事项而适用不同税目税率,如分别记载金额的,应分别计算应纳税额,相加后按合计税额贴花;如未分别记载金额的,按税率高的计税贴花。

(3) 按金额比例贴花的应税凭证,未标明金额的,应按照凭证所载数量及国家牌价计算金额;没有国家牌价的,按市场价格计算金额,然后按规定税率计算应纳税额。

(4) 应税凭证所载金额为外国货币的,应按照凭证书立当日国家外汇管理局公布的外汇牌价折合成人民币,然后计算应纳税额。

(5) 应纳税额不足1角的,免纳印花税;1角以上的,其税额尾数不满5分的不计,满5分的按1角计算。

(6) 有些合同,在签订时无法确定计税金额,如技术转让合同中的转让收入,按销售收入的一定比例收取或是按实现利润分成的;财产租赁合同,只是规定了月(天)租金标准而无租赁期限的。对这类合同,可在签订时先按定额5元贴花,以后结算时再按实际金额计税,补贴印花。

(7) 应税合同在签订时纳税义务即已产生,应计算应纳税额并贴花。所以,不论合同是否兑现或是否按期兑现,均应贴花。

对已履行并贴花的合同,所载金额与合同履行后实际结算金额不一致的,只要双方未改合同金额,一般不再办理完税手续。

(8) 对有经营收入的事业单位,凡属由国家财政拨付事业经费,实行差额预算管理的单位,其记载经营业务的账簿,按其他账簿定额贴花,不记载经营业务的账簿不贴花;凡属经费来源实行自收自支的单位,其营业账簿,应对记载资金的账簿和其他账簿分别计算应纳税额。跨地区经营的分支机构使用的营业账簿,应由各分支机构于其所在地计算贴花。对上级单位核拨资金的分支机构,其记载资金的账簿按核拨的账面资金额计税贴花,其他账簿按定额贴花;对上级单位不核拨资金的分支机构,只就其他账簿按件定额贴花。为避免对同一资金重复计税贴花,上级单位记载资金的账簿,应按扣除拨给下属机构资金数额后的其余部分计税贴花。

(9) 商品购销活动中,采用以货换货方式进行商品交易签订的合同,是反映既购又销双重经济行为的合同。对此,应按合同所载的购、销合计金额计税贴花。合同未列明金额的,应按合同所载购、销数量依照国家牌价或者市场价格计算应纳税额。

(10) 施工单位将自己承包的建设项目,分包或者转包给其他施工单位所签订的分包合同或者转包合同,应按新的分包合同或转包合同所载金额计算应纳税额。这是因为印花税是一种具有行为税性质的凭证税,尽管总承包合同已依法计税贴花,但新的分包或转包合同是一种新的凭证,又发生了新的纳税义务。

(11) 从2008年9月19日起,对证券交易印花税政策进行调整,由双边征收改为单边征收,即只对卖出方(或继承、赠与A股、B股股权的出让方)征收证券(股票)交易印花税,对买入方(受让方)不再征税。税率仍保持

(12) 对国内各种形式的货物联运,凡在起运地统一结算全程运费的,应以全程运费作为计税依据,由起运地运费结算双方缴纳印花税;凡分程结算运费的,应以分程的运费作为计税依据,分别由办理运费结算的各方缴纳印花税;对国际货运,凡由我国运输企业运输的,不论在我国境内、境外起运或中转分程运输,我国运输企业所持的一份运费结算凭证,均按本程运费计算应纳税额;托运方所持的一份运费结算凭证,按全程运费计算应纳税额。由外国运输企业运输进出口货物的,外国运输企业所持的一份运费结算凭证免纳印花税;托运方所持的一份运费结算凭证应缴纳印花税。

国际货运运费结算凭证在国外办理的,应在凭证转回我国境内时按规定缴纳印花税。必须明确的是,印花税票为有价证券,其票面金额以人民币为单位,分为1角、2角、5角、1元、2元、5元、10元、50元、100元9种。

(三) 应纳税额的计算方法

纳税人的应纳税额,根据应纳税凭证的性质,分别按比例税率或者定额税率计算,其计算公式为

$$应纳税额 = 应税凭证计税金额(或应税凭证件数) \times 适用税率$$

【案例分析】7-10 某企业某年2月开业,当年发生以下有关业务事项:领受房屋产权证、工商营业执照、土地使用证各1件;与其他企业订立转移专用技术使用权书据1份,所载金额100万元;订立产品购销合同1份,所载金额为200万元;订立借款合同1份,所载金额为400万元;企业记载资金的账簿,"实收资本""资本公积"为800万元;其他营业账簿10本。试计算该企业当年应缴纳的印花税税额。

四、税收优惠

对印花税的减免税优惠主要有:

(1) 对已缴纳印花税凭证的副本或者抄本免税。

凭证的正式签署本已按规定缴纳了印花税,其副本或者抄本对外不发生权利义务关系,只是留存备查。但以副本或者抄本视同正本使用的,则应另贴印花。

(2) 对无息、贴息贷款合同免税。

无息、贴息贷款合同,是指我国的各专业银行按照国家金融政策发放的无息贷款,以及由各专业银行发放并按有关规定由财政部门或中国人民银行给予贴息的贷款项目所签订的贷款合同。

一般情况下,无息、贴息贷款体现国家政策,满足特定时期的某种需要,其利息全部或者部分是由国家财政负担的,对这类合同征收印花税没有财政意义。

(3) 对房地产管理部门与个人签订的用于生活居住的租赁合同免税。

(4) 对农牧业保险合同免税。

对该类合同免税,是为了支持农村保险事业的发展,减轻农牧业生产的负担。

(5) 对与高校学生签订的高校学生公寓租赁合同,免征印花税。

"高校学生公寓"是指为高校学生提供住宿服务,按照国家规定的收费标准收取住宿费的学生公寓。

(6) 对公租房经营管理单位建造管理公租房涉及的印花税予以免征。

对公租房经营管理单位购买住房作为公租房,免征印花税;对公租房租赁双方签订租赁协议涉及的印花税予以免征。在其他住房项目中配套建设公租房,依据政府提供的相关材

料,可按公租房建筑面积占总建筑面积的比例免征建造、管理公租房涉及的印花税。

(7)为贯彻落实《国务院关于加快棚户区改造工作意见》,对改造安置住房经营管理单位、开发商与改造安置住房相关的印花税以及购买安置住房的个人涉及的印花税自2013年7月4日起予以免征。

五、征收管理

(一)纳税方法

印花税的纳税办法,根据税额大小、贴花次数以及税收征收管理的需要,分别采用以下三种纳税办法:

1. 自行贴花办法

这种办法,一般适用于应税凭证较少或者贴花次数较少的纳税人。纳税人书立、领受或者使用印花税法列举的应税凭证的同时,纳税义务即已产生,应当根据应纳税凭证的性质和用的税目税率自行计算应纳税额,自行购买印花税票,自行一次贴足印花税票并加以注销或划销,纳税义务才算全部履行完毕。值得注意的是,纳税人购买了印花税票,支付了税款,国家就取得了财政收入。但就印花税来说,纳税人支付了税款并不等于已履行了纳税义务。纳税人必须自行贴花并注销或划销,这样才算完整地完成了纳税义务。这也就是通常所说的"三自"纳税办法。

对已贴花的凭证,修改后所载金额增加的,其增加部分应当补贴印花税票。凡多贴印花税票者,不得申请退税或者抵用。

2. 汇贴或汇缴办法

这种办法,一般适用于应纳税额较大或者贴花次数频繁的纳税人。

一份凭证应纳税额超过500元的,应向当地税务机关申请填写缴款书或者完税证,将其中一联黏贴在凭证上或者由税务机关在凭证上加注完税标记代替贴花。这就是通常所说的"汇贴"办法。

同一种类应纳税凭证,需频繁贴花的,纳税人可以根据实际情况自行决定是否采用按期汇总缴纳印花税的方式,汇总缴纳的期限为1个月。采用按期汇总缴纳方式的纳税人应事先告知主管税务机关。缴纳方式一经选定,1年内不得改变。主管税务机关接到纳税人要求按期汇总缴纳印花税的告知后,应及时登记,制定相应的管理办法,防止出现管理漏洞。对采用按期汇总缴纳方式缴纳印花税的纳税人,应加强日常监督、检查。

实行印花税按期汇总缴纳的单位,对征税凭证和免税凭证汇总时,凡分别汇总的,按本期征税凭证的汇总金额计算缴纳印花税;凡确属不能分别汇总的,应按本期全部凭证的实际汇总金额计算缴纳印花税。

凡汇总缴纳印花税的凭证,应加注税务机关指定的汇缴戳记、编号并装订成册后,将已贴印花或者缴款书的一联黏附册后,盖章注销,保存备查。

经税务机关核准,持有代售许可证的代售户,代售印花税票取得的税款须专户存储,并按照规定的期限,向当地税务机关结报,或者填开专用缴款书直接向银行缴纳,不得逾期不缴或者挪作他用。代售户领存的印花税票及所售印花税票的税款,如有损失,应负责赔偿。

3. 委托代征办法

这一办法主要是通过税务机关的委托,经由发放或者办理应纳税凭证的单位代为征收印花税税款。税务机关应与代征单位签订代征委托书。所谓发放或者办理应纳税凭证的单位,是指发放权利、许可证照的单位和办理凭证的鉴证、公证及其他有关事项的单位。如按照印花税法规定,工商行政管理机关核发各类营业执照和商标注册证的同时,负责代售印花税票,征收印花税税款,并监督领受单位或个人负责贴花。税务机关委托工商行政管理机关代售印花税票,按代售金额5%的比例支付代售手续费。

印花税法规定,发放或者办理应纳税凭证的单位,负有监督纳税人依法纳税的义务,具体是指对以下纳税事项监督:

① 应纳税凭证是否已粘贴印花;② 粘贴的印花是否足额;③ 粘贴的印花是否按规定注销;④ 对未完成以上纳税手续的,应督促纳税人当场完成。

(二) 纳税环节

印花税应当在书立或领受时贴花。具体是指在合同签订时、账簿启用时和证照领受时贴花。如果合同是在国外签订,并且不便在国外贴花的,应在将合同带入境时办理贴花纳税手续。

(三) 纳税地点

印花税一般实行就地纳税。对于全国性商品物资订货会(包括展销会、交易会等)上所签订合同应纳的印花税,由纳税人回其所在地后及时办理贴花完税手续;对地方主办、不涉及省际关系的订货会、展销会上所签合同的印花税,其纳税地点由各省、自治区、直辖市人民政府自行确定。

(四) 纳税申报

印花税的纳税人应按照条例的有关规定及时办理纳税申报,并如实填写《印花税纳税申报表》。

(五) 违章与处罚

印花税纳税人有下列行为之一的,由税务机关根据情节轻重予以处罚:

(1) 在应纳税凭证上未贴或者少贴印花税票的或者已粘贴在应税凭证上的印花税票未注销或者未划销的,由税务机关追缴其不缴或者少缴的税款、滞纳金,并处不缴或者少缴的税款50%以上5倍以下的罚款。

(2) 已贴用的印花税票揭下重用造成未缴或少缴印花税的,由税务机关追缴其不缴或者少缴的税款、滞纳金,并处不缴或者少缴的税款50%以上5倍以下的罚款;构成犯罪的,依法追究刑事责任。

(3) 伪造印花税票的,由税务机关责令改正,处以2 000元以上1万元以下的罚款;情节严重的,处以1万元以上5万元以下的罚款;构成犯罪的,依法追究刑事责任。

(4) 按期汇总缴纳印花税的纳税人,超过税务机关核定的纳税期限,未缴或少缴印花税款的,由税务机关追缴其不缴或者少缴的税款、滞纳金,并处不缴或者少缴的税款50%以上5倍以下的罚款;情节严重的,同时撤销其汇缴许可证;构成犯罪的,依法追究刑事责任。

(5) 纳税人违反以下规定的,由税务机关责令限期改正,可处以2 000元以下的罚款;情节严重的,处以2 000元以上1万元以下的罚款。

① 凡汇总缴纳印花税的凭证,应加注税务机关指定的汇缴戳记,编号并装订成册后,将已贴印花或者缴款书的一联粘附册后,盖章注销,保存备查。

② 纳税人对纳税凭证应妥善保存。凭证的保存期限,凡国家已有明确规定的,按规定

办理；没有明确规定的其余凭证均应在履行完毕后保存1年。

(6) 代售户对取得的税款逾期不缴或者挪作他用，或者违反合同将所领印花税票转托他人代售或者转至其他地区销售，或者未按规定详细提供领、售印花税票情况的，税务机关可视其情节轻重，给予警告或者取消其代售资格的处罚。

【案例分析】7-11 某综合性企业为一般纳税人，2015年度发生如下业务：

(1) 4月初与甲公司签订了一份以货换货合同，合同约定，以价值520万元的产品换取500万元的原材料，甲公司补差价20万元。

(2) 5月初与乙公司签订一份加工合同，为其加工一批商品，合同约定原材料由乙公司提供，金额300万元，另外收取加工费150万元。

(3) 月份与金融机构签订一年期流动资金周转性借款合同，合同规定一个年度内的最高借款额为每次400万元，当年实际发生借款3次，累计借款额为370万元。

(4) 8月份与丙公司签订专利申请权转让合同，合同注明转让收入100万元。

(5) 10月初将一间门面租给某商户，签订财产租赁合同，租期两年，合同记载年租金12万元，本年内租金收入3万元。

(6) 11月份以一栋价值100万元的房产作抵押，取得银行抵押贷款70万元，并签订了抵押贷款合同，年底由于资金周转困难，按合同约定将房产产权转移给银行，并签订了产权转移书据。

要求：根据上述资料，按照下列序号计算回答问题，每问需要计算出合计数。

(1) 说明与甲公司签订的以货换货合同双方印花税的计税依据是否一致，计算该企业签订的以货换货合同应缴纳的印花税。

(2) 计算与乙公司签订的加工承揽合同应缴纳的印花税。

(3) 计算该企业签订的借款合同应缴纳的印花税。

(4) 计算该企业签订的专利申请权转让合同应缴纳的印花税。

(5) 计算该企业签订的财产租赁合同应缴纳的印花税。

(6) 计算该企业业务6应缴纳的印花税。

◆ 内容提要

房产税的纳税人和征收范围；房产税的计税依据和应纳税额的计算；房产税的优惠和征管。

车船税的税目与税额的规定，比如拖船和非机动驳船应纳税额的计算，新购置车船纳税义务发生时间和税额的计算。

契税的征税范围、企业改制重组中的契税政策、计税依据、税收优惠。契税有一个特点是承受方纳税。

印花税的征税范围：各类经济合同、产权转移书据、营业账簿和权利、许可证照等；税收优惠；征管规定。

城镇土地使用税的征税范围、税收优惠以及征管办法。

耕地占用税应纳税额的计算以及税收优惠。

车辆购置税的征税范围、税收优惠以及应纳税额的计算。

◆ 关键词

房产税　契税　城镇土地使用税　耕地占用税　车船税　车辆购置税　印花税

◆ 练习题

一、简答题

1. 房产税的征税范围有哪些?
2. 契税的税收优惠政策有哪些?
3. 车船税的征税范围有哪些?
4. 城镇土地使用税的税收优惠政策有哪些?
5. 印花税的计税依据的具体规定有哪些?

二、单项选择题

1. 下列各项中符合房产税规定的是(　　)。
   A. 房屋出租的由承租人纳税
   B. 房屋产权出典的由出典人缴纳
   C. 无租使用房产管理部门的房产由使用人代为交纳
   D. 房屋产权未确定的暂不缴纳房产税
2. 下列车船中,不属于车船税征税范围的是(　　)。
   A. 机场内部场所使用的车辆　　　　B. 小汽车
   C. 火车　　　　　　　　　　　　　D. 拖船
3. 下列关于契税的说法正确的是(　　)。
   A. 契税由房屋产权转让方缴纳
   B. 农民个人购买房屋不征收契税
   C. 因他人抵债而获得的房屋不征税
   D. 契税的税率由省级政府在规定幅度内确定
4. 某盐场 2008 年度占地 200 000 平方米,其中办公楼占地 20 000 平方米,盐场内部绿化占地 50 000 平方米,盐场附属幼儿园占地 10 000 平方米,盐滩占地 120 000 平方米。盐场所在地城镇土地使用税单位税额每平方米 0.7 元。该盐场 2008 年应缴纳的城镇土地使用税为(　　)。
   A. 14 000 元　　　B. 49 000 元　　　C. 56 000 元　　　D. 140 000 元
5. 下列各项中,免征收耕地占用税的是(　　)。
   A. 纳税人临时占用耕地　　　　　　B. 军事设施占用耕地
   C. 铁路线路占用耕地　　　　　　　D. 港口占用耕地
6. 下列各项中,属于印花税的纳税人的是(　　)。
   A. 电子形式签订应税凭证的当事人　B. 合同签订的证人
   C. 权利许可证照的发放人　　　　　D. 在国外书立合同且使用的人
7. 下列单位及个人应当缴纳契税的有(　　)。
   A. 某大学购置教学楼
   B. 某教师购置住宅
   C. A 企业依法并入 B 企业,B 企业由此承受 A 企业的房地产共计 8 000 万元
   D. 某农场受让荒山土地使用权,用于林木种植
8. 某汽车制造厂将排量为 2.0 的自产 A 型汽车 4 辆转作固定资产,6 辆对外抵偿债务,A 型汽车不含税售价为 190 000 元,国家税务总局核定的最低计税价格为 160 000 元。另外,一辆已缴纳车辆购置税的汽车,因交通事故更换底盘,国家税务总局核的同型号新车最

低计税价格为 260 000 元。该汽车制造厂应纳车辆购置税( )元。
   A. 208 200   B. 76 000   C. 94 200   D. 102 000
9.《车辆购置税暂行条例》的征收范围不包括( )。
   A. 农用运输车   B. 摩托车   C. 无轨电车   D. 自行车
10. 某小型运输公司拥有并使用以下车辆：企业职工上下班载客汽车2辆，5吨载货卡车10辆，净吨位为4吨的挂车5辆，客货两用汽车1辆，净吨位3吨，当地政府规定的载客汽车车船税额是200元/辆，载货汽车单位税额为50元/吨。该企业当年应缴纳车船税( )元。
   A. 4 000   B. 3 550   C. 3 600   D. 3 800
11. 下列各项中，属于耕地占用税征税范围的是( )。
   A. 占用菜地开发花圃   B. 占用农村集体所有的土地种植花卉
   C. 占用已成立四年的食品加工厂用地   D. 占用鱼塘建房
12. 王某拥有两套住房，价值分别为100万和150万，2010年，王某将价值150万元的住房出租给他人用于居住，年租金3万元，房产税的扣除比例为20%，则王某2010年应缴纳的房产税是( )元。
   A. 9 600   B. 10 800   C. 2 400   D. 1 200

三、多项选择题
1. 以下属于房产税的税率的有( )。
   A. 1.2%   B. 3%   C. 4%   D. 12%
2. 下列车船应缴纳车船税的有( )。
   A. 插电式混合动力汽车   B. 事业单位班车
   C. 检察院领取警用牌照的车辆   D. 挂车
3. 下列项目中免征或不征契税的有( )。
   A. 城镇职工按规定第一次购买公有住房
   B. 受赠人接收他人赠与的房屋
   C. 房屋交换的个人
   D. 公共租赁住房经营管理单位购买住房作为公共租赁住房
4. 2012年甲公司与乙公司签订一份技术转让合同，合同载明转让收入按乙公司2013～2015年实现的利润总额的5%支付，合同注明预计乙公司2013～2015年实现的利润总额为3 000万元，转让费150万元。2012年底，乙公司2013～2015年实际实现的利润总额为5 000万元，支付甲公司转让费250万元，甲乙双方未更改合同，则下列说法正确的有( )。
   A. 甲公司2009年应纳印花税5元   B. 甲公司2009年应纳印花税450元
   C. 甲公司2012年应纳印花税0元   D. 甲公司2012年应纳印花税300元
5. 张三与李四互换房屋，张三的房屋价格为80万元，李四的房屋价格为100万元。成交后，张三支付李四20万元的房屋差价款。该省规定契税税率为3%。下列项目中正确的有( )。
   A. 张三是纳税人   B. 李四是纳税人
   C. 应纳契税0.6万元   D. 应纳契税3万元
6. 下列各项中，符合城镇土地使用税有关纳税义务发生时间规定的有( )。
   A. 纳税人新征用的耕地，自批准征用之月起缴纳城镇土地使用税

B. 纳税人出租房产,自交付出租房产之次月起缴纳城镇土地使用税
C. 纳税人新征用的非耕地,自批准征用之月起缴纳城镇土地使用税
D. 纳税人购置新建商品房,自房屋交付使用之次月起缴纳城镇土地使用税

四、判断题
1. 经批准开山填海整治的土地和改造的废弃土地,从使用的次月起免缴城镇土地使用税5年至10年。(　)
2. 新建建筑物安装的中央空调设备,已计算在房产原值中的,应征收房产税;旧建筑物安装中央空调设备,一般作单项固定资产处理,不征收房产税。(　)
3. 甲公司与乙公司签订一份加工合同,甲公司提供价值30万元的辅助材料并收取加工费25万元,乙公司提供价值100万元的原材料。甲公司应纳印花税275元。(　)
4. 对租赁双方未商定纳税事宜的,由车船拥有人缴纳车船使用税。(　)
5. 企业合并中,新设方或者存续方承受被解散方土地、房屋权属,如合并前各方为相同投资主体的,不征契税,其余的则征收契税。(　)

五、计算题
1. 某企业2014年初房产原值3 000万元,其中厂房原值2 600万元,厂办幼儿园房产值300万元,地下工业用仓库原值100万元。该企业2014年发生以下业务:
(1) 6月30日将原值为300万元的厂房出租,合同约定每年租金24万元,7月1日起租,租赁期3年。
(2) 7月份购买新建的地下商铺用于商业用途,购买合同金额200万元,9月份交付使用。
(3) 10月份接受甲公司委托加工一批产品,签订的加工承揽合同中注明原材料由受托方提供,金额为100万元,收取加工劳务费30万元。该产品由本企业负责运输,合同中注明运费2万元,仓储保管费2000元,装卸费500元。
(注:当地政府规定的计算房产余值的扣除比例是20%,工业用途地下建筑房产以原价的50%作为应税房产原值,商业用途地下建筑房产以原价的70%作为应税房产原值。)
要求:(1) 2014年该企业的地下房产应缴纳房产税的金额。
(2) 2014年该企业的地上房产应缴纳房产税的金额。
(3) 2014年10月份该企业与加工业务相关的合同应缴纳印花税的金额。
(4) 2014年该企业与房产相关的合同应缴纳印花税的金额。
2. 某公司主要从事建筑工程机械的生产制造,2015年发生以下业务:
(1) 签订钢材采购合同一份,采购金额8 000万元;签订以货换货合同一份,用库存的3 000万元A型钢材换取对方相同金额的B型钢材;签订销售合同一份,销售金额15 000万元。
(2) 公司作为受托方签订甲、乙两份加工承揽合同,甲合同约定:由委托方提供主要材料(金额300万元),受托方只提供辅助材料(金额20万元),受托方另收取加工费50万元;乙合同约定:由受托方提供主要材料(金额200万元)并收取加工费40万元。
(3) 公司作为受托方签订技术开发合同一份,合同约定:技术开发金额共计1 000万元,其中研究开发费用与报酬金额之比为3∶1。
(4) 公司作为承包方签订建筑安装工程承包合同一份,承包金额300万元,公司随后又将其中的100万元业务分包给另一单位,并签订相关合同。

(5) 公司新增实收资本 2 000 万元、资本公积 500 万元。

(6) 公司启用其他账簿 10 本。

(说明：购销合同、加工承揽合同、技术合同、建筑安装工程承包合同的印花税税率分别为 0.3‰、0.5‰、0.3‰、0.3‰；营业账簿的印花税率分为 0.5‰和每件 5 元两种)

要求：根据上述资料，按照下列序号计算回答问题，每问需计算出合计数。

(1) 公司 2015 年签订的购销合同应缴纳的印花税。

(2) 公司 2015 年签订的加工承揽合同应缴纳的印花税。

(3) 公司 2015 年签订的技术合同应缴纳的印花税。

(4) 公司 2015 年签订的建筑安装工程承包合同应缴纳的印花税。

(5) 公司 2015 年新增记载资金的营业账簿应缴纳的印花税。

(6) 公司 2015 年启用其他账簿应缴纳的印花税。

第八章 企业所得税税法

◆ 本章结构图

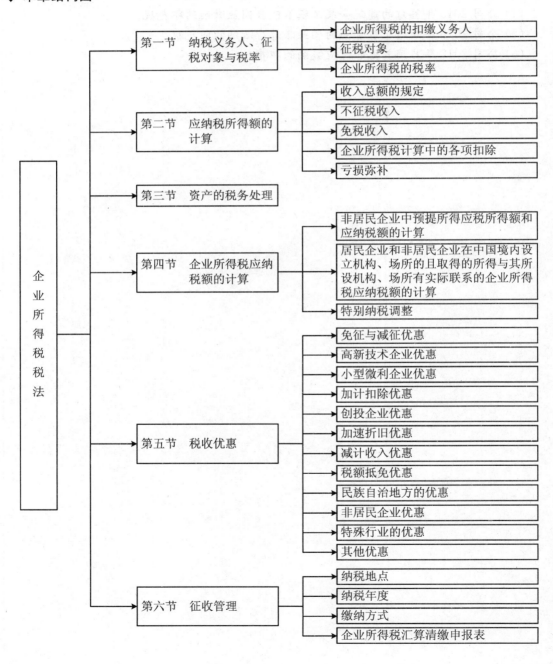

通过本章的学习,了解什么是企业所得税;了解我国企业所得税税法的演变;理解企业所得税的居民纳税人和非居民纳税人之间纳税义务的区别;掌握我国企业所得税的税制要素;掌握企业所得税应纳税所得额的确定;掌握企业所得税应纳税额的计算;了解企业所得税的征收;掌握企业所得税纳税申报表的填制。

企业所得税是对我国境内的企业和其他取得收入的组织的生产经营所得和其他所得征收的一种税收。它是国家参与企业利润分配的重要手段。我国现行的企业所得税制度,是2007年3月16日第十届全国人民代表大会第五次会议通过的《中华人民共和国企业所得税法》,并于2008年1月1日起施行。

企业所得税具有与商品劳务税不同的性质,其特点主要有以下四个方面。

1. 将企业划分为居民企业和非居民企业

现行企业所得税将企业划分为居民企业和非居民企业两大类:居民企业负无限纳税义务,即来源于我国境内、外的所得都要向中国政府缴纳所得税。非居民企业负有限纳税义务,即中国境内的所得向中国政府缴纳所得税。

2. 征税对象为应纳税所得额

企业所得税以应纳税所得额为课税对象,应纳税所得额是按照企业所得税法规的规定,为企业在一个纳税年度内的应税收入总额扣除各项成本、费用、税金和损失后的余额,而不是依据会计制度的规定计算出来的利润总额。

3. 征税以量能负担为原则

企业所得税以企业的生产、经营所得和其他所得为征税对象,所得多的多缴税,所得少的少缴税,没有所得的不缴税,充分体现税收的公平负担原则,而不是像流转税那样只要取得收入就应缴税,不管盈利还是亏损。

4. 实行按年计征、分期预缴的办法

企业所得税以企业一个纳税年度的应纳税所得额为计税依据,平时分月或分季预缴,年度终了后进行汇算清缴,多退少补。

第一节 纳税义务人、征税对象与税率

企业所得税是对我国境内的企业和其他取得收入的组织的生产经营所得和其他所得征收的一种税。按《中华人民共和国企业所得税法》的规定,在中华人民共和国境内,企业和其他取得收入的组织(以下统称企业)为企业所得税的纳税人。企业分为居民企业和非居民企业。

所谓居民企业,是指依法在中国境内成立,或者依照外国(地区)法律成立但实际管理机

构在中国境内的企业,包括依照中国法律、行政法规在中国境内成立的企业、事业单位、社会团体以及其他取得收入的组织,但不包括依照中国法律、行政法规成立的个人独资企业和合伙企业。

所谓非居民企业,是指依照外国(地区)法律成立且实际管理机构不在中国境内,但在中国境内设立机构、场所的,或者在中国境内未设立机构、场所,但有来源于中国境内所得的企业,包括依照外国(地区)法律成立的企业和其他取得收入的组织。

上述条例中的实际管理机构,是指对企业的生产经营、人员、账务、财产等实施实质性全面管理和控制的机构;机构、场所,是指在中国境内从事生产经营活动的机构、场所,包括:① 管理机构、营业机构、办事机构;② 工厂、农场、开采自然资源的场所;③ 提供劳务的场所;④ 从事建筑、安装、装配、修理、勘探等工程作业的场所;⑤ 其他从事生产经营活动的机构、场所,非居民企业委托营业代理人在中国境内从事生产经营活动的,包括委托单位或者个人经常代其签订合同,或者储存、交付货物等,该营业代理人视为非居民企业在中国境内设立的机构、场所。

【课堂思考】8-1 居民企业纳税人和非居民企业纳税人在纳税义务上的区别是什么?

一、企业所得税的扣缴义务人

非居民企业在中国境内未设立机构、场所的,或者虽设立机构、场所但取得的所得与其所设机构、场所没有实际联系的所得应缴纳的所得税,实行源泉扣缴,以支付人为扣缴义务人。税款由扣缴义务人在每次支付或者到期应支付时,从支付或者到期应支付的款项中扣缴。

对非居民企业在中国境内取得工程作业和劳务所得应缴纳的所得税,税务机关可以指定工程价款或者劳务费的支付人为扣缴义务人。

二、征税对象

企业所得税的征税对象从内容上看包括生产经营所得、其他所得和清算所得,从空间范围上看包括来源于中国境内、境外的所得。

1. 居民企业的征税对象

来源于中国境内、境外的所得。

2. 非居民企业的征税对象

(1) 对于在境内设立机构场所的非居民企业,要就其来源于境内及发生在境外但与境内所设机构、场所有实际联系的所得缴纳企业所得税;

(2) 非居民企业在中国境内未设立机构、场所的,或者虽设立机构、场所但取得的所得与其所设机构、场所没有实际联系的,应当就其来源于中国境内的所得缴纳企业所得税。

3. 所得来源地的确定

(1) 销售货物所得,按照交易活动发生地确定;

(2) 提供劳务所得,按照劳务发生地确定;

(3) 不动产转让所得按照不动产所在地确定,动产转让所得按照转让动产的企业或者机构、场所所在地确定,权益性投资资产转让所得按照被投资企业所在地确定;

(4) 股息、红利等权益性投资所得,按照分配所得的企业所在地确定;

(5) 利息所得、租金所得、特许权使用费所得,按照负担、支付所得的企业或者机构、场

所所在地确定,或者按照负担、支付所得的个人的住所地确定;

(6) 其他所得,由国务院财政、税务主管部门确定。

【应用训练】8-1 依据企业所得税法的规定,下列各项中按负担所得的所在地确定所得来源地的是( )。

A. 销售货物所得 B. 权益性投资所得
C. 动产转让所得 D. 特许权使用费所得

三、企业所得税的税率

企业所得税采用比例税率,按我国企业所得税税法的规定,企业所得税的税率为25%。

非居民企业在中国境内未设立机构、场所的,或者虽设立机构、场所但取得的所得与其所设机构、场所没有实际联系的,就其来源于中国境内的所得,适用的企业所得税税率为20%。

第二节 应纳税所得额的计算

应纳税所得额是税法规定确定纳税人在一定期间所获得的所有应税收入减除在纳税期间依法允许减除后的余额,是正确计算企业所得税的关键。在企业所得税的两类纳税人中,居民企业的应纳税所得额的确定比较复杂,因此本节将主要涉及居民企业的计税依据。企业应纳税所得额的计算,除企业所得税税法实施条例和国务院财政、税务主管部门另有规定的,一般以权责发生制为原则,属于当期的收入和费用,不论款项是否收付,均作为当期的收入和费用;不属于当期的收入和费用,即使款项已经在当期收付,均不作为当期的收入和费用。按税法的规定,应纳税所得额计算的公式为应纳税所得额=企业每一纳税年度的收入总额一不征税收入一免税收入一各项扣除一允许弥补的以前年度亏损。

一、收入总额的规定

(一) 收入的形式

《企业所得税税法》规定,企业以货币形式和非货币形式从各种来源取得的收入,为收入总额。货币形式的收入,包括现金、存款、应收账款、应收票据、准备持有至到期的债券投资以及债务的豁免等。非货币形式的收入,包括固定资产、生物资产、无形资产、股权投资、存货、不准备持有至到期的债券投资、劳务以及有关权益等,企业取得的非货币形式的收入,应当按照市场价格确定的价值确定收入额。具体有:销售货物收入、提供劳务收入、转让财产收入、股息、红利等权益性投资收益,利息收入,租金收入,特许权使用费收入,接受捐赠收入,其他收入。

收入具体包括:

(1) 销售货物收入,是指企业销售商品、产品、原材料、包装物、低值易耗品以及其他存货取得的收入。

(2) 提供劳务收入,是指企业从事建筑安装、修理修配、交通运输、仓储租赁、金融保险、邮电通信、咨询经纪、文化体育、科学研究、技术服务、教育培训、餐饮住宿、中介代理、卫生保健、社区服务、旅游、娱乐、加工以及其他劳务服务活动取得的收入。

(3) 转让财产收入,是指企业转让固定资产、生物资产、无形资产、股权、债权等财产取得的收入。

企业转让股权收入,应于转让协议生效且完成股权变更手续时,确认收入的实现。转让股权收入扣除为取得该股权所发生的成本后,为股权转让所得。企业在计算股权转让所得时,不得扣除被投资企业未分配利润等股东留存收益中按该项股权所可能分配的金额。

(4) 股息、红利等权益性投资收益:指企业因权益性投资从被投资方取得的收入。股息、红利等权益性投资收益,除国务院财政、税务主管部门另有规定外,按照被投资方作出利润分配决定的日期确认收入的实现。

被投资企业将股权(票)溢价所形成的资本公积转为股本的,不作为投资方企业的股息、红利收入,投资方企业也不得增加该项长期投资的计税基础。

对内地企业投资者通过沪港通投资香港联交所上市股票取得的转让差价所得,计入其收入总额,依法征收企业所得税;取得的股息红利所得,计入其收入总额,依法计征企业所得税。其中,内地居民企业连续持有H股满12个月取得的股息红利所得,免征企业所得税。

(5) 利息收入:指企业将资金提供他人使用但不构成权益性投资,或者因他人占用本企业资金取得的收入,包括存款利息、贷款利息、债券利息、欠款利息等收入。利息收入,按照合同约定的债务人应付利息的日期确认收入的实现。

自2013年9月1日起,企业混合性投资业务,是指兼具权益和债权双重特性的投资业务(被投资企业定期支付利息或定期支付保底利息、固定利润、固定股息;并在投资期满或满足特定投资条件后,赎回投资或偿还本金),混合性投资业务的企业所得税处理如下:

① 对于被投资企业支付的利息:

被投资企业应于应付利息的日期,确认利息支出,进行税前扣除;投资企业应于被投资企业应付利息的日期,确认收入的实现并计入当期应纳税所得额。

② 对于被投资企业赎回的投资

投资双方应于赎回时将赎价与投资成本之间的差额确认为债务重组损益,分别计入当期应纳税所得额。

(6) 租金收入:指企业提供固定资产、包装物或者其他有形资产的使用权取得的收入。租金收入,按照合同约定的承租人应付租金的日期确认收入的实现。租赁期限跨年度,且租金提前一次性支付的,出租人可对上述已确认的收入,在租赁期内,分期均匀计入相关年度收入。

(7) 特许权使用费收入:指企业提供专利权、非专利技术、商标权、著作权以及其他特许权的使用权取得的收入。特许权使用费收入,按照合同约定的特许权使用人应付特许权使用费的日期确认收入的实现。

(8) 接受捐赠收入:指企业接受的来自其他企业、组织或者个人无偿给予的货币性资产、非货币性资产。接受捐赠收入,按照实际收到捐赠资产的日期确认收入的实现。

(9) 其他收入:指企业取得的除上述八项收入外的其他收入,包括企业资产溢余收入、逾期未退包装物押金收入、确实无法偿付的应付款项、已作坏账损失处理后又收回的应收款项、债务重组收入、补贴收入、违约金收入、汇兑收益等。

（二）特殊收入的确认

（1）以分期收款方式销售货物的，按照合同约定的收款日期确认收入的实现。

（2）企业受托加工制造大型机械设备、船舶、飞机，以及从事建筑、安装、装配工程业务或者提供其他劳务等，持续时间超过12个月的，按照纳税年度内完工进度或者完成的工作量确认收入的实现。

（3）采取产品分成方式取得收入的，按分得产品的日期确认收入的实现，其收入额按照产品的公允价值确定。

（4）企业发生非货币性资产交换，以及将货物、财产、劳务用于捐赠、偿债、赞助、集资、广告、样品、职工福利或者利润分配等用途的，应当视同销售货物、转让财产或者提供劳务，但国务院财政、税务主管部门另有规定的除外。

（三）处置资产收入的确认

（1）企业发生下列情形的处置资产，除将资产转移至境外以外，由于资产所有权属在形式和实质上均不发生改变，可作为内部处置资产，不视同销售确认收入，相关资产的计税基础延续计算。

① 将资产用于生产、制造、加工另一产品。
② 改变资产形状、结构或性能。
③ 改变资产用途（如自建商品房转为自用或经营）。
④ 将资产在总机构及其分支机构之间转移。
⑤ 上述两种或两种以上情形的混合。
⑥ 其他不改变资产所有权属的用途。

（2）企业将资产移送他人的下列情形，因资产所有权属已发生改变而不属于内部处置资产，应按规定视同销售确定收入。

① 用于市场推广或销售。
② 用于交际、应酬。
③ 用于职工奖励或福利。
④ 用于股息分配。
⑤ 用于对外捐赠。
⑥ 其他改变资产所有权属的用途。

（3）企业发生第2条规定情形时，属于企业自制的资产，应按企业同类资产同期对外销售价格确定销售收入；属于外购的资产，可按购入时的价格确定销售收入。

（四）非货币性资产对外投资企业所得税处理

非货币性资产，是指现金、银行存款、应收账款、应收票据以及准备持有至到期的债券投资等货币性资产以外的资产。非货币性资产投资，限于以非货币性资产出资设立新的居民企业，或将非货币性资产注入现存的居民企业。

1. 投资企业（居民企业）

以非货币性资产对外投资确认的非货币性资产转让所得，可在不超过5年期限内，分期均匀计入相应年度的应纳税所得额，按规定计算缴纳企业所得税。

（1）企业以非货币性资产对外投资，应对非货币性资产进行评估并按评估后的公允价值扣除计税基础后的余额，计算确认非货币性资产转让所得。

（2）企业以非货币性资产对外投资，应于投资协议生效并办理股权登记手续时，确认转让收入的实现。

(3) 企业以非货币性资产对外投资而取得被投资企业的股权,应以非货币性资产的原计税成本为计税基础,加上每年确认的非货币性资产转让所得,逐年进行调整。

2. 被投资企业

被投资企业取得非货币性资产的计税基础,应按非货币性资产的公允价值确定。

3. 投资企业停止执行递延纳税政策

(1) 对外投资5年内转让上述股权或投资收回的,应就递延期内尚未确认的非货币性资产转让所得,在转让股权或投资收回当年的企业所得税年度汇算清缴时,一次性计算缴纳企业所得税;企业在计算股权转让所得时,可将股权的计税基础一次调整到位。

(2) 对外投资5年内注销的,应停止执行递延纳税政策,就递延期内尚未确认的非货币性资产转让所得,在注销当年的企业所得税年度汇算清缴时,一次性计算缴纳企业所得税。

(五) 企业转让上市公司限售股有关所得税处理

根据《企业所得税法》第一条及其《实施条例》第三条的规定,转让限售股取得收入的企业、事业单位、社会团体、民办非企业单位等,为企业所得税的纳税义务人。

1. 企业转让代个人持有的限售股征税问题

(1) 企业转让限售股取得的收入,应作为企业应税收入计算纳税。企业转让上述限售股取得的收入扣除限售股原值和合理税费后的余额为该限售股转让所得。企业未能提供完整、真实的限售股原值凭证,不能准确计算该限售股原值的,主管税务机关一律按该限售股转让收入的15%,核定为该限售股原值和合理税费。依照本条规定完成纳税义务后的限售股转让收入余额转付给实际所有人时不再纳税。

(2) 依法院判决、裁定等原因,通过证券登记结算公司,企业将其代持的个人限售股直接变更到实际所有人名下的,不视同转让限售股。

2. 企业在限售股解禁前转让限售股征税问题

企业在限售股解禁前将其持有的限售股转让给其他企业或个人,其企业所得税问题按以下规定处理:企业应按减持在证券登记结算机构登记的限售股取得的全部收入,计入企业当年度应税收入计算纳税。

企业持有的限售股在解禁前已签订协议转让给受让方,但未变更股权登记、仍由企业持有的,企业实际减持该限售股取得的收入,依照上述第1条第(1)项规定纳税后,其余额转付给其他企业或个人的,其他企业或个人不再纳税。

(六) 企业接收政府和股东划入资产所得税处理

1. 关于企业接收政府划入资产的企业所得税处理

企业接收政府投资资产的,不属于收入范畴,按国家资本金处理资产计税基础按实际接收价确定。

企业接收政府指定用途资产的,属于财政性资金性质的,作为不征税收入。

企业接收政府无偿划入资产,并入当期应税收入如果政府没有确定接收价值的,应按资产的公允价值确定应税收入。

2. 关于企业接收股东划入资产的企业所得税处理

(1) 凡作为资本金(包括资本公积)处理的,属于正常接收投资行为,不能作为收入进行所得税处理,企业应按公允价值确定该项资产的计税基础。

(2) 凡作为收入处理的,属于接受捐赠行为,按公允价值计入收入总额计算缴纳企业所得税,按公允价值确定计税基础。

(七) 相关收入实现的确认时间

(1) 符合收入确认条件,采取下列商品销售方式的,应按以下规定确认收入实现的时间:

① 销售商品采用托收承付方式的,在办妥托收手续时确认收入。
② 销售商品采取预收款方式的,在发出商品时确认收入。
③ 销售商品需要安装和检验的,在购买方接受商品以及安装和检验完毕时确认收入。如果安装程序比较简单,可在发出商品时确认收入。
④ 销售商品采用支付手续费方式委托代销的,在收到代销清单时确认收入。
⑤ 产品分成方式销售的,按分得产品的时间确认收入。

(2) 下列提供劳务满足收入确认条件的,应按规定确认收入:

① 安装费。应根据安装完工进度确认收入。安装工作是商品销售附带条件的,安装费在确认商品销售实现时确认收入。
② 宣传媒介的收费。应在相关的广告或商业行为出现于公众面前时确认收入。广告的制作费,应根据制作广告的完工进度确认收入。
③ 软件费。为特定客户开发软件的收费,应根据开发的完工进度确认收入。
④ 服务费。包含在商品售价内可区分的服务费,在提供服务的期间分期确认收入。
⑤ 特许权费。属于提供设备和其他有形资产的特许权费,在交付资产或转移资产所有权时确认收入;属于提供初始及后续服务的特许权费,在提供服务时确认收入。

(3) 企业转让股权取得的收入,应于转让协议生效且完成股权变更手续时,确认收入的实现。

(4) 企业取得的股息、红利等权益性投资收益,除国务院财政、税务主管部门另有规定外,按照被投资方做出利润分配决定的日期确认收入的实现。

(5) 企业取得的利息收入,按照合同约定的债务人应付利息的日期确认收入的实现。

(6) 企业取得的租金收入,按照合同约定的承租人应付租金的日期确认收入的实现;如果交易合同或协议中规定租赁期限跨年度,且租金提前一次性支付的,可对上述已确认的收入,在租赁期内,分期均匀计入相关年度收入。

(7) 企业取得的特许权使用费收入,按照合同约定的特许权使用人应付特许权使用费的日期确认收入的实现。

(8) 企业取得的接受捐赠收入,按照实际收到捐赠资产的日期确认收入的实现。

(9) 企业取得财产转让收入(包括各类资产、股权、债权等)、债务重组收入、接受捐赠收入、无法偿付的应付款收入等,不论是以货币形式、还是非货币形式体现,除另有规定外,均应一次性计入确认收入的年度计算缴纳企业所得税。

(10) 企业以买一赠一等方式组合销售本企业商品的,不属于捐赠,应将总的销售金额按各项商品的公允价值的比例来分摊确认各项的销售收入。

二、不征税收入

收入总额中的下列收入为不征税收入:

(1) 财政拨款。财政拨款指各级人民政府对纳入预算管理的事业单位、社会团体等组织拨付的财政资金,但国务院和国务院财政、税务主管部门另有规定的除外。

(2) 依法收取并纳入财政管理的行政事业性收费、政府性基金。行政事业性收费,是指依照法律法规等有关规定,按照国务院规定程序批准,在实施社会公共管理,以及在向公民、法人或者其他组织提供特定公共服务过程中,向特定对象收取并纳入财政管理的费用。政府性基金,是指企业依照法律、行政法规等有关规定,代政府收取的具有专项用途的财政资金。

(3) 国务院规定的其他不征税收入。所谓其他不征税收入,是指企业取得的,由国务院财政、税务主管部门规定专项用途并经国务院批准的财政性资金。

三、免税收入

(1) 国债利息收入。

(2) 符合条件的居民企业之间的股息、红利等权益性投资收益。

【应用训练】8-2 某企业从境内A公司分回股息20万元,A公司为小型微利企业,适用20%的企业所得税税率且其所得减按50%计入应纳税所得额。请问该企业应调减的应纳税所得额是多少?

(3) 在中国境内设立机构、场所的非居民企业从居民企业取得与该机构、场所有实际联系的股息、红利等权益性投资收益;但不包括连续持有居民企业公开发行并上市流通的股票不足12个月取得的投资收益。

(4) 符合条件的非营利组织的收入,不包括非营利组织从事营利性活动取得的收入,但国务院财政、税务主管部门另有规定的除外。

非营利组织的下列收入为免税收入:

① 接受其他单位或者个人捐赠的收入;

② 除《中华人民共和国企业所得税法》第7条规定的财政拨款以外的其他政府补助收入,但不包括因政府购买服务取得的收入;

③ 按照省级以上民政、财政部门规定收取的会费;

④ 不征税收入和免税收入孳生的银行存款利息收入;

⑤ 财政部、国家税务总局规定的其他收入。

四、企业所得税计算中的各项扣除

企业申报的扣除项目和金额应该真实、合法。真实是指能提供证明有关支出确实已经发生;合法是指符合国家税法的规定,若其他法规规定与税法规定不一致,应以税收法规的规定为准。

(一) 税前扣除的基本规定

企业实际发生的与取得收入有关的、合理的支出,包括成本、费用、税金、损失和其他支出,准予在计算应纳税所得额时扣除。所谓有关的支出,是指与取得收入直接相关的支出;而合理的支出,是指符合生产经营活动常规,应当计入当期损益或者有关资产成本的必要和正常的支出。

企业发生的支出应当区分收益性支出和资本性支出。收益性支出在发生当期直接扣除;资本性支出应当分期扣除或者计入有关资产成本,不得在发生当期直接扣除。企业的不征税收入用于支出所形成的费用或者财产,不得扣除或者计算对应的折旧、摊销扣除。

除企业所得税法和实施条例另有规定外,企业实际发生的成本、费用、税金、损失和其他支出,不得重复扣除。

成本、费用、税金、损失和其他支出的解释如下:

(1) 成本,是指企业在生产经营活动中发生的销售成本、销货成本、业务支出以及其他耗费。

(2) 费用,是指企业在生产经营活动中发生的销售费用、管理费用和财务费用,已经计入成本的有关费用除外。

(3) 税金,是指企业发生的除企业所得税和允许抵扣的增值税以外的各项税金及其附加。

(4) 损失,是指企业在生产经营活动中发生的固定资产和存货的盘亏、毁损、报废损失,转让财产损失,呆账损失,坏账损失,自然灾害等不可抗力因素造成的损失以及其他损失。

企业发生的损失,减除责任人赔偿和保险赔款后的余额,依照国务院财政、税务主管部门的规定扣除。

企业已经作为损失处理的资产,在以后纳税年度又全部收回或者部分收回时,应当计入当期收入。

(5) 其他支出,是指除成本、费用、税金、损失外,企业在生产经营活动中发生的与生产经营活动有关的、合理的支出。

(二) 准予税前扣除项目的具体规定

(1) 工资、薪金支出

① 企业发生的合理的工资、薪金支出,准予据实扣除。工资薪金,是指企业每一纳税年度支付给在本企业任职或者受雇的员工的所有现金形式或者非现金形式的劳动报酬,包括基本工资、奖金、津贴、补贴、年终加薪、加班工资,以及与员工任职或者受雇有关的其他支出。

合理的工资、薪金,是指企业按照股东大会、董事会、薪酬委员会或相关管理机构制订的工资薪金制度规定实际发放给员工的工资薪金。

② 企业因雇佣季节工、临时工、实习生、返聘离退休人员及接受外部劳务派遣用工所实际发生的费用,也属于企业任职或者受雇员工范畴,应区分工资薪金支出和职工福利费支出,并按《企业所得税法》规定在企业所得税前扣除。其中属于工资薪金支出的,准予计入企业工资薪金总额的基数,作为计算其他各项相关费用扣除的依据。

③ 对股权激励计划有关所得税处理问题

股权激励,是指《上市公司股权激励管理办法》中规定的上市公司以本公司股票为标的,对其董事、监事、高级管理人员及其他员工(简称"激励对象")进行的长期性激励。

(a) 对股权激励计划实行后立即可以行权的,上市公司可以根据实际行权时该股票的公允价格与激励对象实际行权支付价格的差额和数量,计算确定作为当年上市公司工资薪金支出,依照税法规定进行税前扣除。

(b) 对股权激励计划实行后,需待一定服务年限或者达到规定业绩条件(等待期)方可行权的。上市公司等待期内会计上计算确认的相关成本费用,不得在对应年度计算缴纳企业所得税时扣除。

(2) 企业发生的职工福利费支出,不超过工资薪金总额14%的部分,准予扣除。

(3) 企业拨缴的工会经费,不超过工资薪金总额2%的部分,准予扣除。

(4) 除国务院财政、税务主管部门另有规定外,企业发生的职工教育经费支出,不超过工资薪金总额2.5%的部分,准予扣除;超过部分,准予在以后纳税年度结转扣除。

注册在中国境内、实行查账征收,经认定的高新技术企业发生的职工教育经费支出,不超过工资薪金总额8%的部分,准予在计算企业所得税应纳税所得额时扣除;超过部分,准予在以后年度结转扣除。

上述计算职工福利费、工会经费、职工教育经费的工资薪金总额,是指企业实际发放的工资薪金总和,不包括企业的职工福利费、职工教育经费、工会经费以及养老保险费、医疗保险费、失业保险费、工伤保险费、生育保险费等社会保险费和住房公积金。属于国有性质的企业,其工资薪金,不得超过政府有关部门给予的限定数额;超过部分,不得计入企业工资薪金总额,也不得在计算企业应纳税所得额时扣除。

【应用训练】8-3 某企业2015年实际发放职工工资320万元,其中含福利部门人员工资20万元;除福利部门人员工资外的职工福利费总额为44.7万元,拨缴工会经费5万元,职工教育经费支出9万元。要求:计算工资及三项经费的纳税调整额。

(5) 企业依照国务院有关主管部门或者省级人民政府规定的范围和标准为职工缴纳的基本养老保险费、基本医疗保险费、失业保险费、工伤保险费、生育保险费等基本社会保险费和住房公积金,即五险一金,准予扣除。

企业为投资者或者职工支付的补充养老保险费、补充医疗保险费,在国务院财政、税务主管部门规定的范围和标准内,准予扣除。

(6) 除企业依照国家有关规定为特殊工种职工支付的人身安全保险费和国务院财政、税务主管部门规定可以扣除的其他商业保险费外,企业为投资者或者职工支付的商业保险费,不得扣除。

(7) 企业在生产经营活动中发生的合理的不需要资本化的借款费用,准予扣除。

企业为购置、建造固定资产、无形资产和经过12个月以上的建造才能达到预定可销售状态的存货发生借款的,在有关资产购置、建造期间发生的合理的借款费用,应当作为资本性支出计入有关资产的成本,并依照实施条例的规定扣除。

(8) 企业在生产经营活动中发生的下列利息支出,准予扣除:

① 非金融企业向金融企业借款的利息支出、金融企业的各项存款利息支出和同业拆借利息支出、企业经批准发行债券的利息支出;

② 非金融企业向非金融企业借款的利息支出,不超过按照金融企业同期同类贷款利率计算的数额的部分。

【应用训练】8-4 某居民企业2015年发生财务费用40万元,其中含向非金融企业借款250万元所支付的年利息30万元(当年金融企业贷款的年利率为4.9%)。要求:计算财务费用的纳税调整额。

③ 关联企业利息费用的扣除。

企业从其关联方接受的债权性投资与权益性投资的比例超过规定标准而发生的利息支出,不得在计算应纳税所得额时扣除。

企业实际支付给关联方的利息支出,不超过下列比例的准予扣除,超过的部分不得在发生当期和以后年度扣除。

接受关联方债权性投资与其权益性投资比例为:金融企业,为5:1;其他企业,为2:1。

④ 企业向自然人借款的利息支出。

(a) 企业向股东或其他与企业有关联关系的自然人借款的利息支出,符合规定条件的,准予扣除。

（b）企业向除上述规定以外的内部职工或其他人员借款的利息支出，其借款情况同时符合以下条件的，其利息支出在不超过按照金融企业同期同类贷款利率计算的数额的部分，准予扣除。

条件一：企业与个人之间的借贷是真实、合法、有效的，并且不具有非法集资目的或其他违反法律、法规的行为；

条件二：企业与个人之间签订了借款合同。

（9）企业在货币交易中，以及纳税年度终了时将人民币以外的货币性资产、负债按照期末即期人民币汇率中间价折算为人民币时产生的汇兑损失，除已经计入有关资产成本以及与向所有者进行利润分配相关的部分外，准予扣除。

（10）企业发生的与生产经营活动有关的业务招待费支出，按照发生额的60%扣除，但最高不得超过当年销售（营业）收入的5‰。

对从事股权投资业务的企业（包括集团公司总部、创业投资企业等），其从被投资企业所分配的股息、红利以及股权转让收入，可以按规定的比例计算业务招待费扣除限额。

企业在筹建期间，发生的与筹办活动有关的业务招待费支出，可按实际发生额的60%计入企业筹办费，并按有关规定在税前扣除。

【课堂思考】8-2 上述业务招待费的扣除规定中，销售（营业）收入包括哪些收入，和会计上确认的收入一致吗？

（11）企业发生的符合条件的广告费和业务宣传费支出，除国务院财政、税务主管部门另有规定外，不超过当年销售（营业）收入15%的部分，准予扣除；超过部分，准予在以后纳税年度结转扣除。

企业在筹建期间，发生的广告费和业务宣传费，可按实际发生额计入企业筹办费，可按规定在税前扣除。

企业申报扣除的广告费支出应与赞助支出严格区分。企业申报扣除的广告费支出，必须符合下列条件：广告是通过工商部门批准的专门机构制作的；已实际支付费用，并已取得相应发票；通过一定的媒体传播。

【应用训练】8-5 某制药厂2014年销售收入3 000万元，发生现金折扣100万元；特许权使用费收入200万元，营业外收入150万元。广告费支出1 000万元，业务宣传费40万元。计算广告费和业务宣传费的纳税调整额。

（12）企业依照法律、行政法规有关规定提取的用于环境保护、生态恢复等方面的专项资金，准予扣除。上述专项资金提取后改变用途的，不得扣除。

（13）企业参加财产保险，按照规定缴纳的保险费，准予扣除。

（14）租赁费

企业根据生产经营活动的需要租入固定资产支付的租赁费，按照以下方法扣除：

① 以经营租赁方式租入固定资产发生的租赁费支出，按照租赁期限均匀扣除；

② 以融资租赁方式租入固定资产发生的租赁费支出，按照规定构成融资租入固定资产价值的部分应当提取折旧费用，分期扣除。

（15）劳动保护费

企业发生的合理的劳动保护支出，准予扣除。自2011年7月1日起，企业根据其工作性质和特点，由企业统一制作并要求员工工作时统一着装所发生的工作服饰费用，根据《企业所得税法实施条例》的规定,可以作为合理的支出给予税前扣除。

(16) 总机构分摊的费用

非居民企业在中国境内设立的机构、场所,就其中国境外总机构发生的与该机构、场所生产经营有关的费用,能够提供总机构出具的费用汇集范围、定额、分配依据和方法等证明文件,并合理分摊的,准予扣除。

(17) 企业发生的公益性捐赠支出,不超过年度利润总额12%的部分,准予扣除。

年度利润总额,是指企业依照国家统一会计制度的规定计算的年度会计利润。

所称公益性捐赠,是指企业通过公益性社会团体或者县级以上人民政府及其部门,用于《中华人民共和国公益事业捐赠法》规定的公益事业的捐赠。对符合条件的公益性群众团体(接受捐赠),应按照管理权限,由财政部、国家税务总局和省、自治区、直辖市、计划单列市财政、税务部门分别每年联合公布名单。

而公益性社会团体,是指同时符合下列条件的基金会、慈善组织等社会团体:

① 依法登记,具有法人资格;
② 以发展公益事业为宗旨,且不以营利为目的;
③ 全部资产及其增值为该法人所有;
④ 收益和营运结余主要用于符合该法人设立目的的事业;
⑤ 终止后的剩余财产不归属任何个人或者营利组织;
⑥ 不经营与其设立目的无关的业务;
⑦ 有健全的财务会计制度;
⑧ 捐赠者不以任何形式参与社会团体财产的分配;
⑨ 国务院财政、税务主管部门会同国务院民政部门等登记管理部门规定的其他条件。

(18) 有关资产的费用

企业转让各类固定资产发生的费用,允许扣除。企业按规定计算的固定资产折旧费、无形资产和递延资产的摊销费,准予扣除。

(19) 资产损失

企业当期发生的固定资产和流动资产盘亏、毁损净损失,由其提供清查盘存资料经主管税务机关审核后,准予扣除。

(20) 依照有关法律、行政法规和国家有关税法规定准予扣除的其他项目。如会员费、合理的会议费、差旅费、违约金、诉讼费用等。

(21) 手续费及佣金支出

企业发生与生产经营有关的手续费及佣金支出,不超过以下规定计算限额以内的部分,准予扣除;超过部分,不得扣除。

① 保险企业:财产保险企业按当年全部保费收入扣除退保金等后余额的15%(含本数,下同)计算限额;人身保险企业按当年全部保费收入扣除退保金等后余额的10%计算限额。

② 其他企业:按与具有合法经营资格中介服务机构或个人(不含交易双方及其雇员、代理人和代表人等)所签订服务协议或合同确认的收入金额的5%计算限额。

企业不得将手续费及佣金支出计入回扣、业务提成、返利、进场费等费用。

电信企业委托销售电话入网卡、电话充值卡所发生的手续费及佣金,不超过年收入总额5%的部分,准予据实扣除。

从事代理服务、主营业务收入为手续费、佣金的企业为取得该类收入实际发生的营业成本(包括手续费、佣金),据实扣除。

(22) 企业实际发生的维简费支出,属于收益性支出的,可作为当前费用税前扣除;属于资本性支出的,应计入有关资产成本,并按照《企业所得税法》规定计提折旧或摊销费用在税前扣除。

(23) 企业参与政府统一组织的工矿棚户区改造、林区棚户区改造、垦区危房改造并同时符合一定条件的棚户区改造支出,准予税前扣除。

(24) 根据《企业所得税法》第二十一条规定,对企业依据财务会计制度规定,并实际在财务会计处理上已确认的支出,凡没有超过《企业所得税法》和有关税收法规规定的税前扣除范围和标准的,可按企业实际会计处理确认的支出,在企业所得税前扣除,计算其应纳税所得额。

(三) 不予税前扣除的项目

1. 不准扣除项目的基本规定

在计算应纳税所得额时,下列支出不得扣除:

① 向投资者支付的股息、红利等权益性投资收益款项。
② 企业所得税税款。
③ 税收滞纳金。
④ 罚金、罚款和被没收财物的损失。
⑤ 不符合税法规定的捐赠支出。
⑥ 赞助支出。所称赞助支出,是指企业发生的与生产经营活动无关的各种非广告性质支出。
⑦ 未经核定的准备金支出。所称未经核定的准备金支出,是指不符合国务院财政、税务主管部门规定的各项资产减值准备、风险准备等准备金支出。
⑧ 与取得收入无关的其他支出。

2. 不准扣除项目的其他规定

(1) 企业之间支付的管理费、企业内营业机构之间支付的租金和特许权使用费,以及非银行企业内营业机构之间支付的利息,不得扣除。

(2) 企业对外投资期间,投资资产的成本在计算应纳税所得额时不得扣除。

五、亏损弥补

(一) 一般规定

企业某一纳税年度发生的亏损可以用下一年度的所得弥补,下一年度的所得不足以弥补的,可以逐年延续弥补,但最长不得超过 5 年。

企业在汇总计算缴纳企业所得税时,其境外营业机构的亏损不得抵减境内营业机构的盈利。

(二) 其他规定

(1) 企业筹办期间不计算为亏损年度,企业自开始生产经营的年度,为开始计算企业损益的年度。

(2) 税务机关对企业以前年度纳税情况进行检查时调增的应纳税所得额,凡企业以前年度发生亏损、且该亏损属于企业所得税法规定允许弥补的,应允许调增的应纳税所得额弥补该亏损。弥补该亏损后仍有余额的,按照企业所得税法规定计算缴纳企业所得税。

(3) 以前年度实际发生的、按照税收规定应在企业所得税前扣除而未扣除或者少扣除的支出,企业做出专项申报及说明后,准予追补至该项目发生年度计算扣除,但追补期限不得超过5年。

企业由于上述原因多缴的企业所得税税款,可以在追补确认年度企业所得税应纳税款中抵扣,不足抵扣的,可以向以后年度递延抵扣或申请退税。

第三节 资产的税务处理

企业的各项资产,包括固定资产、生物资产、无形资产、长期待摊费用、投资资产、存货等,以历史成本为计税基础。历史成本,是指企业取得该项资产时实际发生的支出。

企业持有各项资产期间资产增值或者减值,除国务院财政、税务主管部门规定可以确认损益外,不得调整该资产的计税基础。

(一) 固定资产

企业所得税法中的固定资产,是指企业为生产产品、提供劳务、出租或者经营管理而持有的、使用时间超过12个月的非货币性资产,包括房屋、建筑物、机器、机械、运输工具以及其他与生产经营活动有关的设备、器具、工具等。

1. 固定资产的计税基础

固定资产按照以下方法确定计税基础:

(1) 外购的固定资产,以购买价款和支付的相关税费以及直接归属于使该资产达到预定用途发生的其他支出为计税基础;

(2) 自行建造的固定资产,以竣工结算前发生的支出为计税基础;

(3) 融资租入的固定资产,以租赁合同约定的付款总额和承租人在签订租赁合同过程中发生的相关费用为计税基础,租赁合同未约定付款总额的,以该资产的公允价值和承租人在签订租赁合同过程中发生的相关费用为计税基础;

(4) 盘盈的固定资产,以同类固定资产的重置完全价值为计税基础;

(5) 通过捐赠、投资、非货币性资产交换、债务重组等方式取得的固定资产,以该资产的公允价值和支付的相关税费为计税基础;

(6) 改建的固定资产,已足额提取折旧的固定资产的改建支出作为长期待摊费用按规定摊销外,其他改建的固定资产以改建过程中发生的改建支出增加计税基础。

2. 固定资产折旧的范围

在计算应税所得额时,企业按照规定计算的固定资产折旧,准予扣除。下列固定资产不得计算折旧扣除:

(1) 房屋、建筑物以外未投入使用的固定资产;

(2) 以经营租赁方式租入的固定资产;

(3) 以融资租赁方式租出的固定资产;

(4) 已足额提取折旧仍继续使用的固定资产;

(5) 与经营活动无关的固定资产;

(6) 单独估价作为固定资产入账的土地;

(7) 其他不得计算折旧扣除的固定资产。

3. 固定资产的折旧方法

固定资产按照直线法计算的折旧,准予扣除。

企业应当自固定资产投入使用月份的次月起计算折旧;停止使用的固定资产,应当自停止使用月份的次月起停止计算折旧。

企业应当根据固定资产的性质和使用情况,合理确定固定资产的预计净残值。固定资产的预计净残值一经确定,不得变更。

4. 固定资产的折旧年限

除国务院财政、税务主管部门另有规定外,固定资产计算折旧的最低年限如下:

(1) 房屋、建筑物,为 20 年;

(2) 飞机、火车、轮船、机器、机械和其他生产设备,为 10 年;

(3) 与生产经营活动有关的器具、工具、家具等,为 5 年;

(4) 飞机、火车、轮船以外的运输工具,为 4 年;

(5) 电子设备,为 3 年。

从事开采石油、天然气等矿产资源的企业,在开始商业性生产前发生的费用和有关固定资产的折耗、折旧方法,由国务院财政、税务主管部门另行规定。

(二) 生产性生物资产

生产性生物资产,是指企业为生产农产品、提供劳务或者出租等而持有的生物资产,包括经济林、薪炭林、产畜和役畜等。

1. 生产性生物资产的计税基础

生产性生物资产按照以下方法确定计税基础:

(1) 外购的生产性生物资产,以购买价款和支付的相关税费为计税基础;

(2) 通过捐赠、投资、非货币性资产交换、债务重组等方式取得的生产性生物资产,以该资产的公允价值和支付的相关税费为计税基础。

2. 生产性生物资产的折旧方法和净残值

生产性生物资产按照直线法计算的折旧,准予扣除。

企业应当自生产性生物资产投入使用月份的次月起计算折旧;停止使用的生产性生物资产,应当自停止使用月份的次月起停止计算折旧。

企业应当根据生产性生物资产的性质和使用情况,合理确定生产性生物资产的预计净残值。生产性生物资产的预计净残值一经确定,不得变更。

3. 生产性生物资产的折旧年限

生产性生物资产计算折旧的最低年限如下:

(1) 林木类生产性生物资产,为 10 年;

(2) 畜类生产性生物资产,为 3 年。

(三) 无形资产

无形资产,是指企业为生产产品、提供劳务、出租或者经营管理而持有的、没有实物形态的非货币性长期资产,包括专利权、商标权、著作权、土地使用权、非专利技术、商誉等。

1. 无形资产的计税基础

无形资产按照以下方法确定计税基础:

(1) 外购的无形资产,以购买价款和支付的相关税费以及直接归属于使该资产达到预定用途发生的其他支出为计税基础；

（2）自行开发的无形资产，以开发过程中该资产符合资本化条件后至达到预定用途前发生的支出为计税基础；

（3）通过捐赠、投资、非货币性资产交换、债务重组等方式取得的无形资产，以该资产的公允价值和支付的相关税费为计税基础。

2. 无形资产的折旧方法

无形资产按照直线法计算的摊销费用，准予扣除。

下列无形资产不得计算摊销费用扣除：

（1）自行开发的支出已在计算应纳税所得额时扣除的无形资产；

（2）自创商誉；

（3）与经营活动无关的无形资产；

（4）其他不得计算摊销费用扣除的无形资产。

3. 无形资产的折旧年限

无形资产的摊销年限不得低于10年。

作为投资或者受让的无形资产，有关法律规定或者合同约定了使用年限的，可以按照规定或者约定的使用年限分期摊销。

外购商誉的支出，在企业整体转让或者清算时，准予扣除。

（四）长期待摊费用

长期待摊费用是指企业发生的应在一个年度以上或几个年度进行摊销的费用。在计算应纳税所得额时，企业发生的下列支出作为长期待摊费用，按照规定摊销的，准予扣除：

（1）已足额提取折旧的固定资产的改建支出；

（2）租入固定资产的改建支出；

（3）固定资产的大修理支出；

（4）其他应当作为长期待摊费用的支出。

企业的固定资产修理支出可在发生当期直接扣除。企业的固定资产改良支出，如果有关固定资产尚未提足折旧，可增加固定资产价值；如果有关固定资产已提足折旧，可作为长期待摊费用，在规定的期间内平均摊销。

固定资产的改建支出，是指改变房屋或者建筑物结构、延长使用年限等发生的支出。已足额提取折旧的固定资产的改建支出按照固定资产预计尚可使用年限分期摊销；租入固定资产的改建支出，按照合同约定的剩余租赁期限分期摊销。改建的固定资产延长使用年限的，除已足额提取折旧的固定资产的改建支出和租入固定资产的改建支出外，应当适当延长折旧年限。

固定资产的大修理支出，按照固定资产尚可使用年限分期摊销。

固定资产的大修理支出，是指同时符合下列条件的支出：

（1）修理支出达到取得固定资产时的计税基础50%以上；

（2）修理后固定资产的使用年限延长2年以上。

固定资产的大修理支出，按照固定资产尚可使用年限分期摊销。

其他应当作为长期待摊费用的支出，自支出发生月份的次月起，分期摊销，摊销年限不得低于3年。

(五) 投资资产

投资资产,是指企业对外进行权益性投资和债权性投资形成的资产。企业在转让或者处置投资资产时,投资资产的成本,准予扣除。

投资资产按照以下方法确定成本:

(1) 通过支付现金方式取得的投资资产,以购买价款为成本;

(2) 通过支付现金以外的方式取得的投资资产,以该资产的公允价值和支付的相关税费为成本。

(六) 存货

存货,是指企业持有以备出售的产品或者商品、处在生产过程中的在产品、在生产或者提供劳务过程中耗用的材料和物料等。

1. 存货入账成本的确定

存货按照以下方法确定成本:

(1) 通过支付现金方式取得的存货,以购买价款和支付的相关税费为成本;

(2) 通过支付现金以外的方式取得的存货,以该存货的公允价值和支付的相关税费为成本;

(3) 生产性生物资产收获的农产品,以产出或者采收过程中发生的材料费、人工费和分摊的间接费用等必要支出为成本。

2. 存货计价方法的确定

企业使用或者销售的存货的成本计算方法,可以在先进先出法、加权平均法、个别计价法中选用一种。计价方法一经选用,不得随意变更。

除国务院财政、税务主管部门另有规定外,企业在重组过程中,应当在交易发生时确认有关资产的转让所得或者损失,相关资产应当按照交易价格重新确定计税基础。

第四节 企业所得税应纳税额的计算

一、非居民企业中预提所得应税所得额和应纳税额的计算

非居民企业在中国境内未设立机构、场所的,有来源于中国境内的所得;或者虽设立机构、场所但取得的所得与其所设机构、场所没有实际联系的为预提所得,按照下列方法计算其应纳税所得额:

(1) 股息、红利等权益性投资收益和利息、租金、特许权使用费所得,以收入全额为应纳税所得额;

(2) 转让财产所得,以收入全额减除财产净值后的余额为应纳税所得额;

(3) 其他所得,参照前两项规定的方法计算应纳税所得额。

非居民企业应纳税额的计算如下:

$$应纳税额 = 应纳税所得额 \times 适用税率$$

二、居民企业和非居民企业在中国境内设立机构、场所的且取得的所得与其所设机构、场所有实际联系的企业所得税应纳税额的计算

(一) 基本计算

企业的应纳税所得额乘以适用税率,减除依照企业所得税法关于税收优惠的规定减免和抵免的税额后的余额,为**应纳税额**。应纳税额的计算公式为:

$$应纳税额 = 应纳税所得额 \times 适用税率 - 减免税额 - 抵免税额$$

公式中的减免税额和抵免税额,是指依照企业所得税法和国务院的税收优惠规定减征、免征和抵免的应纳税额。

【案例分析】8-1 某外商投资企业2015年全年实现营业收入860万元,营业成本320万元,税金及附加35万元,投资收益6万元(其中国债利息收入4万元,金融债券利息收入2万元),营业外收入20万元,营业外支出85万元(包括非公益性捐赠80万元,因未代扣代缴个人所得税而被税务机关罚款3万元),管理费用280万元,财务费用150万元。该企业自行申报当年企业所得税是:应税所得额=860-320-35+6+20-85-280-150=16(万元)。应纳企业所得税=16×25%=4(万元)。

要求:根据上述资料以及所得税法律制度的有关规定,回答下列问题:

(1) 请分析该公司计算的当年应纳企业所得税是否正确;

(2) 若不正确,指出错误之处并正确计算应纳企业所得税。

【案例分析】8-2 设立在我国境内的某机械设备生产企业,2015年全年营业收入7 600万元,其他业务收入2 200万元,营业外收入1 200万元,主营业务成本6 000万元,其他业务成本1 200万元,营业外支出800万元,营业税金及附加400万元,销售费用2 000万元,管理费用1 100万元,财务费用180万元,投资收益1 600万元。当年发生的部分具体业务如下:

(1) 将两台设备通过市政府捐赠给贫困地区用于公共设施建设,"营业外支出"中已经列支两台设备的成本及对应的销项税额合计271万元,每台设备不含税市场售价为150万元。

(2) 向境内全资子公司转让一项账面余值(计税基础)为500万元的专利技术,取得转让收入600万元,该项转让业务已通过省科技部门认定登记。

(3) 当年实际发放工资总额1 500万元,发生职工福利费支出215万元,拨缴工会经费30万元并取得专用收据,发生职工教育经费支出25万元,以前年度累计结转至本年的职工教育经费扣除额为5万元。

(4) 发生广告费支出1 545万元;发生业务招待费支出90万元,其中有10万元未取得合法票据。

(5) 企业从事《国家重点支持的高新技术领域》规定项目的研究开发活动,对研发费用实行转账管理,发生研发费用支出200万元(包括委托某研究所研发支付的委托研发费用90万元)。其他相关资料:除非特别说明,各扣除项目均已取得有效凭证,相关优惠已办理必要手续。

要求:根据上述资料,回答问题。

(1) 计算业务(1)应调整的应纳税所得额。

(2) 计算业务(2)应调整的应纳税所得额。
(3) 计算业务(3)应调整的应纳税所得额。
(4) 计算业务(4)应调整的应纳税所得额。
(5) 计算业务(5)应调整的应纳税所得额。
(6) 计算该企业2015年应纳企业所得税税额。

【案例分析】8-3 某外国企业在中国境内设立一个分公司,该分公司可在中国境内独立开展经营活动,某年该分公司在中国境内取得营业收入200万元,发生成本费用150万元(其中有20万元不得税前扣除),假设该分公司不享受税收优惠,则该分公司该年应在中国缴纳多少企业所得税?

【案例分析】8-4 某小汽车生产企业为增值税一般纳税人,2015年度自行核算的相关数据为:全年取得产品销售收入总额68 000万元……全年实现会计利润5 400万元,应缴纳企业所得税1 350万元。

经聘请的会计师事务所审核发现:
12月20日收到代销公司代销5辆小汽车的代销清单及货款163.8万元(小汽车每辆成本价20万元,与代销公司不含税结算价28万元)。企业会计处理为:

借:银行存款——代销汽车款　　　1 638 000
　　贷:预收账款——代销汽车款　　1 638 000

要求:计算上述处理对所得税的影响。

(二) 考虑年度亏损弥补后的计算

亏损是指企业按照企业所得税法及其实施条例的规定,将每一纳税年度的收入总额减除不征税收入、免税收入和各项扣除后小于零的数额。税法规定,企业某一纳税年度发生的亏损可以用下一年度的所得弥补,下一年度的所得不足弥补的,可以逐年延续弥补,但最长不得超过5年。企业在汇总计算缴纳企业所得税时,其境外营业机构的亏损不得递减境内营业机构的盈利。

【案例分析】8-5 某境内企业2009年成立,2009~2015年度的盈亏情况如表8.1所示。设该企业一直实行5年补亏的政策,企业所得税税率为25%。请计算该企业应纳的企业所得税总额。

表8.1　2009~2015年获利情况表

年度	2009	2010	2011	2012	2013	2014	2015
获利(万元)	-140	-40	30	60	40	-10	70

(三) 考虑境外所得抵免后的计算

企业取得的下列所得已在境外缴纳的所得税税额,可以从其当期应纳税额中抵免,抵免限额为该项所得依照本法规定计算的应纳税额;超过抵免限额的部分,可以在以后五个年度内,用每年度抵免限额抵免当年应抵税额后的余额进行抵补:
(1) 居民企业来源于中国境外的应税所得;
(2) 非居民企业在中国境内设立机构、场所,取得发生在中国境外但与该机构、场所有实际联系的应税所得。
其中:已在境外缴纳的所得税税额,是指企业来源于中国境外的所得依照中国境外税收法律以及相关规定应当缴纳并已经实际缴纳的企业所得税性质的税款。

抵免限额，是指企业来源于中国境外的所得，依照企业所得税法和本条例的规定计算的应纳税额。除国务院财政、税务主管部门另有规定外，该抵免限额应当分国（地区）不分项计算，计算公式如下：

抵免限额＝中国境内、境外所得依照企业所得税法和本条例的规定计算的应纳税总额×来源于某国（地区）的应纳税所得额÷中国境内、境外应纳税所得总额。

5个年度，是指从企业取得的来源于中国境外的所得，已经在中国境外缴纳的企业所得税性质的税额超过抵免限额的当年的次年起连续5个纳税年度。

【案例分析】8-6　某公司2015年全年境内应税所得额为500万元（不包括境外所得）。从设在A国的分公司取得所得200万元，已按A国税法规定缴纳了80万元的所得税；从设在B国的分公司取得所得100万元，已按B国税法规定缴纳了15万元的所得税。设A与B确定应税所得额的规定与我国税法规定一致。要求：计算该公司境内、境外所得按我国规定计算的应纳企业所得税额。

【应用训练】8-6　某企业2014年度境内应纳税所得额为100万元，适用25％的企业所得税税率。

另在A、B两国设有分支机构（我国与A、B两国已经缔结避免双重征税协定），在A国分支机构的应纳税所得额为50万元，A国税率为20％；在B国的分支机构的应纳税所得额为30万元，B国税率为30％。

要求：计算该企业汇总时在我国应缴纳的企业所得税。

三、特别纳税调整

特别纳税调整是指税务机关出于实施反避税目的而对纳税人特定纳税事项所作的税务调整，主要针对企业与其关联方之间的往来业务，若企业与其关联方之间的业务往来不符合独立交易原则而减少企业或者其关联方应纳税收入或者所得额的，税务机关有权按照合理方法调整。企业与其关联方共同开发、受让无形资产，或者共同提供、接受劳务发生的成本，在计算应纳税所得额时应当按照独立交易原则进行分摊。

（一）关联方的含义

关联方，是指与企业有下列关联关系之一的企业、其他组织或者个人：
(1) 在资金、经营、购销等方面存在直接或者间接的控制关系；
(2) 直接或者间接地同为第三者控制；
(3) 在利益上具有相关联的其他关系。

（二）独立交易原则

独立交易原则是指没有关联关系的交易各方，按照公平成交价格和营业常规进行业务往来遵循的原则。

企业与其关联方共同开发、受让无形资产，或者共同提供、接受劳务发生的成本，按照独立交易原则与其关联方分摊共同发生的成本，达成成本分摊协议。

企业与其关联方分摊成本时，应当按照成本与预期收益相配比的原则进行分摊，并在税务机关规定的期限内，按照税务机关的要求报送有关资料。

企业与其关联方分摊成本时违反独立交易原则的，其自行分摊的成本不得在计算应纳税所得额时扣除。

(三) 税务机关的调整方法

税法中税务机关有权按照合理方法调整中的合理方法,包括以下方法:

(1) 可比非受控价格法,是指按照没有关联关系的交易各方进行相同或者类似业务往来的价格进行定价的方法;

(2) 再销售价格法,是指按照从关联方购进商品再销售给没有关联关系的交易方的价格,减除相同或者类似业务的销售毛利进行定价的方法;

(3) 成本加成法,是指按照成本加合理的费用和利润进行定价的方法;

(4) 交易净利润法,是指按照没有关联关系的交易各方进行相同或者类似业务往来取得的净利润水平确定利润的方法;

(5) 利润分割法,是指将企业与其关联方的合并利润或者亏损在各方之间采用合理标准进行分配的方法;

(6) 其他符合独立交易原则的方法。

企业可以向税务机关提出与其关联方之间业务往来的定价原则和计算方法,税务机关与企业协商、确认后,达成预约定价安排。

预约定价安排,是指企业就其未来年度关联交易的定价原则和计算方法,向税务机关提出申请,与税务机关按照独立交易原则协商、确认后达成的协议。

企业向税务机关报送年度企业所得税纳税申报表时,应当就其与关联方之间的业务往来,附送年度关联业务往来报告表。

税务机关在进行关联业务调查时,企业及其关联方,以及与关联业务调查有关的其他企业(其他企业为与被调查企业在生产经营内容和方式上相类似的企业),应当按照规定提供相关资料。相关资料,包括:① 与关联业务往来有关的价格、费用的制定标准、计算方法和说明等同期资料。② 关联业务往来所涉及的财产、财产使用权、劳务等的再销售(转让)价格或者最终销售(转让)价格的相关资料。③ 与关联业务调查有关的其他企业应当提供的与被调查企业可比的产品价格、定价方式以及利润水平等资料。④ 其他与关联业务往来有关的资料。

企业应当在税务机关规定的期限内提供与关联业务往来有关的价格、费用的制定标准、计算方法和说明等资料。关联方以及与关联业务调查有关的其他企业应当在税务机关与其约定的期限内提供相关资料。

企业不提供与其关联方之间业务往来资料,或者提供虚假、不完整资料,未能真实反映其关联业务往来情况时,税务机关可以采用下列方法核定企业的应纳税所得额:

(1) 参照同类或者类似企业的利润率水平核定;

(2) 按照企业成本加合理的费用和利润的方法核定;

(3) 按照关联企业集团整体利润的合理比例核定;

(4) 按照其他合理方法核定。

企业对税务机关按照规定的方法核定的应纳税所得额有异议的,应当提供相关证据,经税务机关认定后,调整核定的应纳税所得额。

由居民企业,或者由居民企业和中国居民(我国个人所得税法中的居民纳税人)控制的设立在实际税负明显低于25%法定税率水平的国家(地区)的企业,并非由于合理的经营需要而对利润不作分配或者减少分配的,上述利润中应归属于该居民企业的部分,应当计入该居民企业的当期收入。

所称控制,包括:

(1) 居民企业或者中国居民直接或者间接单一持有外国企业10%以上有表决权股份,且由其共同持有该外国企业50%以上股份;

(2) 居民企业,或者居民企业和中国居民持股比例没有达到第1项规定的标准,但在股份、资金、经营、购销等方面对该外国企业构成实质控制。

所称实际税负明显低于企业所得税法规定税率水平,是指低于企业所得税法法定税率的50%。

企业从其关联方接受的债权性投资与权益性投资的比例超过规定标准而发生的利息支出,不得在计算应纳税所得额时扣除。

所谓债权性投资,是指企业直接或者间接从关联方获得的,需要偿还本金和支付利息或者需要以其他具有支付利息性质的方式予以补偿的融资。

企业间接从关联方获得的债权性投资,包括:

(1) 关联方通过无关联第三方提供的债权性投资;

(2) 无关联第三方提供的、由关联方担保且负有连带责任的债权性投资;

(3) 其他间接从关联方获得的具有负债实质的债权性投资。

所谓权益性投资,是指企业接受的不需要偿还本金和支付利息,投资人对企业净资产拥有所有权的投资。

企业从其关联方接受的债权性投资与权益性投资的比例的规定标准,由国务院财政、税务主管部门另行规定。

企业实施其他不具有合理商业目的,以减少、免除或者推迟缴纳税款为主要目的的安排而减少其应纳税收入或者所得额的,税务机关有权按照合理方法调整。

税务机关依照规定作出纳税调整,需要补征税款的,应当补征税款,自税款所属纳税年度的次年6月1日起至补缴税款之日止的期间,按日加收利息,加收的利息,不得在计算应纳税所得额时扣除。加收的利息,应当按照税款所属纳税年度中国人民银行公布的与补税期间同期的人民币贷款基准利率加5个百分点计算;企业依照企业所得税法和实施条例的规定提供有关资料的,可以只按人民币贷款基准利率计算利息。

企业与其关联方之间的业务往来,不符合独立交易原则,或者企业实施其他不具有合理商业目的安排的,税务机关有权在该业务发生的纳税年度起10年内,进行纳税调整。

第五节 税 收 优 惠

税收优惠,是指国家对某一部分特定企业和课税对象给予减轻或免除税收负担的一种措施。税法规定的企业所得税的税收优惠方式包括免税、减税、加计扣除、加速折旧、减计收入、税额抵免等。

新企业所得税税法改变了以前"产业税收优惠和地区税收优惠"并重的思路,实行了"产业优惠为主,区域优惠为辅"的税收优惠体系,国家对重点扶持和鼓励发展的产业和项目,给予企业所得税优惠,符合所得税优惠的国际发展趋势。

新企业所得税的税收优惠政策灵活多样,企业同时从事适用不同企业所得税待遇的项目,其优惠项目应当单独计算所得,并合理分摊企业的期间费用;没有单独计算的,不得享受企业所得税优惠。

一、免征与减征优惠

企业的下列所得,可以免征、减征企业所得税。企业如果从事国家限制和制止发展的项目,不得享受企业所得税优惠。

(一)从事农、林、牧、渔业项目的所得:免税

企业从事农、林、牧、渔业项目的所得,包括减征和免征两部分。

1. 企业从事下列项目所得,免征企业所得税

(1) 蔬菜、谷物、薯类、油料、豆类、棉花、麻类、糖料、水果、坚果的种植;
(2) 农作物新品种的选育;
(3) 中药材的种植;
(4) 林木的培育和种植;
(5) 牲畜、家禽的饲养;
(6) 林产品的采集;
(7) 灌溉、农产品初加工、兽医、农技推广、农机作业和维修等农、林、牧、渔服务业项目;
(8) 远洋捕捞。

2. 企业从事下列项目所得,减半征收企业所得税

(1) 花卉、茶以及其他饮料作物和香料作物的种植;
(2) 海水养殖、内陆养殖。

(二)从事国家重点扶持的公共基础设施项目投资经营的所得

企业所得税法所称国家重点扶持的公共基础设施项目,是指《公共基础设施项目企业所得税优惠目录》规定的港口码头、机场、铁路、公路、电力、水利等项目。

(1) 从事国家重点扶持的公共基础设施项目投资经营的所得,自取得第一笔生产经营收入所属纳税年度起,第1年至第3年免征企业所得税,第4年至第6年减半征收企业所得税。

(2) 企业承包经营、承包建设和内部自建自用本条规定的项目,不得享受本条规定的企业所得税优惠。

(3) 企业投资经营符合《公共基础设施项目企业所得税优惠目录》规定条件和标准的公共基础设施项目,采用一次核准、分批次(如码头、泊位、航站楼、跑道、路段、发电机组等)建设,凡同时符合以下条件的,可按每一批次为单位计算所得,并享受企业所得税"3免3减半"优惠:

① 不同批次在空间上相互独立;
② 每一批次自身具备取得收入的功能;
③ 以每一批次为单位进行会计核算,单独计算所得,并合理分摊期间费用。

(三)从事符合条件的环境保护、节能节水项目的所得

从事符合条件的环境保护、节能节水项目的所得,自取得第一笔生产经营收入所属纳税年度起,第1年至第3年免征企业所得税,第4年至第6年减半征收企业所得税。

符合条件的环境保护、节能节水项目,包括公共污水处理、公共垃圾处理、沼气综合开发利用、节能减排技术改造、海水淡化等。项目的具体条件和范围由国务院财政、税务主管部门商国务院有关部门制定,报国务院批准后公布施行。

但是以上规定享受减免税优惠的项目,在减免期限内转让的,受让方自受让之日起,可以在剩余期限内享受规定的减免税优惠;减免税期限届满后转让的,受让方不得就该项目重复享受减免税优惠。

(四) 符合条件的技术转让所得

居民企业转让技术所有权所得不超过500万元的部分,免征企业所得税;超过500万元的部分,减半征收企业所得税。

技术转让的范围,包括居民企业转让专利技术、计算机软件著作权、集成电路布图设计权、植物新品种、生物医药新品种等。

符合条件的技术转让所得的计算方法:

$$技术转让所得 = 技术转让收入 - 技术转让成本 - 相关税费$$

其中,技术转让收入是指当事人履行技术转让合同后获得的价款,不包括销售或转让设备、仪器、零部件、原材料等非技术性收入。不属于与技术转让项目密不可分的技术咨询、技术服务、技术培训等收入,不得计入技术转让收入。技术转让成本是指转让的无形资产的净值,即该无形资产的计税基础减除在资产使用期间按照规定计算的摊销扣除额后的余额。相关税费是指技术转让过程中实际发生的有关税费,包括除企业所得税和允许抵扣的增值税以外的各项税金及附加、合同签订费用、律师费等相关费用及其他支出。

居民企业从直接或间接持有股权之和达到100%的关联方取得的技术转让所得,不享受技术转让减免企业所得税优惠政策。

享受技术转让所得减免企业所得税优惠的企业,应单独计算技术转让所得,并合理分摊企业的期间费用;没有单独计算的,不得享受技术转让所得企业所得税优惠。

二、高新技术企业优惠

(一) 国家需要重点扶持的高新技术企业,减按15%的所得税税率征收企业所得税

国家需要重点扶持的高新技术企业是指拥有核心自主知识产权,并同时符合下列条件的企业。

需符合的条件为:

(1) 拥有核心自主知识产权;
(2) 产品(服务)属于《国家重点支持的高新技术领域》规定的范围;
(3) 研究开发费用占销售收入的比例不低于规定比例;
(4) 高新技术产品(服务)收入占企业总收入的比例不低于规定比例;
(5) 科技人员占企业职工总数的比例不低于规定比例;
(6) 高新技术企业认定管理办法规定的其他条件。

《国家重点支持的高新技术领域》和高新技术企业认定管理办法由国务院科技、财政、税务主管部门商国务院有关部门制订,报国务院批准后公布施行。

(二) 高新技术企业境外的所得可以享受高新技术企业所得税优惠政策

认定取得高新技术企业证书并正在享受企业所得税15%税率优惠的企业,其来源于境外的所得可以按照15%的优惠税率缴纳企业所得税,在计算境外抵免限额时,可按照15%的优惠税率计算境内外应纳税总额。

三、小型微利企业优惠

(一) 减按20%的所得税税率征收企业所得税

小型微利企业,是指企业的全部生产经营活动产生的所得均负有我国企业所得税纳税义务的企业。仅就来源于我国所得负有我国纳税义务的非居民企业,不适用该项规定。

小型微利企业的条件:

(1) 工业企业:年度应纳税所得额不超过30万元,从业人数不超过100人,资产总额不超过3 000万元;

(2) 其他企业:年度应纳税所得额不超过30万元,从业人数不超过80人,资产总额不超过1 000万元。

"从业人数"按照企业全年平均从业人数计算,"资产总额"按企业年初和年末的资产总额平均计算。

仅就来源于我国所得负有我国纳税义务的非居民企业,不适用该项规定。

(二) 所得减按50%计入应纳税所得额

自2014年1月1日至2016年12月31日,对年应纳税所得额低于10万元(含10万元)的小型微利企业,其所得减按50%计入应纳税所得额,按20%的税率缴纳企业所得税。财税〔2015〕34号规定自2015年1月1日至2017年12月31日,小型微利企业减半的应纳税所得额标准提高到20万元。财税〔2015〕99号又规定自2015年10月1日起,小型微利企业享受应纳税所得额减半的税收优惠上限提升至30万元,该文件中规定执行时间为2015年10月1日至2017年12月31日。

四、加计扣除优惠

(一) 研究开发费

1. 允许加计扣除的研究开发费

研究开发费,是指企业为开发新技术、新产品、新工艺发生的研究开发费用,未形成无形资产计入当期损益的,在按照规定据实扣除的基础上,按照研究开发费用的50%加计扣除;形成无形资产的,按照无形资产成本的150%摊销。研发费用的具体范围包括:

(1) 人员人工费用。

直接从事研发活动人员的工资薪金、基本养老保险费、基本医疗保险费、失业保险费、工伤保险费、生育保险费和住房公积金,以及外聘研发人员的劳务费用。

研发人员包括研究人员、技术人员和辅助人员三类。研发人员既可以是本企业的员工,也可以是外聘的。外聘研发人员是指为与本企业签订劳务用工协议(合同)或临时聘用的研究人员、技术人员、辅助人员,劳务派遣的研究人员、技术人员、辅助人员也包括在内。上述人员中的辅助人员不应包括为研发活动从事后勤服务的人员。

(2) 直接投入费用。

研发活动直接消耗的材料、燃料和动力费用,用于中间试验和产品试制的模具、工艺装备开发及制造费,不构成固定资产的样品、样机及一般测试手段购置费,试制产品的检验费;用于研发活动的仪器、设备的运行维护、调整、检验、维修等费用,以及通过经营租赁方式租入的用于研发活动的仪器、设备租赁费。

(3) 折旧费用。

用于研发活动的仪器、设备的折旧费。

(4) 无形资产摊销。

用于研发活动的软件、专利权、非专利技术(包括许可证、专有技术、设计和计算方法等)的摊销费用。

(5) 新产品设计费、新工艺规程制定费、新药研制的临床试验费、勘探开发技术的现场试验费。

(6) 其他相关费用。

与研发活动直接相关的其他费用,如技术图书资料费、资料翻译费、专家咨询费、高新科技研发保险费,研发成果的检索、分析、评议、论证、鉴定、评审、评估、验收费用,知识产权的申请费、注册费、代理费,差旅费、会议费等。此项费用总额不得超过可加计扣除研发费用总额的10%。

(7) 财政部和国家税务总局规定的其他费用。

2. 下列活动不适用税前加计扣除政策

(1) 企业产品(服务)的常规性升级。

(2) 对某项科研成果的直接应用,如直接采用公开的新工艺、材料、装置、产品、服务或知识等。

(3) 企业在商品化后为顾客提供的技术支持活动。

(4) 对现存产品、服务、技术、材料或工艺流程进行的重复或简单改变。

(5) 市场调查研究、效率调查或管理研究。

(6) 作为工业(服务)流程环节或常规的质量控制、测试分析、维修维护。

(7) 社会科学、艺术或人文学方面的研究。

2. 特别事项的处理

(1) 企业委托外部机构或个人进行研发活动所发生的费用,按照费用实际发生额的80%计入委托方研发费用并计算加计扣除,受托方不得再进行加计扣除。委托外部研究开发费用实际发生额应按照独立交易原则确定。

委托方与受托方存在关联关系的,受托方应向委托方提供研发项目费用支出明细情况。企业委托境外机构或个人进行研发活动所发生的费用,不得加计扣除。

(2) 企业共同合作开发的项目,由合作各方就自身实际承担的研发费用分别计算加计扣除。

(3) 企业集团根据生产经营和科技开发的实际情况,对技术要求高、投资数额大,需要集中研发的项目,其实际发生的研发费用,可以按照权利和义务相一致、费用支出和收益分享相配比的原则,合理确定研发费用的分摊方法,在受益成员企业间进行分摊,由相关成员企业分别计算加计扣除。

(4) 企业为获得创新性、创意性、突破性的产品进行创意设计活动而发生的相关费用,可按照本通知规定进行税前加计扣除。

创意设计活动是指多媒体软件、动漫游戏软件开发,数字动漫、游戏设计制作;房屋建筑工程设计(绿色建筑评价标准为三星)、风景园林工程专项设计;工业设计、多媒体设计、动漫及衍生产品设计、模型设计等。

3. 不适用税前加计扣除政策的行业

(1) 烟草制造业;

(2) 住宿和餐饮业;

(3) 批发和零售业；

(4) 房地产业；

(5) 租赁和商务服务业；

(6) 娱乐业；

(7) 财政部和国家税务总局规定的其他行业。

上述行业以《国民经济行业分类与代码(GB/4754—2011)》为准，并随之更新。

【课堂思考】8-3 亏损企业适用研发费用加计扣除优惠吗？

【资料链接】8-1 研发费加计扣除　谨防几个误区

2016年1月1日起，《财政部、国家税务总局、科技部关于完善研究开发费用税前加计扣除政策的通知》（财税〔2015〕119号）施行。在研发费用新政执行过程中，纳税人需避免几个误区，更准确地享受加计扣除的优惠。

误区1：所有企业均可享受。

正解：财税〔2015〕119号文件规定，本通知适用于会计核算健全、实行查账征收并能够准确归集研发费用的居民企业。企业所得税法及其实施条例规定，依照中国法律、行政法规成立的个人独资企业、合伙企业不适用企业所得税法。因此，只有符合条件、缴纳企业所得税的居民企业才可以享受研发费用税前加计扣除。

误区2：员工费用均可税前加计扣除。

正解：财税〔2015〕119号文件规定，直接从事研发活动人员的工资薪金、基本养老保险费、基本医疗保险费、失业保险费、工伤保险费、生育保险费和住房公积金，以及外聘研发人员的劳务费用，允许加计扣除。而对于间接人员的人工费用，比如非直接从事研发活动的后勤保障人员工资以及"五险一金"，不允许加计扣除。

误区3：所有研发活动的费用均可税前加计扣除。

正解：财税〔2015〕119号文件规定，享受加计扣除的研发活动，指企业为获得科学与技术新知识，创造性运用科学技术新知识，或实质性改进技术、产品（服务）、工艺而持续进行的具有明确目标的系统性活动。不包括下列活动：企业产品（服务）的常规性升级；对某项科研成果的直接应用，如直接采用公开的新工艺、材料、装置、产品、服务或知识等；企业在商品化后为顾客提供的技术支持活动；对现存产品、服务、技术、材料或工艺流程进行的重复或简单改变；市场调查研究、效率调查或管理研究；作为工业（服务）流程环节或常规的质量控制、测试分析、维修维护；社会科学、艺术或人文学方面的研究。因此，文件列示的7项研发活动不得享受研发费用税前加计扣除优惠。

误区4：居民企业均可享受。

正解：财税〔2015〕119号文件规定，下列行业不适用研发费用税前加计扣除税收优惠：烟草制造业；住宿和餐饮业；批发和零售业；房地产业；租赁和商务服务业；娱乐业；财政部和国家税务总局规定的其他行业。

误区5：用于研发活动的固定资产折旧费均可税前加计扣除。

正解：财税〔2015〕119号文件规定，用于研发活动的仪器、设备的折旧费，可以税前加计扣除。因此，固定资产折旧费的税前加计扣除，只适用于研发活动发生的有形动产折旧费用，对于房屋、建筑物等不动产的折旧费用不得税前加计扣除。

误区6：投入的费用均可税前加计扣除。

正解：财税〔2015〕119号文件规定，下列直接投入的费用，允许税前加计扣除：研发活动直接消耗的材料、燃料和动力费用;用于中间试验和产品试制的模具、工艺装备开发及制造费,不构成固定资产的样品、样机及一般测试手段购置费,试制产品的检验费;用于研发活动的仪器、设备的运行维护、调整、检验、维修等费用,以及通过经营租赁方式租入的用于研发活动的仪器、设备租赁费。由此看来,与研发活动没有直接联系的投入费用不能税前加计扣除。比如,企业在日常经营活动中,消耗的与研发活动无直接联系的材料投入、运输费用等相关费用,不得加计扣除;企业通过经营租赁方式租入的房屋、建筑物租赁费,也不得加计扣除。

误区7:其他直接相关费用不允许税前加计扣除。

正解:财税〔2015〕119号文件规定,与研发活动直接相关的其他费用,如技术图书资料费、资料翻译费、专家咨询费、高新科技研发保险费,研发成果的检索、分析、评议、论证、鉴定、评审、评估、验收费用,知识产权的申请费、注册费、代理费、差旅费、会议费等。此项费用总额不得超过可加计扣除研发费用总额的10%。可见,在与研发活动直接相关的其他费用是否税前加计扣除的问题上,新旧政策的规定不同,新规定允许企业在一定的比例范围内税前加计扣除。

误区8:研发和生产划分不清的企业,由主管税务机关核定其扣除额。

正解:财税〔2015〕119号文件规定,企业应对研发费用和生产经营费用分别核算,准确、合理归集各项费用支出,对划分不清的,不得实行加计扣除。所以,在研发费用和生产经营费用方面划分不清的企业,不得享受加计扣除税收优惠。

误区9:创意设计活动不允许税前加计扣除。

正解:财税〔2015〕119号文件规定,企业为获得创新性、创意性、突破性的产品进行创意设计活动而发生的相关费用,可按照规定进行税前加计扣除。创意设计活动,指多媒体软件、动漫游戏软件开发,数字动漫、游戏设计制作;房屋建筑工程设计(绿色建筑评价标准为三星)、风景园林工程专项设计;工业设计、多媒体设计、动漫及衍生产品设计、模型设计等。因此,新旧规定不同,新规定进一步明确了创意设计活动可以税前加计扣除。

(资料来源:研发费加计扣除 谨防几个误区[N].中国税务报,2016-01-29)

(二)企业安置残疾人员所支付的工资

企业安置残疾人员所支付工资费用,在据实扣除的基础上,按照支付给残疾职工工资的100%加计扣除。残疾人员的范围适用《中华人民共和国残疾人保障法》的规定。企业安置国家鼓励安置的其他就业人员所支付的工资的加计扣除办法,由国务院另行规定。

五、创投企业优惠

创投企业从事国家需要重点扶持和鼓励的创业投资,可以按投资额的一定比例抵扣应纳税所得额。

创投企业,采取股权投资方式投资于未上市的中小高新技术企业2年以上的,可以按照其投资额的70%在股权持有满2年的当年抵扣该创业投资企业的应纳税所得额;当年不足抵扣的,可以在以后纳税年度结转抵扣。

【应用训练】8-7 甲企业2014年1月1日向乙企业(未上市的中小高新技术企业)投资200万元,股权持有到2015年12月31日。

六、加速折旧优惠

(一) 可采用加速折旧方法的固定资产

企业的固定资产由于技术进步等原因,确需加速折旧的,可以缩短折旧年限或者采取加速折旧的方法。可以加速折旧的固定资产是指:

(1) 由于技术进步,产品更新换代较快的固定资产。

(2) 常年处于强震动、高腐蚀状态的固定资产。

采取缩短折旧年限方法的,最低折旧年限不得低于规定折旧年限的60%;加速折旧可以采取双倍余额递减法或者年数总和法。

(二) 加速折旧的特殊规定

加速折旧的特殊规定主要体现在《财政部 国家税务总局关于完善固定资产加速折旧企业所得税政策的通知》(财税〔2014〕75号)和《财政部 国家税务总局关于进一步完善固定资产加速折旧企业所得税政策的通知》(财税〔2015〕106号)两个文件中:

(1) 财税〔2014〕75号文件规定,生物药品制造业,专用设备制造业,铁路、船舶、航空航天和其他运输设备制造业,计算机、通信和其他电子设备制造业,仪器仪表制造业和信息传输、软件和信息技术服务业等6个行业的企业2014年1月1日后新购进的固定资产,可缩短折旧年限或采取加速折旧的方法;财税〔2015〕106号文件规定,轻工、纺织、机械、汽车等四个领域重点行业企业2015年1月1日后新购进的固定资产(包括自行建造),允许缩短折旧年限或采取加速折旧方法。

(2) 对所有行业企业2014年1月1日后新购进的专门用于研发的仪器、设备,单位价值不超过100万元的,允许一次性计入当期成本费用在计算应纳税所得额时扣除,不再分年度计算折旧;单位价值超过100万元的,可缩短折旧年限或采取加速折旧的方法。(含上述生物药品制造业等6个行业的小型微利企业2014年1月1日后,轻工等4个行业的小型微利企业2015年1月1日后新购进的研发和生产经营共用的仪器、设备)

(3) 对所有行业企业持有的单位价值不超过5 000元的固定资产,允许一次性计入当期成本费用在计算应纳税所得额时扣除,不再分年度计算折旧。

(4) 企业按上述第1条、第2条规定缩短折旧年限的,对其购置的新固定资产,最低折旧年限不得低于《企业所得税法实施条例》规定的折旧年限的60%;企业购置已使用过的固定资产,其折旧年限不得低于《企业所得税法实施条例》规定的最低折旧年限减去已使用年限后剩余年限的60%。采取加速折旧方法的,可采取双倍余额递减法或者年数总和法。第1~3条规定之外的企业固定资产加速折旧所得税处理问题,继续按照企业所得税法及其实施条例和现行税收政策规定执行。

七、减计收入优惠

企业综合利用资源,生产国家非限制和禁止并符合国家和行业相关标准的产品取得的收入,可以在计算应纳税所得额时减按90%计入收入总额。

综合利用资源,是指企业以《资源综合利用企业所得税优惠目录》规定的资源作为主要原材料,生产国家非限制和禁止并符合国家和行业相关标准的产品取得的收入,减按90%计入收入总额。

上述所称原材料占生产产品的材料的比例不得低于《资源综合利用企业所得税优惠目

录》规定的标准。

八、税额抵免优惠

企业购置并实际使用《环境保护专用设备企业所得税优惠目录》、《节能节水专用设备企业所得税优惠目录》和《安全生产专用设备企业所得税优惠目录》规定的环境保护、节能节水、安全生产等专用设备的，该专用设备的投资额的10%可以从企业当年的应纳税额中抵免；当年不足抵免的，可以在以后5个纳税年度结转抵免。

享受上述规定的企业所得税优惠的企业，应当实际购置并自身实际投入使用税法规定的专用设备；企业购置上述专用设备在5年内转让、出租的，应当停止享受企业所得税优惠，并补缴已经抵免的企业所得税税款。

自2009年1月1日起，增值税一般纳税人购进固定资产发生的进项税额可以从其销项税额中抵扣。如增值税进项税额允许抵口，其专用设备的投资额不再包括允许抵扣的增值税进项税额；如增值税进项税额不允许抵扣，其专用设备投资额应为增值税专用发票上注明的价税合计金额。企业购买专用设备取得普通发票的，其专用设备投资额为普通发票上注明的金额。

九、民族自治地方的优惠

民族自治地方的自治机关对本民族自治地方的企业应缴纳的企业所得税中属于地方分享的部分，可以决定减征或者免征。自治州、自治县决定减征或者免征的，须报省、自治区、直辖市人民政府批准。

对民族自治地方内国家限制和禁止行业的企业，不得减征或者免征企业所得税。

民族自治地方在新税法实施前已经按照《财政部、国家税务总局、海关总署关于西部大开发税收优惠政策问题的通知》（财税〔2001〕202号）第二条第2款有关有实际减免税规定批准享受减免企业所得税（包括减免中央分享企业所得税的部分）的，自2008年1月1日起计算，对减免税期间在5年以内（含5年）的，继续执行至期满后停止；对减免税期限超过5年的，从第6年起按新《税法》第二十九条规定执行。

十、非居民企业优惠

非居民企业减按10%的所得税税率征收企业所得税。这里的非居民企业，是指在中国境内未设立机构、场所的，或者虽设立机构、场所但取得的所得与其所设机构、场所没有实际联系的企业。该类非居民企业取得下列所得免征企业所得税。

(1) 国政府向中国政府提供贷款取得的利息所得。
(2) 国际金融组织向中国政府和居民企业提供优惠贷款取得的利息所得。
(3) 经国务院批准的其他所得。

十一、特殊行业的优惠

（一）关于鼓励软件产业和集成电路产业发展的优惠政策

(1) 集成电路线宽小于0.8微米（含）的集成电路生产企业，经认定后，在2017年12月31日前自获利年度起计算优惠期，第一年至第二年免征企业所得税，第三年至第五年按照25%的税率减半征收企业所得税，并享受至期满为止。

（2）我国境内新办的集成电路设计企业和符合条件的软件企业，经认定后，在2017年12月31日前自获利年度起计算优惠期，第一年至第二年免征企业所得税，第三年至第五年按照25%的税率减半征收企业所得税，并享受至期满为止。

（3）集成电路线宽小于0.25微米或投资额超过80亿元的集成电路生产企业，减按15%的税率征收企业所得税。其中经营期在15年以上，自2017年12月31日前自获利年度起计算优惠期，第一年至第五年免征企业所得税，第六年至第十年按照25%的税率减半征收企业所得税，并享受至期满为止。

软件企业所得税优惠政策适用于经认定并实行查账征收方式的软件企业。经认定是指经国家规定的软件企业认定机构按照软件企业认定管理的有关规定进行认定并取得软件企业认定证书。

（4）国家规划布局内的重点软件企业和集成电路设计企业，如当年未享受免税优惠的，可减按10%的税率征收企业所得税。

（二）关于鼓励证券投资基金发展的优惠政策

（1）对证券投资基金从证券市场中取得的收入，包括买卖股票、债券的差价收入，股权的股息、红利收入，债券的利息收入及其他收入，暂不征收企业所得税。

（2）对投资者从证券投资基金分配中取得的收入，暂不征收企业所得税。

（3）对证券投资基金管理人运用基金买卖股票、债券的差价收入，暂不征收企业所得税。

（三）节能服务公司的优惠政策

自2011年1月1日起，对符合条件的节能服务公司实施合同能源管理项目，自项目取得第一笔生产经营收入所属纳税年度起，第一年至第三年免征企业所得税，第四年至第六年按照25%的税率减半征收企业所得税。

（四）电网企业电网新建项目享受所得税的优惠政策

根据《中华人民共和国企业所得税法》及其实施条例的有关规定，居民企业从事符合《公共基础设施项目企业所得税优惠目录（2008年版）》规定条件和标准的电网（输变电设施）的新建项目，可依法享受"三免三减半"的企业所得税优惠政策。基于企业电网新建项目的核算特点，暂以资产比例法，即以企业新增输变电固定资产原值占企业总输变电固定资产原值的比例，合理计算电网新建项目的应纳税所得额，并据此享受"三免三减半"的企业所得税优惠政策。

十二、其他优惠

（一）西部大开发税收优惠

对设在西部地区国家鼓励类产业企业，在2011年1月1日至2020年12月31日期间，减按15%的税率征收企业所得税。国家鼓励类产业企业，是指以《产业结构调整指导目录》（2005年版）中规定的产业项目为主营业务，其主营业务收入占企业总收入70%以上的企业。

（二）其他事项

（1）对企业和个人取得的2009年及以后发行的地方政府债券利息所得，免征企业所得税。地方政府债券是指经国务院批准，以省、自治区、直辖市和计划单列市政府为发行和偿还主体的债券。

（2）对企业持有2011～2015年发行的中国铁路建设债券取得的利息收入，减半征收企业所得税。

（3）享受企业所得税过渡优惠政策的企业，应按照新税法和实施条例中有关收入和扣除的规定计算应纳税所得额。

（4）企业所得税过渡政策与新税法及实施条例规定的优惠政策存在交叉的，由企业选择最优惠的政策执行，不得叠加享受，且一经选择，不得改变。

（5）国家已确定的其他鼓励类企业，可以按照国务院规定享受减免税优惠。

第六节 征收管理

一、纳税地点

（1）除税收法律、行政法规另有规定外，居民企业以企业依照国家有关规定登记注册的住所地为纳税地点；但登记注册地在境外的，以实际管理机构所在地为纳税地点。

（2）居民企业在中国境内设立不具有法人资格的营业机构的，应当汇总计算并缴纳企业所得税。企业汇总计算并缴纳企业所得税时，应当统一核算应纳税所得额，具体办法由国务院财政、税务主管部门另行制定。

（3）非居民企业在中国境内虽设立机构、场所但取得的所得与其所设机构、场所没有实际联系的，以机构、场所所在地为纳税地点。非居民企业在中国境内设立两个或者两个以上机构、场所的，经各机构、场所所在地税务机关的共同上级税务机关审核批准，可以选择由其主要机构、场所汇总缴纳企业所得税。主要机构、场所，应当同时符合下列条件：

① 对其他各机构、场所的生产经营活动负有监督管理责任；

② 设有完整的账簿、凭证，能够准确反映各机构、场所的收入、成本、费用和盈亏情况。

非居民企业经批准汇总缴纳企业所得税后，需要增设、合并、迁移、关闭机构、场所或者停止机构、场所业务的，应当事先由负责汇总申报缴纳企业所得税的主要机构、场所向其所在地税务机关报告；需要变更汇总缴纳企业所得税的主要机构、场所的，依照上述规定办理。

非居民企业在中国境内未设立机构、场所的但有来源于中国境内的所得，以扣缴义务人所在地为纳税地点。

（4）除国务院另有规定外，企业之间不得合并缴纳企业所得税。

二、纳税年度

企业所得税按纳税年度计算。纳税年度自公历1月1日起至12月31日止。

企业在一个纳税年度中间开业，或者终止经营活动，使该纳税年度的实际经营期不足十二个月的，应当以其实际经营期为一个纳税年度。企业依法清算时，应当以清算期间作为一个纳税年度。

三、缴纳方式

企业所得税分月或者分季预缴。企业所得税分月或者分季预缴,由税务机关具体核定。企业分月或者分季预缴企业所得税时,应当按照月度或者季度的实际利润额预缴;按照月度或者季度的实际利润额预缴有困难的,可以按照上一纳税年度应纳税所得额的月度或者季度平均额预缴,或者按照经税务机关认可的其他方法预缴。预缴方法一经确定,该纳税年度内不得随意变更。

企业应当自月份或者季度终了之日起15日内,向税务机关报送预缴企业所得税纳税申报表,预缴税款。

企业应当自年度终了之日起5个月内,向税务机关报送年度企业所得税纳税申报表,并汇算清缴,结清应缴应退税款。

企业在报送企业所得税纳税申报表时,应当按照规定附送财务会计报告和其他有关资料。

企业在纳税年度内无论盈利或者亏损,都应当依照企业所得税法规定的期限,向税务机关报送预缴企业所得税纳税申报表、年度企业所得税纳税申报表、财务会计报告和税务机关规定应当报送的其他有关资料。

企业在年度中间终止经营活动的,应当自实际经营终止之日起六十日内,向税务机关办理当期企业所得税汇算清缴。

企业应当在办理注销登记前,就其清算所得向税务机关申报并依法缴纳企业所得税。

依照企业所得税法缴纳的企业所得税,以人民币计算。所得以人民币以外的货币计算的,应当折合成人民币计算并缴纳税款。企业所得以人民币以外的货币计算的,预缴企业所得税时,应当按照月度或者季度最后一日的人民币汇率中间价,折合成人民币计算应纳税所得额。年度终了汇算清缴时,对已经按照月度或者季度预缴税款的,不再重新折合计算,只就该纳税年度内未缴纳企业所得税的部分,按照纳税年度最后一日的人民币汇率中间价,折合成人民币计算应纳税所得额。

经税务机关检查确认,企业少计或者多计以人民币以外的货币计算的所得的,应当按照检查确认补税或者退税时的上一个月最后一日的人民币汇率中间价,将少计或者多计的所得折合成人民币计算应纳税所得额,再计算应补缴或者应退的税款。

四、企业所得税汇算清缴申报表

1. 年度纳税申报表 A 类(查账征收居民企业适用)

年度纳税申报表 A 类主表如表 8.2 所示。

【案例分析】8-7 衡信教育科技有限公司成立于 2009 年 1 月 1 日,属于增值税一般纳税人,税务机关核定的企业所得税征收方式为查账征收,按照实际利润预缴方式预缴企业所得税。其他基本信息如下:

非汇总纳税企业,无分支机构,非境外中资控股居民企业,注册资本 500 万元,所属行业 8291 职业技能培训,无境外关联交易。资产总额 10 000 万元,从业人数 1 000 人(无残疾人员、无国家鼓励安置的其他就业人员)。

股东信息:周凯(中国国籍,身份证 330101196011120101)投资比例 60%;李雅欣(中国国籍,身份证 330101196505065233)投资比例 40%。

表8.2 中华人民共和国企业所得税年度纳税申报表(A类)

税款所属期间: 　年　月　日至　年　月　日
申报类型:□正常申报 □一般补充申报 □评估补税申报 □专项检查自查补报 □查前提醒自查补报
纳税人名称:
纳税人识别号:□□□□□□□□□□□□□□□　　　金额单位:元(列至角分)

类别	行次	项目	金额
利润总额计算	1	一、营业收入(填附表一)	
	2	减:营业成本(填附表二)	
	3	营业税金及附加	
	4	销售费用(填附表二)	
	5	管理费用(填附表二)	
	6	财务费用(填附表二)	
	7	资产减值损失	
	8	加:公允价值变动收益	
	9	投资收益	
	10	二、营业利润	
	11	加:营业外收入(填附表一)	
	12	减:营业外支出(填附表二)	
	13	三、利润总额(10+11-12)	
应纳税所得额计算	14	加:纳税调整增加额(填附表三)	
	15	减:纳税调整减少额(填附表三)	
	16	其中:不征税收入	
	17	免税收入	
	18	减计收入	
	19	减、免税项目所得	
	20	加计扣除	
	21	抵扣应纳税所得额	
	22	加:境外应税所得弥补境内亏损	
	23	纳税调整后所得(13+14-15+22)	
	24	减:弥补以前年度亏损(填附表四)	
	25	应纳税所得额(23-24)	

续表

类别	行次	项目	金额
应纳税额计算	26	税率(25%)	
	27	应纳所得税额(25×26)	
	28	减:减免所得税额(填附表五)	
	29	减:抵免所得税额(填附表五)	
	30	应纳税额(27-28-29)	
	31	加:境外所得应纳所得税额(填附表六)	
	32	减:境外所得抵免所得税额(填附表六)	
	33	实际应纳所得税额(30+31-32)	
	34	减:本年累计实际已预缴的所得税额	
	35	其中:汇总纳税的总机构分摊预缴的税额	
	36	汇总纳税的总机构财政调库预缴的税额	
	37	汇总纳税的总机构所属分支机构分摊的预缴税额	
	38	合并纳税(母子体制)成员企业就地预缴比例	
	39	合并纳税企业就地预缴的所得税额	
	40	本年应补(退)的所得税额(33-34)	
附列资料	41	以前年度多缴的所得税额在本年抵减额	
	42	以前年度应缴未缴在本年入库所得税额	

纳税人公章:	代理申报中介机构公章:	主管税务机关受理专用章:
经办人:	经办人及执业证件号码:	受理人:
申报日期: 年 月 日	代理申报日期: 年 月 日	受理日期: 年 月 日

公司适用的所得税税率为25%。

会计主管:方易元。

适用的会计准则:企业会计准则(一般企业)。

会计档案存放地:浙江省杭州市。

会计核算软件:用友。

记账本位币:人民币。

会计政策和估计是否发生变化:否。

固定资产折旧方法:年限平均法。

存货成本计价方法:先进先出法。

坏账损失核算方法:备抵法。

所得税计算方法:资产负债表债务法(企业会计准则要求对企业所得税采用资产负债表债务法进行核算。)

按税收规定比例扣除的职工教育经费2.5%、广告费和业务宣传费15%。

实训假定2016年5月1日进行企业所得税汇算清缴,已经预缴所得税额0万元,相关资料如表8.3所示。

表8.3 利 润 表

编制单位:衡信教育科技有限公司　　2015年12月31日　　　　　　　　　单位:万元

项　　目	行次	本年累计数
一、主营业务收入	1	8 200.00
减:主营业务成本	2	4 576.00
主营业务税金及附加	3	205
营业费用	4	1 010.00
管理费用	5	1 250.00
财务费用	6	102.00
资产减值损失	7	50.00
加:公允价值变动损益(亏损以"—"号填列)	8	20.00
投资收益(亏损以"—"号填列)	9	105.00
其中:对联营企业和合营企业的投资收益	10	
二、营业利润(亏损以"—"号填列)	11	1 132.00
加:营业外收入	12	54.60
减:营业外支出	13	39.00
三、利润总额(亏损以"—"号填列)	14	1 147.60
减:所得税费用	15	79.52
四、净利润(净亏损以"—"号填列)	16	1 068.08
五、每股收益	17	
(一)基本每股收益	18	
(二)稀释每股收益	19	

具体明细资料如表8.4~表8.15所示(注:金额单位统一为万元)。

表8.4 企业收入明细表

一级科目	明细科目	金额	备　注
主营业务收入	销售商品收入	6 800.00	
	提供劳务收入	600.00	
	让渡资产使用权收入	800.00	

续表

一级科目	明细科目	金额	备注
营业外收入	非货币性资产交换利得	40.00	
	债务重组利得	2.60	
	政府补助利得	12.00	

表 8.5　成本支出明细表

一级科目	明细科目	金额	备注
主营业务成本	销售商品成本	4156.00	
	提供劳务成本	420.00	
营业外支出	罚没支出	9.00	工商滞纳金3万元,合同违约金6万元
	其他	30.00	给购货方回扣12万元,环境保护支出8万元,关联企业赞助支出10万元

表 8.6　期间费用明细表

一级科目	明细科目	金额	备注
销售费用	职工薪酬	302.14	
	广告费	707.86	
管理费用	职工薪酬	697.86	
	资产折旧摊销费	58.86	
	其他	493.28	
财务费用	佣金和手续费	0.90	
	利息支出	0.50	
	现金折扣	92.60	
	其他	8.00	

表 8.7　境外所得纳税调整项目表

国家	境外税后所得（财产转让所得）	境外所得税率	境外所得换算含税所得	境外直接缴纳的所得税额（可抵免税额）	可抵免限额
美国	78.00	35%	120.00	42.00	30.00

表 8.8　视同销售纳税调整项目表

业务项目	金额	备注
用于职工奖励或福利视同销售收入	6.50	将自产产品作为员工福利成本4万元,市场价格6.5万元,未作收入处理
用于职工奖励或福利视同销售成本	4.00	

表 8.9 免税收入明细表

收入类型	金额	备注
国债利息收入	50.00	
股息(居民企业)	55.00	公司收到直接投资的 A 企业于 2014-12-22 决定进行利润分配的股息 55 万元。

表 8.10 资产折旧/摊销情况表

(备注:企业本年度不享受固定资产加速折旧)

资产项目	会计				税法			
	原值	折旧年限(年)	本年折旧/摊销额	累计折旧/摊销额	原值	折旧年限(年)	本年折旧/摊销额	累计折旧/摊销额
生产专用器具	155.00	10 年	15.50	62.00	105.00	10 年	10.50	42.00
办公电子设备等	100.00	6 年	15.83	79.15	100.00	5 年	19.00	95.00
专利权	413.00	15 年	27.53	110.12	619.50 (413*150%)	15 年	41.30	165.20

表 8.11 广告费费用调整明细表

项目	会计	税法	调整	备注
广告费	707.86			

表 8.12 职工薪酬调整明细表

项目	会计	税法	调整	备注
职工薪酬	1000.00	1000.00	0.00	
职工福利费	210.00	140.00	70.00	工资 14% 允许扣除
职工教育经费	40.00	25.00	15.00	工资 2.5% 允许扣除,超支部分可在以后年度无限结转
工会经费	20.00	20.00	0.00	工资 2% 允许扣除

表 8.13 资产减值准备金明细表

准备科目	期初余额	本期转回	本期计提	期末余额
坏账准备	20.00		20.00	40.00
存货跌价准备	50.00	0.00	30.00	80.00

表 8.14 其他纳税调整项目表

项目类别	金额	备注
公允价值变动损益	20.00	投资性房地产在 15 年度的公允价值变动金额
罚金、罚款	3.00	工商滞纳金 3 万元(不予扣除)
赞助支出	10.00	关联企业赞助支出 10 万元(不予扣除)
与取得收入无关的支出	12.00	给购货方回扣 12 万元(不予扣除)

表8.15 企业所得税弥补亏损明细表

年度	盈利额或亏损额	备注
2009	8.60	
2010	2.50	
2011	12.00	
2012	36.00	
2013	10.32	

2. 年度纳税申报表 B 类(核定征收居民企业适用)

年度纳税申报表 B 类如表 8.16 所示。

表8.16 企业所得税纳税申报表(适用于核定征收企业)

税款所属期间： 年 月至 年 月　　　　　　　　　金额单位:元(列至角分)

纳税人识别码 □□□□□□□□□□□□□□□

纳税人名称：

纳税申报栏			
项目	行次	本期数	累计数
收入总额	1		
成本费用	2		
应税所得率	3		
应纳税所得额	4		
适用税率	5		
应缴所得税额(4×5)	6		
减:实际已预缴的所得税额	7		
应补(退)的所得税额(8=6-7)	8		

纳税人公章：　　　　　　　　　　　　　主管税务机关受理专用章：

经办人(签章)：　　　　　　　　　　　　受理人：

申报日期： 年 月 日　　　　　　　　　受理日期： 年 月 日

备注:本表一式三份,主管税务机关受理后退还纳税人保存一份,由主管税务机关留存两份。

◆ **内容提要**

企业所得税是对我国境内的企业和其他取得收入的组织的生产经营所得和其他所得征收的一种税收。

企业所得税具有与商品劳务税不同的性质,其特点主要有:(1)将企业划分为居民企业和非居民企业;(2)征税对象为应纳税所得额;(3)征税以量能负担为原则;(4)实行按年计征、分期预缴的办法。

应纳税所得额计算的公式为:应纳税所得额＝企业每一纳税年度的收入总额－不征税

收入—免税收入—各项扣除—允许弥补的以前年度亏损

企业实际发生的与取得收入有关的、合理的支出，包括成本、费用、税金、损失和其他支出，准予在计算应纳税所得额时扣除。

企业某一纳税年度发生的亏损可以用下一年度的所得弥补，下一年度的所得不足以弥补的，可以逐年延续弥补，但最长不得超过5年。

企业的各项资产，包括固定资产、生物资产、无形资产、长期待摊费用、投资资产、存货等，以历史成本为计税基础。

特别纳税调整是指税务机关出于实施反避税目的而对纳税人特定纳税事项所作的税务调整，主要针对企业与其关联方之间的往来业务。

税法规定的企业所得税的税收优惠方式包括免税、减税、加计扣除、加速折旧、减计收入、税额抵免等。

◆ 关键词

企业所得税　　居民企业纳税人　　非居民企业纳税人　　应纳税所得额　　应纳税额

◆ 练习题

一、单项选择题

1. 下列各项中，能作为业务招待费税前扣除限额计提依据的是（　　）。
   A. 转让无形资产使用权的收入　　　　B. 因债权人原因确实无法支付的应付款项
   C. 转让无形资产所有权的收入　　　　D. 出售固定资产的收入

2. 某企业4月1日向银行借款500万元用于建造厂房，借款期限1年，当年向银行支付了3个季度的借款利息22.5万元，该厂房于10月31日竣工结算并投入使用，税前可扣除的利息费用为（　　）万元。
   A. 3　　　　　B. 4　　　　　C. 5　　　　　D. 6

3. 企业从事下列项目取得的所得中，免征企业所得税的是（　　）。
   A. 花卉种植　　B. 蔬菜种植　　C. 海水养殖　　D. 内陆养殖

4. 按企业所得税法的规定，下列收入中属于不征税收入的是（　　）。
   A. 股息、红利等权益性投资收益　　　B. 财政拨款
   C. 国债利息收入　　　　　　　　　　D. 接受捐赠收入

5. 下列各项中，不属于企业所得税纳税人的企业是（　　）。
   A. 在国外成立但实际管理机构在中国境内的企业
   B. 在中国境内成立的股份有限公司
   C. 在中国境内成立的外商独资企业
   D. 在中国境内成立的合伙企业

6. 依据企业所得税法的规定，无形资产的摊销年限不得（　　）。
   A. 低于5年　　B. 高于5年　　C. 高于10年　　D. 低于10年

7. 企业为开发新技术、新产品、新工艺发生的研究开发费用，未形成无形资产计入当期损益的，在按照规定在税前据实扣除的基础上，按照研究开发费用的（　　）加计扣除。
   A. 50%　　　　B. 10%　　　　C. 20%　　　　D. 60%

8. 企业采取缩短折旧年限方法的，最低折旧年限不得低于《企业所得税实施条例》第六十条规定折旧年限的（　　）。
   A. 50%　　　　B. 60%　　　　C. 40%　　　　D. 30%

9. 依据企业所得税法的规定,企业在年度中间终止经营活动的,向税务机关办理当期企业所得税汇算清缴的期限是实际经营终止之日起(　　)内。
   A. 150日　　　B. 120日　　　C. 90日　　　D. 60日
10. 依据企业所得税法的规定,企业购买规定的专用设备的投资额可按一定比例实施税额抵免,该设备应符合的条件是(　　)。
   A. 用于综合利用资源　　　　　　B. 用于创业投资
   C. 用于环境保护　　　　　　　　D. 用于开发新产品
11. 下列各项支出中,可以在计算企业所得税应纳税所得额时扣除的是(　　)。
   A. 向投资者支付的股息　　　　　B. 合理的劳动保护支出
   C. 内设营业机构之间支付的租金　D. 为投资者支付的商业保险费
12. 企业处置资产的下列情形中,应视同销售行为确定企业所得税应税收入的是(　　)。
   A. 将资产用于生产另一种产品　　B. 将资产从总机构转移至分支机构
   C. 将资产用途由自用转为经营性租赁　D. 将资产用于股息分配
13. 劳务收入是企业所得税应税收入其中的一种,在确认劳务收入时,应采用完工进度法确认提供劳务收入。劳务完工进度的确定,不可选用的方法有(　　)。
   A. 已取得收入占总收入的比例　　B. 发生成本占总成本的比例
   C. 已完工作的测量　　　　　　　D. 已提供劳务占劳务总量的比例
14. 根据企业所得税相关规定,下列确认销售商品收入实现的条件,错误的是(　　)。
   A. 销售合同已签订并将商品所有权相关的主要风险和报酬转移给购货方
   B. 收入的金额能够可靠地计量
   C. 相关的经济利益很可能流入企业
   D. 已发生或将发生的销售方的成本能够可靠地核算
15. 企业所得税法规定的"转让财产收入"不包括转让(　　)取得的收入。
   A. 无形资产　　B. 债权　　　C. 存货　　　D. 股权

二、多项选择题
1. 根据企业所得税处置资产确认收入的相关规定,下列各项行为中,应视同销售的有(　　)。
   A. 将生产的产品用于市场推广
   B. 将生产的产品用于职工福利
   C. 将资产用于境外分支机构加工另一产品
   D. 将资产在总机构及其境内分支机构之间转移
2. 企业取得的下列收入,属于企业所得税免税收入的有(　　)。
   A. 国债利息收入
   B. 金融债券的利息收入
   C. 居民企业直接投资于其他居民企业取得的投资收益
   D. 在中国境内设立机构、场所的非居民企业连续持有居民企业公开发行并上市流通的股票1年以上取得的投资收益
3. 下列各项中,在计算企业所得税应纳税所得额时不得扣除的有(　　)。
   A. 企业之间支付的管理费　　　　B. 企业内营业机构之间支付的租金
   C. 企业向投资者支付的股息　　　D. 银行企业内营业机构之间支付的利息

4. 下列利息所得中,免征企业所得税的有( )。
   A. 外国政府向中国政府提供贷款取得的利息所得
   B. 国际金融组织向中国政府提供优惠贷款取得的利息所得
   C. 国际金融组织向中国居民企业提供优惠贷款取得的利息所得
   D. 外国银行的中国分行向中国居民企业提供贷款取得的利息所得
5. 计算企业所得税应纳税所得额时,可以直接在企业所得税税前扣除的是( )。
   A. 增值税税款   B. 销售费用
   C. 城市维护建设税   D. 公益性捐赠支出
6. 在企业所得税中,下列费用的支出如果超过当年费用的扣除标准,可以结转在以后年度扣除的有( )。
   A. 职工教育经费   B. 职工工会经费
   C. 广告费   D. 业务招待费
7. 纳税人的下列行为应视同销售确认企业所得税收入的有( )。
   A. 将商品用于捐赠   B. 将货物用于对外投资
   C. 将产品用于不动产在建工程 D. 将产品用于职工福利
8. 企业所得税税前扣除原则有( )。
   A. 合理性原则   B. 稳健性原则
   C. 相关性原则   D. 收付实现制原则
9. 下列各项中,在计算企业所得税应纳税所得额时不得扣除的有( )。
   A. 非银行企业内营业机构之间支付的利息
   B. 企业向投资者支付的股息
   C. 企业之间支付的管理费
   D. 企业内营业机构之间支付的租金
10. 根据企业所得税法的规定,企业在生产经营活动中发生的下列利息支出,准予税前据实扣除的有( )。
    A. 金融企业的各项存款利息支出
    B. 金融企业的同业拆借利息支出
    C. 非金融企业向金融企业借款的利息支出
    D. 非金融企业向非金融企业借款的利息支出
11. 跨地区经营汇总纳税企业所得税征收管理规定,总机构应该按照上年度分支机构的( )因素计算各分支机构当期应分摊所得税款的比例。
    A. 营业收入   B. 职工薪酬   C. 经营利润   D. 资产总额

三、简答题

1. 什么是企业所得税?
2. 企业所得税应纳税所得额的计算中,可以作为税前扣除的一般扣除项目有哪些?
3. 企业所得税应纳税所得额的计算中,不得扣除的支出项目有哪些?
4. 企业所得税应纳税所得额的计算中,广告费和业务宣传费可以全部扣除吗,如果不能全部扣除,扣除标准是什么?
5. 企业所得税应纳税所得额的计算中,企业的捐赠支出可以全部扣除吗,如果不能全部扣除,扣除标准是什么?

四、计算题

1. A企业是在中国境内未设立机构、场所的非居民企业，A企业从中国境内B企业取得租金收入200万元，计算该企业应缴纳的预提所得税。

2. 某企业2015年因管理不善发生被盗事故，损失库存外购原材料52.79万元（含运费2.79万元），取得保险公司赔款10万元。计算所得税前扣除的损失数额。

3. 位于市区的某制药公司由外商持股75%且为增值税一般纳税人，该公司2013年主营业务收入5 300万元，其他业务收入400万元，营业外收入300万元，主营业务成本2 700万元，其他业务成本300万元，营业外支出210万元，营业税金及附加420万元，管理费用550万元，销售费用900万元，财务费用170万元，投资收益120万元。

其中：营业外支出包括对外捐赠货币资金150万元（通过县级政府向贫困地区捐赠120万元，直接向某学校捐赠30万元）。

要求：计算上述业务应调整的应纳税所得额。

4. 某公司2015年度实现会计利润总额25万元。经注册会计师审核，"财务费用"账户中列支有两笔利息费用：向银行借入生产用资金200万元，借用期限6个月，支付借款利息5万元；经过批准向本企业职工借入生产用资金75万元，借用期限10个月，支付借款利息3.85万元。计算该公司2015年度的应纳税所得额。

第九章 个人所得税税法

◆ 本章结构图

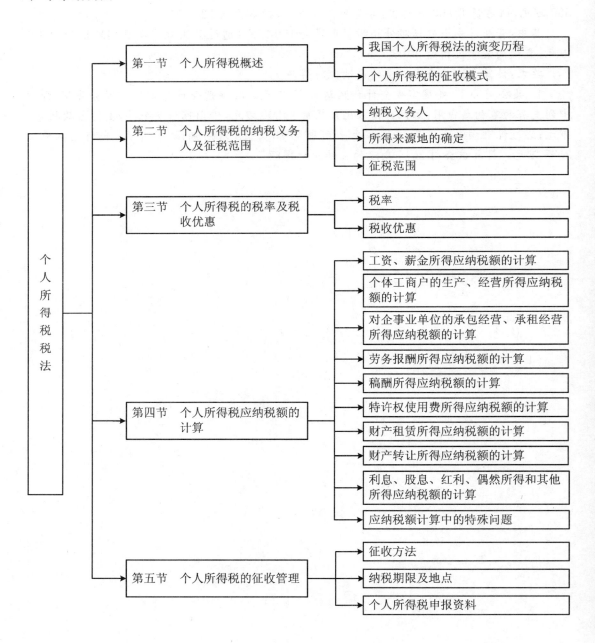

通过本章的学习,了解什么是个人所得税;了解我国个人所得税制度的发展和演变;掌握我国个人所得税的纳税义务人、征税范围、税率和减免税等税制要素;掌握个人所得税应纳税额的计算;了解个人所得税的纳税申报。

个人所得税起源于英国,是为了筹措对法战争的费用于1799年起征收。由于个人所得税不仅是筹集财政收入的重要手段,还具有调节个人收入、缩小贫富差距、促进社会财富公平分配的功能,因此在世界上普遍被视为良税。目前,世界上有140多个国家开征了个人所得税,我国于1980年开征个人所得税,虽然经过多次修正,但目前仍不能适应我国经济发展的现状。据统计,2014年我国实现税收收入119 158亿元,其中个人所得税税收收入为7 377亿元,个人所得税税收收入占税收总收入比重仅为6.19%左右,与发达国家个人所得税在全部税收收入中平均30%左右的比重相比,明显偏低。我国个人所得税调节收入、促进公平分配的作用还有很大的发挥空间。

第一节　个人所得税概述

一、我国个人所得税法的演变历程

个人所得税是以个人(自然人)取得的各项应税所得为征税对象而征收的一种税。个人所得税法是指用以调整个人所得税征收与缴纳之间权利及义务关系的法律规范的总称。我国第一部个人所得税法是在1980年9月经由第五届全国人民代表大会通过颁布的《个人所得税法》。1986年和1987年国务院又陆续发布了《城乡个体工商业户所得税暂行条例》和《个人收入调节税暂行条例》,至此我国的个人所得税制度便形成了个人所得税、城乡个体工商业户所得税和个人收入调节税"三税并立"的局面。随着经济的发展,1993年第八届全国人大常委会通过了《关于修改〈中华人民共和国个人所得税法〉的决定》,修改后的《个人所得税法》将原来的个人所得税、城乡个体工商业户所得税及个人收入调节税三税合一,并于1994年1月1日起实施。1999年第九届全国人大常委会通过了第二次修正的《中华人民共和国个人所得税法》。之后,《个人所得税法》又分别于2005年、2007年和2011年三次修订,将工资薪金所得的费用扣除标准从1980年的800元最终提高至2011年的3500元,大大减轻了中低收入者的税收负担。

二、个人所得税的征收模式

目前个人所得税的征收模式有三种:分类征收制、综合征收制与混合征收制。分类征收制,是将纳税人不同来源、性质的所得项目,分别规定不同的税率征税;综合征收制,是指对纳税人全年的各项所得加以汇总,就其总额进行征税;混合征收制,是对纳税人不同来源、性质的所得先分别按照不同的税率征税,然后将全年的各项所得进行汇总征税。

我国个人所得税目前实行分类征收制。分类征收制的优点是,能够区分收入来源课以轻重不同的税负,体现国家的经济、社会政策,并且在过去我国个人收入来源渠道比较单一的背景下,也能够较为简便的实现征税目的。但是,随着经济的发展和收入分配制度的调整,我国个人收入的来源趋于多样化,工资之外的其他收入如财产性收入、兼职收入等占个人收入的比重越来越大,分类征收模式下不能掌握纳税人收入的整体情况,客观上造成了个人所得税的税负不公。通过分解收入、多次扣费等方式,收入来源较多的高收入者可能比收入来源单一的低收入者应缴税款更少,无法实现个人所得税的公平收入分配功能。因而对我国现行个人所得税的征收模式进行改革是未来的必然趋势。

第二节　个人所得税的纳税义务人及征税范围

一、纳税义务人

我国个人所得税的纳税义务人,包括中国内地公民及港澳台同胞、个体工商户、个人独资企业、合伙企业投资者以及在中国有所得的外籍人员(包括无国籍人员,下同)。《个人所得税法》按照住所和居住时间两个标准,将上述纳税义务人分为居民纳税人和非居民纳税人两类,分别承担不同的纳税义务。

(一)居民纳税人

居民纳税人是指在中国境内有住所,或者无住所而在境内居住满一年的个人。居民纳税人负有无限纳税义务,从中国境内和境外取得的所得都应当在中国缴纳个人所得税。

其中,在中国境内有住所是指因户籍、家庭、经济利益关系而在中国境内习惯性居住,也就是因学习、工作、探亲等原因在中国境外居住,而当这些原因消除之后不能在其他地方继续停留,必须要回到中国居住。在境内居住满一年,是指在一个纳税年度(即公历1月1日起至12月31日止)内,在中国境内居住满365日。在计算居住天数时,对临时离境视同在华居住,不扣减其在华居住天数。这里所说的临时离境,是指在一个纳税年度中一次不超过30日或者多次累计不超过90日的离境。

(二)非居民纳税人

非居民纳税人是指在中国境内无住所又不居住或是无住所而在境内居住不满一年的个人。也就是说,非居民纳税人,是指习惯性居住地不在中国境内,而且不在中国居住,或是在一个纳税年度内,在中国境内居住累计不满一年的个人。

＊自2004年7月1日起,对境内居住天数和境内实际工作期间按以下规定计算:对在境内无住所的个人,其入境、离境、往返或多次往返境内外的当日,均按1天计算其在华居住天数;对在中国境内、境外机构同时担任职务或仅在境外机构任职的境内无住所个人,其入境、离境、往返或多次往返境内外的当日,均按半天计算其在华实际居住天数。

【应用训练】9-1　请判断下列人员是否属于居民纳税人:

(1)某在我国无住所的外籍人员2014年5月3日来华工作,2015年9月30日结束工作离华。

(2) 某外籍人员从 2013 年 10 月起到中国境内公司任职,并于 2014 年 9 月 10 日～30 日回国述职。

非居民纳税人承担有限纳税义务,仅就其来源于中国境内的所得向中国缴纳个人所得税。

个人所得税纳税义务人的判定标准及纳税义务如表 9.1 所示。

表 9.1 居民纳税人与非居民纳税人的判定标准与纳税义务

	判定标准	纳税义务
居民纳税人	1. 在中国境内有住所的个人; 2. 在中国境内无住所,而在中国境内居住超过五年的个人;	就其来源于中国境内外的所得向中国缴纳个人所得税
	3. 在中国境内无住所,而在中国境内居住超过一年但不满五年的个人	就其来源于中国境内的所得,以及来源于境外所得中由中国境内雇主支付的所得,向中国缴纳个人所得税
非居民纳税人	1. 在中国境内无住所,居住超过 90 日或 183 日但不满一年的个人;	仅就其来源于中国境内的所得,向中国缴纳个人所得税
	2. 在中国境内无住所且不居住的个人; 3. 在中国境内无住所且居住不超过 90 日(或 183 日)的个人	仅就来源于境内所得中由中国境内雇主支付的所得向中国缴纳个人所得税

二、所得来源地的确定

由于非居民纳税人仅就其来源于中国境内的所得缴纳个人所得税,因此要明确非居民纳税人的纳税义务,首先要能正确判断其所得来源地。所得来源地不同于所得支付地,根据相关法律的规定,确定所得来源地的具体标准如下:

(1) 因任职、受雇和提供劳务取得的所得,以任职、受雇或者提供劳务的所在地为所得来源地。

(2) 生产、经营所得,以从事生产、经营的所在地为所得来源地。

(3) 出租财产所得,以被出租财产的使用地为所得来源地。

(4) 不动产转让所得,以被转让不动产的坐落地为所得来源地;转让动产取得的所得,以转让地为所得来源地。

(5) 特许权使用费所得,以该项特许权的使用地为所得来源地。

(6) 利息、股息、红利所得,以支付利息、股息、红利的单位或者个人所在地为所得来源地。

【应用训练】9-2 美国公民 James 在美国某公司任职,2014 年被该公司委派到其与中国某公司的合资企业,担任财务总监一职,美国公司每月向其支付工资 8 000 元,合资企业支付工资 10 000 元,请问 James 每月来源于中国境内的所得是多少?

三、征税范围

个人所得税的征税范围包括下列 11 项所得:

(一) 工资、薪金所得

工资、薪金所得,是指个人因任职或者受雇而取得的工资、薪金、奖金、年终加薪、劳动分红、津贴、补贴以及与任职或者受雇有关的其他所得。

一般来说,工资、薪金所得属于非独立个人劳动所得,即由他人指定、安排并接受管理的劳动所得。除工资、薪金外,奖金、年终加薪、劳动分红、津贴、补贴也属于工资范畴。但对于以下不具有工资、薪金性质的津贴、补贴,不予征收个人所得税:独生子女补贴;执行公务员工资制度未纳入基本工资总额的补贴、津贴差额和家属成员的副食品补贴;托儿补助费;差旅费津贴、误餐补助(误餐补助是指按照财政部规定,个人因公在城区、郊区工作,不能在工作单位就餐的,根据实际误餐顿数,按规定标准领取的误餐费)。

【课堂思考】9-1 企业组织业绩突出的雇员参加培训班、研讨会、工作考察等,并且免收差旅费、旅游费,是否属于工资薪金所得?

(二)个体工商户的生产、经营所得

个体工商户的生产、经营所得是指:① 个体工商户从事工业、手工业、建筑业、交通运输业、商业、服务业、修理业及其他行业取得的所得;② 个人经政府有关部门批准,取得执照,从事办学、医疗、咨询及其他有偿服务的所得;③ 其他个人从事个体工商业生产、经营取得的所得。

个人独资企业和合伙企业的个人投资者,就企业的生产经营所得或者是合伙企业分配给合伙人的所得,按照个体工商户的生产、经营所得项目缴纳个人所得税。

上述主体取得与生产、经营活动无关的其他应税所得,应分别按照其他应税项目的有关规定,计算征收个人所得税。如取得银行存款的利息所得,对外投资取得的股息所得,应按"利息、股息、红利"税目计征个人所得税。

(三)对企事业单位的承包、承租经营所得

对企事业单位的承包、承租经营所得,是指个人承包经营或承租经营以及转包、转租取得的所得。承包项目包括生产经营、采购、销售、建筑安装等等。转包包括全部转包或部分转包。

个人承包、承租分为两种情况:① 承包、承租人对企业经营成果不享有所有权,仅按合同规定取得一定所得的,这种情况不是实质性的承包、承租行为,应按工资、薪金所得项目征收个人所得税;② 承包、承租人对企业经营成果享有所有权,在按合同规定向发包方、出租人缴纳一定费用后,剩余的企业经营成果归承包、承租人所有,对其取得的所得,按对企事业单位的承包、承租经营所得征收个人所得税。

【应用训练】9-3 张某承包了一家餐厅,餐厅每年支付张某承包收入10万元,张某不参与分享经营成果;李某承包了一家国有招待所,承包合同规定每月支付李某工资4 000元,还规定每年要上交承包费50万元,其余经营成果归李某所有。请问张某和李某取得的收入是否属于对企事业单位的承包承租经营所得?

(四)劳务报酬所得

劳务报酬所得,是指个人独立从事各种非雇佣的劳务所取得的所得,包括如下所得:个人从事设计、装潢、安装、制图、化验、测试、医疗、法律、会计、咨询、讲学、新闻、广播、翻译、审稿、书画、雕刻、影视、录音、录像、演出、表演、广告、展览、技术服务、介绍服务、经纪服务、代办服务以及其他劳务报酬的所得。

劳务报酬所得和工资、薪金所得的区别在于:工资、薪金所得是个人从任职受雇单位取得的所得,是个人提供非独立劳务的所得,劳务报酬所得是个人独立从事非雇佣劳务活动取得的所得,个人与发放劳务报酬的单位之间没有雇佣关系。

(五) 稿酬所得

稿酬所得，是指个人因其作品以图书、报刊形式出版、发表而取得的所得。不以图书、报刊形式出版、发表的翻译、审稿、书画所得属于劳务报酬所得；因工作原因在本单位刊物出版发表作品取得的所得为工资薪金所得。

(六) 特许权使用费所得

特许权使用费所得，是指个人提供专利权、商标权、著作权、非专利技术以及其他特许权的使用权取得的所得。

提供著作权的使用权取得的所得，不包括稿酬所得。作者将自己的文字作品手稿原件或复印件公开拍卖取得的所得，属于提供著作权的使用权所得，应按特许权使用费所得征收个人所得税。

(七) 利息、股息、红利所得

利息、股息、红利所得，是指个人拥有债权、股权而取得的利息、股息、红利所得。个人取得的利息所得，除国债和国家发行的金融债券利息外，一律应依法征收个人所得税。

(八) 财产租赁所得

财产租赁所得，是指个人出租建筑物、土地使用权、机器设备、车船以及其他财产取得的所得。个人取得的财产转租收入，属于财产租赁所得。

(九) 财产转让所得

财产转让所得，是指个人转让有价证券、股权、建筑物、土地使用权、机器设备、车船以及其他财产取得的所得。《个人所得税法实施条例》规定，对股票转让所得征收个人所得税的办法，由财政部另行制定，报国务院批准施行。国务院决定，对股票转让所得暂不征收个人所得税。

【课堂思考】9-2 个人拍卖他人作品手稿的所得，应按什么项目征收个人所得税？

(十) 偶然所得

偶然所得，是指个人得奖、中奖、中彩以及其他偶然性质的所得。偶然所得应缴纳的个人所得税税款，一律由发奖单位和机构代扣代缴。

(十一) 经国务院财政部门确定征税的其他所得

《个人所得税法》除以列举方式规定了上述十项应税所得外，又授权国务院财政部门可以确定其他应税所得。经国务院财政部门确定的应税所得有：个人为单位或他人提供担保获得报酬；企业在业务宣传、广告等活动中，随机向本单位以外的个人赠送礼品，个人由此取得的礼品所得；个人受赠住房所得等等。

个人取得的所得，难以界定应纳税所得项目的，由主管税务机关确定。

第三节 个人所得税的税率及税收优惠

一、税率

(一) 工资、薪金所得适用税率

工资、薪金所得适用3%～45%的7级超额累进税率，如表9.2所示。

表9.2 工资、薪金所得个人所得税税率表

级数	全月含税应纳税所得额	全月不含税应纳税所得额	税率（%）	速算扣除数
1	不超过1 500元的	不超过1 455元的	3	0
2	超过1 500元至4 500元的部分	超过1 455元至4 155元的部分	10	105
3	超过4 500元至9 000元的部分	超过4 155元至7 755元的部分	20	555
4	超过9 000元至35 000元的部分	超过7 755元至27 255元的部分	25	1 005
5	超过35 000元至55 000元的部分	超过27 255元至41 255元的部分	30	2 755
6	超过55 000元至80 000元的部分	超过41 255元至57 505元的部分	35	5 505
7	超过80 000元的部分	超过57 505元的部分	45	13 505

表9.2中所称全月含税应纳税所得额和全月不含税应纳税所得额,是指依照税法的规定,以每月收入额减除费用3 500元后的余额或者再减除附加减除费用后的余额。

（二）个体工商户的生产、经营所得和对企事业单位的承包经营、承租经营所得适用税率

个体工商户的生产、经营所得和对企事业单位的承包经营、承租经营所得适用5%～35%的五级超额累进税率,如表9.3所示。

表9.3 个体工商户的生产、经营所得和对企事业单位的承包经营、承租经营所得个人所得税税率表

级数	全年应纳税所得额	税率(%)	速算扣除数(元)
1	不超过15 000元的部分	5	0
2	超过15 000元至30 000元的部分	10	750
3	超过30 000元至60 000元的部分	20	3 750
4	超过60 000元至100 000元的部分	30	9 750
5	超过100 000元的部分	35	14 750

表9.3中所称全年应纳税所得额为含税所得,个体工商户的生产经营所得是指以每一纳税年度的收入总额,减除成本、费用、相关税费以及损失后的余额;对企事业单位的承包经营、承租经营所得,是指以每一纳税年度的收入总额,减除必要费用后的余额。

个人独资企业和合伙企业的个人投资者取得的生产经营所得也适用5%～35%的五级超额累进税率。

（三）稿酬所得适用税率

稿酬所得适用比例税率,税率为20%,并按应纳税额减征30%,实际税负为14%。

（四）劳务报酬所得适用税率

劳务报酬所得适用比例税率,税率为20%。

对劳务报酬所得一次收入畸高的,可以实行加成征收。根据《个人所得税法实施条例》规定,"劳务报酬所得一次收入畸高",是指个人一次取得劳务报酬,其应纳税所得额超过20 000元。对应纳税所得额超过20 000元至50 000元的部分,在按20%税率计算的应纳税

额基础上加征五成;超过 50 000 元的部分,加征十成。因此,劳务报酬所得实际上适用 20%、30%、40%的三级超额累进税率,如表 9.4 所示。

表 9.4 劳务报酬所得个人所得税税率表

级数	每次应纳税所得额	税率(%)	速算扣除数(元)
1	不超过 20 000 元的部分	20	0
2	超过 20 000 元至 50 000 元的部分	30	2 000
3	超过 50 000 元的部分	40	7 000

(五)特许权使用费所得,利息、股息、红利所得,财产租赁所得,财产转让所得,偶然所得和其他所得适用税率

特许权使用费所得,利息、股息、红利所得,财产租赁所得,财产转让所得,偶然所得和其他所得,适用比例税率,税率为 20%。对个人按市场价格出租的居民住房取得的所得,自 2001 年 1 月 1 日起暂减按 10%的税率征收个人所得税。对储蓄存款利息,自 2008 年 10 月 9 日(含)起,暂免征收储蓄存款利息个人所得税。

二、税收优惠

《个人所得税法》及其实施条例以及财政部、国家税务总局的若干规定,都对个人所得项目规定了减税免税的优惠政策,具体如下:

(一)免税项目

(1) 省级人民政府、国务院部委和中国人民解放军军以上单位,以及外国组织颁发的科学、教育、技术、文化、卫生、体育、环境保护等方面的奖金。

(2) 国债和国家发行的金融债券利息。国债利息,是指个人持有中华人民共和国财政部发行的债券而取得的利息所得;国家发行的金融债券利息,是指个人持有经国务院批准发行的金融债券而取得的利息所得。

(3) 按照国家统一规定发给的补贴、津贴。这里是指按照国务院规定发给的政府特殊津贴、院士津贴、资深院士津贴,以及国务院规定免纳个人所得税的其他补贴、津贴。

(4) 福利费、抚恤金、救济金。福利费,是指根据国家有关规定,从企业、事业单位、国家机关、社会团体提留的福利费或者工会经费中支付给个人的生活补助费;救济金,是指各级人民政府民政部门支付给个人的生活困难补助费。

(5) 保险赔款。

(6) 军人的转业费、复员费。

(7) 按照国家统一规定发给干部、职工的安家费、退职费、退休工资、离休工资、离休生活补助费。

(8) 依照我国有关法律规定应予免税的各国驻华使馆、领事馆的外交代表、领事官员和其他人员的所得。上述所得是指依照《中华人民共和国外交特权与豁免条例》和《中华人民共和国领事特权与豁免条例》规定免税的所得。

(9) 中国政府参加的国际公约、签订的协议中规定免税的所得。

(10) 经国务院财政部门批准免税的所得。

【课堂思考】9-3 应税奖金和免税奖金的范围应如何划分?

（二）减税项目

(1) 残疾、孤老人员和烈属的所得。
(2) 因严重自然灾害造成重大损失的。
(3) 其他经国务院财政部门批准减税的。

上述减免项目的减征幅度和期限，由省、自治区、直辖市人民政府规定。

（三）暂免征税项目

(1) 外籍个人以非现金形式或实报实销形式取得的住房补贴、伙食补贴、搬迁费、洗衣费。
(2) 外籍个人按合理标准取得的境内、外出差补贴。
(3) 外籍个人取得的探亲费、语言训练费、子女教育费等，经当地税务机关审核批准为合理的部分。
(4) 个人举报、协查各种违法、犯罪行为而获得的奖金。
(5) 个人办理代扣代缴税款手续，按规定取得的扣缴手续费。
(6) 个人转让自用达五年以上并且是唯一的家庭生活用房取得的所得。
(7) 达到离休、退休年龄，但确因工作需要，适当延长离休退休年龄的高级专家（指享受国家发放的政府特殊津贴的专家、学者），其在延长离休退休期间的工资、薪金所得，视同离退休工资免征个人所得税。
(8) 外籍个人从外商投资企业取得的股息、红利所得。
(9) 凡符合下列条件之一的外籍专家取得的工资、薪金所得可免征个人所得税：
① 根据世界银行专项贷款协议由世界银行直接派往我国工作的外国专家；
② 联合国组织直接派往我国工作的专家；
③ 为联合国援助项目来华工作的专家；
④ 援助国派往我国专为该国无偿援助项目工作的专家；
⑤ 根据两国政府签订文化交流项目，来华工作两年以内的文教专家，其工资、薪金所得由该国负担的；
⑥ 根据我国大专院校国际交流项目来华工作两年以内的文教专家，其工资、薪金所得由该国负担的；
⑦ 通过民间科研协定来华工作的专家，其工资、薪金所得由该国政府机构负担的。
(10) 符合条件的社会保险和住房公积金。
(11) 企业和个人按照国家和地方政府规定的比例，提取并向指定金融机构实际缴付的住房公积金、医疗保险金、基本养老保险金，免予征收个人所得税。超过政府规定比例缴付的住房公积金，对其超过部分征收个人所得税。
(12) 个人按规定标准取得的拆迁补偿款。

第四节 个人所得税应纳税额的计算

我国个人所得税实行分类征收模式，对于个人取得的所得按不同应税项目分项计算应纳税额。

一、工资、薪金所得应纳税额的计算

(一) 工资、薪金所得的一般计税规则

1. 应纳税所得额的计算

应纳税所得额是个人所得税的计税依据，是个人取得的各项应税所得减去税法规定的扣除项目或扣除金额之后的余额。

工资、薪金所得每月收入额减除 3 500 元费用（自 2011 年 9 月 1 日开始）后的余额为应纳税所得额，对在中国境内无住所而在中国境内取得工资、薪金所得的纳税人和在中国境内有住所而在中国境外取得工资、薪金所得的纳税人，在减除 3 500 元费用的基础上，再减除 1 300 元。

附加减除费用的具体适用范围是：在中国境内的外商投资企业和外国企业中工作的外籍人员；应聘在中国境内企业、事业单位、社会团体、国家机关中工作的外籍专家；在中国境内有住所而在中国境外任职或者受雇取得工资、薪金所得的个人；财政部确定的其他人员；华侨、中国港澳台同胞参照上述附加减除费用标准执行。

2. 应纳税额的计算公式

工资、薪金所得按月计税，适用七级超额累进税率。计算公式为

应纳税额 = 应纳税所得额 × 适用税率 - 速算扣除数
     = （每月收入额 - 3 500 元或 4 800 元）× 适用税率 - 速算扣除数

【案例分析】9-1 某中国公民 2016 年 3 月应发工资 6 000 元，单位从其应付工资中扣缴当月个人承担的住房公积金、基本养老和医疗保险金共计 1 000 元，并且扣除其因物业管理纠纷而被物业公司索取的保安费 100 元，请计算其当月应纳的个人所得税。

【案例分析】9-2 一位在外商投资企业中工作的美国专家，2016 年 3 月的应发工资为 9 400 元，请计算其当月应纳的个人所得税。

*(二) 雇主为雇员负担个人所得税额的计算

现实中，有时雇主向雇员支付不含税的净所得，即雇员的个人所得税款由雇主代为全额缴纳，那么首先应当将雇员取得的不含税净得换算成税前收入，然后再据此计算应纳税所得额和应纳税额。计算公式为：

应纳税所得额 = (不含税收入额 - 费用扣除标准 - 速算扣除数) ÷ (1 - 不含税级距对应的税率)。

应纳税额 = 应纳税所得额 × 含税级距对应的税率 - 速算扣除数。

【案例分析】9-3 境内某公司代其雇员 A（中国居民）缴纳个人所得税。2015 年 8 月向 A 支付税后工资 8 000 元人民币。请计算该公司当月为 A 代付的个人所得税。

【课堂思考】9-4 代扣税款与代付税款有什么区别？

(三) 全年一次性奖金的个人所得税计算

全年一次性奖金是指行政机关、企事业单位等扣缴义务人根据其全年经济效益和对雇员全年工作业绩的综合考核情况，向雇员发放的一次性奖金。年终加薪、实行年薪制和绩效工资办法的单位根据考核情况兑现的年薪和绩效工资也属于全年一次性奖金。

纳税人取得全年一次性奖金，单独作为一个月工资、薪金所得计算纳税，并由扣缴义务人发放时代扣代缴，具体分为以下两种情况：

（1）发放全年一次性奖金当月的工资高于（或等于）税法规定的费用扣除额，当月工资

与奖金分别计算税额。对于雇员取得的全年一次性奖金,先将其除以12个月,按商数确定适用税率和速算扣除数。

$$应纳税额＝雇员当月取得全年一次性奖金×适用税率－速算扣除数$$

(2) 发放全年一次性奖金当月的工资低于税法规定的费用扣除额,先将全年一次性奖金减除"雇员当月工资薪金所得与费用扣除额的差额",再用余额除以12个月,按商数确定适用税率和速算扣除数。

$$应纳税额＝(雇员当月取得全年一次性奖金－雇员当月工资薪金所得与费用扣除额的差额)×适用税率－速算扣除数$$

提示:在一个纳税年度内,对每一个纳税人,上述计税办法只允许采用一次。雇员取得除全年一次性奖金以外的其他各种名目奖金,如半年奖、季度奖、加班奖、先进奖、考勤奖等,一律与当月工资、薪金收入合并计税。

【案例分析】9-4 (2014年注册会计师税法教材习题)中国公民张某2014年1月份工资3 000元,当月一次性取得上年奖金9 000元,其应纳税款由企业负担200元。那么张某当月应纳的个人所得税额为多少？实际缴纳的个人所得税额为多少？

【应用训练】9-4 (1) 李某2015年在我国境内1~12月每月工资为5 100元,3月又发放了2014年度年终奖60 000元。请计算李某取得年终奖应缴纳的个人所得税。

(2) 陈某2015年在我国境内1~12月每月工资为2 500元,3月又发放了2014年度年终奖40 000元。请计算陈某取得年终奖应缴纳的个人所得税。

(四) 两处以上取得工资、薪金所得的个人所得税计算

两处以上取得工资、薪金所得,主要是指在外商投资企业、外国企业和外国驻华机构工作的中方人员,分别从雇用单位和派遣单位处取得工资、薪金。对于这种情况,税法规定,只能由雇用单位在支付工资、薪金时减除费用,计算并扣缴个人所得税;派遣单位支付的工资、薪金不再减除费用,以支付金额直接确定适用税率,计算扣缴个人所得税。也就是说,两处以上取得工资、薪金所得的,每月只能减除一次费用。并且,纳税义务人应持两处支付单位提供的原始明细工资、薪金单和完税凭证原件,选择并固定到一地税务机关申报每月工资、薪金所得,汇算清缴工资、薪金所得的个人所得税,多退少补。具体申报期限,由各省、自治区、直辖市税务机关确定。

【案例分析】9-5 陈某为一外商投资企业雇佣的中方人员,每月从派遣单位A公司取得工薪收入2 000元,从合资企业B公司取得工薪收入8 000元。请计算陈某每月应申报补税多少元。

(五) 企业年金的个人所得税计算

企业年金是指企业及其职工在依法参加基本养老保险的基础上,自愿建立的补充养老保险,主要由个人缴费、企业缴费和年金投资收益三部分组成。自2014年1月1日起,企业年金、职业年金的个人所得税采用"递延纳税"政策,具体规定如下:

(1) 在年金缴费环节,对单位根据政策规定为职工支付的年金缴费部分,在计入个人账户时,个人暂不缴纳个人所得税;个人根据政策规定缴付的年金个人缴费部分,在不超过本人缴费工资计税基数4%以内的部分,暂时免税。超过规定标准的年金缴费部分,并入个人当期工资、薪金所得依法计征个人所得税。

(2) 在年金基金投资环节,年金基金投资运营收益分配计入个人账户时,暂不征收个人所得税。

(3) 在年金领取环节,个人达到国家规定的退休年龄领取的年金,按照"工资、薪金所得"项目适用的税率,计征个人所得税。

(六) 工资、薪金所得计税的几种特殊情况

(1) 特定行业职工取得的工资、薪金所得的计税方法。对某些因季节、产量因素影响导致工资薪金收入波动幅度较大的行业,比如采掘业、远洋运输业、远洋捕捞业职工取得的工资、薪金所得,可按月预缴,年度终了后 30 日内,合计其全年工资、薪金所得,再按 12 个月平均并计算实际应纳的税额,多退少补。其公式为

应纳税额＝[(全年工资、薪金收入÷12－费用扣除标准)×税率－速算扣除数]×12

(2) 个人取得公务交通、通信补贴收入的计税方法。个人因公务用车和通信制度改革而取得的公务用车、通信补贴收入,扣除一定标准的公务费用后,按月发放的,并入当月"工资、薪金所得"计征个人所得税;不按月发放的,分解到所属月份与该月"工资、薪金所得"合并后计征个人所得税。

(3) 个人因解除劳动合同取得经济补偿金的计税方法。

① 企业宣告破产时向员工发放的一次性安置费收入,免征个人所得税;

② 个人因与用人单位解除劳动关系而取得的一次性补偿收入,其收入在当地上年职工平均工资 3 倍以内的部分,免征个人所得税;超过部分的补偿收入,视为一次取得数月工资、薪金收入,除以个人在企业的工作年限数(上限为 12 年),以其商数作为个人的月工资、薪金收入,计算缴纳个人所得税。个人领取一次性补偿收入时,缴纳的住房公积金、医疗保险费、基本养老保险费、失业保险费可在税前扣除。

二、个体工商户的生产、经营所得应纳税额的计算

(一) 应纳税所得额的计算

个体工商户生产、经营所得按年计税,应纳税所得额为每一纳税年度的收入总额减除成本、费用、税金、损失、其他支出以及允许弥补的以前年度亏损后的余额。计算公式为

应纳税所得额＝收入总额－(成本＋费用＋损失＋税金＋其他支出)－费用扣除－亏损弥补

1. 收入总额

个体工商户的收入总额是指个体工商户从事生产经营以及与生产经营有关的活动取得的各项收入。包括销售货物收入、提供劳务收入、财产出租或转让收入、利息收入、接受捐赠收入和其他收入。

2. 准予扣除的项目

(1) 成本、费用,是指个体工商户从事生产、经营所发生的各项直接费用和间接费用。直接费用是指在生产经营活动中所发生的材料费、人工费及制造费用。个体工商户业主的工资薪金支出不得据实在税前扣除,只能按照 42 000 元/年,即 3 500 元/月的费用扣除标准扣除;间接费用是为组织生产和管理活动所发生的管理费用、销售费用和财务费用。以上各项目的税前扣除标准,均与企业所得税一致。

(2) 损失,是指个体工商户在生产、经营过程中发生的各项营业外支出,包括固定资产和存货的盘亏、报废、毁损损失、转让财产损失、坏账损失、自然灾害或意外事故损失等。

(3) 税金,是指个体工商户按规定缴纳的不得抵扣的增值税、消费税、城建税、资源税、土地使用税、土地增值税、房产税、车船税、印花税、耕地占用税及教育费附加等。

(4) 其他支出,是指除成本、费用、税金和损失外,个体工商户在生产经营活动中发生的

与生产经营活动有关的、合理的支出。

(5) 亏损弥补,是指个体工商户纳税年度发生的亏损,准予向以后年度结转,用以后年度的生产经营所得弥补。但结转期限最长不得超过5年。弥补期从亏损年度后第一年算起,连续5年内不论是盈利或亏损,都作为实际弥补年限计算。

3. 不得在税前列支的项目

不得在税前列支的项目包括被没收的财物、罚款、罚金、个人所得税税款、税收滞纳金、不符合扣除规定的捐赠支出、各种赞助支出、用于个人和家庭的支出以及其他与生产经营无关的支出。但个体工商户业主及其家庭发生的生活费用,与其生产经营费用混合在一起并且难以划分的,对其40%视为与生产经营有关费用,准予扣除。

4. 应纳税所得额的核定征收

个体工商户不能提供完整、准确的纳税资料,不能正确计算应纳税所得额的,由主管税务机关核定其应纳税所得额。

(二) 应纳税额的计算公式

个体工商户生产、经营所得适用五级超额累进税率。计算公式为

$$应纳税额 = 应纳税所得额 \times 适用税率 - 速算扣除数$$

【案例分析】9-6 某小型广告公司系个体工商户,账证齐全,2015年公司取得收入总额70万元,准予扣除的成本、费用及相关支出合计63万元,其中包含业主徐某每月从公司领取的工资2 700元。请计算徐某2015年应纳个人所得税额。

(三) 个人独资企业和合伙企业个人所得税的计算

根据国务院的规定,从2000年1月1日起,对个人独资企业和合伙企业的个人投资者征收个人所得税。

(1) 实行查账征收办法的,个人独资企业的投资者根据全部生产经营所得确定应纳税所得额;合伙企业的投资者根据合伙企业的全部生产经营所得和合伙协议约定的分配比例,确定应纳税所得额,合伙协议没有约定分配比例的,以全部生产经营所得和合伙人数量平均计算确定每个投资者的应纳税所得额。

扣除项目及扣除标准基本参照个体工商户的规定。但是,个人独资企业和合伙企业的投资者及其家庭发生的生活费用与企业生产经营费用混合在一起,并且难以划分的,全部视为投资者个人及家庭的生活费用,不允许在税前扣除。企业生产经营和投资者与家庭生活共用的固定资产,难以划分的,由主管税务机关核定准予在税前扣除的折旧费用的数额或比例。

(2) 实行核定征收办法的,可以采用定额征收、核定应税所得率征收等方式确定应纳税所得额。

个人独资企业和合伙企业的个人投资者的生产经营所得按5%~35%的五级超额累进税率,计算征收个人所得税。

三、对企事业单位的承包经营、承租经营所得应纳税额的计算

(一) 应纳税所得额的计算

对企事业单位的承包经营、承租经营所得,以每一纳税年度的收入总额,减除必要费用后的余额为应纳税所得额。其中,收入总额是指纳税人按照承包、承租经营合同规定分得的经营利润和工资、薪金性质的所得,减除必要费用是指按月减除3 500元。计算公式为

应纳税所得额＝个人全年承包、承租经营收入总额－3 500元×该年度实际经营月份数

（二）应纳税额的计算

对企事业单位的承包经营、承租经营所得按年计税，适用5%～35%的五级超额累进税率。计算公式为

$$应纳税额＝应纳税所得额×适用税率－速算扣除数$$

如果纳税人在一个年度内分次取得承包、承租经营所得的，应在每次取得承包、承租经营所得后预缴税款，年终汇算清缴，多退少补。

四、劳务报酬所得应纳税额的计算

（一）应纳税所得额的计算

劳务报酬所得按次计税，实行定额与定率相结合的费用扣除办法，是以个人每次取得的收入，定额或定率减除规定费用后的余额为应纳税所得额。每次收入不超过4 000元的，定额减除费用800元；每次收入在4 000元以上的，定率减除20%的费用。其中，"每次取得的收入"是指：只有一次性收入的，以取得该项收入为一次；属于同一事项连续取得收入的，以1个月内取得的收入为一次。

（二）应纳税额的计算

劳务报酬所得的名义税率为20%，由于实行加成征收的规定，实际税率为20%～40%的三级超额累进税率。应纳税额计算公式为：

（1）每次收入不足4 000元的，

$$应纳税额＝（每次收入额－800）×20\%$$

（2）每次收入在4 000元以上的，

$$应纳税额＝每次收入额×（1－20\%）×20\%$$

（3）每次收入的应纳税所得额超过20 000元的，

$$应纳税额＝每次收入额×（1－20\%）×适用税率－速算扣除数$$

五、稿酬所得应纳税额的计算

（一）应纳税所得额的计算

稿酬所得按次计税，是以个人每次取得的收入，定额或定率减除规定费用后的余额为应纳税所得额。每次收入不超过4 000元的，定额减除费用800元；每次收入在4 000元以上的，定率减除20%的费用。其中，"每次取得的收入"是指以每次出版、发表取得的收入为一次。具体又可细分为：同一作品再版取得的所得，应视作另一次稿酬所得计征个人所得税；同一作品先在报刊上连载，然后再出版，或先出版，再在报刊上连载的，应视为两次稿酬所得征税；同一作品在报刊上连载取得收入的，以连载完成后取得的所有收入合并为一次；同一作品在出版和发表时，预付的稿酬或分次支付的稿酬应合并为一次收入；同一作品出版、发表后，因添加印数而追加稿酬的，应与以前出版、发表时取得的稿酬合并为一次收入。

（二）应纳税额的计算

稿酬所得的名义税率为20%，由于实行减征的规定，实际税率为14%。应纳税额计算公式为：

（1）每次收入不足4 000元的，

$$应纳税额 = (每次收入额 - 800) \times 20\% \times (1 - 30\%)$$

(2) 每次收入在 4 000 元以上的，

$$应纳税额 = 每次收入额 \times (1 - 20\%) \times 20\% \times (1 - 30\%)$$

【课堂思考】9-5　在作者去世后取得其遗作稿酬的个人，对遗作稿酬应按什么项目征收个人所得税？

六、特许权使用费所得应纳税额的计算

特许权使用费所得按次计税，是以个人每次取得的收入，定额或定率减除规定费用后的余额为应纳税所得额。每次收入不超过 4 000 元的，定额减除费用 800 元；每次收入在 4 000 元以上的，定率减除 20% 的费用。"每次取得的收入"是指某项使用权的一次转让所取得的收入。如果一次转让取得的收入是分笔支付的，那么将各笔收入合并为一次收入。

特许权使用费所得应纳税额的计算公式为：

(1) 每次收入不足 4 000 元的，

$$应纳税额 = (每次收入额 - 800) \times 20\%$$

(2) 每次收入在 4 000 元以上的，

$$应纳税额 = 每次收入额 \times (1 - 20\%) \times 20\%$$

七、财产租赁所得应纳税额的计算

(一) 应纳税所得额的计算

财产租赁所得按次计税，以个人每次（一个月内）取得的收入，定额或定率减除规定费用后的余额为应纳税所得额。每次收入不超过 4 000 元的，定额减除费用 800 元；每次收入在 4 000 元以上的，定率减除 20% 的费用。个人出租房屋的个人所得税应税收入不含增值税，计算房屋出租所得可扣除的税费不包括本次出租缴纳的增值税。免征增值税的，租金收入不扣减增值税额。

在确定财产租赁的应纳税所得额时，纳税人在出租财产过程中缴纳的税金和教育费附加，可持完税凭证，从其财产租赁收入中扣除。但是，出租财产缴纳的增值税不得扣除。此外，能够提供有效凭证，证明由纳税人负担的该出租财产的修缮费用也允许扣除。修缮费用每次扣除限额为 800 元，一次扣除不完的，准予在下一次继续扣除。个人出租财产过程中发生的上述费用应当依次扣除：

(1) 财产租赁过程中缴纳的税费；
(2) 由纳税人负担的该出租财产实际开支的修缮费用；
(3) 税法规定的费用扣除标准。

(二) 应纳税额的计算

财产租赁所得适用 20% 的税率。应纳税额的计算公式为：

(1) 每次（月）收入不超过 4 000 元的，

$$应纳税额 = [每次（月）收入额 - 准予扣除项目 - 修缮费用(800 为限) - 800] \times 20\%$$

(2) 每次（月）收入超过 4 000 元的，

$$应纳税额 = [每次（月）收入额 - 准予扣除项目 - 修缮费用(800 为限)] \times (1 - 20\%) \times 20\%$$

其中，对个人出租住房所得，减半征收个人所得税。

【案例分析】9-7　（2012 年注册会计师税法试题改编）刘某于 2015 年 1 月将其自有的商

铺出租,每月取得租金收入4 000元,全年租金收入48 000元。当年2月因下水道堵塞找人修理,发生修理费用1 200元,有维修部门的正式收据。请计算刘某2015年全年租赁所得的应纳个人所得税额(不考虑其他税费)。

八、财产转让所得应纳税额的计算

(一) 应纳税所得额的计算

财产转让所得,以个人每次(一件财产的所有权一次转让)转让财产取得的收入额减除财产原值和合理费用后的余额,为应纳税所得额。

财产转让原值是指:有价证券为买入价以及买入时按照规定缴纳的有关费用;建筑物为建造费或购进价格以及其他有关费用;土地使用权为取得土地使用权所支付的金额、开发土地的费用以及其他有关费用;机器设备、车船为购进价格、运输费、安装费以及其他有关费用;其他财产参照以上方法确定。合理费用是指卖出财产时按照规定支付的有关费用。

(二) 应纳税额的计算

财产转让所得适用20%的税率。应纳税额的计算公式为

$$应纳税额 = (每次收入额 - 财产原值 - 合理费用) \times 20\%$$

(三) 个人住房转让所得应纳税额的计算

1. 每次收入额的确定

个人住房转让以实际成交价格为转让收入,不包括向买方收取的增值税。纳税人申报的住房成交价格明显低于市场价格且无正当理由的,税务机关有权依据有关信息核定其转让收入。

2. 扣除项目的确定

纳税人可以凭原购房合同、发票等有关凭证,经税务机关审核后,从转让收入中减除房屋原值、转让住房过程中缴纳的税金及有关合理费用。

(1) 房屋原值具体指:商品房为购置该房屋时实际支付的房价款及缴纳的相关税费(含增值税);自建住房为实际发生的建造费用及建造和取得产权时实际缴纳的相关税费;经济适用房为原购房人实际支付的房价款及相关税费,以及按规定缴纳的土地出让金。

(2) 转让住房过程中缴纳的税金包括纳税人在转让住房时实际缴纳的城市维护建设税、教育费附加、土地增值税、印花税等税金。

(3) 合理费用是指纳税人实际支付的住房装修费用、住房贷款利息、手续费、公证费等费用。

3. 纳税人未提供完整、准确的房屋原值凭证,不能正确计算房屋原值和应纳税额的,税务机关可依法对其实行核定征收,即按纳税人住房转让收入的一定比例核定应纳个人所得税额。

九、利息、股息、红利、偶然所得和其他所得应纳税额的计算

利息、股息、红利、偶然所得和其他所得按次计税,以个人每次取得的收入额为应纳税所得额,不允许扣除任何费用。适用20%的比例税率。应纳税额的计算公式为

$$应纳税额 = 每次收入额 \times 20\%$$

其中:

(1) 储蓄存款自2008年10月9日起孳生的利息所得,暂免征收个人所得税。

(2) 自2015年9月8日起,对于个人取得的上市公司股息红利实行差别化个人所得税政策。持股期限在1个月以内的,股息红利所得金额计入应纳税所得额;持股期限在1个月

以上至1年的,暂减按50%计入应纳税所得额;持股期限超过1年的,股息红利所得暂免征收个人所得税。

(3) 房屋产权所有人将房屋产权无偿赠与以下个人的,不对受让人征收个人所得税:无偿赠与配偶、父母、子女、祖父母、外祖父母、孙子女、外孙子女、兄弟姐妹;无偿赠与对其承担直接抚养或赡养义务的抚养人或者赡养人;在房屋产权所有人死亡后依法取得房屋产权的法定继承人、遗嘱继承人或受遗赠人。

十、应纳税额计算中的特殊问题

(一) 公益性捐赠的扣除

个人将其所得通过中国境内的社会团体、国家机关向教育或其他社会公益事业以及遭受严重自然灾害地区、贫困地区捐赠,捐赠额未超过纳税义务人申报的应纳税所得额30%的部分,可以从其应纳税所得额中扣除。但个人通过非营利社会团体、国家机关对农村义务教育的捐赠,对公益性青少年活动场所的捐赠以及向红十字事业的捐赠,可以在税前的所得额中全额扣除。

【案例分析】9-8 歌星陈某参加一场演出获得出场费80 000元,将其中10 000元通过民政部门捐赠给贫困山区。陈某演出所得应缴纳个人所得税多少?

(二) 境外所得的税额扣除

居民纳税人负无限纳税义务,对其从中国境内和境外取得的所得,都应在我国缴纳个人所得税。但纳税人的境外所得一般已在其所得来源国缴纳了所得税,为了避免不同国家对同一所得的重复征税,税法规定,纳税义务人从中国境外取得的所得,准予其在应纳税额中扣除已在境外缴纳的个人所得税税额。但扣除额不得超过该纳税义务人境外所得依照我国税法规定计算的应纳税额。

具体规定及计税方法如下:

(1) 已在境外缴纳的个人所得税税额,是指纳税人从中国境外取得的所得,依照所得来源国家或地区的法律计算并实际缴纳的税款。

(2) 依照我国税法规定计算的应纳税额,是指纳税人从中国境外取得的所得,区别来自不同国家或地区和不同应税项目,依照我国税法规定的费用减除标准和税率计算的应纳税额;同一国家或地区的不同应税项目,依照我国税法计算的应纳税额之和,为该国家或地区的抵免限额。

纳税人在中国境外一国或地区实际已缴纳的个人所得税税额,低于该国或地区抵免限额的,应当在中国补缴差额部分的税款;超过该国或地区抵免限额的,超过部分不得在本纳税年度的应纳税额中扣除,但是可以在以后纳税年度的该国或地区抵免限额的余额中补扣,补扣期限最长不得超过5年。

(3) 境外已纳税款的抵免必须由纳税人自行提出申请,并应当提供境外税务机关填发的完税凭证原件。

【案例分析】9-9 (2012年注册会计师税法教材例题改编)王某(居民纳税人)在2015纳税年度,从A、B两国取得应税收入。其中,在A国一公司任职,取得工薪收入72 000元(每月6 000元),并取得利息收入10 000元,该两项收入在A国缴纳个人所得税3 000元;王某6月赴B国进行技术交流期间,在B国演讲取得收入12 000元,并在B国缴纳该项收入的个人所得税1 200元。请计算王某2015年度在中国应补缴的个人所得税款。

第五节 个人所得税的征收管理

一、征收方法

个人所得税的征收办法，有自行申报纳税和代扣代缴两种。

（一）自行申报

自行申报纳税，是由纳税人自行在税法规定的纳税期限内，向税务机关申报取得的应税所得项目和数额，如实填写个人所得税纳税申报表，并按照税法规定计算应纳税额，据此缴纳个人所得税的一种方法。

凡有下列情形之一的，纳税人必须自行向税务机关申报纳税：

(1) 自2006年1月1日起，年所得12万元以上的；
(2) 从中国境内两处或者两处以上取得工资、薪金所得的；
(3) 从中国境外取得所得的；
(4) 取得应税所得，没有扣缴义务人的；
(5) 国务院规定的其他情形。

纳税人可以采取数据电文、邮寄等方式申报，也可以直接到主管税务机关申报，或者采取符合主管税务机关规定的其他方式申报。

（二）代扣代缴

代扣代缴，是指按照税法规定负有扣缴税款义务的单位或个人，在向个人支付应纳税所得时，应先计算应纳税额，从其所得中扣除并缴入国库，同时向税务机关报送扣缴个人所得税报告表的一种纳税方法。

凡是向个人支付应纳税所得的企业、事业单位、机关、社团组织、军队、驻华机构、个体户等单位或者个人，均为个人所得税的扣缴义务人，应在向个人支付应纳税所得（包括现金、实物和有价证券）时，代扣代缴其应纳的个人所得税税款，不论纳税人是否属于本单位人员。

扣缴义务人应扣未扣的税款，由税务机关向纳税人追缴税款，但扣缴义务人应承担应扣未扣税款50%以上3倍以下的罚款。

二、纳税期限及地点

（一）纳税期限

自行申报纳税人取得的各项所得，应在次月15日前向主管税务机关办理纳税申报。以下情况除外：

(1) 年所得12万元以上的纳税人，在纳税年度终了后3个月内向主管税务机关办理纳税申报。

(2) 个体工商户和个人独资、合伙企业投资者取得的生产、经营所得应纳的税款，按年计算，分月或分季预缴，纳税人在每月或季度终了后15日内办理纳税申报，在纳税年度终了后3个月内汇算清缴，多退少补。

(3) 纳税人年终一次性取得的对企事业单位的承包经营、承租经营所得，自取得之日起30日内办理纳税申报；1年内分次取得承包经营、承租经营所得的，在每次取得所得后的15

日内申报预缴,年度终了后3个月内汇算清缴,多退少补。

(4) 从中国境外取得所得的纳税人,在纳税年度终了后30日内向中国境内主管税务机关办理纳税申报。

(5) 扣缴义务人每月所扣的税款,应当在次月15日内缴入国库。

(二) 纳税地点

(1) 年所得12万元以上的纳税人,在中国境内有任职、受雇单位的,向任职、受雇单位所在地主管税务机关申报;在境内有两处或两处以上任职、受雇单位的,选择并固定向其中一处单位所在地主管税务机关申报;在境内无任职、受雇单位的,年所得项目中有个体工商户的生产经营所得或者对企事业单位的承包经营、承租经营所得(以下统称为"生产、经营所得")的,向其中一处实际经营所在地主管税务机关申报;在境内既无任职、受雇单位,年所得项目中又无生产、经营所得的,向户籍所在地主管税务机关申报。

(2) 从两处或两处以上取得工资、薪金所得的,选择并固定向其中一处单位所在地主管税务机关申报。

(3) 从中国境外取得所得的,向境内户籍所在地或经常居住地主管税务机关申报。

(4) 个体工商户向实际经营所在地主管税务机关申报。

(5) 投资者兴办两个或两个以上企业的,如果都是个人独资企业,分别向各企业的实际经营管理所在地主管税务机关申报;如果含有合伙企业,向经常居住地主管税务机关申报。

纳税人不得随意变更纳税申报地点,因特殊情况变更纳税申报地点的,须报原主管税务机关备案。

三、个人所得税申报资料

(一) 个人所得税纳税申报表的种类

2013年8月1日起执行国家税务总局重新修订的个人所得税申报表,将个人所得税申报表简化至12张。个人所得税申报表使用简表见表9.5。

表9.5 个人所得税申报表使用简表

序号	申报表名称	适用范围	申报期限	申报类型
1	个人所得税基础信息表(A表)	适用于扣缴义务人办理全员全额扣缴申报的纳税人的基础信息填报	次月15日内	基础信息登记类
2	个人所得税基础信息表(B表)	适用于个人所得税自行纳税申报纳税人基础信息的填报	随自行申报表随送	
3	扣缴个人所得税报告表	适用于扣缴义务人办理全员全额扣缴个人所得税的申报。包括特定行业职工工资、薪金所得个人所得税的月份申报	次月15日内	扣缴申报类
4	特定行业个人所得税年度申报表	适用于特定行业职工工资、薪金所得个人所得税的年度申报	年度终了之日起30日内	
5	限售股转让所得扣缴个人所得税报告表	适用于证券机构预扣预缴,或者直接代扣代缴限售股转让所得个人所得税的申报	次月15日内	

续表

序号	申报表名称	适用范围	申报期限	申报类型
6	个人所得税自行纳税申报表(A表)	适用于"从中国境内两处或者两处以上取得工资、薪金所得的"、"取得应纳税所得,没有扣缴义务人的",以及"国务院规定的其他情形"的纳税人的纳税申报	次月15日内	自然人纳税人自行纳税申报类
7	个人所得税纳税申报表(B表)	适用于"从中国境外取得所得的"的纳税人的纳税申报	年度终了后30日内	
8	个人所得税纳税申报表(适用于年所得12万元以上的纳税人申报)	适用于年所得12万元以上的纳税人申报	年度终了后3个月内	
9	限售股转让所得个人所得税清算申报表	适用于纳税人取得限售股转让所得已预扣预缴个人所得税款的清算申报	税款被代扣并解缴的次月1日起3个月内	
10	生产、经营所得个人所得税纳税申报表(A表)	适用于查账征收个人所得税的个体工商户、企事业单位的承包承租经营者、个人独资企业投资人和合伙企业合伙人的预缴纳税申报,以及实行核定征收的纳税申报	承包承租所得:每月或每次所得后的15日内;其他:次月15日内	生产、经营纳税人自行纳税申报类
11	生产、经营所得个人所得税纳税申报表(B表)	适用于查账征收的个体工商户、承包承租经营者、个人独资企业投资者和合伙企业合伙人的个人所得税年度汇算清缴	承包承租所得分不同情况:年度终了后30日或年度终了三个月内;其他:年度终了后三个月内	
12	生产、经营所得投资者个人所得税年度汇总纳税申报表	适用于投资者兴办两个或两个以上个体工商户、承包承租企事业单位、个人独资企业、合伙企业,且各投资单位均实行查账征收,其取得的生产经营所得的年度汇总纳税申报	年度终了后三个月内	

由于个人所得税的纳税申报以自行申报和代扣代缴为主,下面将主要介绍常用的《个人所得税纳税申报表》(适用于年所得12万元以上的纳税人申报)、《生产、经营所得个人所得税纳税申报表》和《扣缴个人所得税报告表》。

(二) 年所得12万元以上的纳税人的纳税申报表

凡是在上年度年所得超过12万元的个人,无论取得的各项所得是否已经自行缴纳或是由支付方代扣代缴个人所得税,都应在本纳税年度终了后3个月内如实填写相应的《个人所得税纳税申报表》,报送主管税务机关办理个人所得税自行申报。个人所得税纳税申报表(适用于年所得12万元以上的纳税人申报)如表9.6所示。

个人所得税自行申报(年所得12万元以上)实训案例:

表9.6 个人所得税纳税申报表

（适用于年所得12万元以上的纳税人申报）

所得年份：　　年　　　　　　　　　　　　　　　填表日期：　　年　　月　　日

金额单位：人民币元（列至角分）

纳税人姓名		国籍（地区）		身份证照类型		身份证照号码	
任职、受雇单位	任职受雇单位税务代码		任职受雇单位所属行业		职　务		职　业
在华天数	境内有效联系地址				境内有效联系地址邮编		联系电话
此行由取得经营所得的纳税人填写	经营单位纳税人识别号				经营单位纳税人名称		

所得项目	年所得额			应纳税所得额	应纳税额	已缴（扣）税额	抵扣税额	减免税额	应补税额	应退税额	备注
	境内	境外	合计								
1. 工资、薪金所得											
2. 个体工商户的生产、经营所得											
3. 对企事业单位的承包经营、承租经营所得											
4. 劳务报酬所得											
5. 稿酬所得											
6. 特许权使用费所得											

续表

所得项目	年所得额			应纳税所得额	应纳税额	已缴(扣)税额	抵扣税额	减免税额	应补税额	应退税额	备注
	境内	境外	合计								
7. 利息、股息、红利所得											
8. 财产租赁所得											
9. 财产转让所得											
其中：股票转让所得				—	—		—	—	—	—	
个人房屋转让所得											
10. 偶然所得											
11. 其他所得											
合　计											

我声明，此纳税申报表是根据《中华人民共和国个人所得税法》及有关法律、法规的规定填报的，我保证它是真实的、可靠的、完整的。

纳税人（签字）

联系电话：

代理人（签章）：

税务机关受理人（签字）：　　　税务机关受理时间：　年　月　日　　　受理申报税务机关名称（盖章）：

实训资料

中国公民李某，任职于某研究所，2015年收入情况如下：

(1) 每月工资为5 000元，年终取得一次性奖金收入60 000元，工资收入的个人所得税已由单位于发放工资时扣缴；

(2) 3月在报刊上连载一篇文章，取得稿酬3 000元，个人所得税已由报社扣缴；

(3) 6月在某电视台担任兼职主持人取得收入10 000元，个人所得税已由电视台扣缴；

(4) 8月为某公司提供技术服务，取得税后报酬30 000元，与其报酬相关的个人所得税由该公司承担；

(5) 9月将自有的一项非职务专利技术提供给境外某公司使用，一次性取得特许权使用费收入折合人民币20 000元，已按该国税法缴纳了个人所得税2 000元；

(6) 11月在某公司的有奖销售活动中获得奖金4 000元，个人所得税已由该公司在支付时扣缴；

(7) 自2015年1月起出租居民住房一套，每月租金收入3 000元，3月份发生房屋修缮费用2 000元，个人所得税未缴纳（不考虑租金收入的其他税费）；

(8) 12月取得国内某上市公司分配的2015年度红利18 000元（持股时间超过1年）。

实训要求

正确计算李某各项所得在我国应纳的个人所得税税额，并填写个人所得税纳税申报表。个人所得税纳税申报表如表9.7所示。

（三）生产、经营所得的纳税申报表

实行查账征收的个体工商户、企事业单位承包承租经营者、个人独资企业投资者和合伙企业合伙人，在中国境内取得"个体工商户的生产、经营所得"或"对企事业单位的承包经营、承租经营所得"，应当在年度终了后30日或年度终了三个月内填写《生产、经营所得个人所得税纳税申报表（B表）》（见表9.8），办理本纳税年度的汇算清缴。合伙企业有两个或两个以上自然人合伙人的，应分别填报表9.8。

（四）扣缴个人所得税报告表

扣缴义务人向个人支付应税所得时，应当办理全员全额扣缴个人所得税申报，即不论其是否属于本单位人员、支付的应税所得是否达到纳税标准，都应当在代扣税款的次月15日内，向主管税务机关报送《个人所得税基础信息表（A表）》和《扣缴个人所得税报告表》（见表9.9），填报其支付应税所得个人的基本信息、支付所得项目和数额、扣缴税款数额以及其他相关涉税信息。特定行业职工工资、薪金所得个人所得税的月份申报，亦适用表9.9。

表 9.7 个人所得税纳税申报表

(适用于年所得 12 万元以上的纳税人申报)

所得年份：2015 年　　　　　填表日期：2016 年 3 月 20 日　　　　　金额单位：人民币元(列至角分)

纳税人姓名	李某	国籍(地区)		身份证照类型		身份证照号码	
任职、受雇单位		任职受雇单位税务代码		任职受雇单位所属行业		职　务	职　业
在华天数		境内有效联系地址		境内有效联系地址邮编		联系电话	
此行由取得经营所得的纳税人填写		经营单位纳税人识别号		经营单位纳税人名称		经营单位负责人名称	

所得项目	年所得额			应纳税所得额	应纳税额	已缴(扣)税额	抵扣税额	减免税额	应补税额	应退税额	备注
	境内	境外	合计								
1. 工资、薪金所得											
2. 个体工商户的生产、经营所得											
3. 对企事业单位的承包经营、承租经营所得											
4. 劳务报酬所得											
5. 稿酬所得											
6. 特许权使用费所得											
7. 利息、股息、红利所得											

续表

所得项目	年所得额			应纳税所得额	应纳税额	已缴(扣)税额	抵扣税额	减免税额	应补税额	应退税额	备注
	境内	境外	合计								
8. 财产租赁所得											
9. 财产转让所得											
其中：股票转让所得											
个人房屋转让所得											
10. 偶然所得											
11. 其他所得											
合　计											

我声明，此纳税申报表是根据《中华人民共和国个人所得税法》及有关法律、法规的规定填报的，我保证它是真实的、可靠的、完整的。

纳税人（签字）

代理人（签章）：　　　　　　　　　　　　　　　　　联系电话：

表9.8 生产、经营所得个人所得税纳税申报表(B表)

税款所属期: 年 月 日至 年 月 日　　　　　　　　　　金额单位:元(列至角分)

投资者信息	姓 名		身份证件类型		身份证件号码	
	国籍(地区)				纳税人识别号	
被投资单位信息	名 称				纳税人识别号	
	类 型	□个体工商户 □承包、承租经营单位 □个人独资企业 □合伙企业				

行次	项　目	金　额
1	一、收入总额	
2	其中:国债利息收入	
3	二、成本费用(4+5+6+7+8+9+10)	
4	(一)营业成本	
5	(二)营业费用	
6	(三)管理费用	
7	(四)财务费用	
8	(五)税金	
9	(六)损失	
10	(七)其他支出	
11	三、利润总额(1-2-3)	
12	四、纳税调整增加额(13+27)	
13	(一)超过规定标准的扣除项目金额(14+15+16+17+18+19+20+21+22+23+24+25+26)	
14	(1)职工福利费	
15	(2)职工教育经费	
16	(3)工会经费	
17	(4)利息支出	
18	(5)业务招待费	
19	(6)广告费和业务宣传费	
20	(7)教育和公益事业捐赠	
21	(8)住房公积金	
22	(9)社会保险费	
23	(10)折旧费用	
24	(11)无形资产摊销	
25	(12)资产损失	
26	(13)其他	
27	(二)不允许扣除的项目金额(28+29+30+31+32+33+34+35+36)	

续表

行次	项　目	金　额
28	(1) 个人所得税税款	
29	(2) 税收滞纳金	
30	(3) 罚金、罚款和被没收财物的损失	
31	(4) 不符合扣除规定的捐赠支出	
32	(5) 赞助支出	
33	(6) 用于个人和家庭的支出	
34	(7) 与取得生产经营收入无关的其他支出	
35	(8) 投资者工资薪金支出	
36	(9) 国家税务总局规定不准扣除的支出	
37	五、纳税调整减少额	
38	六、纳税调整后所得(11+12－37)	
39	七、弥补以前年度亏损	
40	八、合伙企业合伙人分配比例(%)	
41	九、允许扣除的其他费用	
42	十、投资者减除费用	
43	十一、应纳税所得额(38－39－41－42)或[(38－39)×40－41－42]	
44	十二、税率(%)	
45	十三、速算扣除数	
46	十四、应纳税额(43×44－45)	
47	十五、减免税额(附报《个人所得税减免税事项报告表》)	
48	十六、实际应纳税额(46－47)	
49	十七、已预缴税额	
50	十八、应补(退)税额(48－49)	
附列资料	年平均职工人数(人)	
	工资总额(元)	
	投资者人数(人)	

谨声明：此表是根据《中华人民共和国个人所得税法》及有关法律法规规定填写的，是真实的、完整的、可靠的。

纳税人签字：　　　　　　年　月　日

代理申报机构(负责人)签章： 经办人： 经办人执业证件号码： 　　代理申报日期：　年 月 日	主管税务机关印章： 受理人： 　　受理日期：　年 月 日

表9.9 扣缴个人所得税报告表

税款所属期：
扣缴义务人名称：
扣缴义务人编码：
扣缴义务人所属行业：□一般行业 □特定行业月份申报
金额单位：人民币元

序号	姓名	身份证件类型	身份证件号码	所得项目	所得期间	收入额	免税所得	税前扣除项目						减除费用	准予扣除的捐赠额	应纳税所得额	税率%	速算扣除数	应纳税额	减免税额	应扣缴税额	已扣缴税额	应补(退)税额	备注
								基本养老保险费	基本医疗保险费	失业保险费	住房公积金	财产原值	允许扣除的税费	其他	合计										
1	2	3	4	5	6	7	8	9	10	11	12	13	14	15	16	17	18	19	20	21	22	23	24	25	26	27
合计																										

谨声明：此扣缴报告表是根据《中华人民共和国个人所得税法》及其实施条例和国家有关税收法律法规规定填写的，是真实的、完整的、可靠的。

法定代表人(负责人)签字：

扣缴义务人公章：
经办人：
填表日期： 年 月 日

代理机构(人)签章：
经办人：
经办人执业证件号码：
代理申报日期： 年 月 日

主管税务机关受理专用章：
受理人：
受理日期： 年 月 日

◆ **内容提要**

个人所得税是以个人(自然人)取得的各项应税所得为征税对象而征收的一种税。目前个人所得税的征收模式有三种:分类征收制、综合征收制与混合征收制。我国实行分类征收的个人所得税制。

个人所得税的纳税义务人,包括中国内地公民及港澳台同胞、个体工商户、个人独资企业、合伙企业投资者以及在中国有所得的外籍人员。

个人所得税的纳税义务人分为居民纳税人和非居民纳税人,承担不同的纳税义务。

个人所得税的征税范围包括工资、薪金所得,个体工商户的生产、经营所得,对企事业单位的承包经营、承租经营所得,劳务报酬所得,稿酬所得,特许权使用费所得,利息、股息、红利所得,财产租赁所得,财产转让所得,偶然所得以及经国务院财政部门确定征税的其他所得等11项所得,各项所得分别计算应纳税额。

个人所得税的征收办法,有自行申报纳税和代扣代缴两种。

◆ **关键词**

分类征收制　居民纳税人　非居民纳税人　所得来源地　工资薪金所得　累进税率　应纳税所得额　公益性捐赠　自行申报　代扣代缴

◆ **练习题**

一、单项选择题

1. 目前我国个人所得税的税制类型为(　　)。
   A. 综合所得税制　　B. 分类所得税制　　C. 混合所得税制　　D. 项目所得税制

2. 下列个人所得中,应缴纳个人所得税的是(　　)。
   A. 财产租赁所得　　B. 退休工资　　C. 保险赔偿　　D. 国债利息

3. 以下各项所得中适用加成征收的是(　　)。
   A. 劳务报酬所得　　　　　　　　B. 稿酬所得
   C. 特许权使用费所得　　　　　　D. 财产租赁所得

4. 下列从事非雇佣劳动取得的收入中,应按"稿酬所得"税目缴纳个人所得税的是(　　)。
   A. 审稿收入　　B. 翻译收入　　C. 作画收入　　D. 出版作品收入

5. 以下属于工资薪金所得项目的是(　　)。
   A. 托儿补助费　　B. 劳动分红　　C. 投资分红　　D. 独生子女补贴

6. 李某与同事王某合作出版一本专著,共获得稿酬56 000元,李某与王某实现约定按6∶4比例分配稿酬,李某该笔收入应缴纳的个人所得税是(　　)元。
   A. 3 763　　B. 3 562　　C. 3 402　　D. 3 810

7. 个人的专利转让费收入应适用的个人所得税目是(　　)。
   A. 财产转让所得　　　　　　　　B. 特许权使用费所得
   C. 偶然所得　　　　　　　　　　D. 劳务报酬所得

8. 外籍专家詹姆斯,在中国境内无住所,同时在中国境内、境外机构任职,2014年3月6日来华,12月20日离开。期间詹姆斯因工作原因,曾于6月8日离境,6月14日返回。根据个人所得税法的规定,詹姆斯在中国境内实际工作天数为(　　)天。
   A. 282　　B. 283　　C. 284　　D. 285

9. 某歌星参加一次商业演出获得演出费100 000元,从中拿出10 000元通过红十字会捐给了贫困地区,歌星该笔演出收入应缴纳的个人所得税为(　　)元。
　　A. 22 000　　　　　　B. 21 000　　　　　　C. 14 000　　　　　　D. 20 500
　10. 下列各项中,应按偶然所得项目征收个人所得税的是(　　)。
　　A. 个人将珍藏的古董拍卖所得　　　　B. 个人取得董事费收入
　　C. 个人购买福利彩票所得奖金　　　　D. 个人将文字作品手稿原件拍卖所得
　11. 某大学教授王某,2014年9月为A公司提供咨询服务取得收入8 000元,并支付给中介费用800元,取得对方开具的合法票据;到B学校讲学4次,每次收入均为2 000元,合同注明讲学收入为税后收入。则王某在9月份应缴纳的个人所得税为(　　)。
　　A. 2 000元　　　　　B. 1 920元　　　　　C. 2 704.76元　　　　D. 2 803.8元
　12. 下列关于个人所得税的表述中正确的是(　　)。
　　A. 扣缴义务人对纳税人的应扣未扣税款应由扣缴义务人予以补缴
　　B. 外籍个人从外商投资企业取得的股息、红利所得应缴纳个人所得税
　　C. 在判断个人所得来源地时对不动产转让所得以不动产坐落地为所得来源地
　　D. 个人取得兼职收入应并入当月"工资、薪金所得"应税项目计征个人所得税
　13. 对企事业单位的承包经营、承租经营所得,是指个人承包经营、承租经营以及转包、转租取得的所得,包括个人按月或者按次取得的(　　)。
　　A. 工资、薪金性质的所得　　　　　　B. 劳务报酬所得
　　C. 偶然所得　　　　　　　　　　　　D. 特许权使用费所得
　14. 下列表述不正确的是(　　)。
　　A. 个人发表一篇作品,杂志社分三次支付稿酬的,则三次稿酬应合并为一次征税
　　B. 个人在两处出版同一作品而分别取得稿酬,应合并为一次纳税
　　C. 个人的同一作品连载之后又出书取得稿酬的收入应当分别征税
　　D. 因著作再版而获得稿酬,应就此次稿酬单独纳税
　15. 某位作家获得诺贝尔文学奖,并且得到800万瑞典克朗(折人民币722万元),同时国内几家赞助厂商也向其发奖金共20万元。则该作家的奖金所得应(　　)。
　　A. 全额缴纳个人所得税
　　B. 全部免纳个人所得税
　　C. 其中的722万元奖金免纳个人所得税,20万元征收个人所得税
　　D. 减纳个人所得税

二、多项选择题
　1. 以下选项中属于我国居民纳税人的有(　　)。
　　A. 在我国有住所,因学习在德国居住半年的张某
　　B. 在我国工作3年的外籍专家
　　C. 临时来华出差2个月的外籍个人汤姆
　　D. 2012年1月1日来华工作,2013年12月31日回国的外籍人员
　2. 下列收入中,应作为一次收入计算缴纳个人所得税的有(　　)。
　　A. 张某3月在某高校讲课两次,每次取得收入2 500元
　　B. 李某将自有住房出租一年,共取得租金收入15 000元
　　C. 宋某8月两次购买彩票,分别中得15 000元和2 000元奖金
　　D. 赵某出版一本小说,出版社分两次支付稿酬,每次取得稿酬10 000元

3. 下列项目中计征个人所得税时,允许从总收入中减除费用800元的有( )。
   A. 稿酬3 800元
   B. 在有奖销售中一次性获奖1 000元
   C. 提供咨询服务一次取得收入2 000元
   D. 转让房屋收入80 000元

4. 2013年12月中国公民钱某取得工资薪金收入5 000元,全年一次性奖金15 000元,从兼职的甲公司取得收入3 000元。关于钱某2013年12月份个人所得税的处理中,正确的有( )。
   A. 兼职收入应并入当月工资薪金纳税
   B. 全年一次性奖金应并入12月份工资纳税
   C. 全年一次性奖金应单独作为一个月的工资纳税
   D. 钱某当月共应缴纳个人所得税935元

5. 下列个人应按税法规定的期限自行申报缴纳个人所得税的有( )。
   A. 从境内两处取得工资的中国公民
   B. 2014年取得年收入15万元的中国公民
   C. 从法国获得特许权使用费收入的中国公民
   D. 从事汽车修理、修配业务取得收入的个体工商户

6. 下列对于个人所得税的纳税期限表述正确的有( )。
   A. 自行申报的纳税义务人,为取得应税所得的次月7日内
   B. 代扣代缴义务人,为扣缴税款的次月15日内
   C. 年终一次性取得承包经营、承租经营所得的,自取得收入之日起30日内申报纳税
   D. 一年内分次取得承包、承租经营所得的纳税人,为每次取得收入后15日内预缴,年终3个月内汇算清缴,多退少补

7. 下列应税项目中,适用20%个人所得税税率的有( )。
   A. 劳务报酬所得
   B. 对企事业单位的承包经营、承租经营所得
   C. 财产转让所得
   D. 固定工资所得

8. 下列各项中,主管税务机关应采取核定征收方式征收个人所得税的有( )。
   A. 企业依照国家有关规定应当设置但未设置账簿的
   B. 企业虽设置账簿,但账目混乱,难以查账的
   C. 纳税人发生纳税义务,未按照规定的期限办理纳税申报的
   D. 纳税人发生纳税义务,未按照规定的期限办理纳税申报,经税务机关责令限期申报,逾期仍不申报的

三、简答题

1. 什么是个人所得税?请总结我国个人所得税制度的特点。
2. 居民纳税人和非居民纳税人是按什么标准划分的?有什么区别?
3. 目前我国个人所得税有几种税率,分别适用于什么情况?
4. 工资薪金所得与劳务报酬所得有什么区别?
5. 在计算个人所得税时,"每次收入"是如何界定的?

6. 个人所得税自行申报的适用范围有哪些？

四、计算题

1. 中国公民王某系国内某公司的高级管理人员，同时也是一名技术专家。2015年12月的收入情况如下：

(1) 当月工资薪金收入8 000元（已扣除"三险一金"），全年一次性奖金收入50 000元。

(2) 从所任职公司取得股息红利收入10 000元。

(3) 在某杂志社发表一篇论文，取得稿费收入2 000元。

(4) 在某公司作了一场讲座，取得报酬4 000元。

(5) 一张购物发票中奖，获得奖金1 000元。

要求：

(1) 计算王某当月工资薪金收入应缴纳的个人所得税税额。

(2) 计算王某一次性奖金收入应缴纳的个人所得税税额。

(3) 计算王某当月股息红利收入应缴纳的个人所得税税额。

(4) 计算王某当月稿费收入应缴纳的个人所得税税额。

(5) 计算王某当月讲座收入应缴纳的个人所得税税额。

(6) 计算王某当月中奖所得应缴纳的个人所得税税额。

2. 中国公民张某任职于某出版社，业余时间从事写作工作，2015年10月份的收入情况如下：

(1) 当月取得税后工资收入5 800元。

(2) 将一篇短篇小说文稿拍卖，取得收入30 000元。

(3) 发表一部长篇小说，获得稿酬20 000元，因该小说畅销，本月又加印该小说取得稿酬5 000元。

(4) 参加某商场组织的有奖销售活动，中奖取得奖金10 000元，其中2 000元通过民政部门捐赠给灾区。

(5) 月初转让2010年购买的两居室精装修房屋一套，售价200万元，转让过程中支付的相关税费12万元。该套房屋的购进价为120万元，购房过程中支付的相关税费为3万元。所有税费支出均取得合法凭证。

要求：

(1) 计算张某当月工资薪金收入应缴纳的个人所得税税额。

(2) 计算张某当月文稿拍卖收入应缴纳的个人所得税税额。

(3) 计算张某当月稿酬收入应缴纳的个人所得税税额。

(4) 计算张某当月中奖收入应缴纳的个人所得税税额。

(5) 计算张某当月房屋转让收入应缴纳的个人所得税税额。

3. 中国公民李某接受某公司委派，到该公司投资的外商投资企业担任财务总监，2015年收入如下：

(1) 外资企业每月支付工资薪金12 000元；

(2) 派遣单位每月支付工资薪金2 000元；

(3) 从A国取得特许权使用费收入18 000元，从B国取得利息收入3 000元，已按A、B两国的税法分别缴纳了个人所得税1 800元和800元。

要求：请计算李某全年应纳的个人所得税税额。

第十章 税收征收管理法律制度

◆ 本章结构图

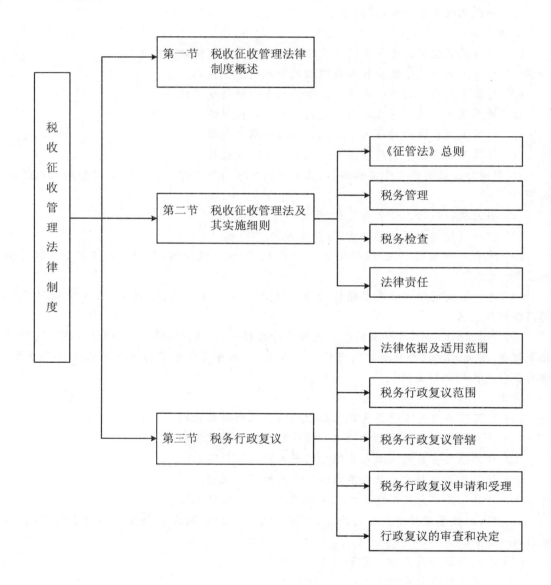

通过本章的学习,了解我国税收征收管理制度,了解我国税收征收法规;掌握《中华人民共和国税收征收管理法》的内容,理解《税务行政复议规则》的内容。

2015年6月,湖北省华建盛达科技有限公司郭女士发现,同样从事商业批发,其他企业所得税核定预征率为4‰,而自己的企业是10‰,于是向主管税务机关——武汉市洪山区国税局反映,该局在接到反映后迅速展开调查,发现税务登记材料中该企业经营范围主行业确定为"其他服务业",根据国家法规该行业应税所得率为10%~30%。郭女士反映其企业实际经营业务是橡胶制品,属于批发零售行业,而依据国家规定"批发零售行业"所得税预缴率为4‰~15‰。国税部门实地调查后作出调整。

第一节 税收征收管理法律制度概述

税收征收管理法律(下文简称税收征管法)是程序法,它们以规范税收实体法所确定的权利义务的实现与履行为其主要内容,明确了征纳双方在税收征纳及管理中的基本权利与义务,不仅是纳税人依法履行纳税义务所必须遵循的法律准则,也是税务机关依法行使法定征税权所必须奉行的行为准则。规范各税种征收管理程序,对于保护纳税人的私权不受非法、任意侵犯,保障纳税人税收实体权益的实现具有重要意义。

税收征管法有广义与狭义之分。广义的税收征管法是指调整税收征纳与管理过程中所发生的社会关系的法律规范的总称,包括国家权力机关制定的税收征管法律、国家权力机关授权行政机关制定的税收征管行政法规、有关税收征管的部门规章和地方性法规以及存在于其他法律法规及国际税收条约中有关税收征管的条款。广义征管法包括《中华人民共和国税收征收管理法》(下文简称《征管法》)、《中华人民共和国税收征收管理法实施细则》、《国家税务总局关于纳税人权利与义务的公告》、《中华人民共和国发票管理办法》、《中华人民共和国发票管理办法实施细则》、《税务行政复议规则》等。狭义的税收征管法则仅指《中华人民共和国税收征收管理法》,是广义税收征收管理法律制度的核心内容。

《征管法》于1992年9月4日由第七届全国人民代表大会常务委员会第二十七次会议通过;1995年2月和2001年4月两次由全国人民代表大会常务委员会修订。修订后的《征管法》对法律的适用范围、税收的征停免退补、征纳双方的权利义务;税务管理;税款征收;税务检查;法律责任等进行了框架性的规定。《中华人民共和国税收征收管理法实施细则》是对狭义征管法的进一步细化,于2002年9月7日进行了第二次修订。对于税收征管法的具体内容将在第二节详细展开阐述。

2009年11月颁布的《国家税务总局关于纳税人权利与义务的公告》中规定纳税人在纳税过程中负有依法进行税务登记的义务;依法设置账簿、保管账簿和有关资料以及依法开具、使用、取得和保管发票的义务；财务会计制度和会计核算软件备案的义务；按照规定安装、使用税控装置的义务；按时、如实申报的义务；按时缴纳税款的义务，代扣、代收税款的义务；接受依法检查的义务；及时提供信息的义务和报告其他涉税信息的义务。同时告知纳税人在履行纳税义务过程中，享有知情权、要求保密权、税收监督权、纳税申报方式选择权、申请延期申报权、申请延期缴纳税款权、申请退还多缴税款权、依法享受税收优惠权、委托税务代理权、陈述与申辩权、对未出示税务检查证和税务检查通知书的拒绝检查权、税收法律救济权、依法要求听证的权利和索取有关税收凭证的权利。

1993年发布的《中华人民共和国发票管理办法》在2010年12月由国务院修订，对发票的含义、主管部门；发票的印制；发票的领购；发票的开具及保管以及发票的检查等进行了规定。

2011年1月通过的《中华人民共和国发票管理办法实施细则》进一步解释和明确《中华人民共和国发票管理办法》中的相关内容。2014年12月27日国家税务总局修订，自2015年3月1日起施行。

为进一步促进税收法定主义，实现全国税收征管业务的标准化和规范化，为纳税人提供更稳定的办税预期和更便捷经济的办税体验，使基层征管人员在征管业务中有脉络清晰、示范直观、提示明确的流程、表证单书进行参考，2015年5月1日国家税务总局根据税收征管法全面梳理了税收征管的所有具体业务后，在全国范围内试行《全国税收征管规范(1.0版)》，该文件对税务登记、认定管理、申报纳税、税收优惠、税额确认、税款追征、税务检查、违法处置、争议处理、凭证管理、信息披露等11大类152小类612个具体税收征管事项的操作标准、处理流程、办理时限以及1 087张表证单书等税收征管基础性和事务性工作进行了规范，涉及税收政策法规与规范性文件1 125份，形成了税收征管业务的基本体系架构。

2010年2月由国家税务总局发布的《税务行政复议规则》对税务行政复议的范围、管辖和程序等进行了法律规定。2015年12月国家税务总局对其部分内容进行了修订。通过实施税务行政复议制度，能维护和监督税务机关依法行使税收执法权，防止和纠正违法和不正当的税务具体行政行为，保护纳税人和其他当事人的合法权益，具体内容见本章第三节。

第二节 税收征收管理法及其实施细则

一、《征管法》总则

(一) 适用范围和征收机构

《征管法》适用于依法由税务机关征收的各种税收的征收管理。

按分税制的要求，将国家开征的全部税种划分为中央税、地方税和共享税。把需要全国管理的、影响全国性的商品流通和税源集中、收入较大的税种划分为中央税；把与地方资源、经济状况联系比较紧密，对全国商品生产和流通影响小或没有影响，税源比较分散的税种划分为地方税；把一些税源具有普遍性、但征管难度较大的税种划分为共享税。按税种征管分设国家税务局和地方税务局。各地国家税务局和地方税务局应当按照国务院规定的税收征收管理范围分别进行征收管理。

(二) 征税主体的权利与义务

按征管法的规定,地方各级人民政府应当依法加强对本行政区域内税收征收管理工作的领导或者协调,支持税务机关依法执行职务,依照法定税率计算税额,依法征收税款。各有关部门和单位应当支持、协助税务机关依法执行职务。税务机关在征收过程中享有税务行政管理权,具体内容包括:

1. 税收立法权

包括税务机关参与起草税收法律法规草案,提出税收政策建议,在职权范围内制定、发布关于税收征管的部门规章等。

2. 税务管理权

包括对纳税人进行税务登记管理、账簿和凭证管理、发票管理、纳税申报管理等。

3. 税款征收权

包括依法计征权、核定税款权、税收保全和强制执行权、追征税款权等。

4. 税务检查权

包括查账权、场地检查权、询问权、责成提供资料权、存款账户核查权等。

5. 税务行政处罚权

是对税收违法行为依照法定标准予以行政制裁的职权,如罚款等。

6. 其他职权

包括在法律法规规定的权限内,对纳税人的减、免、退、延期缴纳的申请予以审批的权利;委托代征权;估税权;代位权与撤销权;定期对纳税人欠缴税款情况予以公告的权利;上述权等。

税务机关在行使职权时也要履行相应的职责,具体内容包括:

(1) 宣传税收法律、行政法规,普及纳税知识,无偿地为纳税人提供纳税咨询服务。

(2) 依法为纳税人、扣缴义务人的情况保密,为检举违反税法行为者保密。

(3) 加强队伍建设,提高税务人员的政治业务素质。

(4) 秉公执法,忠于职守,清正廉洁,礼貌待人,文明服务,尊重和保护纳税人、扣缴义务人的权利,依法接受监督。

(5) 不得索贿受贿、徇私舞弊、玩忽职守、不征或者少征应征税款;不得滥用职权多征税款或者故意刁难纳税人和扣缴义务人。

(6) 税务人员在核定应纳税额、调整税收定额、进行税务检查、实施税务行政处罚、办理税务行政复议时,与纳税人、扣缴义务人或者其法定代表人、直接责任人有利害关系的,应当回避。利害关系包括夫妻关系、直系血亲关系、三代以内旁系血亲关系、近姻亲关系和可能影响公正执法的其他利害关系。

(7) 建立、健全内部制约和监督管理机制。各级税务机关应当建立、健全内部制约和监督管理制度。上级税务机关应当对下级税务机关的执法活动依法进行监督。各级税务机关应当对其工作人员执行法律、行政法规和廉洁自律准则的情况进行监督检查。

【课堂思考】10-1　会计小刘认为,在税收征收管理法律关系中,税务机关是行政主管部门,享有征收税款的行政权力,没有义务;纳税人负有纳税义务,没有权利。分析小刘的观点。

二、税务管理

税务管理的内容包括税务登记管理、账簿和凭证管理和纳税申报管理和税款征收管理。

（一）税务登记管理

税务登记是指税务机关对纳税人的基本情况及生产经营项目进行登记管理的一项基本制度，也是纳税人为履行纳税义务就有关纳税事宜依法向税务机关办理登记的一种法定手续。传统税务登记包括设立（开业）税务登记、变更税务登记、注销税务登记、外出经营报验登记和停业、复业登记。随着征管活动的完善，还增加了自然人登记、社会保险费登记、税源项目登记、登记户日常管理、登记创新处理等新的内容。

企业，企业在外地设立的分支机构和从事生产、经营的场所，个体工商户和从事生产、经营的事业单位（以下简称从事生产、经营的纳税人）都应当办理税务登记。上述规定以外的纳税人，除国家机关、个人和无固定生产经营场所的流动性农村小商贩外（以下简称非从事生产、经营但依照规定负有纳税义务的单位和个人），也应当办理税务登记。负有扣缴义务的扣缴义务人（国家机关除外），应当办理扣缴税款登记。

县（含县级）以上国家税务局（分局）、地方税务局（分局）是税务登记的主管机关。国家税务局（分局）、地方税务局（分局）执行统一纳税人识别号。

税务登记证件包括税务登记证及其副本、临时税务登记证及其副本，2017年1月1日起，税务登记证件一律改为使用加载统一社会信用码的营业执照。除按照规定不需要发给税务登记证件的外，纳税人办理开立银行账户，申请减税、免税、退税等事项时，必须持税务登记证件。纳税人应将税务登记证件正本在其生产、经营场所或者办公场所公开悬挂，接受税务机关检查。纳税人应当按照国务院税务主管部门的规定使用税务登记证件，不得转借、涂改、毁损、买卖或伪造税务登记证件。

【应用训练】10-1　上网搜索税务登记证件图片，说说税务登记证件的主要内容有哪些。

1. 设立税务登记

设立税务登记，是指纳税人依法成立并经工商行政管理登记后，为确认其纳税人身份、纳入国家税务管理体系而进行的登记。

在2015年10月1日前，从事生产、经营的纳税人领取工商营业执照的，应自领取营业执照之日起30日内申报办理税务登记。税务机关发放税务登记证及其副本。

2015年10月1日起，在全国全面推行"三证合一，一照一码"登记改革，新设立企业、农民专业合作社及其分支机构（简称"企业"）在这之前登记时依次申请、分别由工商行政管理部门核发营业执照、质量技术监督部门核发组织机构代码证、税务部门核发税务登记证的登记方式，改为一次申请、由工商行政管理部门核发一个加载法人和其他社会组织统一社会信用代码（以下称"统一代码"）的营业执照。企业的组织机构代码证、税务登记证不再发放。企业原需使用组织机构代码证、税务登记证办理相关事务的，一律改为使用加载统一代码的营业执照办理。三证合一后，统一代码既是企业的工商登记号，又是税务登记号。"三证合一，一照一码"改革暂不对个体工商户实施。

"三证合一，一照一码"登记改革过渡期截止到2017年12月31日，工商部门对2015年9月29日取得工商营业执照的企业将于2017年12月31日之前完成换发工作，有特殊困难的个别区域，最迟不晚于2020年底。过渡期内，改革前核发的税务登记证件继续有效。

自2016年10月1日起将在"三证合一"的基础上在全国正式实施"五证合一、一照一码"，即实行营业执照、组织机构代码证、税务登记证、社会保险登记证和统计登记证"五证合一"登记制度。

2. 变更税务登记

变更税务登记,是指纳税人办理设立税务登记后,因登记内容发生变化,需要对原有登记内容进行更改而向主管税务机关申报办理的税务登记。

实施"一照一码"改革后,企业生产经营地址、财务负责人、核算方式三项信息的变更均向主管税务机关申请;其他登记相关登记的信息发生变化的,向工商登记机关申请变更。

3. 停业、复业登记

停业、复业登记,是指实行定期定额征收方式的纳税人,因自身经营的需要暂停经营或者恢复经营而向主管税务机关申请办理的税务登记手续。

(1) 停业登记

实行定期定额征收方式的个体工商户需要停业的,应在停业前向税务机关申报办理停业登记。纳税人的停业期限不得超过1年。

纳税人在停业期间发生纳税义务的,应当按照税收法律、行政法规的规定申报缴纳税款。

(2) 复业登记

纳税人应当于恢复生产、经营前向税务机关申报办理复业登记。

4. 外出经营报验登记

外出经营报验登记,指从事生产经营的纳税人到外县(市)进行临时性的生产经营活动时,应当在外出生产经营之前,持税务登记证向主管税务机关申请开具《外出经营活动税收管理证明》(简称《外管证》)。《外管证》的有效期限一般为30日,最长不得超过180天。

5. 注销税务登记

注销税务登记是指纳税人由于出现法定情形终止纳税义务时,向原税务机关申请办理的取消税务登记的手续。

(1) 纳税人发生解散、破产、撤销以及其他情形,依法终止纳税义务的,应当在向工商行政管理机关或者其他机关办理注销登记前,持有关证件向原税务登记机关申报办理注销税务登记;按照规定不需要在工商行政管理机关或者其他机关办理注册登记的,应当自有关机关批准或者宣告终止之日起15日内,持有关证件向原税务登记机关申报办理注销税务登记。

(2) 纳税人被工商行政管理机关吊销营业执照或者被其他机关予以撤销登记的,应当自营业执照被吊销或者被撤销登记之日起15日内,向原税务登记机关申报办理注销税务登记。

(3) 纳税人因住所、经营地点变动,涉及改变税务登记机关的,应当在向工商行政管理机关或者其他机关申请办理变更或者注销登记前,或者住所、经营地点变动前,向原税务登记机关申报办理注销税务登记,并在30日内向迁达地税务机关申报办理税务登记。

(4) 境外企业在中国境内承包建筑、安装、装配、勘探工程和提供劳务的,应当在项目完工、离开中国前15日内,持有关证件和资料,向原税务机关申报办理注销税务登记。

【应用训练】10-2 王某在北京市丰台区设立甲个人独资企业,其住所即为其经营地点,后王将企业搬至北京市大兴区。分析王要办理的税务登记。

6. 非正常户处理

已办理税务登记的纳税人未按照规定的期限申报纳税,在税务机关责令其限期改正后,逾期不改正的,税务机关应当派员实地检查,查无下落并且无法强制执行其履行纳税义务的,由检查人员制作非正常户认定书,存入纳税人档案,税务机关暂停其税务登记证件、发票领购簿和发票的使用。

7. 扣缴税款登记

负有扣缴税款义务的扣缴人(不含国家机关),应当办理扣缴税款登记。

已办理税务登记的扣缴义务人应当自扣缴义务发生之日起30日内,向税务登记地税务机关申报办理扣缴税款登记。根据税收法律、行政法规的规定可不办理税务登记的扣缴义务人,应当自扣缴义务发生之日起30日内,向机构所在地税务机关申报办理扣缴税款登记。

(二) 账簿和凭证管理

1. 账簿的设置管理

生产、经营的纳税人应当自领取营业执照或者发生纳税义务之日起15日内,按照国家有关规定设置账簿。

账簿包括总账、明细账、日记账以及其他辅助性账簿。总账、日记账应当采用订本式。生产、经营规模小又确无建账能力的纳税人,可以聘请经批准从事会计代理记账业务的专业机构或者经税务机关认可的财会人员代为建账和办理账务;聘请上述机构或者人员有实际困难的,经县以上税务机关批准,可以按照税务机关的规定,建立收支凭证粘贴簿、进货销货登记簿或者使用税控装置。

扣缴义务人应当自税收法律、行政法规规定的扣缴义务发生之日起10日内,按照所代扣、代收的税种,分别设置代扣代缴、代收代缴税款账簿。

2. 会计制度、会计处理办法的管理

从事生产、经营的纳税人应当自领取税务登记证件之日起15日内,将其财务、会计制度或者财务、会计处理办法报送主管税务机关备案。

纳税人使用计算机记账的,应当在使用前将会计电算化系统的会计核算软件、使用说明书及有关资料报送主管税务机关备案。

3. 账簿、凭证等涉税资料的保存管理

纳税人、扣缴义务必须按照国务院财政、税务主管部门规定的保管期限保管账簿、记账凭证、完税凭证以及其他有关资料。账簿、记账凭证、报表、完税凭证、发票、出口凭证以及其他有关涉税资料应当合法、真实、完整。账簿、记账凭证、报表、完税凭证、发票、出口凭证以及其他有关涉税资料应当保存10年;但是,法律、行政法规另有规定的除外。

(三) 发票管理

发票是指在购销商品、提供或接受服务以及从事其他经营活动中,开具、收取的收付款凭证。

发票的种类、联次、内容以及使用范围由国务院税务主管部门规定。

发票的种类通常按照行业特点和纳税人的生产经营项目划分为普通发票、增值税专用发票和专业发票三种。

发票的基本联次包括存根联、发票联、记账联。存根联由收款方或开票方留存备查;发票联由付款方或受票方作为付款原始凭证;记账联由收款方或开票方作为记账原始凭证。省以上税务机关可根据发票管理情况以及纳税人经营业务需要,增减除发票联以外的其他联次,并确定其用途。

发票的基本内容包括:发票的名称、发票代码和号码、联次及用途、客户名称、开户银行及账号、商品名称或经营项目、计量单位、数量、单价、大小写金额、开票人、开票日期、开票单位(个人)名称(章)等。省以上税务机关可根据经济活动以及发票管理需要,确定发票的具体内容。

【应用训练】10-3 请展示在实际生活或网络上找出的三种发票的具体图片。

增值税专用发票由国务院税务主管部门确定的企业印制;其他发票,按照国务院税务主管部门的规定,由省、自治区、直辖市税务机关确定的企业印制。禁止私自印制、伪造、变造发票。

需要领购发票的单位和个人,应当持税务登记证件、经办人身份证明、按照国务院税务主管部门规定式样制作的发票专用章的印模,向主管税务机关办理发票领购手续。主管税务机关根据领购单位和个人的经营范围和规模,确认领购发票的种类、数量以及领购。

需要临时使用发票的单位和个人,可以凭购销商品、提供或者接受服务以及从事其他经营活动的书面证明、经办人身份证明,直接向经营地税务机关申请代开发票。依照税收法律、行政法规规定应当缴纳税款的,税务机关应当先征收税款,再开具发票。税务机关根据发票管理的需要,可以按照国务院税务主管部门的规定委托其他单位代开发票。禁止非法代开发票。

销售商品、提供服务以及从事其他经营活动的单位和个人,对外发生经营业务收取款项,收款方应当向付款方开具发票;特殊情况下,由付款方向收款方开具发票。

单位和个人在开具发票时,必须做到按照号码顺序填开,填写项目齐全,内容真实,字迹清楚,全部联次一次打印,内容完全一致,并在发票联和抵扣联加盖发票专用章。

任何单位和个人不得有下列虚开发票行为:
(1)为他人、为自己开具与实际经营业务情况不符的发票;
(2)让他人为自己开具与实际经营业务情况不符的发票;
(3)介绍他人开具与实际经营业务情况不符的发票。

任何单位和个人应当按照发票管理规定使用发票,不得有下列行为:
(1)转借、转让、介绍他人转让发票、发票监制章和发票防伪专用品;
(2)知道或者应当知道是私自印制、伪造、变造、非法取得或者废止的发票而受让、开具、存放、携带、邮寄、运输;
(3)拆本使用发票;
(4)扩大发票使用范围;
(5)以其他凭证代替发票使用。

除国务院税务主管部门规定的特殊情形外,发票限于领购单位和个人在本省、自治区、直辖市内开具。

除国务院税务主管部门规定的特殊情形外,任何单位和个人不得跨规定的使用区域携带、邮寄、运输空白发票。禁止携带、邮寄或者运输空白发票出入境。

开具发票的单位和个人应当按照税务机关的规定存放和报关发票,不得擅自销毁。已经开具的发票存根联和发票登记簿,应当保存5年。保存期满,报经税务机关查验后销毁。

(四)纳税申报

纳税申报,是指纳税人按照税法规定,定期就计算缴纳税款的有关事项向税务机关递交书面报告的法定手续。

纳税人必须依照法律、行政法规规定或者税务机关依照法律、行政法规的规定确定的申报期限、申报内容如实办理纳税申报,报送纳税申报表、财务会计报表以及税务机关根据实际需要要求纳税人报送的其他纳税资料。扣缴义务人必须依照法律、行政法规规定或者税务机关依照法律、行政法规的规定确定的申报期限、申报内容如实报送代扣代缴、代收代缴税款报告表以及税务机关根据实际需要要求扣缴义务人报送的其他有关资料。

1. 纳税申报方式

纳税申报方式是指纳税人和扣缴义务人在纳税申报期限内,依照规定到指定税务机关进行申报的形式,主要有:

(1) 自行申报,指纳税人自行直接到主管税务机关指定的办税服务场所办理纳税申报手续。

(2) 邮寄申报,指经税务机关批准,纳税人、扣缴人使用统一的纳税申报专用信封,通过邮政部门办理交寄手续,并以邮政部门收据作为申报凭证的方式。邮寄申报以寄出的邮戳日期为实际申报日期。

(3) 数据电文申报,指经税务机关批准,纳税人、扣缴人以税务机关确定的电话语音、电子数据交换和网络传输等电子方式进行纳税申报。数据电文方式的申报日期以税务机关计算机网络系统收到该数据电文的时间为准。

(4) 其他方式。实行定期定额缴纳税款的纳税人,可以实行简易申报、简并征期等申报纳税方式。

2. 纳税申报范围的具体规定

纳税人在纳税期内没有应纳税款的,也应当按照规定办理纳税申报。

纳税人享受减税、免税待遇的,在减税、免税期间应当按照规定办理纳税申报。

3. 延期申报

纳税人、扣缴义务人不能按期办理纳税申报或者报送代扣代缴、代收代缴税款报告表的,经税务机关核准,可以延期申报。

纳税人、扣缴义务人因不可抗力,不能按期办理纳税申报或者报送代扣代缴、代收代缴税款报告表的,可以延期办理;但是,应当在不可抗力情形消除后立即向税务机关报告。税务机关应当查明事实,予以核准。

(五) 税款征收

税款征收是税收征管中的中心环节。

1. 税款征收的方式及情形

(1) 查账征收,指税务机关根据其报送的纳税申报表、财务会计报表和其他有关纳税资料,依照适用税率,计算其应缴纳税额的税款征收方式。适用于财务会计制度健全,能够如实核算企业收入、成本、费用和财务成果,并能正确计算应纳税款的纳税人。

(2) 查定征收,指税务机关根据正常条件下的生产能力对其生产的应税产品查定产量、销售额并据以确定其应缴纳税款的征收方式。适用于生产经营规模较小、产品零星、税源分散、会计账册不健全,但能控制原材料或进销货的纳税人。

(3) 查验征收,是指税务机关对纳税人的应税商品、产品,通过查验数量,按市场一般销售单价计算其销售收入,并据以计算应纳税款的征收方式。适用于纳税人财务制度不健全,生产经营不固定,零星分散、流动性大的税源。

(4) 定期定额征收,是指税务机关对小型个体工商户在一定经营地点、一定经营时期、一定经营范围内的应纳税经营额(包括经营数量)或所得额进行核定,并以此为计税依据,确定其应纳税额的一种征收方式。适用于经主管税务机关认定和县以上税务机关(含县级)批准的生产、经营规模小,达不到《个体工商户建账管理暂行办法》规定设置账簿标准的个体工商户。

2. 应纳税额的核定与调整

纳税人有下列情形之一的,税务机关有权核定其应纳税额:

(1) 依照法律、行政法规的规定可以不设置账簿的;

(2) 依照法律、行政法规的规定应当设置但未设置账簿的;

(3) 擅自销毁账簿或者拒不提供纳税资料的;

(4) 虽设置账簿,但账目混乱或者成本资料、收入凭证、费用凭证残缺不全,难以查账的;

(5) 发生纳税义务,未按照规定的期限办理纳税申报,经税务机关责令限期申报,逾期仍不申报的;

(6) 纳税人申报的计税依据明显偏低,又无正当理由的。

3. 税款征收措施

(1) 责令缴纳

① 纳税人未按照规定期限缴纳税款的,扣缴义务人未按照规定期限解缴税款的,税务机关可责令限期缴纳并从滞纳税款之日起按日加收滞纳金。

② 对未按照规定办理税务登记的从事生产、经营的纳税人以及临时从事经营的纳税人,由税务机关核定其应纳税额,责令缴纳;不缴纳的,税务机关可以扣押其价值相当于应纳税款的商品、货物。扣押后缴纳应纳税款的,税务机关必须立即解除扣押,并归还所扣押的商品、货物;扣押后仍不缴纳应纳税款的,经县以上税务局(分局)局长批准,依法拍卖或者变卖所扣押的商品、货物,以拍卖或者变卖所得抵缴税款。

税务机关执行扣押、查封商品、货物或者其他财产时,应当由两名以上税务人员执行,并通知被执行人。被执行人是自然人的,应当通知被执行人本人或者其成年家属到场;被执行人是法人或者其他组织的,应当通知其法定代表人或者主要负责人到场;拒不到场的,不影响执行。

③ 税务机关有根据认为从事生产、经营的纳税人有逃避纳税义务行为的,可以在规定的纳税期之前责令限期缴纳应纳税款。逾期仍未缴纳的,税务机关有权采取其他税款征收措施。

④ 纳税担保人未按照规定的期限缴纳所担保的税款,税务机关可责令其限期缴纳应纳税款。逾期仍未缴纳的,税务机关有权采取其他税款征收措施。

(2) 责令提供纳税担保

纳税担保,是指经税务机关同意或确认,纳税人或其他自然人、法人、经济组织以保证、抵押、质押的方式,为纳税人应当缴纳的税款或滞纳金提供担保的行为。

① 税务机关有根据认为从事生产、经营的纳税人有逃避纳税义务行为的,可以在规定的纳税期之前责令限期缴纳应纳税款,在限期内发现纳税人有明显的转移、隐匿其应纳税的商品、货物以及其他财产或者应纳税收入的迹象,税务机关可以责成纳税人提供纳税担保。

② 欠缴税款的纳税人或者他的法定代表人需要出境的,应当在出境前向税务机关结清

应纳税款、滞纳金或者提供担保。

③ 纳税人、扣缴义务人、纳税担保人同税务机关在纳税上发生争议时，必须先依照税务机关的纳税决定缴纳或者解缴税款及滞纳金或者提供相应的担保，然后可以依法申请行政复议。

(3) 采取税收保全措施

税务机关有根据认为从事生产、经营的纳税人有逃避纳税义务行为的，首先责令限期缴纳应纳税款；在限期内发现纳税人转移、隐匿其应纳税的商品、货物或收入迹象，可以责成纳税人提供纳税担保。如果纳税人不能提供纳税担保，经县以上税务局(分局)局长批准，税务机关可以采取下列税收保全措施：

① 书面通知纳税人开户银行或者其他金融机构冻结纳税人的金额相当于应纳税款的存款。

② 扣押、查封纳税人的价值相当于应纳税款的商品、货物或者其他财产。

个人及其所扶养家属维持生活必需的住房和用品，不在税收保全措施的范围之内。个人及其所扶养家属维持生活必需的住房和用品是指一处住房及单价5 000元以下的其他生活用品，不包括机动车辆、金银饰品、古玩字画、豪华住宅或者一处以外的住房。

(4) 采取强制执行措施

从事生产、经营的纳税人、扣缴义务人未按照规定的期限缴纳或者解缴税款，纳税担保人未按照规定的期限缴纳所担保的税款，由税务机关责令限期缴纳，逾期仍未缴纳的，经县以上税务局(分局)局长批准，税务机关可以采取下列强制执行措施：

① 书面通知其开户银行或者其他金融机构从其存款中扣缴税款。

② 扣押、查封、依法拍卖或者变卖其价值相当于应纳税款的商品、货物或者其他财产，以拍卖或者变卖所得抵缴税款。

税务机关采取强制执行措施时，对上述纳税人、扣缴义务人、纳税担保人未缴纳的滞纳金同时强制执行。

个人及其所扶养家属维持生活必需的住房和用品，不在强制执行措施的范围之内。

【课堂思考】10-2 比较税收保全措施和税收强制执行措施。

(5) 阻止出境

欠缴税款的纳税人或者其法定代表人未结清税款、滞纳金，又不提供担保的，税务机关可以通知出境管理机关阻止其出境。

(6) 加收滞纳金

纳税人未按照规定期限缴纳税款的，扣缴义务人未按照规定期限解缴税款的，税务机关除责令限期缴纳外，从滞纳税款之日起，按日加收滞纳税款万分之五的滞纳金。

4. 税款的退还与补征

(1) 纳税人超过应纳税额缴纳的税款，税务机关发现后应当立即退还；纳税人自结算缴纳税款之日起三年内发现的，可以向税务机关要求退还多缴的税款并加算银行同期存款利息，税务机关及时查实后应当立即退还；涉及从国库中退库的，依照法律、行政法规有关国库管理的规定退还。

(2) 因税务机关的责任，致使纳税人、扣缴义务人未缴或者少缴税款的，税务机关在三年内可以要求纳税人、扣缴义务人补缴税款，但是不得加收滞纳金。

(3) 因纳税人、扣缴义务人计算错误等失误，未缴或者少缴税款的，税务机关在三年内可以追征税款、滞纳金;纳税人或者扣缴义务人因计算错误等失误,未缴或者少缴、未扣或者少扣、未收或者少收税款,累计数额在 10 万元以上的,追征期可以延长到五年。

(4) 对偷税、抗税、骗税的,税务机关追征其未缴或者少缴的税款、滞纳金或者所骗取的税款,追征期不受限制。

【应用训练】10-4 某公司 2015 年 7 月在查账中发现,2014 年 6 月该公司多缴了 5 000 元税款。同时发现,该公司 2014 年 9 月有一笔税款计算错误,少缴 2 100 元税款。分析税务机关的处理。

三、税务检查

税务机关有权进行下列税务检查:

(1) 检查纳税人的账簿、记账凭证、报表和有关资料,检查扣缴义务人代扣代缴、代收代缴税款账簿、记账凭证和有关资料;

(2) 到纳税人的生产、经营场所和货物存放地检查纳税人应纳税的商品、货物或者其他财产,检查扣缴义务人与代扣代缴、代收代缴税款有关的经营情况;

(3) 责成纳税人、扣缴义务人提供与纳税或者代扣代缴、代收代缴税款有关的文件、证明材料和有关资料;

(4) 询问纳税人、扣缴义务人与纳税或者代扣代缴、代收代缴税款有关的问题和情况;

(5) 到车站、码头、机场、邮政企业及其分支机构检查纳税人托运、邮寄应纳税商品、货物或者其他财产的有关单据、凭证和有关资料;

(6) 经县以上税务局(分局)局长批准,凭全国统一格式的检查存款账户许可证明,查询从事生产、经营的纳税人、扣缴义务人在银行或者其他金融机构的存款账户。税务机关在调查税收违法案件时,经设区的市、自治州以上税务局(分局)局长批准,可以查询案件涉嫌人员的储蓄存款。税务机关查询所获得的资料,不得用于税收以外的用途。

纳税人、扣缴义务人必须接受税务机关依法进行的税务检查,如实反映情况,提供有关资料,不得拒绝、隐瞒。

税务机关依法进行税务检查时,有权向有关单位和个人调查纳税人、扣缴义务人和其他当事人与纳税或者代扣代缴、代收代缴税款有关的情况,有关单位和个人有义务向税务机关如实提供有关资料及证明材料。

税务机关调查税务违法案件时,对与案件有关的情况和资料,可以记录、录音、录像、照相和复制。

税务机关派出的人员进行税务检查时,应当出示税务检查证和税务检查通知书,并有责任为被检查人保守秘密;未出示税务检查证和税务检查通知书的,被检查人有权拒绝检查。

四、法律责任

征管法中的法律责任共 29 条,有的是专门针对纳税人、扣缴义务人的,有的是专门针对税务机关的、税务人员的,有的是专门针对纳税人、扣缴义务人的开户银行或其他金融机构的,有的是针对征纳双方的,详见《税收征管法》第五章"法律责任"。

第三节 税务行政复议

一、法律依据及适用范围

根据《中华人民共和国行政复议法》(以下简称行政复议法)、《中华人民共和国税收征收管理法》和《中华人民共和国行政复议法实施条例》,结合税收工作实际所制定的税务行政复议法规是发挥行政复议解决税务行政争议,保护公民、法人和其他组织的合法权益,监督和保障税务机关依法行使职权的主要法律依据。《税务行政复议规则》已经于2009年12月15日由国家税务总局审议通过,自2010年4月1日起施行。

公民、法人和其他组织(以下简称申请人)认为税务机关的具体行政行为侵犯其合法权益,向税务行政复议机关申请行政复议,税务行政复议机关办理行政复议事项,适用该规则。

二、税务行政复议范围

行政复议机关受理申请人对税务机关下列具体行政行为不服提出的行政复议申请:

(1) 征税行为,包括确认纳税主体、征税对象、征税范围、减税、免税、退税、抵扣税款、适用税率、计税依据、纳税环节、纳税期限、纳税地点和税款征收方式等具体行政行为,征收税款、加收滞纳金,扣缴义务人、受税务机关委托的单位和个人作出的代扣代缴、代收代缴、代征行为等。

(2) 行政许可、行政审批行为。

(3) 发票管理行为,包括发售、收缴、代开发票等。

(4) 税收保全措施、强制执行措施。

(5) 行政处罚行为:① 罚款;② 没收财物和违法所得;③ 停止出口退税权。

(6) 不依法履行下列职责的行为:① 颁发税务登记;② 开具、出具完税凭证、外出经营活动税收管理证明;③ 行政赔偿;④ 行政奖励;⑤ 其他不依法履行职责的行为。

(7) 资格认定行为。

(8) 不依法确认纳税担保行为。

(9) 政府信息公开工作中的具体行政行为。

(10) 纳税信用等级评定行为。

(11) 通知出入境管理机关阻止出境行为。

(12) 其他具体行政行为。

三、税务行政复议管辖

(1) 对各级国家税务局的具体行政行为不服的,向其上一级国家税务局申请行政复议。

(2) 对各级地方税务局的具体行政行为不服的,可以选择向其上一级地方税务局或者该税务局的本级人民政府(省、自治区、直辖市人民代表大会及其常务委员会、人民政府对地方税务局的行政复议管辖另有规定的,从其规定)申请行政复议。

(3) 对国家税务总局的具体行政行为不服的,向国家税务总局申请行政复议。对行政复议决定不服,申请人可以向人民法院提起行政诉讼,也可以向国务院申请裁决。国务院的裁决为最终裁决。

(4) 对下列税务机关的具体行政行为不服的,按照下列规定申请行政复议:

① 对计划单列市税务局的具体行政行为不服的,向省税务局申请行政复议。② 对税务所(分局)、各级税务局的稽查局的具体行政行为不服的,向其所属税务局申请行政复议。③ 对两个以上税务机关共同作出的具体行政行为不服的,向共同上一级税务机关申请行政复议;对税务机关与其他行政机关共同作出的具体行政行为不服的,向其共同上一级行政机关申请行政复议。④ 对被撤销的税务机关在撤销以前所作出的具体行政行为不服的,向继续行使其职权的税务机关的上一级税务机关申请行政复议。⑤ 对税务机关作出逾期不缴纳罚款加处罚款的决定不服的,向作出行政处罚决定的税务机关申请行政复议。但是对已处罚款和加处罚款都不服的,一并向作出行政处罚决定的税务机关的上一级税务机关申请行政复议。

有前款②、③、④、⑤项所列情形之一的,申请人也可以向具体行政行为发生地的县级地方人民政府提交行政复议申请,由接受申请的县级地方人民政府依法转送。

四、税务行政复议申请和受理

(一) 征税行为的税务行政复议申请

申请人对征税行为不服的,应当先向行政复议机关申请行政复议;对行政复议决定不服的,可以向人民法院提起行政诉讼。征税行为,包括确认纳税主体、征税对象、征税范围、减税、免税、退税、抵扣税款、适用税率、计税依据、纳税环节、纳税期限、纳税地点和税款征收方式等具体行政行为,征收税款、加收滞纳金,扣缴义务人、受税务机关委托的单位和个人作出的代扣代缴、代收代缴、代征行为等。

申请人可以在知道税务机关作出具体行政行为之日起60日内提出行政复议申请。

申请人申请行政复议的,必须依照税务机关根据法律、法规确定的税额、期限,先行缴纳或者解缴税款和滞纳金,或者提供相应的担保,才可以在缴清税款和滞纳金以后或者所提供的担保得到作出具体行政行为的税务机关确认之日起60日内提出行政复议申请。

(二) 其他行政行为的税务行政复议申请

申请人对征税行为以外的其他具体行政行为(即征税行为外的其他具体行政行为)不服,可以申请行政复议,也可以直接向人民法院提起行政诉讼。

申请人对税务机关作出逾期不缴纳罚款加处罚款的决定不服的,应当先缴纳罚款和加处罚款,再申请行政复议。

申请人向行政复议机关申请行政复议,行政复议机关已经受理的,在法定行政复议期限内申请人不得向人民法院提起行政诉讼;申请人向人民法院提起行政诉讼,人民法院已经依法受理的,不得申请行政复议。

(三) 税务行政复议申请方式

申请人书面申请行政复议的,可以采取当面递交、邮寄、传真或以电子邮件等方式提出行政复议申请;也可口头申请,口头申请的,复议机关应当当场制作行政复议申请笔录,交申请人核对或者向申请人宣读并由申请人确认。

(四) 税务行政复议的受理

行政复议机关收到行政复议申请以后,应当在5日内审查,决定是否受理。对符合规定的行政复议申请,行政复议机关应当受理;对不符合本规则规定的行政复议申请,决定不予受理,并书面告知申请人;对不属于本机关受理的行政复议申请,应当告知申请人向有关行政复议机关提出。行政复议机关收到行政复议申请以后未按照前款规定期限审查并作出不予受理决定的,视为受理。

对应当先向行政复议机关申请行政复议,对行政复议决定不服再向人民法院提起行政诉讼的具体行政行为,行政复议机关决定不予受理或者受理以后超过行政复议期限不作答复的,申请人可以自收到不予受理决定书之日起或者行政复议期满之日起15日内,依法向人民法院提起行政诉讼。

五、行政复议的审查和决定

(一) 审查

行政复议机构应当自受理行政复议申请之日起7日内,将行政复议申请书副本或者行政复议申请笔录复印件发送被申请人。被申请人应当自收到申请书副本或者申请笔录复印件之日起10日内提出书面答复,并提交当初作出具体行政行为的证据、依据和其他有关材料。行政复议机关在全面审查被申请人的具体行政行为所依据的事实证据、法律程序、法律依据和设定的权利义务内容的合法性、适当性后做出决定、变更或驳回的处理。

(二) 决定

行政复议机构在审查后,对被申请人的具体行政行为提出审查意见,经行政复议机关负责人批准,按照下列规定作出行政复议决定:

(1) 具体行政行为认定事实清楚,证据确凿,适用依据正确,程序合法,内容适当的,决定维持。

(2) 被申请人不履行法定职责的,决定其在一定期限内履行。

(3) 具体行政行为有下列情形之一的,决定撤销、变更或者确认该具体行政行为违法;决定撤销或者确认该具体行政行为违法的,可以责令被申请人在一定期限内重新作出具体行政行为:① 主要事实不清、证据不足的;② 适用依据错误的;③ 违反法定程序的;④ 超越职权或者滥用职权的;⑤ 具体行政行为明显不当的。

◆ 内容提要

税收征管法是明确征纳双方在税收征纳及管理中的基本权利与义务,规范各税种征收管理程序的基本法。

税务管理的内容包括税务登记管理、账簿和凭证管理和纳税申报管理和税款征收管理。

纳税人必须依照法律、行政法规规定或者税务机关依照法律、行政法规的规定确定的申报期限、申报内容如实办理纳税申报。

税款征收是税收征管中的中心环节。

公民、法人和其他组织认为税务机关的具体行政行为侵犯其合法权益,向税务行政复议机关申请行政复议,税务行政复议机关办理行政复议事项,适用《税务行政复议规则》。

◆ 关键词

税收征管 税务管理 纳税申报 税款征收 税务检查 税务行政复议

◆ 练习题

一、简答题

1. 我国的税收征管法包括哪些内容?

2. 纳税人通税务机关的争议应如何解决？

二、单项选择

1. 纳税人对超过应纳税额缴纳的税款，可以在一定期限内向税务机关要求退还，该期限是（   ）。
   A. 自结算交纳税款之日起 1 年内   B. 自结算交纳税款之日起 2 年内
   C. 自结算交纳税款之日起 3 年内   D. 自结算交纳税款之日起 5 年内

2. 东强公司将税务机关确定的应于 2000 年 3 月 5 日交纳的税款 12 万元拖至 3 月 25 日交纳，税务机关依法加收该公司滞纳税款的滞纳金为（   ）万元。
   A. 1.2   B. 0.12   C. 0.48   D. 4.8

3. 根据税收征收管理法律制度规定，从事生产、经营的纳税人应当自领取税务登记证件之日起的一定期限内，将其财务、会计制度或者财务、会计处理办法和会计核算软件报送税务机关备案。这里的一定期限内是指（   ）。
   A. 15 日内   B. 30 日内   C. 40 日内   D. 60 日内

4. 根据《税收征收管理法》规定，经县以上税务局（分局）局长批准，税务机关可以对符合税法规定情形的纳税人采取税收保全措施。下列各项中，属于税收保全措施的是（   ）。
   A. 责令纳税人暂时停业，限期缴纳应纳税款
   B. 书面通知纳税人开户银行从其存款中扣缴应纳税款
   C. 书面通知纳税人开户银行冻结纳税人的金额相当于应纳税款的存款
   D. 依法拍卖纳税人的价值相当于应纳税款的商品，以拍卖所得抵缴税款

5. 根据《税收征收管理法》的规定，纳税人未按规定期限缴纳税款的，税务机关除责令其限期缴纳外，从滞纳税款之日起，按日加收滞纳金，该滞纳金的比例是滞纳税款的（   ）。
   A. 万分之一   B. 万分之五   C. 千分之一   D. 千分之二

6. 根据税收不征管法的规定，属于纳税人享有的权利是（   ）。
   A. 税务管理权   B. 税收立法权   C. 委托代征权   D. 税收监督权

7. 根据税收征管法的规定，下列各项中，不属于纳税主体权利的是（   ）。
   A. 税收立法权   B. 要求保密权
   C. 纳税申报方式选择权   D. 知情权

8. 税务机关作出下列行为中，纳税人不服时应申请行政复议，不服行政复议再提起行政诉讼的是（   ）。
   A. 纳税信用等级评定   B. 税收强制执行措施
   C. 行政审批   D. 纳税地点确认

9. 根据税收征管法的规定，下列各项中，不属于税务担保范围的是（   ）。
   A. 罚款   B. 滞纳金
   C. 应收税款、滞纳金的费用   D. 税款

10. 对国家税务总局的具体行政行为不服的，向（   ）申请行政复议。
    A. 国务院   B. 国家税务总局
    C. 人民法院   D. 向上一级税务机关

三、多项选择

1. 税务机关在税款征收中，根据不同情况有权采取的措施是（   ）。
   A. 加收滞纳金   B. 追征税款   C. 核定应纳税额   D. 吊销营业执照

2. 根据我国《税收征收管理法》及其实施细则的规定,税务机关在实施税务检查中,可以采取的措施有(   )。

　　A. 检查纳税人会计资料
　　B. 检查纳税人存放地的应纳税商品
　　C. 检查纳税人托运、邮寄应纳税商品的单据、凭证
　　D. 经法定程序批准,查核纳税人在银行的存款账户

3. 根据征管法的规定,下列税种中,适用《中华人民共和国税收征收管理法》的有(   )。

　　A. 印花税　　　　B. 企业所得税　　　C. 房产税　　　　D. 车船税

4. 根据《税收征收管理法》的规定,下列各项中,属于税务机关职权的有(   )。

　　A. 税务检查　　　B. 税务代理　　　　C. 税务处罚　　　D. 税款征收

5. 根据《税务征收管理法》的规定,下列情形中,税务机关有权核定纳税人应纳税额的有(   )。

　　A. 有偷税、骗税前科的　　　　　　B. 拒不提供纳税资料的
　　C. 按规定应设置账簿而未设置的　　D. 虽设置账簿,但账目混乱,难以查账的

6. 申请人对下列(   )行政行为不服的,可以提出行政复议申请。

　　A. 确认征税对象　　　　　　　　　B. 加收滞纳金
　　C. 行政许可行政审批　　　　　　　D. 不依法确认纳税担保行为

四、判断题

1. 纳税人发生纳税义务,未按照税法规定的期限办理纳税申报,经税务机关责令限期申报,逾期仍未申报的,税务机关有权核定其应纳税额。(   )

2. 对欠缴税款且怠于行使到期债权的纳税人,税务机关依法行使代位权后,可以免除欠缴税款的纳税人尚未履行的纳税义务和应承担的法律责任。(   )

3. 纳税人享受减税、免税待遇的,在减税、免税期间可以暂不办理纳税申报。(   )

4. 纳税人分立时未缴清税款的,分立后的纳税人对未履行的纳税义务应当承担连带责任。(   )

5. 某球员转会国外一家俱乐部,在出境时,税务机关以其尚未结清应纳税款,又未提供担保为由,通知海关阻止其出境。税务机关的做法是正确的。(   )

参 考 资 料

[1] 自由宪章[EB/OL]. http://wenku.baidu.com/link?url=5-i98LVQlWZwOvldeHTYPTP_t0LNOnJpFYEkfyAKUBJPgzyFZutFW90wYMElA2NN_iRT5gwYAFjeKSF_ZHIJz7GzxZQBX45y8rd9b_Fp32e.

[2] 这是人类历史上第一次对国王征税权的限制[EB/OL]. http://wenku.baidu.com/link?url=5-i98LVQlWZwOvldeHTYPTP_t0LNOnJpFYEkfyAKUBJPgzyFZutFW90wYMElA2NN_iRT5gwYAFjeKSF_ZHIJz7GzxZQBX45y8rd9b_Fp32e.

[3] 权利法案[EB/OL]. http://blog.163.com/swd_126/blog/static/11184730420128161156586/.

[4] 全国会计从业资格考试辅导教材编写组. 财经法规与会计职业道德[M]. 北京:经济科学出版社,2015.

[5] 王乔,姚林香. 中国税制[M]. 2版. 北京:高等教育出版社,2015.

[6] 熊萧,李雷. 税法[M]. 北京:清华大学出版社,2012.

[7] 盖地. 中国税制[M]. 北京:中国人民大学出版社,2014.

[8] 易剑红. 税法概论[M]. 北京:中国政法大学出版社,1991.

[9] 王惠. 论税法与税收、税收制度和税收政策的联系与区别[J]. 浙江省政法管理干部学院学报,2000(4).

[10] 全国会计从业资格考试辅导教材编写组. 财经法规与会计职业道德[M]. 北京:经济科学出版社,2015.

[11] 财政部会计资格评价中心. 经济法基础[M]. 北京:经济科学出版社,2015.

[12] 财税〔2013〕106号:关于将铁路运输和邮政业纳入营业税改征增值税试点的通知.

[13] 财税〔2014〕43号:关于将电信业纳入营业税改征增值税试点的通知.

[14] 财政部会计资格评价中心. 经济法基础[M]. 北京:经济科学出版社,2015.

[15] 财税〔2009〕9号:财政部 国家税务总局关于部分货物适用增值税低税率和简易办法征收增值税政策的通知.

[16] 财税〔2008〕171号:财政部 国家税务总局关于金属矿、非金属矿采选产品增值税税率的通知.

[17] 财税〔2008〕170号:财政部 国家税务总局关于全国实施增值税转型改革若干问题的通知.

[18] 财税〔2009〕9号:财政部 国家税务总局关于部分货物适用增值税低税率和简易办法征收增值税政策的通知.

[19] 财税〔2009〕90号,国家税务总局公告2012年1号,国家税务总局公告2014年第36号:国家税务总局关于简并增值税征收率有关问题的公告.

[20] 国家税务总局公告2014年第57号:国家税务总局关于小微企业免征增值税和营业税有关问题的公告.

[21] 国家税务总局公告2016年第7号:关于纳税信用A级纳税人取消增值税发票认证有关问题的公告.

[22] 国家税务总局公告2011年第40号:国家税务总局关于增值税纳税义务发生时间有关问题的公告.

[23] 国家税务总局公告2013所第32号:关于调整增值税纳税申报有关事项的公告.

[24] 财税〔2016〕36号:关于全面推开营业税改征增值税试点的通知.

[25] 财税〔2016〕36号附件1:营业税改征增值税试点实施办法.

[26] 财税〔2016〕36号附件2:营业税改征增值税试点有关事项的规定.

[27] 财税〔2016〕36号附件3:营业税改征增值税试点过渡政策的规定.
[28] 财税〔2016〕36号附件4:跨境应税行为适用增值税零税率和免税政策的规定.
[29] 杭州衡信税友公司增值税一般纳税人实训案例.
[30] 杭州衡信税友公司增值税小规模纳税人实训案例.
[31] 国家税务总局公告2016年第44号:关于部分地区开展住宿业增值税小规模纳税人自开增值税专用发票试点工作有关事项的公告.
[32] 国家税务总局公告2016年第27号:国家税务总局关于调整增值税纳税申报有关事项的公告.
[33] 国家税务总局公告2015年第99号:国家税务总局关于停止使用货物运输业增值税专用发票有关问题的公告.
[34] 财税〔2016〕47号:关于进一步明确全面推开营改增试点有关劳务派遣服务、收费公路通行费抵扣等政策的通知.
[35] 梁文涛.税法[M].北京:北京交通大学出版社,2015.
[36] 王红云.税法[M].北京:中国人民大学出版社,2014.
[37] 杨虹.中国税制[M].北京:中国人民大学出版社,2013.
[38] 梁俊娇,孙亦军.税法[M].北京:中国人民大学出版社,2014.
[39] 国家税务总局公告2012年第47号:国家税务总局关于消费税有关政策问题的公告.
[40] 关税的起源[EB/OL].http://www.doc88.com/p-4973077095749.html.
[41] 中国注册会计师协会.税法[M].北京:经济科学出版社,2016.
[42] 梁俊娇,孙亦军.税法[M].2版.北京:中国人民大学出版社,2015.
[43] 徐孟洲,徐阳光.税法[M].5版.北京:中国人民大学出版社,2015.
[44] 马海涛.中国税制[M].7版.北京:中国人民大学出版社,2015.
[45] 会计专业技术资格考试辅导用书编审委员会.经济法基础[M].北京:经济科学出版社,2015.
[46] 王曙光,李兰,张小峰.税法学[M].5版.大连:东北财经大学出版社,2014.
[47] 马克和.税法教程[M].北京:中国财政经济出版社,2015.
[48] 刘佐.中国税制概览[M].18版.北京:经济科学出版社,2014.
[49] 马克和.新编税法[M].北京:北京大学出版社,2014.
[50] 中国注册会计师协会.税法[M].北京:经济科学出版社,2016.
[51] 财政部会计资格评价中心.经济法基础[M].北京:经济科学出版社,2015.
[52] 杨良,秦玉霞.税法[M].北京:中国商务出版社,2015.
[53] 李维刚.税法教程[M].哈尔滨:哈尔滨工业大学出版社,2015.
[54] 国务院令2011年第605号:中华人民共和国资源税暂行条例.
[55] 国家税务总局令2011年第66号:中华人民共和国资源税暂行条例实施细则.
[56] 国家税务总局公告2014年第62号:资源税纳税申报表.
[57] 财税〔2016〕53号:关于全面推进资源税改革的通知.
[58] 国务院令1993年第138号:中华人民共和国土地增值税暂行条例.
[59] 财法字〔1995〕6号:中华人民共和国土地增值税暂行条例实施细则.
[60] 马克和.税法[M].合肥:安徽大学出版社,2015.
[61] 财税字〔1995〕82号:财政部、国家税务总局关于误餐补助范围确定问题的通知.
[62] 国办发2016年第39号:国务院办公厅关于加快培育和发展住房租赁市场的若干意见.
[63] 国家税务总局公告2013年第21号:国家税务总局关于发布个人所得税申报表的公告.
[64] 中华人民共和国主席令2001年第49号:中华人民共和国税收征收管理法(修订).
[65] 国务院令2002年第362号:中华人民共和国税收征收管理法实施细则.
[66] 国务院令2010年第587号:国务院关于修改《中华人民共和国发票管理办法》的决定.
[67] 国家税务总局令2011年第25号:中华人民共和国发票管理办法实施细则.

[68] 国家税务总局公告 2009 年第 1 号:国家税务总局关于纳税人权利与义务的公告.
[69] 国家税务总局办公厅.全国税收征管规范推行两月成效初显征管操作有范本,办税预期有准头[EB/OL].
[2015-06-23] http://www.chinatax.gov.cn/n810219/n810724/n1275550/c1700179/content.html.
[70] 国家税务总局令 2015 年第 39 号:国家税务总局关于修改《税务行政复议规则》的决定.
[71] 税总函〔2015〕482 号:国家税务总局关于落实"三证合一"登记制度改革的通知.

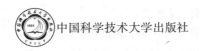 中国科学技术大学出版社

教学资源索取单

尊敬的老师:

您好!

感谢您使用由汪颖玲老师主编的《税法》一书。为了便于教学,本书配有相关的教学课件。如贵校已使用了本教材,您只要把下表中的相关信息以电子邮件或邮寄方式发至我社,经我社确认后,即可免费获取我们提供的教学资源。

我们的联系方式如下:

联系编辑:杨振宁　　　　　　　　电子邮件:yangzhn@ustc.edu.cn
办公电话:(0551)63606086－8755　　qq:2565683988
办公地址:合肥市金寨路70号　　　　邮政编码:230022

姓　　名		性　别		职　　务		职　称	
学　　校				院/系		教研室	
研究领域				办公电话		手　机	
E-mail						qq	
学校地址						邮　编	
使用情况	用于_____专业教学,每学年使用_____册。						

您对本书的使用有什么意见和建议?

您还希望从我社获得哪些服务?

☐ 教师培训　　　　　　　　　　☐ 教学研讨活动
☐ 寄送样书　　　　　　　　　　☐ 获得相关图书出版信息
☐ 其他_____